Repuebla.eu

Guía Práctica para una Repoblación Rural Exitosa

(Propuestas innovadoras para Instituciones y Personas interesadas en realizar un proyecto exitoso de repoblación rural.)

Por Albert Brand

Libro impreso sin huella de carbono.
(se compensarán las emisiones plantando árboles).

ISBN papel: ISBN: 978-5-165-166-754

Si tiene mucho interés en leer este libro y no tiene recursos económicos para comprarlo solicite una copia en su biblioteca pública mas cercana, y si no lo tuvieran comuníqueselo al autor, que buscará la manera de que pueda leerla, con el compromiso previo, eso si, de comprarla cuando en el futuro pueda hacerlo.

Los beneficios económicos de este libro han sido cedidos íntegramente a la asociación Neorurales cuyos datos figuran a continuación. Y que destinará un alto porcentaje de ese dinero para plantar árboles y así hacer este libro ecológico, compensando la huella de carbono y los árboles cortados para el papel utilizado con el doble de nuevas plantaciones.

email de contacto: repuebla@repuebla.eu / libro.repuebla@gmail.com

Facebook: https://www.facebook.com/profile.php?id=100056248714392

Linkedin del autor: https://www.linkedin.com/in/albert-brand-a5a92812a/

Contacto Asociación Neorurales: www.neorurales.es
email: neorurales@neorurales.es

Dedicatorias

A quienes cargan en su ADN la maleta de haber dejado casa, tierra y familia, pensando que el asfalto era la solución de futuro,y que ahora quieren volver a sus orígenes.

A las mujeres rurales que tanto han tenido que luchar para ocupar el puesto que se merecen en la sociedad rural y que solo han podido ver reconocida su importancia cuando, por su ausencia de los pueblos, estos han visto como sin las mujeres, los pueblos se mueren. Y aunque en este libro se utilice, cuando no hay opción comprensible con palabras neutras, el masculino como referencia de género, este incluye a ambos géneros y siempre tiene en cuenta a la mujer como dadora de vida y futuro a los pueblos.

A quienes han tenido que dejar su pueblo por circunstancias personales, médicas, económicas, de estudios, opción sexual, aspecto externo o simplemente hambre. Que podrían plantearse regresar a su pueblo o a otro a recuperar una vida trucada por las circunstancias del pasado.

A quienes creen, desde las ciudades, que vivir en el campo es vestirse con pieles y hacer el fuego con dos piedras, para animarles a abrir su mente y conocer lo que supone en realidad vivir en un pueblo, incluso aunque no tenga internet

A quienes tienen responsabilidades desde las Administraciones Públicas, para que puedan cumplir mejor con sus obligaciones con la ciudadanía.

A las personas que tienen responsabilidades empresariales para que vean los pueblos como oportunidades de crecimiento, mejora de imagen y aumento de beneficios. Compatible todo ello con el aumento de productividad de un personal más feliz.

Y, por último, se lo dedico especialmente a mis padres, que ya no podrán leerlo y de quienes no he podido siquiera despedirme. Que, siendo de pueblo, hicieron su vida en la ciudad con el objetivo de darnos un futuro mejor a sus hijos.

Índice

NOTA DEL AUTOR

Quien tiene puede prosperar en su propia tierra no hace su maleta para irse de la casa que le vio nacer, pero tampoco ninguna persona se plantea irse a sitios donde no se les presenten adecuadas perspectivas de futuro y de una vida digna y saludable.

España tiene 8.131 municipios, pero la población no está distribuida de una forma homogénea. 1.500 municipios, se reparten el 90% de la población total. Por supuesto se trata de ciudades.

Sobre el tema de la Despoblación rural se han realizado muchos y muy sesudos análisis para determinar sus causas y consecuencias, pero lo que se echa en falta son propuestas concretas para solucionar el problema.

La intención de esta obra es plantear soluciones y alternativas a ese problema de despoblación en el rural, que, al mismo tiempo, solucionaría también los problemas de recursos y convivencia en las ciudades, cada vez mas necesitadas de espacio físico y recursos hídricos, de seguridad, de transporte y especialmente alimentarios, planteando alternativas que podrían ser la solución a los conflictos sociales que surgen derivados del hacinamiento, especialmente en las zonas periféricas de las ciudades.

Muchas personas quieren moverse al entorno rural, ya sea para disfrutar de su jubilación, emprender un negocio o simplemente tener una vida mas sana, y no saben como organizarse ni que se van a encontrar allí. Mudarse a vivir a un pueblo no es lo mismo que comprarse un chalet con piscina en una urbanización a las afueras que tenga el metro a la puerta.

Con esta obra se pretende, no solamente darles opciones y sugerencias a estas personas, sino también a las distintas administraciones para que hagan políticas efectivas de repoblación, que vayan mas allá de ofrecer dinero para que las personas de avanzada edad que viven en los pueblos tengan descendencia.

Si bien cada capítulo realmente merecería un libro aparte, que además debería de ser diferente para cada territorio, el autor trata de compilar en el mismo unas generalidades que puedan servir de orientación y acicate para dar ese paso definitivo de regresar al pueblo, y no solo para realizar actividades relacionadas con al agricultura y la ganadería, sino también y sobre todo, plantear alternativas actualizadas a los tiempos que vivimos.

Esta obra es la Segunda Edición corregida y ampliada, siendo la primera edición publicada en diciembre del año fatídico de 2020, año pandémico. La "Nueva Normalidad" Pos-Covid y los profundos cambios sociales y de pensamiento colectivo que han surgido en estos últimos meses, han requerido una actualización del libro. También ante la certeza de que los efectos de la contaminación y el cambio climático auguran una serie de pandemias consecutivas a medida que se van despertando, por el calentamiento global, virus y bacterias congeladas en las zonas de hielos perpetuos, que al final resultaron no ser tan perpetuos. Por lo que nuevos confinamientos, quizá aún más restrictivos se preveen para dentro de poco tiempo. No obstante, este libro no pretende ser un libro apocalíptico. La pandemia ha servido para manifestar la acuciante necesidad de aire puro que tenían los habitantes de las grandes ciudades, pero que con el estilo de vida atropellado que llevaban, siempre corriendo a todos lados, no habían tenido tiempo de pararse a pensarlo.

Cuando se han cerrado las ciudades, la vida silvestre ha tenido una explosión tanto en plantas como en fauna salvaje, sin la cargante presión humana. Durante el confinamiento, solo salían los perros a pasear, las ciudades estaban mas limpias que nunca, y cuando hemos visto que eso de culpar del cambio climático a las flatulencias de las vacas era, ciertamente, una falacia que a base de repetirla adquiría consistencia palpable en el imaginario colectivo.

Tras ese período oscuro, en el que, quien tenía opción, ha huido, ante el primer aviso de posible confinamiento, egoístamente, desesperado. Cuando con esa irresponsable conducta han expandido los virus por todo el territorio; algunas de esas personas han empezado a cambiar el chip. Esa semilla, de ansia por un reencuentro con la naturaleza, puede brotar, o quedarse aletargada hasta la próxima pandemia, en la que volverán a repetir esas nefastas conductas.

Llegará un día en que quien nazca en un pueblo no habrá "Nacido para Emigrar"

ULULA EL VIENTO EN EL PUEBLO VACÍO

Ulula el viento en el pueblo vacío

El viento ruge entre los restos de las abandonadas casas, de lo que en su día fueron ruidosas calles repletas de alegre chiquillería.

No salen los gorriones de los huecos entre las piedras, ahora cubiertas de hiedra, que, cual tentáculos monstruosos, penetra por los huecos de otrora ventanas alegres y llenas de vida, que ya no iluminan salones familiares bajo techo, porque ni techo ha.

No se escucha el ganado a su paso, haciendo sonar las esquilas, ni el lamento de los carros a las vacas ungidos.

Solo el silencio de la soledad, donde, como fantasmas en condena, se mueven quienes se negaron a marchar.

A lo lejos se atisba polvo en el camino, mas no se esperan visitas en el pueblo fantasma, nadie se acuerda ya de su única habitante, que espera paciente a la última parca, mientras acarician sus manos el hilo de lana, de blanco resplandeciente, que las otras tejieron.

Dorados hilos entremezclados recuerdan su infancia. Y luego, ¡La Soledad!. Los hilos negros de una vida de abandono y miseria cubren el resplandeciente blanco original.

Pero, Oh, ¡sorpresa!, Dorado luce el final del hilo, el final que aún no ha pasado por sus manos.

¿Será Morta, quien acude a cortar ya el hilo de la resignada?. ¿Quien le acompaña con tanta algarabía?

¡Espera!, ¡espera!, no es la hilandera que viene a por ella.

Son gritos de otras gentes. Batahola de nuevas vidas, que llegan a las otrora abúlicas calles; la hiedra, tímida, al verlo, se retrae de las ventanas.

El viento ya no ulula en los vanos vacíos de las sintecho piedras amontonadas.

Dorados días le esperan a la resistente, explicando a los nuevos moradores la historia de cada casa cerrada, otrora cuna de numerosas familias que un día partieron de cada rincón de ese pueblo enamorado.

Cuando la Parca Morta corte el hilo, seguirá viviendo, sin carne, en las calles del pueblo. Recorriendo embelesada los caminos que, en mezcolanza con lo nuevo, preservarán en su memoria intangible antiguas tradiciones.

No tengas prisa, Morta, no corras, que ya no tengo prisa en visitar a tu padre, el Dios de la Noche.

Pantallas, Robots, y cosas que no entiendo en cada rincón de mi pueblo. No se escuchan las campanas, pero goza el corazón cuando visito mi huerto pues vecinos ha, al otro lado del camino.

Recién llegados que no saben aún, que lo que de verdad importa, es tener alguien que te diga "Buenos Días".

Albert Brand
libro: ¡Repuebla!

Iberia no está despoblada.
Solo tiene la población mal distribuida.

PARTE I

CAPITULO 1

Análisis de la situación actual

Frente a la superficialidad de las cosas y las relaciones personales, toma fuerza lo auténtico, con raíces, con futuro. Toma fuerza la vuelta a los orígenes; la vuelta al medio rural.

"Vienen tiempos convulsos, la supervivencia en las ciudades será difícil".

La frase previa la había ya escrito desde el comienzo de este proyecto, antes del COVID-19, y, lamentablemente, se ha hecho cierta antes de ser publicada.

*

La política del crecimiento exacerbado, alentada por las multinacionales, es un cáncer social.

Los recursos en este planeta son extraordinariamente abundantes, por lo que, la totalidad de la población mundial debería tener cubiertas las necesidades básicas, con un esfuerzo infinitamente menor, del que realizan los animales salvajes para sobrevivir, y disponer, por tanto, de mucho tiempo libre para actividades culturales, recreativas y de formación continua. En cambio, vivimos en un planeta de escasez donde el 2% de la población, acumula los mismos recursos que el 98% restante.

Si eso ocurriese en un cuerpo humano, la persona afectada por esa enfermedad haría largo tiempo que estaría muerta, pues no se puede concentrar la sangre en un solo punto, ni los nutrientes, ni nada. Mas bien es precisa una adecuada distribución por todo el organismo para que el cuerpo funcione adecuadamente.

Al igual que el crecimiento desmesurado de las células en una parte determinada de nuestro cuerpo se conoce como cáncer, el crecimiento desmesurado de una parte de la población que consume los recursos del resto, aumentando su número de forma exponencial, debería de considerarse un cáncer urbano.

El mayor problema que tenemos como sociedad es que esas *células enfermas*, en lugar de defenderse, se dedican a atraer nuevas células a ser devoradas en esa bacanal, estando además orgullosas de ello, y, creyéndose superiores, tratan a quien habita en el medio rural de forma burlesca y despectiva.

Las macrociudades son cada vez mas complicadas y caras de gestionar, precisando mas recursos, mas territorio y siendo mas insanas lo que provoca cada vez mayores gastos sanitarios, en seguridad pública, etc., por lo que están condenadas al colapso, como hemos visto en esta reciente pandemia, que ha puesto de manifiesto la vulnerabilidad urbana en este modelo de vida insostenible.

Las ciudades son para trabajar, comer y dormir. Los pueblos son para VIVIR

La vida en las ciudades provoca una despoblación de las áreas rurales. No solo por que las personas emigran al asfalto, sino porque la excesiva concentración de personas precisa de muchos recursos; y así se secan los acuíferos, se embalsan ríos perdiendo gran cantidad de tierras productivas, se crean autopistas que son muros infranqueables para la fauna (*y encima no se les pone pasos elevados para la fauna silvestre*).

Ya en 1926, Emilio Zurano Muñoz en su conferencia dictada en la Real Sociedad Económica Matritense de Amigos del País, titulada: ***"Gravísimo problema nacional. Al engrandecer las ciudades se ayuda a la despoblación de los campos y se fomenta la pobreza y la miseria del país"*** *cuya copia impresa se puede encontrar en la Biblioteca Nacional ponía de manifiesto este problema.*

La sobrepoblación en espacios concentrados, como son las ciudades podría tener consecuencias trágicas para su población. Si se considera el estudio del etólogo John B. Calhoun , titulado Behavioral Sink , que fue traducido al español como "Hundimiento Conductual" que básicamente dice que la sobrepoblación lleva al colapso. El estudio lo hizo con ratas, posteriormente Jonathan Freedman en 1975 lo puso en duda en un experimento con humanos, si bien ese experimento fue con lo que otros investigadores juzgan como insuficiente número de sujetos.

De ser ciertos los postulados de Calhoun, en una macrociudad, incluso si no nos faltara nada para sobrevivir y vivir con todo tipo de comodidades, pero hacinados, la violencia se haría con las calles y tendríamos un entorno apocalíptico.

Eso significa la carencia de alimentos de kilómetro cero, es decir, crea la necesidad de importar los alimentos cada vez de mas lejos, y cada vez generando mas contaminación al producirlos y transportarlos. Esos alimentos carecen de sabor y de nutrientes, por lo que se usan cada vez mas saborizantes artificiales. Ese transporte calienta el planeta por lo que aumenta la desertificación, y, con ella, la emigración del campo a la ciudad, convirtiéndose eso en una rueda sin fin, un vórtice cada vez mas destructivo.

La biodiversidad se pierde con el abandono del campo, no solo porque los cultivos autóctonos son sustituidos por monocultivos transgénicos, los cuales necesitan cada vez mas fitosanitarios específicos, con cuyo uso se pierde la salud de quienes los consumen, y quienes los aplican; sino que también hay una serie de especies adaptadas durante milenios a la convivencia con la especie humana, ya sea haciendo sus nidos en los huecos de las piedras de las paredes de las casas, como es el caso de los gorriones, o en las torres de las iglesias como las cigüeñas; criando entre restos de poda y maderas podridas, como muchos insectos beneficiosos que nos ayudan a polinizar y también se alimentan de otros que, sin estos controladores naturales, se convierten en plaga.

Antes, las lindes entre los campos, eran plantadas de flores. Esto además de marcar esa linde y hacer bonito, tenía una función primordial para los cultivos, que era dar cobijo a los depredadores naturales de las plagas y también evitar que, en caso de no ser suficientes y que surgiese la plaga, que esta pudiera extenderse y afectar a los colindantes, que, además, podrían estar cultivadas con otros productos diferentes, por lo que el daño era mínimo.

Con los grandes monocultivos esto ha desaparecido. Con la nueva forma de construir las naves, habiendo eliminado los pajares, las lechuzas y otros predadores, adaptados a la convivencia con los humanos, desaparecen poco a poco, ocupando su lugar roedores, que se reproducen descontroladamente pues ya no tienen quien les cace.

La desaparición de los cultivos tradicionales da paso a la erosión. Los monocultivos no tienen el mismo efecto a la hora de fijar la tierra; pues son mas vulnerables a los incendios forestales, cada vez mas fuertes e incontrolables. Eso provoca mayor calor en las ciudades. Todo ello se convierte en un círculo cerrado con la emisión de mas contaminantes para nutrir de energía los aires acondicionados. El suelo ha perdido su sustento y cohesión por los incendios; empobreciéndose por el uso de fitosanitarios que matan el sustrato vivo donde se asientan. Al no tener sustento, si vienen lluvias torrenciales, la tierra, plantas y basura son arrojadas, con furia, contra las ciudades que están río abajo, provocando muerte y destrucción (además de cuantiosos gastos de reconstrucción).

Eso desertiza mas aún la zona afectada al haber perdido la débil capa viva que aún tenía y eso origina la necesidad de importar aún mas comida. Los pocos cultivos que aún se puedan generar con agroquímicos provocarán contaminación de la capa freática, y por consiguiente enfermedades en las ciudades al beber, cocinar o lavarse con agua cada vez mas contaminada.

Los diversos sistemas de labranza cero, utilizados para romper el suelo sin arar, evitan que el laboreo excesivo empobrezca la tierra; al mismo tiempo, permiten el funcionamiento anaeróbico de la primera capa de nutrientes. En caso de ararlo, entraría en esa zona oxígeno ambiental y destruiría la vida microscópica que se desarrolla en atmósferas de $CO2$ en ese mismo suelo. Un suelo vivo evita la erosión, rellena la capa freática con las lluvias, mantiene la biodiversidad y necesita menos agroquímicos para el cultivo. Estos sistemas pueden ser aplicados también en cultivos en zonas de difícil acceso como zonas de montaña, sin precisar un trabajo excesivo.

Destacan las "bombas de semillas", un sistema de plantación inventado por Masako Fukuoka, como idóneas para la replantación forestal en zonas agrestes y de difícil acceso, para lo que se pueden utilizar diversos sistemas, desde tirachinas, hondas o incluso drones.

Los monocultivos de pinos han acabado con las dehesas, robledales, castañales, sabinares y los bosques autóctonos mediterráneos, acabando también con el pasto para el ganado y favoreciendo los incendios forestales incontrolados de última generación. Así como la temida plaga de la Procesionaria del Pino, tan tóxica para niños y animales domésticos. Eso favorece la despoblación rural y acaba con la biodiversidad.

Si se pierde el medio rural, los paisajes y saberes ancestrales se pierden, por lo que se pierde identidad y por tanto, también cultura. Las ciudades se vuelven insostenibles y son un monstruo que fagocita los recursos de los pueblos cercanos y menos cercanos, acabando con su agua, su aire, sus paisajes y sus caminos.

Cuando la economía local se pierde, el campesinado se convierte en mano de obra agrícola, a sueldo y servicio de las grandes explotaciones. La agricultura y ganadería industriales no absorben a todas las personas antes libres y autónomas, sino que se queda solamente con un pequeño porcentaje; condenando al resto a malvivir en los suburbios de las ciudades, en el mejor de los casos, con alguna ayuda social.

Cuanta menos gente queda en un pueblo, mas se pierde la alegría, la salud, la cultura, los oficios, los servicios esenciales y las ganas de vivir.

El abandono tiene un efecto dominó, provocando la marcha de las primeras familias el deterioro de la calidad de vida del resto, que pronto les seguirá.

Cuando la naturaleza recupera su espacio, sin nadie que lleve el ganado al monte, los muros de piedra seca, Patrimonio de la Humanidad; las casas, las chiveras o refugios para los pastores y para los animales parturientos se llenarán de matojos y, poco a poco se irán cayendo. El paisaje, otrora modificado por la especie humana, se perderá y poco a poco volverá a ser natural; pero un espacio natural raro, que descuadrará con el paisaje porque ni será humano ni será natural, pues en la naturaleza esas líneas rectas son inusuales.

Sin ganado, sin nadie que se lleve matorral para las cuadras ni quien pisotee los bosques, ahora reducidos a meros monocultivos de pinos, los incendios forestales acabarán con la biodiversidad.

La economía se perderá, porque al acabar con la microeconomía se potenciará que solo funcionen unas pocas macrocorporaciones monopolistas multinacionales, de las que, a final, todo el mundo pasará a ser su esclavo. Esas corporaciones cultivarán sus semillas genéticamente modificadas, con sus pesticidas, acabando con la biodiversidad, con el paisaje y con la vida.

La calidad de vida en el medio rural, cuando la población se convierte en algo testimonial, empeora, el grado de dependencia aumenta, no tanto en la necesidad de que alguien le limpie a la persona dependiente, como en la dependencia de que llegue alguien a venderle un poco de pan o unas verduras a quien antes podía cultivarse las suyas propias y ahora no puede ni subir una escalera. El tener que pasar semanas enteras comiendo latas de sardinas con café, porque no ha ido nadie a vender alimentos por el pueblo, supone un deterioro de la calidad de vida y de la salud por lo que, al final, esas personas se marcharán o se morirán antes de lo que deberían.

El agua se pierde cuando se abandonan los pueblos. Antiguamente la manera de hacer lejía era a base de ceniza mezclada con agua tibia. El abandono de las tierras de labor supone la proliferación del sotobosque , lo que, junto con la proliferación de especies pirófitas como el pino y el eucalipto, que sin tener controladores como ganado o la propia actividad humana , crecen incontroladamente. Eso provoca grandes cantidades de cenizas que acaban en los ríos, matando a los peces. Sin peces, y con un agua contaminada de cenizas que no atrae a mamíferos herbívoros algunas especies como la invasora caña asiática proliferarán y eso supondrá que consumirán mucha agua, secando parte del propio río. Estas cañas serán llevadas por las grandes avenidas, cada vez más frecuentes, no solo en la gota fría o DANA, si no también por los ciclones tropicales que, con el calentamiento climático generarán enormes concentraciones de agua como las que estamos viendo y sufriendo cada vez más frecuentemente en Europa. Las cañas taponan los puentes, provocando que los ríos se salgan, los incendios provocan que la lluvia se lleve la parte de la tierra cultivable y generadora de vida, eso colmatará los pantanos y, al no tener hierbas ni plantas que la paren, ese agua correrá a toda velocidad por lo que antes fueron montes verdes, que, al no tener raíces vivas que ayuden al agua a filtrarse acabará con los pozos, con los ríos y con toda la capa freática en general. Por tanto condenará a las ciudades a la sed o a beber agua desalada generada y transportada desde el mar con enormes cantidades de energía contaminante que incrementará el problema.

La pérdida de habitantes en el mundo rural provoca una urbanización descontrolada en las ciudades. Ese crecimiento supone la colmenización de las personas, abarrotadas en grupos de infraviviendas, que al final generan conflictividad social y aumentan el gasto de esas ciudades seguridad, transporte, y todo tipo de servicios básicos.

Por el contrario, el mantenimiento de la vida en los pueblos supone garantizar la subsistencia de las propias ciudades, tanto por garantizar la llegada de alimentos y agua, como por el mantenimiento de la biodiversidad necesaria para evitar plagas y pandemias. Las ciudades, cuando llegan a un nivel que sobrepasa la capacidad para la que fueron diseñadas, tienen que asumir unos costes que crecen exponencialmente con cada nuevo habitante que llega a ellas, por lo que se vuelven insostenibles.

Mapa facilitado por Eurostat donde podemos ver el suelo agrícola en marrón, el forestal en verde y el artificial en rojo.

La gente se va, el patrimonio se expolia. Rejas forjadas a mano hace siglos, acaban en chatarreros sin escrúpulos que las envían a fundición. Puertas de madera labrada. que estaban ya puestas cuando Colón partió para América. pasan a ser portalones de garajes de chalets de dudoso gusto o combustible para la chimenea. Arcadas de piedra, de casas o iglesias, viajan allende los mares para ser reconstruidas, fuera de contexto, en el jardín de algún excéntrico e inculto millonario. Si un pueblo se muere, su herencia es robada casi siempre.

La emigración en masa del campo a la ciudad provoca especulación urbanística en los arrabales de las ciudades. Construcciones masificadas destinadas a acoger a esos migrantes internos, que dejan el pueblo, acaban siendo focos de delincuencia ocasionada por la falta de espacio y el desempleo que perjudica a la propia ciudad; esto exige mas recursos sociales y policiales para mantener la paz social y la calidad de vida de sus habitantes en el aspecto de la seguridad.

Vivimos en una sociedad que emula, con las pensiones, los sistemas de venta piramidales; una sociedad que no se sostiene a si misma; un gigante con pies de barro, que se nutre al día sin previsión de futuro. En nuestro estilo de vida actual, parece que no importa lo que le pase a quienes nos sigan. Tener el último modelo de cada gadget que sale al mercado para poder presumir del mismo en las redes sociales, donde es "obligatorio" presentar una imagen falseada y utópica de nuestra realidad, es el objetivo de vida actual; el cual no tiene en cuenta las múltiples vidas de animales que se pierden por su fabricación y transporte o la mano de obra esclava. Durante el confinamiento hemos desmontado muchos mitos, nos hemos presentado al mundo sin teñir, sin maquillar, sin hacernos fotos irreales ante los coches que nunca podríamos comprar. Se han visto en las videoconferencias que los palacios de Blancanieves en realidad eran habitaciones oscuras que daban al patio de luces.

La obsolescencia programada y la manía de comer verduras y frutas fuera de temporada, es el origen de nuestros problemas medioambientales y sociales.

Fabricar artículos de vida corta, creando necesidades artificiales, nos convierte en dependientes de esos artículos. Todo ello para que, al tener que ser renovados frecuentemente, se mantenga de forma artificial una industria insostenible. Nuestro estilo de vida es el mayor cáncer del planeta, pero es un cáncer en el que está basada toda nuestra economía y sistema social.

Vivimos en una constante estafa piramidal, una estafa que nos hace el mismo Estado desde hace décadas, cuando nos *vende* la necesidad de tener muchos hijos e hijas para así mantener las pensiones en el futuro. Y, cuando se necesitan dos personas y media trabajando, para poder devolver el dinero inicialmente prestado al estado (cotizaciones), se nota que algo falla. Ahora tienen que pagarlo las generaciones que vienen. Y, en un alarde de irresponsabilidad, solo exigimos que la estafa se prolongue mas tiempo a base de fomentar que nazcan nuevos-as contribuyentes.

El crecimiento exagerado, como el que estamos teniendo en esa sociedad industrializada del consumismo exacerbado, cuando ocurre en la naturaleza, es un cáncer.

Un árbol, por majestuoso que sea, para sobrevivir muchos siglos no puede sobrepasar unas dimensiones determinadas, porque sino su propio peso, una nevada, o cualquier temporal de viento lo derribaría.

Crecer por encima de las posibilidades de cualquier ser vivo le provocará la muerte. La comunidad científica constató que en una isla pequeña, los animales tienden a minorar su tamaño para adaptarse a los recursos disponibles.

El crecimiento humano es insostenible para el planeta y la propia naturaleza va a limitar esa expansión, sea con enfermedades, aumentando las tasas de infertilidad, mediante estremecimientos de su corteza provocados por los ensayos nucleares o por los cambios en el peso al derretirse los polos, o procediendo a ahogar en agua o en lava a la población excedente. Si bien, no es tanto el problema del número de personas que malvivimos sobre el planeta, como la forma de vida que llevamos, especialmente en algunos países, y que, desgraciadamente, se intenta copiar por quienes no llegan a ese nivel de consumo autodestructivo, que ven ese suicidio social como un objetivo a imitar.

La ineficacia en la gestión de los recursos se ha llevado a extremos donde se han creado en las administraciones y empresas, departamentos estancos, herméticos, en los que no se conoce ni la función ni las necesidades de los despachos contiguos a pesar de coincidir a diario en el bar.

Es como si en un cuerpo humano, una célula que necesita proteínas pero tiene excedente de grasas, demanda al regulador interno que le envíe proteínas, mientras envía las grasas al alcantarillado corporal para reciclarlas; y la célula de al lado, que tiene excedente de proteínas y déficit de grasas hace lo mismo, acabando ambas por saturar el alcantarillado corporal de productos necesarios y agotando al regulador corporal con la demanda incesante de nuevos recursos, cuando lo mas fácil hubiera sido simplemente hacer un intercambio de excedentes.

La única alternativa viable es el Decrecimiento, tanto en población como en consumo de recursos.

El planeta puede autoregenerarse de las tropelías humanas, pero esa autoregeneración solo puede conseguirse con tiempo. Cada vez antes nos advierten los organismos internacionales de que hemos gastado ya los recursos que el planeta tenía disponibles para todo el año en fechas mas tempranas. Según la Global Foodprint Network, consumimos como si tuviéramos 1,75 planetas a nuestra disposición. La capacidad de regeneración de la tierra en el año 2021 se agotó en 210 días de los 365 que tiene el año. Lo peor es que, si toda la población mundial consumiese de la misma forma que consumimos en los mal llamados Países Desarrollados, necesitaríamos DOS PLANETAS Y MEDIO para mantener el nivel de consumo actual.

Este libro trata sobre repoblación, pero repoblación rural, pues no es verdad que falte gente en el planeta, al contrario, realmente hay un exceso.

Según Eurostat: La población de la Unión Europea aumentó cada año entre 1960 y 2015, en 101,7 millones de habitantes, lo que equivale a un incremento interanual del 0,4%.

El problema principal, es que esa población está mal distribuida, generando unas necesidades artificiales que la hacen insostenible por los hábitos de consumo de usar y tirar, por eso es necesaria una disminución demográfica intensa, al mismo tiempo que una reubicación mayoritaria en el entorno rural, en las pequeñas poblaciones, donde la vida es mas sana y sostenible.

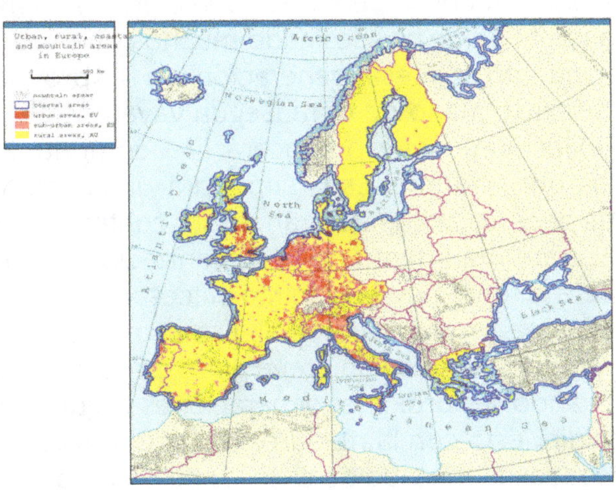

En este mapa, *(publicado con permiso expreso de publicación por la Agencia Europea del Medio Ambiente)*, podemos ver la distribución rural y urbana en la Unión Europea cuando era la Europa de los 12 -a falta de otro mas actual-. Estando en rojo la urbana y en amarillo la rural. Ahí se puede apreciar que, salvo en unos determinados países fuertemente urbanizados, la mayoría de el territorio de la UE es rural.

En Geografía Humana, menos de 10 hab/km2 se considera desierto demográfico, en algunas zonas peninsulares, de la Serranía Celtibérica y de la frontera con Portugal, no llega siquiera a esa cifra.

Este libro trata sobre repoblación, pero repoblación rural, pues no es verdad que falte gente en el planeta, al contrario, realmente hy un exceso.

Según Eurostat: La población de la Unión Europea aumentó cada año entre 1960 y 2015, en 101,7 millones de habitantes, lo que equivale a un incremento interanual del 0,4%.

En España en los años 50 y 60 del siglo XX hubo una explosión demográfica con gran incidencia económica, provocando un aumento del consumo y la especulación, principalmente por la necesidad de vivienda. Esa explosión fue principalmente orientada hacia los movimientos demográficos internos, del campo hacia la ciudad, provocados no solo por una supuesta mejora en la calidad de vida sino también por una campaña de minusvaloración de la vida rural tratando de dar una imagen de quienes allí quedaban como personas zafias, brutas e ignorantes que ha sido la puntilla que ha asesinado muchos pueblos.

El envejecimiento de esa generación va a provocar una repentina escasez de mano de obra, según vayamos alcanzando la edad de jubilación, lo que provocará una competencia para conseguir esos trabajadores. Eso supondrá unos salarios mas altos para esos puestos, y que tratarán de ser contrarrestados por el gran capital con un aumento de la mecanización de tareas. La robotización será la tendencia imperante, necesaria y urgente para mantener el sistema productivo actual. Esa carrera por robotizar ahora genera empleo, pero en un breve plazo de tiempo será todo lo contrario. Cuando las próximas generaciones lleguen a su edad madura, coincidirá esta con la madurez de la robotización, por lo que serán relegadas a una vida de escasez de recursos y pobreza absoluta. Solo quienes vivan en el medio rural, en pequeños pueblos alejados de las ciudades y con pocos habitantes se librarán del saqueo y el ataque de las personas hambrientas que arrasarán los campos de cultivo en busca de algo que comer.

Los mercados de los servicios y productos destinados a las personas mayores aumentará repentinamente, provocando una gran desigualdad entre quienes han podido ahorrar y quienes no, pues la carga para el Estado será muy elevada y precisará de una gran dosis de imaginación para aumentar sus recursos, saliéndose de esa estafa piramidal que supone el sistema de financiación de la Seguridad Social. Solo sostenible reorientando -por una parte- el gasto público, como se propone mas adelante, para convertirlo en Inversión Pública y, por otra parte rentabilizando esas inversiones con la entrada de lo público en el mercado, aprovechando sus propios recursos, esquilmados en la Reconversión Industrial a la que nos condenó Europa para permitirnos integrarnos en ese proyecto economicista común.

La "importación" de mano de obra extranjera no será suficiente para mantener la máquina funcionando, si bien paliará el problema durante unos años. Con el desarrollo de los países de origen de estas personas se acabará con la necesidad de emigrar; incluso los inmigrantes que viven en ellos volverán a sus países de origen, por lo que Europa y los países mal llamados desarrollados se enfrentarán a una situación sin precedentes de carencia de personal que puede provocar un caos total en el sistema tal y como está concebido.

El BREXIT, junto con la COVID-19 han permitido anticipar gráficamente lo que puede ocurrir en un futuro próximo. Las personas inmigrantes en Reino Unido se encontraron de repente con una xenofobia que no habían experimentado antes. A eso se le ha sumado el confinamiento y la desastrosa gestión de la pandemia en ese país que provocó el regreso masivo a sus países de origen. Sumando esto a las propias restricciones a la libre circulación de personas y mercancías que originó un mayor papeleo para las importaciones, junto con la falta de personal para realizar esas tareas. Se le suma a esto la falta de operarios, de transportistas, de personas para la hostelería y para las fábricas. Incluso la falta de personal que conduzca los camiones de recogida de basuras. El país se enfrenta a un ligero desabastecimiento, compensado por su producción agroganadera propia, la cual es viable porque ha coincidido este abandono masivo de población con la cosecha, pero si no consiguen personas que ocupen los puestos de trabajo vacantes, llegado el invierno y un posible nuevo cierre de fronteras por la persistente pandemia, la situación podría ser caótica, conllevando a posibles revueltas e inseguridad en las calles. Esto además lo perciben las propias personas aborígenes de ese país que están intentando huir del mismo, encontrándose además con una enorme caída del mercado inmobiliario por haber un exceso de viviendas vacías al desocuparse repentinamente con la marcha de tanta población lo que no les permite monetizar sus propiedades adecuadamente, junto con la pérdida de derechos como la entrada y permanencia libre en Europa.

No es necesario tener una gran imaginación para darse cuenta de que el mundo en general se mueve en esa misma dirección.

La vida en los pueblos no es garantía de mantener una vida de calidad en los tiempos que vienen, pero si que al menos proporcionará más papeletas para la supervivencia.

La pandemia del Covid-19 ha originado un lastre adicional para las arcas públicas, mermando la producción y por tanto los ingresos para el Estado, al mismo tiempo que suponiendo un gran consumo de recursos acumulados y la creación de nueva deuda.

Pero también ha creado nuevos paradigmas sociolaborales que habrá que ver si cristalizan o son meros parches circunstanciales.

El ingreso mínimo vital, un salario social o cualquier otro apoyo social que alcance a la totalidad de la población y que permita su adecuada subsistencia, otorga la garantía de no morir de hambre en las ciudades. Pero también puede ser la garantía de recuperación de los pequeños pueblos, donde con ese escaso dinero se puede pagar un alquiler más fácilmente y con una pequeña huerta que nutra la despensa, tener una garantía de vida digna entre contrato y contrato, pues los contratos en el medio rural suelen ser temporales de corta duración.

En el medio rural se debería de tener una Renta Rural Garantizada, como propone el Profesor Enrique Javier Díez de la Universidad de León. Un pago compensatorio por vivir en zonas rurales con menos de 5000 habitantes sería ideal, aparte de algunas otras ventajas como disminución de impuestos, posibilidad de usar gasoil agrícola en turismos o posibilidad de tener actividades extraescolares gratuitas para el alumnado podrían ser opciones interesantes para atraer y fijar población. Por ejemplo, si el paro para mayores de 52 años es de 530€, o una persona jubilada cobra mínimo seiscientos y pico Euros; en los pueblos debería de llegar al Salario Mínimo Interprofesional. Las ayudas para jóvenes dentro de la Garantía Juvenil deberían de ser aumentadas cuando se trate de proyectos en pueblos de menos de 5000 habitantes.

Los ingentes fondos que la Unión Europea va a destinar para la reconstrucción pos-Covid no pueden ser usados para tapar parches. Es necesario no destinarlos a gastos sino a inversiones.

Una gran parte de ese dinero tendrá que ser devuelto por las generaciones futuras. Si ese dinero se gasta alegremente en lugar de invertirlo puede servir para generar puestos de trabajo durante uno o dos años, pero luego será improductivo y pagarlo supondrá un esfuerzo considerable a quienes vienen detrás.

Inversiones de futuro, como las que se proponen en el capítulo de transportes de este libro, o cualquier otra inversión, significan rentabilidad: amortización económica y rentabilidad social, para que beneficien al conjunto de la población y no solo para que los cuatro avispados de siempre engrosen mas aún sus cuentas bancarias a base del hambre del resto.

No nos sirve de nada malgastar ese dinero en, por ejemplo, comprar aviones más modernos, pues el negocio lo harán las empresas extranjeras que los fabrican, creando empleo en sus países con nuestro dinero, haciéndonos además dependientes de sus industrias que, en cualquier momento, podrán dejar de atender esos multimillonarios contratos de mantenimiento posterior que pueden hasta triplicar el coste de compra de los aparatos, los cuales podrían tener que quedarse en tierra porque, simplemente, se niegue el fabricante a suministrarnos un interruptor determinado que vale 2€ fabricarlo. Con esta pandemia nos hemos dado cuenta de la importancia de relocalizar nuestro tejido empresarial y no depender de la voluntad externa para poder comprar unas simples mascarillas o unas batas médicas. No podemos volver a cometer el mismo error y por ello es necesario que los dineros que se van a tener que devolver durante décadas sean invertidos con cabeza en cosas que puedan ser productivas para el país y garantizar la supervivencia del mismo luego de posibles similares crisis futuras, pues tras la próxima pandemia no habrá Fondos de Recuperación ni nada parecido y cada país tendrá que garantizar su subsistencia por si mismo.

Se puede aprovechar la actual coyuntura para crear un nuevo modelo de país, un nuevo modelo de Europa. Y esto es extrapolable a otras partes del mundo.

La vida en las zonas poco pobladas podría ser un activo económico y social. Ante la necesaria distancia de seguridad a respetar en sociedad, la alternativa de vivir en pequeñas poblaciones se hace cada día mas plausible y deseable muestra de ello el nuevo "boom" de la construcción orientado a las reformas. Quien tiene una casa en el pueblo se la reforma. Quien puede se compra un chalet con parcela y piscina en una urbanización, y quien no, trata al menos de reformar su casa y ganar algunos metros cúbicos más de aire, reabriendo las terrazas, otrora cerradas para ganar espacio en los salones.

Esta estampida hacia lo rural no significa que de repente se vaya a repoblar todo, pues la mayoría son viajes de ida y vuelta por no haber sido planificados ni meditados adecuadamente no tendrán futuro. Si bien, mientras tanto, están generando un nuevo "boom" de la construcción, no una explosión especulativa como en el pasado, si no un desarrollo y un crecimiento real de la economía, ya que ese desarrollo económico no está basado en el precio irreal del suelo, si no en las reformas reales y tangibles de la vivienda.

Esa vivienda rural, que ha sufrido, especialmente en la cercanía de las grandes ciudades, un incremento exagerado de precio, contribuirá al desarrollo de esos pueblos durante el tiempo que dure la reforma, pero la gran mayoría volverán a la ciudad. Quizá se cree un nuevo mercado, el especializado en el mantenimiento y cuidado de las viviendas para tenerlas siempre listas ante cualquier posible nueva amenaza pandémica. De repente todo el mundo, cuando vuelvan a las ciudades, querrán sacarle provecho a sus viviendas en el pueblo y habrá un exceso de oferta de "casas rurales" , la mayoría piratas, en alquileres vacacionales. Esto hará que los precios caigan de golpe y muchas de las casas rurales de verdad tendrán también que echar el cierre y quizá sus propietarios irse a la ciudad a buscar trabajo para pagar sus deudas de reformas.

El turismo rural es una gran oportunidad para el desarrollo de los pueblos, pero ordenado. Lo que no es en ningún caso recomendable es poner todos los huevos en la misma cesta.

La llegada al medio rural, tiene que ser planificada, con un proyecto de vida claro y no como una estampida que machaca todo lo que encuentra a su paso. El cambio de vida y de entorno, debe de hacerse con una perspectiva integradora para que tenga éxito, con respeto a los actuales habitantes y poco a poco.

Llegar a un pueblo a imponer nuestras costumbres, nuestro modo de vida, con prepotencia y sin respeto a quienes allí viven, no es repoblar, ¡ES INVADIR!

La vida en las ciudades supone excesos añadidos en el consumo de recursos, como por ejemplo el tener que ir a todas partes con un vehículo público o privado, debido a las distancias, en contraposición a, antiguamente, cuando se vivía en el campo, se iba tranquilamente a pié, haciendo y fortaleciendo al mismo tiempo las relaciones sociales y de solidaridad, ahora imposibles en las ciudades donde la vorágine y la prisa imperan sobre la coherencia y la humanidad, y, encima de ello, solo vemos el mundo a través del cristal de la ventanilla del coche o de la pantalla del ordenador.

Es necesario equiparar la calidad de vida rural (en cuanto a la disponibilidad de servicios) a la urbana, pero preservando las ventajas eco-sociales de los pueblos pequeños en la naturaleza. Es decir, hay que juntar lo mejor de ambos mundos.

Con una repoblación rural quizá se podría cambiar también el paradigma imperante, y las necesidades consumistas absurdas que nos imponen.

Un ejemplo: Basado en las imágenes de acaparamiento egoísta que hemos visto recientemente, al declararse el confinamiento y ante la necesidad del uso de papel higiénico, suave, blanqueado, con dibujos, etc. que se usaba hasta ese momento, Podemos fácilmente sustituirlo ahora por duchas de asiento, acopladas a las propias tapas de los wc -algo habitual en algunos países asiáticos- o incluso en botellas rellenables de agua con un rociador, que no solo limpia mejor sino que evita problemas como hemorroides o similares, además de ser mucho mas sostenible.

De popularizarse ese uso, como el de las copas menstruales de plástico reutilizables luego de ser limpiadas y desinfectadas, dejaría de ser necesaria la mayoría de la pulpa de papel; por lo que las incendiarias macroplantaciones de eucaliptos, invasoras de la península, ya no serían necesarias y podría recuperarse el bosque autóctono biodiverso tradicional.

El riesgo de la moda de la repoblación rural es el mismo que con todas las modas: ¡que al poco tiempo se olvide!.

Esperemos que el motivo del nuevo olvido sea porque ya no haga falta hablar de ello, lo cual es el objetivo de este libro que se empezó a pergeñar cuando lo de la despoblación era algo asumido y la poca gente que hablábamos de repoblar el mundo rural sonaba a marciano.

El autor de este libro, otrora predicaba en el desierto, no en el desierto demográfico sino en el desierto urbano donde las propuestas de mejora social que hacía, provocaban risas y chuflas entre los políticos de turno.

El cambio climático al conllevar el derretimiento de hielos ancestrales podría liberar muchas decenas de virus diferentes para los que no tenemos prevista cura.

En las ciudades, las pandemias tienen su propio caldo de cultivo entre las masas. Lo acabamos de ver en los últimos tiempos. Presuntamente no ha sido un virus salido del permafrost sino de un laboratorio de guerra biológica, presuntamente, para dañar a un país y su imagen, en la guerra del 5G, aunque luego se hubiese convertido en un arma que dispara para atrás.

La propia ONU a través de el programa PNUMA ha emitido un informe, el *Global Environment Outlook (GEO), llamado en castellano "Perspectivas del Medio Ambiente Mundial" el cual fue presentado en Nairobi (Kenia) durante la IV asamblea reconoce la extinción masiva de especies, entre ellas las*

polinizadoras; la degradación de las tierras en el 29% de la superficie terrestre; el aumento de las infecciones resistentes a los antibióticos, (y por tanto el riesgo de pandemias).

Las morbilidad ocasionada por la contaminación del aire, principalmente en las ciudades, la cuantifica la ONU en seis o siete millones de muertes prematuras anualmente; sin contar la merma de la calidad de vida por la contaminación. Facilitar la vida en el medio rural se ha convertido en una cuestión sanitaria de primer orden el, especialmente a las personas mas mayores. Un 95% de la población vive en áreas altamente contaminadas.

En caso de guerra también las ciudades son el objetivo primero.

La vida en la megalópolis implica una necesidad constante de recursos energéticos difíciles de producir in situ. Pero también un aumento insostenible de la necesidad de otros servicios como autopistas y autovías, canalizaciones de agua potable, crear espacios verdes con alto coste de mantenimiento, gastar mas en seguridad ciudadana, problemas de contaminación y gastos sanitarios relacionados con ella, etc.

La gente en la ciudad se encuentra desequilibrada por la falta de contacto con la naturaleza. Ya en algunos países se empiezan a recetar baños de bosque denominados en japonés **"shinrin-yoku"**. Lo que puede sonar a excentricidad de la Nueva Era, mas conocida por su denominación original en inglés **"New Age"** tiene una base científica: ***"Los monoterpenos que exudan algunos árboles provocan efectos biológicos directos". Un estudio de ICTA, el CREAF, el CTFC y la UAB (https://www.mdpi.com/1660-4601/17/12/4391) sobre las propiedades fitoncidas defensivas de las plantas y, al mismo tiempo, su efecto beneficioso sobre el ser humano*** *– no en todos los casos, puesto que hay árboles que pueden producir molestias con los volátiles que desprenden-* atribuye a estos volátiles la sensación de calma y felicidad que se produce cuando alguien se introduce en un bosque variado, natural y viejo, (no un monocultivo de pinos u otros árboles). Teniendo estos volátiles en muchos casos un importante efecto germicida los "baños de bosque", no solo resultan algo vital para la salud de las personas en el rural, sino que podrían ser también un importante recurso turístico, especialmente en estos tiempos donde las pandemias asolan nuestro planeta y siendo además un posible recurso para tratar la hiperactividad infantil, bajar la presión arterial, disminuir las hormonas del estrés, etc..

La vida en las ciudades supone excesos añadidos en el consumo de recursos, como por ejemplo el tener que ir a todas partes con un vehículo público o privado, debido a las distancias, cuando antiguamente, si se vivía en el campo, se iba tranquilamente a pié, haciendo ejercicio y fortaleciendo al mismo tiempo las relaciones sociales y de solidaridad; ahora imposibles en las ciudades, donde la vorágine y la prisa imperan sobre la coherencia y la humanidad.

Hoy en día, las nuevas tecnologías, que tanto coste humano y medioambiental tienen, nos permitirían cambiar el paradigma y establecer lugares de trabajo en las viviendas o en espacios compartidos que hoy en día le damos el rimbombante anglicismo de **coworking** y que permitiría optimizar recursos en pequeños ayuntamientos, con salas comunes donde hacer lo mismo que a cincuenta kilómetros de distancia pero sin tener que desplazar un vehículo a diario con el coste económico y medioambiental que eso supone. Añadiendo a esto el ahorro económico en la menor necesidad de Servicios Sanitarios y al mayor contento de la masa laboral empleada que ya no tendrían la necesidad imperiosa de tener una vivienda para trabajar en la ciudad y conseguir dinero para poder pagar otra en el campo para recuperarse los fines de semana y vacaciones.

Al aumentar también la vida en el entorno natural, se reaprendería a cuidar este, dedicando el tiempo libre a recuperar los cultivos tradicionales, (en lugar de contratar lo denominado como huerto urbano, con alquileres en muchas ocasiones abusivos), a los que se podría llegar tranquilamente, caminando. Lo que además de permitirles comer mejor, al aumentar el ejercicio diario, tanto por las caminatas como por el posible ejercicio con las labores del campo, provocaría una mejor salud física y psíquica en general, por lo que sería un importante ahorro al sistema sanitario. Ahorro que se incrementa si consideramos la disminución del stress por ruido y un aire mas puro.

La sensación aparente de tenerlo todo a mano en la gran ciudad es falsa. El cruzar toda la ciudad para ir a una conferencia o a un estreno de cine o teatro puede significar el mismo o mas tiempo que entrar en el corazón de la ciudad en tren u otro transporte público desde un pueblo. Incluso si se tardase media o una hora mas en llegar a ese evento, hay que tener en cuenta que en la ciudad no todo el mundo sale a diario, por lo que, para una vez en semana, se compensa fácilmente con la calidad de vida de un pueblo. Se puede, por tanto, invertir el proceso, viviendo habitualmente en un pueblo e ir de fin de semana a la ciudad, lo que saldría mas barato y daría mayor calidad de vida que a la inversa.

Las políticas de repoblación, que se han aplicado hasta ahora, no han sido meditadas adecuadamente. Pretender dar unas cantidades de dinero, en poblaciones donde la media de edad es superior a los setenta años, por traer al mundo bebés que, en caso de conseguir tenerlos, cuando mas les necesitasen, en la etapa de la adolescencia, probablemente no estarían ya para poder cuidarlos.

Otras políticas no están coordinadas y, por una parte promueven que vayan nuevos pobladores, y por otra prohíben totalmente las nuevas construcciones alegando supuestas protecciones paisajísticas sin tener en cuenta que la población también es parte del paisaje, la regulación es una cosa y la prohibición es otra.

Políticas que se diseñan en las ciudades, sin conocer ni tener en cuenta al propio medio rural y su entorno no funcionan. Es, por tanto, necesario diseñar estrategias a escala local para afrontar el problema de la depoblación según la idiosincrasia y potencial de cada zona, y eso se ha de hacer a través de acercamientos personalizados.

La aparición de la enfermedad denominada COVID-19, provocada por un coronavirus de rápido y fácil contagio ha desatado el pánico temporal, y, luego de unos meses de confinamiento se ha retomado la vida social con mucho ímpetu con fatales consecuencias. Todo esto, y la experiencia de tener que hacer la vida dentro de las casas y no solo usarlas para ir a dormir, ha hecho darse cuenta a muchas personas que esos pocos metros cuadrados son insuficientes, para tener una vida satisfactoria, y se han planteado mudarse al pueblo.

El desconocimiento del entorno rural hace que muchas personas confundan la vida en el campo con tener un chalet en una urbanización con jardín y unos pinos cerca. Otras personas se plantean ir a un pueblo, para vivir allí una vida de ciudad, convirtiendo estos pueblos en "pueblos dormitorio" donde conseguir una casa grande mas barata que en la ciudad y así poder destinar una habitación a despacho y poder teletrabajar sin participar en la vida del pueblo, ni siquiera consumir en el mismo el café matutino.

Hay empresas que, alentadas por el menor coste del suelo con posibilidad industrial, se plantean trasladar una nave, desde un polígono industrial, a un pueblo pequeño, donde fidelizar la fuerza laboral, incluso mediante la construcción de minicomplejos residenciales para su personal. Evitando con ello las habituales fugas de personal, que ocurren cuando una persona tiene ya experiencia. Esa experiencia ha sido conseguida a base de suponer un coste adicional para su empresa, por las lógicas roturas iniciales y los fallos productivos, para que luego lleven ese conocimiento a la competencia por dos duros más al mes. Recordemos que la fuerza laboral es el principal activo de una empresa y la fidelización de una persona ya formada, en una empresa, es la mejor inversión que puede hacer la misma. En un pueblo la gente tiene su casa y su vida, y no va a cambiar a ir a trabajar a la ciudad en una empresa de la competencia por dos duros mas al mes.

Estas huidas de la ciudad al campo, desgraciadamente, son solo físicas, pues no se hacen de manera real; cambia la ubicación pero la mentalidad sigue siendo la misma. Cuando no hay un proceso de maduración suficiente y un convencimiento de cambiar de vida, las personas podrán mover sus cuerpos al campo, pero su mente quedará en las ciudades. Vivirán y trabajarán en el pueblo, pero estarán constantemente viajando a la ciudad para comprar, ir al cine, o cualquier otra actividad, lo que les provocará stress y un mayor gasto, por lo que acabará fracasando el proyecto rural al poco de empezar.

Están ya lejanos los tiempos del desarrollismo de mediados del siglo pasado, cuando se necesitaba gente en la fábricas de las ciudades y vaciar pueblos para poder hacer pantanos que suministrasen suficiente electricidad a esas fábricas.

El crecimiento sin control ni planificación de los suburbios en las grandes ciudades fue posteriormente caldo de cultivo de droga y delincuencia.

Cuando no era una marcha voluntaria, era necesario dejar de cultivar, para plantar pinos, con objeto, por una parte, de fomentar la industria de la madera, para construcción o carbón de leña, acabada ya la necesidad del gasógeno; o sobre todo, para sujetar las tierras y evitar colmatar los embalses que tan necesarios eran para alimentar las energéticamente insaciables máquinas de esa industria. Al desaparecer la agricultura y ganadería, que eran las únicas actividades que, en aquel entonces, se podían hacer en el campo, la gente emigraba a la ciudad.

El cine era el principal vector de expansión del virus del abandono. Pues presentaba a la gente del campo como analfabeta y ridícula, siendo **"paleto-a"** el despectivo utilizado para la gente mas tosca, zafia e inculta, que no respeta o conoce las convenciones sociales.

Las palabras, **"pueblerino" "aldeano" "villano" "rústico" "provinciano"** y sus correspondientes femeninos se usaban, mas que nunca, de forma peyorativa o como insulto. La propia *Real Academia de la Lengua, como siempre desactualizada, define pueblerino como* ***"persona poco refinada en sus modales o en sus gustos, carente de amplitud de ideas o puntos de vista"*** y quien no quisiera que le consideraran zafio e ignorante tenía que irse a la ciudad para quedar deslumbrado por el asfalto y las luces de neón.

Aún hay abundancia de personas que tienen esa percepción burlesca de la gente de los pueblos. Que se creen que, por llegar de la ciudad, van a ser consideradas como el Maestro de la serie televisiva de dibujos animados "Érase Una Vez..." porque el o la urbanita, llega con una mochila llena de grandes conocimientos de ciudad, sin darse cuenta que, sin Internet, se queda ciego sordo , mudo y perdido, sin saber si salir con abrigo o en camiseta, o que al ver un lución o una lagartija se sube a un árbol y busca anaconda o cocodrilo en la wikipedia para ver si coinciden. También hay quien se cree que por hablar en inglés en la plaza, la abuela que está al lado no se va a enterar de lo que dice cuando quizá, ella, hija de emigrantes y licenciada en cualquier universidad extranjera de prestigio o incluso limpiadora de casas en algún país de habla inglesa, ha regresado a jubilarse al pueblo de sus padres y vive la vida que le queda sin presumir vanamente de los conocimientos atesorados a lo largo de toda su vida.

Hay quien se cree que en los pueblos hay que gritarle a la gente porque son sordas, cuando en realidad la costumbre de hablar alto en los pueblos se debe mas a la mayor distancia interpersonal que solían tener, quizá por no entrechocarse las herramientas de palo largo que llevaban al hombro o por hablarse de caballería a caballería.

Mucha gente de la ciudad piensa que en los pueblos se tiene un escaso conocimiento intelectual y que, como se ve en las películas, solo han aprendido, como mucho, a leer y en algunos casos a escribir, salvo el cura, el médico y el alcalde (que además siempre eran hombres); cuando la realidad es que, muchas de las personas en el pueblo ocupan su tiempo libre en formarse, tanto en formación reglada, como el el tradicional hecho de compartir conocimientos que se daba en los filandones tras la cena.

Cierto, que no todo el mundo en un pueblo tiene carreras, y eso suele quedarse para la gente mas joven, pero tampoco las tienen todas las personas de la ciudad. Lo que es innegable, es que en los pueblos se acumula un gran acervo cultural que, con o sin estudios, suele superar ampliamente el de muchas ciudades donde la gente no conoce la historia de su barrio o de su ciudad, sino que tampoco ha visitado nunca un museo, o ha ido a una obra de teatro ni es capaz de diferenciar hinojo de cicuta.

Por ello es necesario dejar a un lado el presuntuoso ego urbanita para acercarse al pueblo a aprender y no a enseñar, si bien, el compartir conocimientos nunca está de más y siempre será agradecido si se hace desde la humildad y no desde la prepotencia, incluso aunque esos conocimientos ya se tuvieran o no fueran necesarios.

Esa campaña de creación de una imagen burlesca de la sociedad rural durante la época del desarrollismo industrial, supuso el vaciado de pueblos y comarcas enteras, en algunos casos totalmente, y, en otros, dejando solo a quienes, por su avanzada edad, no estaban para irse de aventuras, o , en la parte contraria, no tenían aún edad para las mismas, y que debían esperar a que sus progenitores u otros parientes pudiesen reunir el dinero suficiente para llevarles consigo cuando se estableciesen en la ciudad.

La ingeniería social nos ha marcado asimismo unas pautas actuales de consumismo exacerbado. Nos creemos que la felicidad depende de tener una televisión tan grande, que dañe la vista, al no tener distancia suficiente en nuestros pequeños salones para separnos adecuadamente, y que el último modelo de teléfono móvil con 20.000 aplicaciones descargadas de las que solo usamos tres, es el origen de una felicidad que solo nos durará hasta que salga una nueva versión con pantalla mas grande o del color de moda.

Vivimos dependientes de, no una, sino de decenas de pantallas que nos hacen un mundo completamente reglado donde la capacidad de innovar está castrada desde el comienzo. Hasta las recetas de cocina vienen preconfiguradas en los robots que nos "asisten". *Según un estudio del Neurocientífico Michel Desmurget publicado en su libro "La fábrica de Cretinos Digitales"*, el coeficiente intelectual disminuye cuando aumenta el uso de la televisión o los videojuegos; llegando a afirmar en una entrevista para la BBC que ***"los nativos digitales son los primeros niños que tienen un coeficiente intelectual más bajo que sus padres".***

El contacto con la naturaleza en la ciudad es nulo o casi nulo, los infantes creen que las manzanas crecen en los supermercados. Si preguntamos en una guardería por el tamaño de una cabra, nos sorprenderían las respuestas tan dispares y alejadas de la realidad.

La vida moderna la restringimos a estar entre cuatro paredes, con pantallas todo alrededor, tanto para el trabajo, como en el ocio o la vida familiar. Dentro de poco, las conversaciones familiares entorno a la mesa se harán a través de redes y programas de mensajería instantánea. O por videoconferencia desde la habitación de al lado.

Y tan cerrado está el subconsciente colectivo, que sigue convencido que aún es totalmente necesario vivir en las macrociudades, para tener acceso a la cultura, *-aunque luego, el cine, la literatura, o incluso el propio teatro, se roben por Internet-*, o ir a la ciudad para fomentar las relaciones sociales *-aunque eso* *suponga quedar con las amistades una vez al mes porque cruzar la ciudad puede suponer una hora de viaje*-. Además vemos en la ciudad ventajas, como disponer de hospitales, donde nos puedan tratar las enfermedades que la carencia de una vida sana nos provocan.

Contra la Despoblación Rural y la falta de Servicios es necesario recurrir a la inventiva. Si en un pueblo no se justifica una guardería, y en el de al lado tampoco, quizá si se juntan los dos pueblos, o incluso alguno mas, puede que se justifique una. Si bien ir al pueblo de al lado a dejar a la prole en la guardería y volver al nuestro a trabajar, y luego, al acabar, a la inversa, es un desgaste de la persona y un gasto de combustible ingente. Para esos casos se podrían hacer guarderías móviles, en unos autobuses, con decoración infantil, y especialmente adaptados con sillas homologadas de tamaño infantil que podría ir por los pueblos, recogiendo a la chiquillería y entreteniéndoles por el camino, para pasar el día bien en la propia guardería o haciendo actividades en el campo si hace buen día, haciendo excursiones, etc. y luego volviendo a dejarles en su propia casa al acabar la jornada.

Las tendencias de teletrabajo y telemedicina, escasas hasta hace muy poco tiempo, se veían, por la mayor parte de la sociedad, como la necesidad de comprar un piso un poco mas grande, para disponer de una habitación de teletrabajo.

Cuando todo el esfuerzo laboral de una persona o familia tiene, además, el objetivo de obtener dinero suficiente para poder ir a pasar las vacaciones a la naturaleza, aunque sea considerada como tal, una playa atestada de gente peleándose por dos metros cuadrados para colocar su toalla; ir al campo a ver verde, y respirar aire puro y silencio mientras nos movemos en contaminantes coches y espantamos a los pájaros con los altavoces atronando reggaetón; y para poder dar a pleno pulmón los gritos de pánico propios de una película de terror si aparece un insecto a menos de diez metros de distancia. Sin olvidar el intento de imponer las normas de convivencia de la ciudad a la gente del campo, por ejemplo cuando se secuestra a los perros pastores porque están sin correa en sus propias tierras, haciendo su trabajo, y alguien decide, mottu propio, que están abandonados.

La mayor parte de los trabajos que se pueden hacer en la ciudad, se podrían hacer también en un entorno rural.

Si observamos detenidamente, por ejemplo, un polígono industrial, podremos ver que no cumplen las funciones para las que originalmente han sido creados; que era servir de nicho para un grupo de empresas mas o menos afines, concentrando en una misma área a proveedoras y consumidoras, de forma que los insumos o los productos semielaborados, iban pasando prácticamente de nave a nave, para ir incrementando en cada una, su valor añadido; facilitando la logística también de distribución. Si bien, la realidad dista mucho de ser así, los polígonos industriales son en la actualidad simples inmobiliarias de suelo industrial que se vende o alquila sin una ordenación lógica y no importa que tipo o clase de empresas se sitúan en los mismos.

Por tanto, perdida ya la función original, lo mismo da que un taller de fabricación, o un almacén de productos de limpieza, se sitúen en una ubicación geográfica o en otra. Si bien es cierto que la localización junto a las grandes vías de comunicación disminuye costes logísticos, el precio del suelo es mayor. El personal laboral debe ser retribuido con plus de transporte y, además, debido a los largos trayectos para acudir a su puesto de trabajo, llega mas cansado, por lo que disminuye el rendimiento, y, como también baja la concentración, hay mayor riesgo de accidentes laborales. Sin contar los problemas que ese desarraigo familiar provoca en los hijos, a quienes ha de dedicar menos tiempo, siendo además este, de menos calidad, debido al cansancio acumulado. Por lo que, teniendo en cuenta también que **"la fuerza laboral es el mayor activo de una empresa"**, la localización en las ciudades no compensa económicamente.

La carestía de la vivienda en las ciudades, peor calidad de sus alimentos y el hastío general sobre ese tipo de vida. De ese hartazgo sobre el estar en una permanente vigilancia y control, teniendo que publicar en las redes sociales todo lo que hacemos, surge una nueva tribu urbana cada vez con mas seguidores, que son la gente desconectada.

"Desconectados" es un nuevo grupo social, personas que solo usan Internet para temas laborales, o lo justo para consultar la cuenta del banco o hacer la declaración de la renta, pero que prefieren una vida mas real; que valoran mas el contacto personal que las autofotos en las redes sociales, y llegan hasta a borrar sus perfiles en las mismas.

Hay gente que se queja de que, viviendo en el pueblo, no tendrán intimidad, pues todo el mundo estará pendiente de su vida privada. Supongo que se referirán a que en los pueblos la gente también tiene redes sociales y podrán ver lo que hace, cuando y qué come, si está esperando al autobús o si ha ido al baño. Al final solo se trata de cambiar el visillo por el móvil y cotillear ante una pantalla lo que cada quien muestra al mundo y luego protesta.

Está llegando un tiempo en el que se valora lo auténtico. Pasar la tarde leyendo un libro, como por ejemplo este que ahora tienes entre tus manos, bajo un árbol, puede ser una nueva manera de vivir el ocio, perfectamente compatible con actividades en grupo como excursiones o salir a pasear con los perros antes de una velada con juegos de mesa junto al fuego.

CAPÍTULO 2

Consecuencias macrosociales de la despoblación y alternativas

El problema de la despoblación rural es mucho mas grande que lo que en realidad aparenta. En la actualidad, según datos del Parlamento Europeo, dos tercios de la población de Europa vive en áreas urbanas, lo que es lo mismo que decir que solo una de cada tres personas en Europa vive en el rural.

Hay mucha población fantasma, mantenida ilegalmente en el censo por razones, en ocasiones oscuras, que constituyen una poderosa fuerza electoral en el porcentaje total de un censo artificial - e ilegal-. En otras ocasiones, esos habitantes fantasma son producto de la dejadez municipal al consentir que, personas que ya no viven en el pueblo, pero que tienen ahí sus raíces, sigan allí empadronadas. Realmente se estima que la población real en pequeños pueblos de menos de mil habitantes es tres veces menor a la que figura en su padrón.

Las tasas de fertilidad disminuyen, mientras aumenta la esperanza de vida. En 2070 se supone que seremos 520 millones de habitantes en Europa, de los cuales solo 292 millones estarán en edad de trabajar, es decir solo dos personas trabajando por cada persona jubilada.

Eso exigirá una mayor abundancia de robots y cambiará el sistema productivo. El envejecimiento de la población requerirá de mas servicios y mejoras del Estado del Bienestar, lo cual supondrá un enorme incremento del esfuerzo para las arcas públicas.

El problema no es que no haya dinero, sino que todo se cuantifica económicamente. Vemos subvenciones europeas para apoyar el emprendimiento que exigen la compra por ejemplo de un vehículo nuevo. Esto solo supone negocio para la banca que presta el dinero para la adquisición, siempre que la persona solicitante pueda aportar garantías, y, hasta que se recibe el pago de esa subvención, la banca estará cobrando intereses.

Este sistema excluye a las personas con menos recursos que no pueden avalar ese préstamo, cuando, en ese caso, sería mas fácil y barato por ejemplo ceder a esas personas, por un tiempo, un vehículo de los que va a dar de baja la administración, o un local en desuso, para que inicie la actividad la persona y obtenga suficientes beneficios para comprarse otro vehículo o buscarse otro local, así, solo la banca gana y no la sociedad en su conjunto. Está enfocado a ese insostenible sistema de gasto constante, socialmente eugenésico. Esas clases sociales de *usar y tirar*: empleados parciales, desempleados, desahuciados, "**mini-jobbers**", desplazados, y cualquier forma de precarización laboral y exclusión sociolaboral tienen pocas opciones en la ciudad para prosperar. Trasladarse al rural no lo ven como una opción. Son personas que siempre han estorbado en las ciudades, pero al mismo tiempo son necesarios para el funcionamiento de las mismas. Así que, por ello, se les envía a los arrabales para que malvivan allí hasta que se les necesite de nuevo; pero no se promueve la oportunidad de ir a vivir al rural, porque, en ese caso, podrían ser autosuficientes y por tanto libres. La globalización económica, con la fuga de empresas que conlleva, provoca desplazamientos de grandes masas de población a las ciudades en todo el mundo. Si antes las personas se movían del campo a la ciudad en el mismo país, ahora también hay que incluir los movimientos transfronterizos, migraciones que, cuanta más distancia pongan por medio, mayor es la probabilidad de no regresar. La vida urbana para las personas con menos recursos supone la desposesión de bienes y derechos, al ocasionar, principalmente en tiempos de crisis, un gran endeudamiento, que en muchas ocasiones no puede ser devuelto, por lo que se origina segregación y exclusión.

Hemos convertido a la economía en una panacea, en el centro social y de objetivos de nuestra sociedad, no es una nueva religión, sino una nueva secta destructiva. Hemos pasado del Ser al Tener, y, con el cambio de verbo, hemos cambiado nuestros valores, intereses y potenciales.

Y no solo en la economía rigen estos verbos, ya no es importante Ser una persona capaz de curar, sino Ostentar un título de Grado en Medicina y siete masters para luego acabar siguiendo los protocolos que marcan las multinacionales de farmacia y cronificar, que no curar, las enfermedades.

Vivimos como en el cuento popular hindú de los seis ciegos y el elefante, en el que cada uno de los ciegos describía a un elefante solo por la parte de su cuerpo que había conseguido tocar, y acababan todos a palos entre si porque todos querían imponer su verdad basada en el conocimiento parcial que habían adquirido.

La Administración pública ha olvidado que sus clientes finales son las personas que administra, y su función es facilitar la vida a las mismas y la función de las políticas es facilitar la vida de la población.

Es necesario garantizar los servicios a la Población, y, para ello, son necesarios recursos económicos. El envejecimiento de la población supondrá un mayor gasto para las administraciones y unos menores ingresos al tener una fuerza laboral disminuida. ***La media, a nivel nacional, de personas mayores de 65 años es del 22,3% en los municipios rurales, siendo en los municipios urbanos, el 15,3% según datos del programa de Desarrollo Rural Sostenible (2010-2014) del Gobierno de España en el Informe de situación y diagnóstico del medio rural en España***

La concentración de esa población envejecida en las ciudades aumentará el gasto sanitario por efecto de la polución, y también los factores psicológicos de la soledad, pues la peor soledad es la que se produce rodeados de gente, gente para quienes es invisible y a la que no les importa esa persona hasta que deja de pagar la Comunidad de Vecinos y por eso investigan y la encuentran muerta y momificada sin que nadie antes la haya extrañado.

En el año 2050 las regiones urbanas de Europa tienen previsto aumentar su población en 24.1 millones de habitantes y tendrán al 50% de la población de la UE. En ese aumento incluirán 7,9 millones de personas que vampirizarán a las zonas rurales, y que será precisamente la gente mas joven y en edad laboral la que se marchará, lo que aumentará la carencia de servicios públicos en las áreas rurales al disminuir la mano de obra necesaria para atender esos servicios. Aumentando el aislamiento y decreciendo la calidad de vida en el medio rural.

La llegada de inmigrantes podrá paliar algo esas necesidades, si bien, salvo que se establezca una visa especial para vivir en áreas rurales con mayores facilidades que las otras y que se compruebe esa residencia efectiva en esos pueblos de menos de 5000 habitantes a la fecha del empadronamiento, será una solución temporal pues muchos de esos inmigrantes en cuanto tengan oportunidad tratarán de ir a la ciudad, especialmente quienes emigran por razones económicas, de orden de buscar un mayor consumismo.

El reparto demográfico desproporcionado aumentará la necesidad de grandes infraestructuras urbanas, al mismo tiempo que dejará amortecer las rurales, que irán deteriorándose hasta desaparecer. Lo que aumentará mas aún ese despoblamiento rural.

En cuanto la generación **"boomer"** -nacida en la explosión demográfica de los 50 y 60 del pasado siglo, que se dió a llamar el "Baby Boom"-, nos vayamos marchando; posiblemente veremos en Europa inmobiliarias especializadas en regalar viviendas, como los Bancos Akiya de Japón, que ofrecen gratuitamente viviendas en zonas rurales, a quien quiera mudarse a vivir allí; mientras los precios de la vivienda en la ciudad crecen a pasos agigantados de forma inversamente proporcional al tamaño disponible de las viviendas disponibles.

Es necesario cambiar el paradigma rural, y, aprovechar esos excedentes de terrenos baldíos para obtener un rendimiento adicional. Y hemos de dejar de considerar a la ciudadanía contribuyente, para empezar a considerarla CIUDADANÍA ACCIONISTA. Es decir, darle un derecho real y efectivo, de decidir que hacer con sus propias vidas y obtener un beneficio social y económico de la gestión pública.

En estos momentos la carga impositiva sobre cualquier ciudadano-a viene a ser entre impuestos directos e indirectos del 50% de sus ingresos y en las clases mas pobres incluso mas.

Por supuesto, hay parásitos sociales en todos lados y no solo son los grandes terratenientes, que cobran millonarias subvenciones a la agricultura por tener sus cotos privados de caza sin plantar en ellos ni una cebolla

El mundo rural se suele considerar pobre, porque a nivel estadístico, sus ingresos están por debajo del 60% de la media, pero ese cómputo solo considera los ingresos económicos directos; cuando es bastante común que, en el medio rural, incluso las personas que tienen otras actividades no relacionadas con la producción agrícola o ganadera, tengan un pequeño huerto y como mínimo unas aves de corral, para garantizar la producción propia de alimentos. Si considerásemos el ahorro consecuente en la canasta de la compra y el ahorro diario en transporte público o privado, así como la mejor salud, y consecuente ahorro en los gastos farmacéuticos, así como el menor coste de la vivienda y por tanto de la hipoteca. Para muchísimas personas, esos menores ingresos suponen en realidad una ventaja en el nivel adquisitivo, al disponer de mas dinero real en la cartera.

Hay que tener en cuenta aquí, que para que el ahorro del autoconsumo sea notorio, es necesario haber hecho primero inversiones adecuadas y suficientes para obtener una producción alimentaria que evite comprar nada. No se trata de llegar al campo y vivir en plan supervivencia haciendo el fuego frotando palos o comiendo conejos crudos a mordiscos.

En un entorno rural se puede vivir con mucho menos, pero hay que hacer una inversión inicial en tierras, herramientas y semillas, pero sobre todo en tiempo, tiempo para la formación previa, y tiempo para que crezcan las cosechas. La mejor opción es hacer un bosque comestible, es decir, una mezcla de semillas que puedan apoyarse unas a otras y crecer de forma seminatural, pero eso, hay que diseñarlo según la zona, estudiar cual es la mezcla adecuada para que todas las plantas crezcan en simbiosis, y esperar al menos tres años para que se consolide como tal, aunque se pueden obtener pequeños rendimientos antes; siempre que se tenga mucho cuidado en la forma de programar la cosecha, para no matar las plantas que te dan de comer.

Por supuesto, el Ingreso Mínimo Vital, o en su caso, un salario social, hará que alguna gente se tumbe a la bartola, sin hacer nada mas que parasitar. Si bien se ha visto en experiencias piloto en otros países, que eso es una situación corta en el tiempo, pues al final la gente se aburre, y si se hiciese compatible ese Ingreso Mínimo Vital, con trabajar, es decir, se cambiase por un salario universal a toda la ciudadanía, preconcedido y que quien renunciase al mismo por motivos de incremento de su renta lo tuviese que hacer mediante un trámite, sería mucho menos complicada la gestión, y haría que, posiblemente ocurra como en muchos países en los que tener ese colchón económico sirve de garantía, y estímulo suficiente para que cualquier persona se arriesgue a cambiar de trabajo, dejando algo seguro, por un proyecto nuevo o a emprender un negocio, puesto que sabe que no se va a quedar sin alimento ni casa. Por ello, ese Ingreso Mínimo Vital debería de ser compatible con el emprendimiento en zonas rurales despobladas o en riesgo de despoblación, para cualquier tipo de negocio hasta que el mismo superase una determinada cantidad de ingresos anuales. Esos ingresos garantizados podrían animar a muchas personas a dar el paso, a vender su piso en la ciudad y comprar una casa en el campo, (especialmente si se establecen mecanismos de crédito hipotecario y al emprendimiento desde una banca pública, que, en muchos casos, con un microcrédito avalado por la UE es suficiente para iniciar el proyecto). Si además se puede añadir un terreno suficiente para el autoabastecimiento, que no siempre hay que comprar, si no que en la mayoría de los pueblos, se puede negociar una cesión de uso de un huerto baldío a cambio de una parte de la cosecha, o incluso hasta se le podría dejar gratis, solo por verlo en producción. Una vez comprobado que son capaces de autoabastecerse esos nuevos pobladores, podrían, ir preparando los cimientos para un emprendimiento rural agroganadero. Si el emprendimiento es de otro tipo, por ejemplo en algo relacionado con su actividad en la ciudad, podrían iniciarlo desde el principio, sabiendo que, si falla, siempre tendrán un plato de comida garantizado de su propia cosecha.

El rendimiento que se le puede sacar a ese salario social, en el mundo rural, es muy superior al que puede producir en la ciudad, y como muestra de ello podemos ver que muchas personas que, viviendo en la ciudad, se quedan sin empleo, o se jubilan; si tienen propiedades en el campo se mudan a vivir allí, lo que beneficia su salud y su estado mental y anímico, por lo que no les resulta tan difícil reincorporarse al mundo laboral si el motivo es el desempleo.

Financiar el Ingreso Mínimo Vital, realmente tiene un coste mínimo para el Estado, es fácilmente asumible y los 3000 millones de Euros anuales para garantizar la subsistencia de la población no es una cantidad exagerada. De hecho con los 65.000 millones que costó el rescate bancario se hubiese garantizado ese ingreso mínimo vital durante 21,7 años.

Para garantizar ese IMV, las pensiones y garantizar disponibilidad de fondos para el gasto público, es necesario que el estado tenga recursos suficientes y excedentes. En este libro se proponen varias fórmulas, algunas especialmente rentables, como las que se proponen en el capítulo de transportes. Pero casi todas se podrían resumir en:

- Hacer un uso racional de los recursos públicos, de manera que los impuestos no sean el sistema de sustento de la economía pública si no que el Estado pueda generar sus propios emolumentos con una adecuada gestión del Patrimonio Público y la creación de empresas estatales que además garanticen la independencia del país, al menos en los sectores estratégicos.
- Que el bienestar de las personas se convierta en el objetivo principal de la Administración, la cual debería utilizar sus recursos para eso y no como un sistema endogámico de producción para el engrose de si misma.

•

Se debe de tener en cuenta la necesidad de mantener la población rural, y, dentro de esta , darle una especial relevancia a la que desarrolle actividades agro-silvo-pastoriles, tanto para el abastecimiento de la población, como por su importancia en la gestión climática.

Un terreno abandonado pronto será un terreno incendiado. Los incendios, aparte del elevado coste de su extinción, suponen un descenso de la capa arbórea; por tanto, al mermar los árboles, se produce un mayor calentamiento de la atmósfera, lo que lleva a menos lluvias y que estas sean mas torrenciales; llevándose, cuando caen, toda la capa fértil que antes mantenían los cultivos de secano, además de las cenizas. Ello provoca la eutrofización de las aguas y su pérdida de oxígeno, lo que acaba a su vez con la fauna y flora autóctonas, y eso supone, al mismo tiempo, un aumento de plagas, como mosquitos, moscas negras, etc. al perder los depredadores naturales de sus larvas. Esas plagas, aparte de molestas pueden suponer la actuación como vectores para la transmisión de enfermedades a seres humanos o animales.

El abandono de la ganadería extensiva, especialmente la trashumante provoca grandes pérdidas al no acabar con matorral, rastrojo, etc. Y, paradójicamente, genera nuevos y novedosos negocios, como el alquiler de rebaños a los ayuntamientos para "desbrozar" caminos, cañadas, montes, e incluso poblaciones abandonadas dentro del término municipal.

Con el abandono se pierde la biodiversidad, aumentan las plagas y la pérdida de animales necesarios, como por ejemplo los polinizadores. La ausencia de predadores naturales puede provocar plagas de roedores y enfermedades diversas; lo que provocará, tarde o temprano, sumado con los efectos de la crisis climática, hambrunas que no se paliarán comiéndose billetes de banco, que, por otra parte, estarán en manos de las grandes corporaciones multinacionales.

PARTE II

CAPÍTULO 3

Vivienda y Bienes Raíces

Lo primero que una persona se plantea antes de trasladarse al rural es donde van a vivir, y si van a tener una vivienda digna, la segunda condición "*sine qua non*" es si van a tener garantizada su subsistencia y sanidad y, por último, como serán las relaciones sociales, formación y ocio.

Muchas personas, cuando se trata de la despoblación rural, se quejan de que los pueblos se vacían, pero no son capaces de poner alguna de las viviendas -que han ido heredando a lo largo de los años de vaciado demográfico - a disposición de quienes pretenden llenar esos huecos en venta, alquiler o cesión.

Confunden los huecos en el corazón con la practicidad.

Muchas veces, en los pueblos, no se alquilan o venden las viviendas sin uso, por sentimentalismo. A veces la conservan tal y como la dejó la persona que allí vivía y que ahora solo habita en sus corazones pero jamás regresó ni tiene intención de hacerlo, si es que aún vive, y sus descendientes tampoco.

Entonces, sin casas, no podemos pretender que vuelva nadie.

Por ello se hace necesario establecer un sistema de ayudas públicas para la repoblación.

Ese sistema debe de consistir en un apoyo en infraestructuras y un apoyo psicológico y moral para dar el paso y quedarse.

Comprar una casa de pueblo puede ser mucho mas barato que alquilarla. Una hipoteca para una casa con terreno puede costar menos que una habitación en un piso compartido en una ciudad. El inconveniente es que algunos bancos piden un porcentaje de entrada o que haya un salario detrás que garantice los pagos.

Una banca pública podría admitir la presentación de un proyecto de negocio que garantice los ingresos. Asimismo para cualquier negocio, sea una granja escuela o un hotel rural o un fábrica de queso, a falta del tan necesario banco público que no sea especulativo, podría servir como avalista la Sociedad de Garantía Recíproca de la zona, que suelen estar participadas por la UE y por la Comunidad Autónoma. Y muchos negocios pueden incluir en su proyecto la vivienda para el personal.

No debemos olvidar un importante instrumento que la UE pone a disposición de la ciudadanía, que son los microcréditos avalados por la UE. Estos **microcréditos de hasta 25.000€** por persona podrían servir de base, junto con las subvenciones correspondientes, para iniciar proyectos de vida en el medio rural y para el emprendimiento. En muchos pueblos con ese dinero se puede comprar una casa digna y un trozo de tierra. La Administración debería añadir un servicio de apoyo técnico a esas personas para iniciar sus proyectos (En algunos lugares esa función la desarrollan los Agentes de Empleo y Desarrollo Local), para realizar proyectos con apoyo, no solo prestar el dinero y esperar su retorno, si no también, asesorar y acompañar adecuadamente en esos primeros pasos, tanto en las labores de emprendimiento, como de reubicación durante la fase de adaptación.

Las principales ventajas de una vivienda rural son:

- Menos coste por metro cuadrado, con casas habitualmente mas grandes, dado que antes se tenían familias numerosas, y en la casa además se tenía a los animales y se almacenaban las cosechas, los aperos, etc.
- Impuesto de circulación de vehículos, IBI y otros gastos recurrentes, son mucho mas baratos que en una ciudad.
- No hay gastos de Comunidad de Propietarios-as, por lo que las derramas no son algo que nos quite el sueño, además en muchas ocasiones el mantenimiento lo puede hacer la misma persona que vive en ella al no estar afectadas zonas comunes.
- Las tasas de basura y alcantarillado son mas baratas. En muchos pueblos el agua es gratuita o tiene un coste mínimo.

- La energía puede ser por fuentes renovables, como la energía solar, la geotérmica, la biomasa (ya sea mediante leña, como reutilizando el calor residual de una compostadora), eólica, etc.
- Ahorro de costes de mantenimiento de jardines, pues es la propia naturaleza la que se cuida a si misma.
- La cercanía de el centro de mayores o el colegio, sin necesidad para ello de utilizar vehículos. Los niños y niñas pueden jugar en la calle sin peligro, siempre pueden estar al cuidado de cualquier vecino, no es necesario el stress adicional de llevarles a actividades y esperar a que salgan, pueden ir solos a la piscina o al polideportivo municipal, o pasar la tarde en la biblioteca. Siempre se puede llegar a un acuerdo con alguna persona, por ejemplo alguien mayor que viva sola, para que vaya a recoger y acompañar a los niños. Esas personas se sentirán útiles y la compensación a darles podría ser por intercambio. Hay muchas cosas y servicios para intercambiar en un pueblo, desde arreglar una ventana rota, a compartir la cosecha, o llevar a la persona en el coche los fines de semana a visitar a sus hijos en la ciudad, etc.
- A veces en lugar de centro de mayores, la plaza del pueblo cumple su función, reuniéndose al sol las personas jubiladas, que se cuidan mutuamente, se acompañan a casa, o van juntas al centro de salud a las revisiones periódicas.
- La calefacción y el agua caliente pueden ser totalmente gratuitas, bien sea aprovechando los restos de poda para la chimenea, o bien mediante un sencillo sistema de aprovechamiento del calor residual del compost, que se consigue haciendo las pilas de compost sobre una espiral de tubo de fontanería (no cobre porque mata las bacterias que hacen el compost), o con un sistema mas evolucionado fijo, consistente en instalar unos tubos verticales en el centro del montón de compost o incluso varios grupos de tubos si el sistema es grande, esto puede calentar el agua a 65 grados de forma permanente durante los seis meses que tardan las hojas, virutas y restos verdes de alimentos en convertirse en abono para las plantas. (*En internet se pueden ver multitud de vídeos de como hacerlo*). Ese calor residual es constante, día y noche, y se puede pasar a un calentador de agua para la ducha y cocina (con sistema de mezcla automática o manual con agua fría para no quemarse), y también para, con un

sistema de suelo radiante, calentar las viviendas (teniendo la precaución de instalarlo con una distribución adecuada en el suelo de las habitaciones, para que puedan tumbarse nuestros niños y animales domésticos, sin quemarse o podamos caminar sin calzado. Lo mejor es poder abrir y cerrar la llave para zonas concretas de cada habitación.)

Una de las solicitudes de ampliación de información que más se han recibido tras publicar la primera edición del libro ¡ Repuebla ! Han sido las relativas a la calefacción por compost.

Básicamente, ese sistema consiste en hacer pasar por el medio de montones de hojas de árboles, restos de verduras que sobran en la cocina o partes no utilizadas de las plantas como tallos y hojas, incluso raíces y tubérculos, descartes de hortalizas por tamaño, pequeñas ramas, césped y otros restos vegetales (no carnes y elementos podridos) en montones y pasar por el medio unos tubos (ojo, que no sean de cobre porque este mata las bacterias que necesitan esos vegetales para su acción descomponiendo esos vegetales). Por esas tuberías se hace circular agua, ya sea con bombas, por presión o por temperatura (el agua caliente sube). La acción de las bacterias y microorganismos descomponiendo ese material, con su justo grado de humedad y aireación, desprende un calor residual suficiente para calentar el agua sanitaria o para calefactar la casa por suelo radiante, incluso para cocinar en "cama caliente" o calentar un invernadero. Si se prepara un buen montón de vegetales diversos, con paja, heno, hojas y verduras con el tamaño y forma adecuados, podríamos tener agua caliente y calefacción desde principios de otoño hasta primavera, sin tener que añadir nuevo material; solo teniendo que airear un poco de vez en cuando y manteniendo la humedad adecuada. En primavera todos esos restos vegetales se habrán convertido en un abono orgánico de excelente calidad que podremos usar en el huerto o comercializarlo.

por lo que, a continuación, se puede ver un enlace donde ampliar esa información en internet:

https://ecoinventos.com/calefaccion-con-compost/

Otra opción de climatización gratuita, es aprovechar la energía geotérmica, ya sea la generada por la propia Tierra o bien la que supone el calentamiento de la tierra en verano por energía solar, y el enfriamiento de la misma en invierno, ambas van transfiriendo ese calor o frío poco a poco por lo que la tierra podría estar frío en verano y caliente en invierno. No obstante, hay un sistema que podemos construir fácil y de manera barata en una casa de campo para refrescar la casa en los tórridos veranos que se nos avecinan.

El sistema recomendado, en base a la Aerotermia, son los llamados Pozos Canadienses o Provenzales, esta última denominación se usa sobre todo para los sistemas de aire acondicionado y la de pozo Canadiense está más enfocado a obtener aire precalentado.

El sistema consiste básicamente en que el aire que entre en la casa se refresca previamente. La forma de funcionar es enterrar entre 2 y 5 m de profundidad unas tuberías por las que circula el aire exterior, y que es refrescado por la menor temperatura de la tierra (preferiblemente húmeda) que cubre estos conductos, y que así, al entrar en la casa, el aire entra refrescado en verano o precalentado en invierno (se puede emplear conjuntamente con un montón de compost, que acaba de calentar el aire que ya venía precalentado por la propia tierra, o bien directamente).

Si la entrada de aire del tubo está situada en una zona de sombra, orientada al Norte, en España y en todo el Hemisferio Norte (en el Hemisferio Sur, hacia el Sur), el aire entrará más fresco, especialmente si esa tubería de entrada de aire la recubrimos de ladrillos de poro abierto (los más baratos que se usan en la construcción) y los humedecemos, para que hagan efecto botijo y refresquen aún más ese aire que entra (es importante para que haga el efecto botijo, que estos ladrillos estén mojados y en una zona donde corra el aire, para que, al evaporarse el agua, se refresquen) . El aire se puede introducir forzadamente por un ventilador o bien poner captadores de aire en todas las direcciones o al menos en dirección a los vientos dominantes en verano, que vayan reduciendo su diámetro en forma de cono para que así el aire también se refresque, si bien esto es mucho más importante que sea así en la entrada de aire de la casa, que debería tener un diámetro inferior que a la entrada de este.

Estas tuberías donde entra el aire ya refrescado, el cual se refresca aún más al pasar por las tuberías enterradas, preferiblemente en zonas donde la tierra, sea húmeda, por lo que poner estas tuberías por debajo del huerto ayudaría a aprovechar el agua que se filtra del riego se refresca aún más. (quizá se podría también aprovechar para ello la construcción de la piscina y que el agua de la misma refresque ese aire). Luego el aire entra en la casa, preferiblemente a través de un conducto más fino, ya sea forzado por un ventilador movido por energía solar o bien por si mismo. Estará mucho más fresco (cálido en invierno) y tendremos un mínimo de 5° menos que el aire que entra de manera natural por las ventanas. Esto parece poco, pero de estar a 34° a estar a 29° C la diferencia se nota mucho. Si se ha hecho bien este sistema, y se protegen las ventanas con toldos o con enredaderas que hagan la misma función, especialmente en la cara sur, se notará el fresco muchísimo, especialmente si se intercala un ventilador justo antes de la salida de aire (entrada a la casa) y se hacen aberturas para que el aire caliente de las habitaciones, como sube, cuando está caliente, se vaya de forma natural por el techo.

Cuando estaba escribiendo esta parte, me acordé, por casualidad, de las famosas válvulas Tesla, inventadas por el ahora afamado inventor croata. Estas válvulas, sin partes mecánicas de ningún tipo, aceleran el aire que entra en ellas y le impiden regresar, por lo que se me ha ocurrido encargar a un alfarero que me fabrique varias con arcilla tipo botijo, pero con la capa interior barnizada para que no entre humedad en ese aire, pero que refresque, para ponerlas tanto en la umbría donde estaría la toma de aire exterior, como en la que da justo al interior de la casa o incluso en el medio de la tubería (incluso hacer una tubería completa de barro poroso, que fuese enterrada en lugar de la tubería más económica de plástico o la de metal, que transporta mejor el calor o el frío, pero me temo que ese experimento será muy caro por lo que empezaré a probar con una o dos nada más.

Técnicamente, para hacer un pozo provenzal se necesita simplemente hacer una toma de aire fresco a metro y medio de altura más o menos, en sitio umbrío u orientado al Norte (en el Hemisferio Norte) conectarlo a la casa con unas tuberías que tengan al menos un 3% de pendiente, para que el agua de condensación se concentre en una arqueta y no produzca olores ni hongos, que tenga un filtro de polen e insectos a la entrada, y que la salida hacia la casa tenga un poco de forma cónica, pero sin pasarnos, salvo que tengamos intercalado un ventilador que fuerce mucho el aire. Ese aire fresco puede entrar directamente a la casa o servir para refrescar el condensador exterior de un equipo de aire acondicionado para que gaste menos energía.

Otro sistema que se puede emplear es el de aprovechamiento directo de la geotermia, enterrando en una tubería un radiador invertido, que aproveche la temperatura del suelo para refrescar o calentar el agua o aceite que circula por una tubería fina que, enterrada, con forma espiral, regula la temperatura de esa agua y luego solo necesita un "fancoil" que es como un radiador, que traspasa esa temperatura hasta el interior de la casa donde solo necesita un simple ventilador para transferir esa temperatura al aire, por lo que, con una simple bomba y un ventilador se podría tener una temperatura muy agradable con un consumo energético mínimo.

Para poder disfrutar de las ventajas de vivir en un pueblo, es necesario vivir realmente en el mismo, y, para ello, se necesita un paso intermedio que va mas allá de convencerse la persona de que puede vivir feliz en un pueblo, sino que, además debe elegir el pueblo idóneo para ello.

La Ley 45/2007 para el desarrollo sostenible del Medio Rural en el Artículo 33 obliga a facilitar el acceso a la vivienda a la ciudadanía del Medio Rural y adaptar los regímenes de protección pública a las singularidades de dicho medio, concediendo una atención específica a Jóvenes, Mujeres y Personas con Discapacidad. Por tanto, es "de Ley" crear viviendas de protección oficial en el mundo rural, y también es obligación de quien tiene las competencias al respecto, el modificar la normativa de las mismas para adaptarlas al entorno rural, tanto en materiales de construcción, metros cuadrados disponibles, anexos, etc. Siendo la creación de vivienda también posible mediante la rehabilitación de la ya existente, pues se corre el riesgo de crear divisiones clasistas y antiestéticas tipo "pueblo viejo" y "pueblo nuevo".

Tanto la rehabilitación de la vivienda existente como la construcción de viviendas nuevas deberían de ser de la forma tradicional en la zona, al menos que no rompa estéticamente con el paisaje dominante, si bien, adaptándola con los criterios constructivos modernos, al menos en lo referente a aislamiento y seguridad.

Teniendo la opción de la vivienda, también es necesario disponer de espacios de adaptación al medio y aclimatación al entorno, donde una persona pueda establecerse, por ejemplo, en una vivienda colaborativa; lo que hoy en día venimos a llamar con unos anglicismos definitorios, el **cohousing, coliving y coworking**.

Lo cual, traducido a Román Paladino es compartir vivienda, compartir vida y compartir trabajo.

Suena raro, pero no lo es tanto:

Tenemos costumbre, desde hace tiempo, de ver hogares multipersonales que no son un núcleo familiar: Cuando una persona emigra, o va a estudiar a otro lugar, nada más llegar procura buscar una vivienda solitaria o compartida, mientras se establece. La tendencia a vivir solo es mayor en los hombres rurales que en las mujeres rurales.

Esa vivienda urbana, en ocasiones, es solamente una serie de cubículos anexos donde habita cada persona como si fueran viviendas completas, teniendo solo un baño común y a veces una cocina también común. En ocasiones, se llegan a convertir pequeñas habitaciones en viviendas completas, minipisos que más se parecen a una minicaravana que a una casa.

Un espacio mas evolucionado, que también se puede ver en algunas ciudades, tiene una estructura parecida, siendo, una serie de cubículos, pero con un salón común, una cocina común y un baño común. Estos espacios de vida compartida ya tienen unos requerimientos de empatía y similitud, por ejemplo pueden buscar personas del mismo sexo, que estudien lo mismo, o que sean del mismo país o región, que practiquen el mismo deporte, que sean o no veganas, que estudien lo mismo, etc. Esa vida en común ya se parece mas a lo que necesitamos en el medio rural.

Las personas que viven en comunidad tienen actividades aparte de la propia vida en común. Estas pueden ser estudiantiles, de ocio o laborales.

Una persona que vuelve al pueblo tiene esas mismas necesidades, más o menos.

Una ventaja que tienen los pueblos es la posibilidad, -que tantas trabas "burrocráticas" injustas se encuentra en muchos sitios-, de autoconstruirse la vivienda. También la autoconstrucción o también la construcción colectiva de viviendas por los tradicionales sistemas de intercambio. Cuando se trata de construir colectivamente varias viviendas lo que se suele hacer es hacerlas todas iguales -muy habitual cuando son tipo pisos- y luego sortearlas, para garantizar que así todo el mundo ponga el mismo empeño tanto en lo que van a ser casas propias como casas ajenas y no se esmere mucho en lo suyo y no ponga cuidado en el resto. Cuando se trata de grupos más o menos consolidados y concienciados se presupone que este problema no va a ocurrir y el empeño y cuidado se pondrá por parte de todo el mundo igual.

La construcción puede realizarse con los sistemas mas habituales como ladrillos y hormigón, o con otros sistemas mas tradicionales a los que se pueden adaptar técnicas mas modernas, como es el caso de, por ejemplo, las tradicionales casas de adobe, que ahora se pueden hacer por escaso coste, y mínimo esfuerzo, con lo que se llama "superadobe" que es un método simple, que consiste en rellenar unas mangas de polipropileno (*como los sacos que habitualmente vemos llenos de escombros en la ciudad pero sin cortar*) llenas de tierra que se van superponiendo haciendo unos muros muy resistentes, de bajo coste y alta eficacia aislante o de conservación de masa térmica, según sea el contenido de los sacos solo tierra o tierra con corcho u otros aislantes duraderos.

La construcción con paja, promocionada en España por la Asociación denominada "Red de Construcción con Paja" junto con otras asociaciones, que usa la paja como material constructivo. Esta, comprimida en balas compactas, resulta bastante ignífuga, es un gran aislante térmico y acústico muy barato, solo necesita un revoque exterior y que la primera línea de paja no esté en contacto directo con el suelo húmedo. Aunque, en algunos ayuntamientos, tiene el inconveniente de la dificultad de conseguir los permisos para usarla en construcción, por lo que podría ser mas complicado su uso, simplemente porque es un material inusual en la actualidad.

El arquitecto estadounidense Mike Reynolds, que podemos ver en el documental ***"Garbage Warriors",*** construye, básicamente, rellenando neumáticos usados de vehículos con tierra apisonada, para hacer las paredes y usa botellas de vidrio para hacer vidrieras de colores, que además de decorativas, filtren la luz al interior.

Este uso de los neumáticos, con el sistema que propone Mike Reynolds, no está contemplado específicamente en el Real Decreto 731/2020, de 4 de agosto que regula la extensión de la vida útil de los neumáticos al máximo. Si bien, una consulta vinculante, a la Comunidad Autónoma correspondiente, probablemente permitiera, a tenor de ese mismo Real Decreto, extender la vida útil de esos neumáticos, al usarlos para la construcción de viviendas. Varias décadas después, si por lo que sea se decide el derribo de la construcción, sería el momento de gestionarlos en los Centros Autorizados de Tratamiento, como residuos. Asimismo se podrían utilizar neumáticos cortados en tira y entrelazados, como si fuera un damero, como base para caminos rurales, carreteras o entradas a domicilios, siempre que ese uso se autorizara por las autoridades y no causase problemas ambientales.

Para favorecer el retorno al medio rural, se podrían establecer, *donde la arquitectura tradicional no sea predominante en el paisaje*, con ayudas públicas, unos centros de vida en común. Unas casas con un formato y distribución particulares -por ejemplo con forma de domo o casas de balas de paja (incluso recubiertas luego con lajas de piedra si el paisaje lo requiere, e incluso hechas con los invasores bambú y caña asiática)-; con las habitaciones en las partes exteriores y un gran salón central- donde estas personas recién llegadas tuvieran sus espacios de intimidad, pero también unos espacios comunes donde charlar e interactuar, poniendo en común las experiencias y conocimientos del día.

Al provenir la mayoría de un entorno similar (la ciudad), las dudas y dificultades serán similares, por lo que el aprendizaje y la experiencia de una persona puede ayudar al desarrollo comunitario, además de formar lazos de confianza y amistad que posteriormente podrían desembocar en parejas o grupos de vida en común.

Estas zonas comunes deberían tener también un espacio abierto al resto de la población, es decir, no ser islas urbanas en el pueblo. Y para ello se podría integrar en esos espacios comunes, un bar, o similar – si no hay ninguno en el pueblo – , donde pudieran acudir a conocer e interactuar con esa Comunidad todas las personas del pueblo. pudieran interactuar con las recién llegadas. Además, así se irían conociendo, y, por tanto, rompiendo las barreras y miedos que impiden a las personas del pueblo alquilar o vender viviendas o tierras a personas desconocidas, pues ya serían conocidas y consideradas como "del Pueblo".

Estas viviendas colaborativas se podrían clasificar por afinidades laborales y dotarlas de espacios laborales comunitarios. Así, unas podrían dedicarse a personas con trabajos totalmente autónomos, por ejemplo teletrabajo. Quizá una persona que se dedica a traducir películas no precisa tener equipamiento en común con otras personas y podría compartir la casa con una persona que, por ejemplo escribe libros. Estas personas podrían convivir en un espacio que tuviese buen aislamiento acústico y una muy buena conexión a Internet. Necesitarían habitaciones grandes tipo estudio, y pocas zonas comunes, orientando la vivienda en su diseño mas hacia disponer de huerto y jardines para el ocio productivo y estar cerca del gimnasio, cafetería o bares del pueblo para la vida social.

En otro pueblo pueden orientarse, por ejemplo, a las artes escénicas. En ese caso los espacios personales no necesitan ser tan amplios, por lo general, pero si disponer de un gran espacio central, con varios microespacios, donde poder ensayar y diseñar los espectáculos. En este caso, la vida en común es muy útil puesto que al observar el trabajo del resto de convivientes pueden surgir ideas mas creativas, trabajos en colaboración, etc.

Una vez pasado el período transitorio en las viviendas de adaptación, y habiéndose aclimatado al entorno, las personas neorurales necesitan ya disponer de un espacio propio, y lo común será el intentar construirse o arreglarse una vivienda propia.

Para facilitar eso, sería conveniente establecer un sistema novedoso de ayudas tanto económicas como burocráticas, que facilite la autoconstrucción de viviendas, sobre todo de carácter ecológico.

El papeleo podría facilitarse con acciones muy sencillas, como por ejemplo disponer de planos homologados, genéricos, para determinadas viviendas sencillas, que pudiesen ser replicados fácilmente y que faciliten que la labor de los-las arquitectos sea solo de control, lo que disminuiría los costes iniciales. Cuando hagan las posteriores ampliaciones a su gusto, contratarán los servicios completos de un gabinete de arquitectura que les haga un trabajo a su medida. Para favorecer la repoblación rural se debería facilitar la instalación de viviendas prefabricadas, casas móviles, impresión 3D, yurtas, etc. etc. agilizando y normalizando los permisos y solo poniendo trabas cuando esté plenamente justificado.

Esa "permisividad" no quiere decir que se dejen de tener en cuenta los criterios sanitarios, paisajísticos, etc.; sino que se ponga un especial cuidado en la aplicación. Por ejemplo, si se quiere construir en una zona de paisaje natural un edificio de ladrillos quizá no encaje, pero si se quiere hacer una vivienda subterránea tipo "*hobbit*" o con cubierta vegetal podría quedar totalmente integrada en el paisaje. Si se garantiza un biodigestor para las aguas fecales, podría ser una buena opción.

Disminuir las tasas e impuestos cuando se trate de autoconstrucción de vivienda habitual sería también interesante.

Claro que, la ley debe ser igual para todo el mundo, y habría que evitar la profusión de chalets de fin de semana disfrazados de repoblación, para ello se podría en esos casos obligar a depositar una fianza o un aval bancario, en el Ayuntamiento o la Comunidad autónoma, e ir devolviéndola en función de cada mes que se hubiera comprobado por la Guardia Civil o la policía Autonómica correspondiente que la persona había vivido allí todo ese tiempo y en su caso establecer algún mecanismo sancionador.

Como complemento se podría facilitar el acceso a tierras de cultivo abandonadas, estableciendo unos años de carencia de tasas, impuestos y aranceles si se recuperan los cultivos tradicionales de la zona o se modifican a otros en función de las necesidades impuestas por el cambio climático, siempre que los cultivos sean endémicos, ecológicos y con variedad y rotación de los mismos.

La potenciación de la construcción o reforma de aspecto tradicional, pero con nuevas tecnologías y sistemas constructivos, especialmente los orientados a el ahorro energético, está financiado por la UE y no solo minora los gastos energéticos de la persona que los instala sino que, en su proporción, hace disminuir la dependencia de un país de recursos energéticos extranjeros además de minorar la huella de CO2 y , por tanto, luchar contra el cambio climático. El construir bioclimáticamente supone poder vender tu ahorro en contaminación en el mercado internacional de Derechos de Emisión.

El acceso a la vivienda mediante los sistemas tradicionales de alquiler o de venta (con los consiguientes problemas actuales para conseguir una hipoteca si no se dispone de ingresos regulares), se puede compensar con la aparcería, también llamada masovería en el Levante peninsular y Baleares, que son acuerdos de cesión de inmuebles a cambio del mantenimiento, rehabilitación o incluso la gestión de alguna finca.

Esta cesión se suele hacer al desnudo, es decir, sin pago por ninguna de las dos partes. Si bien también está la opción de incluir en el contrato una contraprestación a la persona aparcera, por ejemplo: pagándole los materiales de construcción, prestándole la maquinaria agrícola o incluso dándole una pequeña compensación mensual si la contraprestación está descompensada; esto se suele hacer en caso de que la vivienda precise rehabilitación, o el abandono de la finca por largo tiempo, suponga una necesidad de, por ejemplo reconstrucción de los muros de piedra seca, etc. En todo caso es conveniente que, esta relación especial de acceso a la vivienda, se haga constar en un documento notarial o al menos en un contrato privado escrito.

La generación de energía eléctrica, calorífica o de otras fuentes renovables es importante que sea de una forma distribuida y colaborativa.

En un pueblo, alguien puede tener un generador de biomasa que conecte por la noche. Por el día se puede usar la electricidad fotovoltáica de los tejados de la granja de otro vecino, con picos de energía eólica de un pequeño generador comunal que tiene el Ayuntamiento, incluso aprovechar el calor residual que se produce en la depuradora, etc. Si todas las fuentes energéticas están comunicadas, e incluso se dispone de algún sistema de almacenamiento, ya sea una cara y contaminante gigabatería, o un sistema más ecológico que por ejemplo utilice los excedentes energéticos para bombear agua de un embalse aguas abajo a otro más alto, que podría generar energía hidroeléctrica.

Es cuestión de evaluar los recursos para poder independizarse de la Red poblaciones enteras. A esto se le llama "Comunidades Energéticas Locales", que además pueden recibir subvenciones específicas para su constitución y funcionamiento.

https://www.idae.es/ayudas-y-financiacion/financiacion-del-idae/comunidades-energeticas-locales

En esta página web puedes ver la información de las ayudas que aporta el IDAE para financiar estas Comunidades Energéticas Locales.

Es conveniente preguntar en tu Comunidad Autónoma por las Ayudas del Plan Estatal de Vivienda, especialmente si se tiene menos de 35 años, ya que puede suponer el 50% de subvención del precio del alquiler de la vivienda durante tres años, o 10.800€ o bien el 20% del coste de compra de la misma, incluyendo la nueva construcción, si se prefiere adquirirla.

Aunque sea subvencionada, el consejo del autor de este libro es que siempre se opte primero por el alquiler, ya que la compra directa, en algunas ocasiones, podría no ser la mejor opción, pues no se sabe de antemano si se va a encajar en el pueblo, si en este se cubren las necesidades de la persona o si las relaciones con sus vecinos y administración local van a ser idóneas. Además, una vez que la persona está viviendo en el pueblo por un tiempo, puede hacer correr la voz que quiere comprar una casa y recibir ofertas de mejores oportunidades y mas económicas.

El medio rural también puede acoger otras actividades, como por ejemplo las industriales. Un pueblo podría crear un espacio mas orientado a la producción industrial, para ello precisaríamos diseñar por separado los espacios de vida colaborativa y los de producción en común. Siendo, en este caso necesaria una distancia física entre ambos para evitar ruidos y otras molestias.

Si, por ejemplo, ese espacio fuese dedicado a la metalurgia, podría estar dotado con máquinas plegadoras, prensas, etc. de uso común. e incluso podría seguir siendo utilizado cuando estas personas acabasen su estadía en la zona de adaptación consolidando una actividad empresarial. La mayor disponibilidad de suelo en los pueblos permitiría, en ese caso, instalar sistemas de fundido o precalentamiento de los metales utilizando, por ejemplo, energía solar de concentración, lo que supondría un importante ahorro en los costes energéticos, y ello haría que el producto resultante fuese mas competitivo en el mercado.

Estas zonas de adaptación gradual; estas viviendas colaborativas (de alquiler creciente, para así fomentar el relevo frecuente), se proponen, como su propia definición indica, para los primeros meses o años, debiendo abandonarlas al acabar ese período de tiempo y establecerse en otras viviendas del pueblo, dejando el espacio disponible para nuevos ocupantes, ya que se supone que durante ese tiempo, las personas usuarias de esos espacios han podido poner en marcha su negocio, visto la viabilidad del mismo y han conocido y sido conocidas por los habitantes de esa población con quienes habrán hecho sinergias para comprar, alquilar o cualquier otra fórmula jurídica para disponer de una vivienda propia en la población.

Si se dedicaban por ejemplo a la agricultura y-o ganadería, ya habrán aprendido las técnicas adecuadas, y obtenido sus primeras cosechas , y , por tanto ingresos.

Si eran artistas, comerciantes, artesanos, etc. podrían haber también consolidado su negocio e incluso creado otros puestos de trabajo que pudieran relevarles en el uso de estas viviendas.

Hay que tener en cuenta que, aproximadamente, el 80% de las personas que se van al pueblo, con la ilusión de establecerse, en menos de dos años regresan a la ciudad, desilusionados, precisamente por el fallo existente en ese período de adaptación y aclimatación, pues lo suelen hacer sin apoyo.(Ese porcentaje varía en función de que estudio se toma como referencia, pero en todo caso es siempre un porcentaje muy alto)

Con este apoyo al establecimiento, además del soporte mutuo pueden contar con la ayuda de la propia comunidad y quizá también con la de personal especializado.

La especialización del centro de trabajo colaborativo **(coworking)**, es algo que ya está promocionando la Comisión Europea a través de la Red Europea de Desarrollo Rural que quiere promover los **Polos Digitales Rurales**, en los cuales pretenden "***ofrecer un acceso a Internet seguro y veloz, junto con espacios físicos de teletrabajo***". Si bien deberían tener en cuenta que el trabajo no es solo en la red o de oficina, y se debería potenciar también el trabajo relacionado con la producción directa; teniendo en cuenta los factores externos, por ejemplo, si en el pueblo ha existido una fábrica de puertas, orientarlo hacia la carpintería. Si, por el contrario, ha habido un taller de soldadura, hacia la metalurgia,si al esparto, orientarlo al embalaje y personalización natural de productos, si fue industrial fabricar robots, etc.

Así, además de poder aprender otras técnicas laborales, en caso de que cualquier autoempleo se transformase en emprendimiento y precisasen contratar personal, podrían tener personas especializadas o al menos con una base en el sector. En este proyecto, lo mas importante es que se generen sinergias colaborativas entre habitantes de siempre y las personas recién llegadas; que ambas partes interactúen y se conozcan; para no generar islas aisladas, sino una unidad dentro de la misma población.

Este proyecto será escalable y reproducible Además, si se orienta a que las personas recién llegadas sean de otros países de la UE podría ser subvencionado por esta.

El acceso a la vivienda y a las tierras también debe modernizarse. Muchas personas no venden sus propiedades porque les tienen un apego histórico-familiar; tampoco las alquilan porque tienen miedo a los líos de impagos u otros problemas similares. También hay quien tiene viviendas sin uso, que solo le originan gastos de mantenimiento y las mantiene solo por si algún día las necesitan sus nietos, en ocasiones aún no nacidos.

Existe una manera de preservar la propiedad, garantizando el mantenimiento y encima obteniendo un dinero por ello. La fórmula es la **Cesión de Uso**. Destinada a personas que, quieren tener una casa con garantías de que no les van a echar de allí, sin preocuparse de que venza el contrato de alquiler ni de las subidas y bajadas del IPC, etc. También a personas, como por ejemplo opositores, que preveen un uso limitado en el tiempo mientras preparan la oposición, o personas que tienen un puesto de trabajo fijo en el pueblo pero que quieren, cuando se jubilen poder volver al suyo. Hay quien necesita unas tierras para un proyecto de cultivo de determinados árboles y necesita las tierras solo durante la vida útil de esa especie, o bien que solo las necesita para cultivarlas hasta que se jubile. Básicamente consiste en un acuerdo entre arrendador y arrendatario, para el uso del inmueble, a cambio de su mantenimiento y sin coste de alquiler o mediante una tasa fija estipulada previamente que siempre será inferior a la compra y también al alquiler, porque además suelen contener cláusulas relativas a ciertas obligaciones, como podría ser la rehabilitación del edificio, que los cultivos sean orgánicos, que mantengan el bar abierto un determinado número de días al año, etc.

Existen también otras fórmulas como las conocidas como masovería en el Levante y la Aparcería en Castilla, que son acuerdos de cesión de casas, fincas o negocios a cambio del mantenimiento, rehabilitación o una participación en las cosechas o rendimiento de caja si se tratase de un negocio, ya presentado previamente en este capítulo.

Es necesario reseñar aquí la necesidad de adaptar las normativas a la realidad rural, especialmente en lo relativo a la autoconstrucción de viviendas, así como a otras normativas, como por ejemplo en lo relativo a materiales de construcción, necesidad de estudios acústicos previos en viviendas aisladas, instalación de placas solares y generadores eólicos, instalación de minigeneradores hidráulicos amigables con la fauna piscícola,

Asimismo es conveniente revisar las normativas de alcantarillado cuando se pueden instalar biodigestores, o sistemas de depuración ecológicos a campo abierto, y cualquier otra norma diseñada desde un despacho urbano, que podría no ser procedente en la realidad rural, especialmente en viviendas aisladas.

El acceso a la vivienda rural es condición **"sine qua non"** para una repoblación exitosa.

Es importante comprobar las ayudas para la adquisición y para el alquiler de vivienda, tanto las generales como las específicas para pequeñas poblaciones. Estas pueden ser cuantiosas pero pueden estar condicionadas a determinados requisitos y siempre son para primera vivienda o vivienda principal.

Algunas ciudades pueden echar cuentas de lo que les cuesta mantener una ayuda social para muchas personas o familias, a veces, con lo importe con que le subvencionan de alquiler, electricidad, agua, etc., en un año, podrían pagar la mitad de lo que les cuesta comprar una casa en un pueblo pequeño, que fuese autosuficiente y con un trozo de terreno para por lo menos autoabastecerse de alimentos.

Muchas personas podrían iniciar una nueva vida en el campo si se unifican subvenciones (en plan ventanilla única), y montar un pequeño negocio, o mantener una huerta o incluso encontrar uno o varios trabajos de pocas horas semanales cada uno, pero que, sumados, pueden hacer un buen jornal.

No se trata de forzar a nadie, porque entonces fracasaría el proyecto, pero es una opción que se puede ofrecer a muchas personas cuando se quedan sin trabajo repentinamente o aumenta la familia sin aumentar los recursos, casos de violencia machista o lgtbfobia, pensiones bajas, etc.

Los Servicios Sociales deberían de conocer las posibilidades de la vida en el campo. Coordinarse los Servicios Sociales de pequeños ayuntamientos, para ver que perfil de personas estarían dispuestos a acoger y, con ello, preparar proyectos conjuntos de integración en la nueva población, preparando primero psicológicamente a las personas interesadas en la propia ciudad para que asuman las ventajas y los inconvenientes de ese traslado al rural, y si va a haber algún tipo de emprendimiento formar técnicamente para su gestión, etc. Posteriormente, a la llegada al pueblo, disponer de la casa en alquiler con opción a compra, que los alquileres vayan amortizando la propiedad, de manera que puedan ir pagándola poco a poco, y tener garantizada la subsistencia.

Tener casa no garantiza una repoblación de manera exclusiva. Sin casa no hay opción de repoblación, pero solo la casa no es suficiente y tiene que haber unos ingresos complementarios para la subsistencia. Antes de iniciar un proyecto de vida en el pueblo, es recomendable realizar un planteamiento económico sea emprender, tener un trabajo o mantenerse (hasta que lleguen mejores tiempos) del Ingreso mínimo vital.

Los proyectos antes mencionados, de convivencia colaborativa inicial en viviendas comunitarias, no son aptos para todo tipo de personas, por lo que es necesario un estudio previo de cada persona candidata por separado -incluso cuando estas forman familia, pues una sola nota discordante puede echar al traste todo el proyecto-. En casos de familias completas la necesidad de viviendas individuales es mayor.

Una buena manera de comenzar la vida en el pueblo podría ser mediante un proyecto de autoconstrucción de la vivienda, lo cual además ahorraría costes, e incluso aunque no se necesite, sería recomendable contratar a algunas personas del pueblo para realizar algunas tareas, como la fontanería, la electricidad, la cimentación, etc. ya que esto ayudaría a integrarse en esa comunidad. Una persona o familia que viva en la ciudad y que los fines de semana vaya a trabajar en el proyecto de autoconstruir su vivienda -incluso con ayudas sociales- va a ir creando vínculos con la población autóctona, y teniendo mas querencia por la propia vivienda que ha salido de sus manos. Esto les permitirá echar raíces en el pueblo mas fácilmente y que el proyecto de repoblación sea exitoso.

Es necesario en todo caso tener previsto que ocurriría si el proyecto fracasa y al final la familia o persona individual decide marcharse. ¿A quien pasaría la propiedad de la casa? ¿que se haría con las ayudas y si habría que devolverlas? ¿como se compensaría el trabajo realizado por esas personas para construirla? ¿podrían simplemente venderla y devolver las ayudas? ¿pasaría la vivienda a ser patrimonio municipal como vivienda social? Y otras preguntas que sería muy conveniente tener en cuenta previamente y reflejarlas en un convenio de repoblación, escrito y ante notario, que evitase problemas futuros.

También es necesario disponer de ayudas para la autoconstrucción, especialmente de viviendas, y esas ayudas no son solo económicas, sino también en forma de minoración de la burocracia y los impuestos.

Asimismo es necesaria una banca pública que facilite las hipotecas crecientes -según va avanzando la obra- para favorecer esa autoconstrucción, también llamadas hipotecas autopromotor, en las cuales el banco va dando dinero a medida que avanza la obra y suele o solía dar un período de carencia mientras dura la obra (suelen exigir tener previamente la parcela en propiedad, licencia concedida de obra, y el proyecto visado por el colegio de arquitectos).

Recordemos que el derecho a la vivienda digna está reconocido en la Constitución Española, pero en ninguna parte dice que tenga que ser en un duplex de lujo con vistas al mar. Los Servicios Sociales de las ciudades deben de tener esto en cuenta y, como decíamos antes, deben de colaborar con los Servicios Sociales de los pueblos para realizar proyectos coordinados, pues de nada sirve ofrecerle una vivienda en el pueblo a una persona que se ha quedado con movilidad reducida y no puede salir de su casa, si esa vivienda se le da en una casa rural donde hay que acceder por un camino de cabras o está en una calle muy empinada donde una silla de ruedas no podría subir o provocaría accidentes al bajar si le fallan los frenos.

Tampoco es útil una vivienda en un pueblo sin un hospital cercano si la persona tiene que ir a diario a hemodiálisis u otros tratamientos.

También deberían mirar los Servicios Sociales si el clima de la zona es lo mas adecuado para esa persona, si tiene frío o humedad, o exceso de calor, etc. y estudiar la posibilidad de integración laboral por cuenta ajena o propia que se pueda realizar en el pueblo.

A veces se pueden montar proyectos conjuntos, por ejemplo si una persona necesita atención domiciliaria y quiere irse a un pueblo, podría ir también la persona cuidadora, por lo que la repoblación sería doblemente exitosa.

Las Administraciones Públicas, como veremos mas desarrollado en un capítulo posterior, tienen un papel imprescindible en la repoblación rural y, para ello, es necesario tener viviendas públicas.

Los pequeños municipios quizá no puedan asumir el coste de construir viviendas públicas nuevas con ladrillos, aislamientos, y dotarlas de servicios, pero si podrían construir con los sistemas sostenibles antes comentados de superadobe, paja, neumáticos, o cualquier otro sistema constructivo como domos de caña y madera o similares. La construcción de estas viviendas bioclimáticas podría realizarse mediante escuelas taller o talleres de empleo, ya que estos sistemas formativos ayudarían a las personas participantes encontrar empleo posterior. Además, podrían tener importantes ayudas, por el ahorro energético que supone, al no necesitar energía externa y además vender los derechos de emisión de CO2 que dejarían de contaminar éstas. Es mas asumible el coste de rehabilitar viviendas abandonadas, tanto de propiedad desconocida -teniendo en ese caso que notificar primero a Hacienda el abandono, posible abintestato, etc- o utilizar otros elementos jurídicos a su disposición. En ocasiones hay herederos y es posible localizarles, por lo que es fácil negociar por ejemplo una cesión de la propiedad al Ayuntamiento a cambio del condonado de los impuestos pendientes, o incluso una cesión temporal por un elevado número de años que supondría que pasadas esas décadas, se reintegraría la propiedad, arreglada y en condiciones de uso, a sus antiguos propietarios o su descendencia, libre de cargas y con todos los servicios e instalaciones al día.

Con objeto de facilitar ese acceso a la vivienda y a la tierra o para traspasar negocios rurales existen los bancos de casas, terrenos y negocios. De los que hablaremos mas profusamente en otra parte de este mismo libro.

Lo más importante es tener en cuenta que, en el campo, todo tiene dueño, incluso si solo quedan cuatro piedras amontonadas, son de alguien. Quizá esa persona esté dispuesta a cederla o prestarla o regalarla si se le pide, pero es bien seguro que se enfadará si alguien trata de apropiársela por la fuerza.

Los Ayuntamientos tienen la información de quien tiene la propiedad de cada inmueble, por la Ley de Protección de Datos y otra normativa en vigor no pueden facilitar el contacto de la persona propietaria del inmueble, si bien podrían, si quieren y tienen tiempo para ello, hacer de intermediarios y transmitirle el mensaje de que alguien desea contactar con la propiedad. Claro que esa información puede que no esté actualizada,

En el Registro de la Propiedad en cambio se puede pedir una nota simple sobre esa propiedad por un módico precio y obtener los datos de la persona propietaria, si bien luego habrá que buscar el contacto por otras vías como las Redes Sociales.

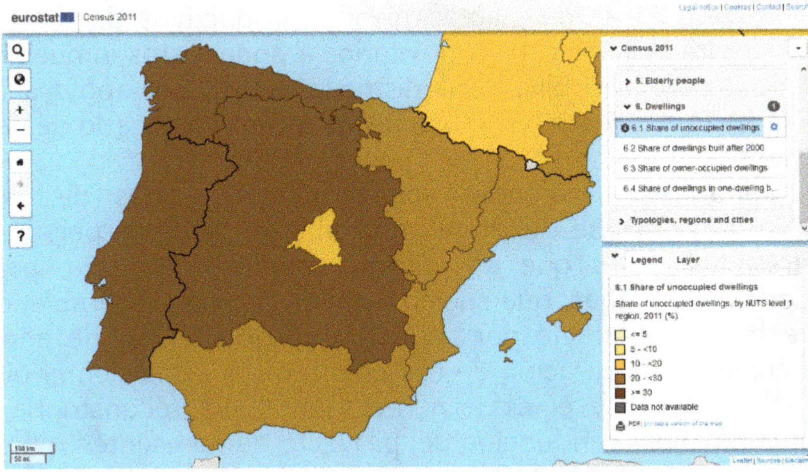

Porcentaje de viviendas desocupadas en España según el censo de 2011 de Eurostat.

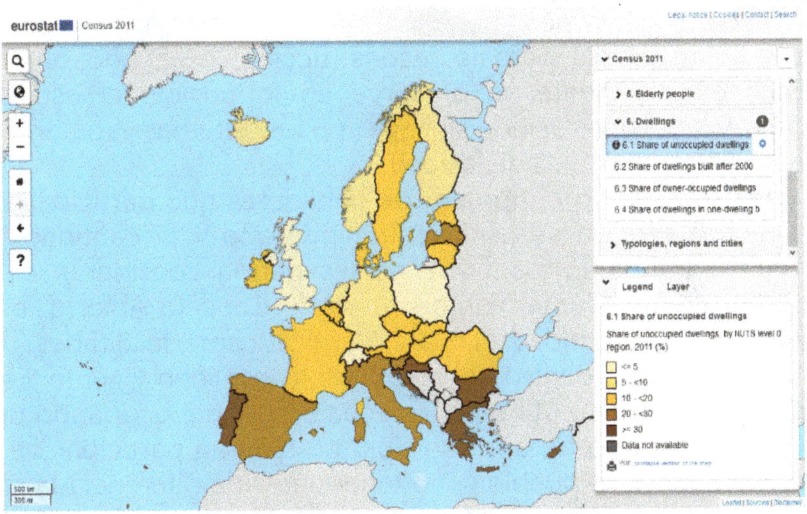

Porcentaje de viviendas desocupadas en Europa según el censo de 2011 de Eurostat.

Es necesario, por tanto, una intervención normativa que promueva el uso de esas viviendas vacías, por ejemplo minorando los impuestos a quien viva en las mismas la mayor parte del año, facilitando la reconstrucción de las que estén en mal estado tanto con ayudas como facilitando los trámites administrativos y promoviendo el establecimiento de pequeñas granjas, ecoaldeas o establecimientos productivos de diversa índole, para animar a sus propietarios a poner estos inmuebles en el mercado inmobiliario, al mismo tiempo que se apoya a las personas que quieren hacer uso de los mismos a hacerlo de una manera legal.

Cuando esas viviendas son propiedad de las distintas administraciones se deberían de establecer listas de personas interesadas, a las que se pudiera apuntar cualquiera, para cederles las mismas, que suelen estar en estado deplorable, en derecho de superficie por un determinado número de años, dependiendo la duración de ese contrato del estado en el que esté la vivienda y el esfuerzo necesario para reconstruirla y otorgarlas o bien en función del proyecto que presenten o bien mediante sorteo, dando preferencia a las peticiones realizadas por grupos de personas constituidas en Asociaciones, Cooperativas, etc. Asimismo se deberían facilitar ayudas en especie a estas personas para que puedan tener alimentos garantizados el primer año, así como materiales, maquinaria y herramienta propia para la reconstrucción, exigiendo que, al menos exteriormente se preserve en lo posible el aspecto original y la reconstrucción se haga con los sistemas y materiales propios y tradicionales de la zona.

Incluso, cuando el número de habitantes que participan de esa reconstrucción sea suficientemente alto y la cantidad de terreno a utilizar lo justifique, se les podría considerar, a su petición, como Ayuntamiento propio de Concejo Abierto, o al menos como Entidad Local Menor, para facilitarles su autogestión, pero dentro del respeto a la legalidad vigente. Esto sería especialmente útil para las ecoaldeas, que, ocupando una parte del territorio de un municipio no quieran participar de la vida habitual en el pueblo si no tener una vida diferenciada con criterios de administración y construcción propios. Si bien no es esto el modelo ideal de repoblación rural, si no un modelo de utilización del territorio, el cual podría también beneficiar al resto de poblaciones de alrededor, si por ejemplo estos nuevos municipios acometen obras de carreteras o caminos propios o con las necesarias interacciones mercantiles de vecindad.

Las intervenciones demográficas que favorezcan el aislamiento no son las ideales, aunque en muchas ocasiones la separación administrativa facilita la dinamización de la comarca sin inferir en la vida y forma de gestionarse las poblaciones autóctonas. Luego dependerá del carácter común de las personas que forman esa ecoaldea, si encaja con la población vecina y hay relaciones de buena vecindad e interacciones positivas o simplemente son un espacio dentro del territorio, que se mantiene aislado y que solo contribuye al bien común al aumentar el censo general de la comarca a la hora de exigir carreteras, telecomunicaciones, etc.

CAPÍTULO 4

El transporte

Vivir en una zona rural, en muchas ocasiones, significa ser ermitaño-a a la fuerza. No es de recibo que en algunas poblaciones solo haya un autobús que va a la ciudad los lunes y regresa los viernes.

La falta de infraestructura local conlleva el ahogo de la producción agrícola de cercanía, lo que implica la necesidad de aún mayores inversiones, para poder recibir productos de fuera, lo que, por otra parte, implica que el alimento tenga que ser recogido demasiado verde, y se trate con fitoquímicos para aguantar el viaje, que, por otra parte, implica un elevado índice de contaminación, y la necesidad de mas combustibles fósiles, lo que supone por otra parte, el aumento de guerras para controlar esos combustibles.

Así, el traer nuestra comida fresca desde el otro lado del mundo, podría suponer "comer verduras de sangre" (llamadas así por las guerras y explotación de mano de obra esclava, que se usaron para su cultivo y especialmente para el combustible de su transporte, la electrónica de sus aviones, etc.), y que para mas INRI, carezcan de sabor y olor.

Si precisamos además, para ello, ampliar nuestros puertos, y gastar miles de millones de Euros en medidas correctivas para la contaminación, además del gasto sanitario que esa contaminación produce, estamos tirando el dinero, a mismo tiempo que perjudicamos a nuestra propia ciudadanía.

Con el dinero gastado en la ampliación de un puerto, con lo que eso afecta a las corrientes oceánicas y a la vida marina, además de a la salud de quienes habitan las ciudades cercanas por la contaminación atmosférica, que sale por las chimeneas de los grandes barcos; se pueden hacer muchos kilómetros de carreteras y garantizar el aprovisionamiento de la población desde nuestro propio territorio. Disminuyendo además la emisión de gases de efecto invernadero, fijando mas carbono y previniendo problemas futuros de desastres naturales por el cambio climático acelerado que estamos provocando con el actual estilo de vida que llevamos.

Si nos gastamos ahora el dinero en hacer carreteras, poner fibra óptica o desarrollar vehículos aéreos de uso personal o transporte, o, cualquier otra política que fije la población en el rural, no tendremos que gastarlo luego en la extinción de incendios. En eso se deberían de invertir los Fondos COVID de recuperación, la modernización del país a base de la creación y adecuación de infraestructuras , no solo movilizaría recursos y crearía empleo si no que , también supondría una garantía de supervivencia del País ante posibles crisis futuras. Ya que ese dinero lo van a pagar nuestras nuevas generaciones, al menos que también puedan disfrutar lo que con ese dinero se creó.

Si potenciamos la dispersión de la población, en un medio ambiente mas saludable, no nos gastaremos el dinero en luchar contra pandemias, porque la población estará mas sana, y además, en caso de necesidad, el confinar a una pequeña población tendrá una repercusión mínima en la economía, pudiendo asumir fácilmente, sin necesidad de apoyo exterior, el coste económico que eso suponga, en contra de lo que puede suponer aislar una gran ciudad o un país completo.

La Ley 45/2007 para el desarrollo sostenible del medio rural garantiza un adecuado servicio público de transporte de pasajeros , incluso adaptado, en el medio rural, así como garantizar que las vías de comunicación estén en condiciones adecuadas de uso, exigiendo, en el artículo 23, la mejora de la oferta de servicios de transporte público en el medio rural especificando también la necesidad de tener en cuenta en ello a las personas con discapacidad.

Según el CES, el 42% de los municipios rurales en España, en los que viven aproximadamente dos millones de personas, están situados a mas de 45minutos en coche de la ciudad mas cercana.

La falta de recursos para tener varios vehículos, junto con los problemas ocasionados por la edad, ya sea por la falta de edad suficiente para poder obtener el carné de conducir, como la falta de destreza que conlleva el avance de la edad. Eso ocasiona que, en muchas ocasiones, esa falta de movilidad sea motivo de despoblación; especialmente en las personas mas ancianas, que pueden preferir irse a la ciudad, con sus familiares, a vivir en una situación de aislamiento que les impide ir a especialistas médicos, o a hacer la compra o simplemente a ver a sus nietos. Por eso el mejorar los servicios de transporte público en el medio rural es básico para mantener a esa población, aunque sea con autobuses a la demanda, los cuales sería ideal que funcionasen 24h al menos los fines de semana para mantener también a los jóvenes y adolescentes.

La garantía de una movilidad laboral, es decir, disponer de un transporte para poder acudir al trabajo diariamente puede fijar a la población en edad legal de trabajar que podrían seguir vinculadas al pueblo aunque su jornada laboral se realizase fuera.

Ese transporte suele ser propio, si bien una adecuada garantía de servicio podría favorecer el uso de un transporte público y por otra parte, conseguiría una financiación extra por la venta de derechos de emisión de carbono junto con la propia rentabilidad que el aumento de usuarios le daría a las líneas que funcionasen bien.

La dependencia del vehículo privado encarece enormemente la vida en el pueblo, hay zonas de montaña, con carreteras tercermundistas, donde desplazarse a la capital de provincia es una aventura de varias horas (eso siempre que la carretera no esté cortada por un desprendimiento o similar), y cueste lo mismo en combustible que a una persona residente en Baleares o Canarias le cuesta un billete a la península en avión (*aunque en ocasiones les cueste llegar al aeropuerto que el propio avión, especialmente si son de poblaciones del interior de la Isla*).

Esos desplazamientos deberían tener algún tipo de financiación, sea directa o indirecta, como por ejemplo permitiendo a esos vehículos utilizar gasoil agrícola,(que podría pasar a denominarse gasoil rural) siempre que se pueda comprobar periódicamente por la Guardia Civil que la residencia es efectiva en esa población de pocos habitantes, y así evitar picaresca.

Ya hay pueblos que ponen puntos de autostop a la salida de los mismos, protegidos por cámaras, para que, quienes tengan que desplazarse puedan hacerlo compartiendo coche, especialmente en los lugares que la voracidad predadora de los taxistas impide el desarrollo de las plataformas colaborativas.

El transporte es un servicio público básico y necesario que no puede ser obviado. Quizá lo que sea necesario es un replanteo del mismo.

Hay pueblos de montaña que están a menos de cinco kilómetros en línea recta de una ciudad, pero que, debido a la orografía del terreno pueden tardar en llegar media o incluso una hora, cuando han de bajar escarpadas cuestas llenas de curvas hasta el valle y luego hacer el camino inverso en la montaña de enfrente.

En esos casos lo que se necesita simplemente es imaginación, y, por ejemplo, poner un servicio de telecabina que en quince minutos cubra el trayecto.

En otras ocasiones diversas empresas de autocares han pujado por las líneas, teniendo unas obligaciones mínimas, que no siempre cumplen. Concesiones renovadas automáticamente con poco interés, que pueden ser sustituidas por otros servicios, gestionados por las asociaciones vecinales u otros órganos privados, que, para no infringir la ley violando la exclusiva pueden hacer viajes diarios a las universidades, centros comerciales y hospitales solo para sus socios-as, a veces en colaboración con otras de otros pueblos.

Incluso, donde la concesión de los autobuses impida implantar nuevas líneas o ponerles competencia, cuando esa concesión no cumple o es claramente insuficiente o inadecuada, se podrían poner trenes turísticos, que son esos tractores decorados como locomotoras, que arrastran uno o varios vagones de pasajeros con fines turísticos, o con otra decoración, y que, al ser una actividad turística, no confluye teóricamente en intereses con las concesionarias de las líneas de autobuses.

Sobre temas de transporte alternativo, también se puede potenciar el uso de cuadriciclos -incluso con pedaleo asistido por motor eléctrico- , caballerías, coches eléctricos tipo campos de golf; las cuales podrían ir por determinados caminos, y en muchas ocasiones, de esta manera, ahorrar tiempo en el transporte, pues por caminos muchas veces se puede llegar a un destino antes que por la carretera, incluso viajando mas lentamente.

Poder poner alternativas no significa que sea lo mas interesante, pero siempre es bueno tener la opción, aunque solo sea para presionar a la concesionaria para que cumpla su cometido.

Lo mas efectivo, es que las administraciones obliguen a respetar la ley y las condiciones de las concesiones a las empresas concesionarias.

Los puntos de carga eléctrica parecen enfocados a las ciudades, pero es en los pueblos donde pueden desarrollar todo su potencial. Ya están empezando a verse todocaminos eléctricos, y tractores eléctricos, incluso autoconducidos autónomamente. La mayoría de las personas que se dedican a la agricultura o la ganadería, tienen alguna nave o garaje conectada a la electricidad, incluso casetas de aperos, aisladas, que pueden ser dotadas de un sistema de carga solar y eólico, que cada día tienen un coste mas bajo.

Es responsabilidad de la Administración potenciar la instalación de puntos de recarga, preferiblemente autónomos (eólico-solares) para los vehículos en las poblaciones rurales. Si estos postes de recarga son de uso público, a coste mínimo, no solo van a contribuir a la mejora del medio ambiente, especialmente acústico y a la mayor calidad de vida de los habitantes rurales, sino que además fomentarán el turismo de recarga. Es decir, cualquier vehículo eléctrico que esté circulando por cerca, podrá parar en el pueblo a recargar las baterías, y de paso conocer el pueblo, comprar unos regalos y, si se hace una buena campaña de promoción, se podría conseguir que añadiese este punto en su ruta para próximas ocasiones, o bien que publicase algunas fotos en las redes sociales que podrían atraer otro turismo de mas larga duración.

Hay que tener en cuenta que los puntos de recarga eléctrica no son solo para los coches y tractores, sino que también podrían ser utilizables, dotándoles de un enchufe adecuado y un sitio donde atar con un candado el vehículo o cubículos cerrables independientes, para las bicicletas eléctricas, patinetes e incluso sillas de ruedas o triciclos adaptados eléctricos. El disponer de estos puntos, tanto en los pueblos, como teniendo puntos de recarga en ruta (quizá añadiéndole wifi gratis) fomentaría la movilidad comarcal, yendo la juventud, pero también las personas mayores, ya sin carné de conducir, de visita a esos otros pueblos en los que podrían quedar con sus amistades, hacer la compra de lo que no haya en el suyo, o simplemente pasear a recordar buenos tiempos. Y con la ventaja que con estos vehículos no necesitan ir por carreteras sino que pueden ir por caminos locales ahorrando en muchas ocasiones varios kilómetros.

Esto también podría dar autonomía eléctrica a otros vehículos como los de reparto de mercancías, de correos, de vigilancia, etc. que, si bien habitualmente dispondrían de carga suficiente desde su origen para su actividad diaria, nunca está de más mientras hacen una ruta a pié por el pueblo, o proporcionan un servicio veterinario, darle al vehículo media hora de carga adicional. Además, esa garantía de poder recargar en todo momento facilitaría el uso de vehículos eléctricos por ejemplo a los Forestales o a la Guardia Civil, que podrían acercarse en silencio a cualquier punto y así, por ejemplo evitar incendios forestales o robos de cosechas o maquinaria y capturar a los culpables.

Se debería potenciar el uso de bicicletas, incluso de carga, dotando con carriles bici adecuados las comunicaciones rurales. Tengamos en cuenta que el uso de la bicicleta es cada vez una opción mas demandada. Con los nuevos sistemas de propulsión eléctrica, las bicicletas de carga son una alternativa cada vez más práctica para cargar pesos y herramientas. No tardará mucho en salir al mercado una bicicleta de carga especialmente diseñada par usos agrícolas, en principio para carga de aperos y cosechas, pero quien sabe si también saldrá algo para pequeñas tareas agrícolas en fincas de subsistencia familiar.

Cercanías, donde existan, debería tener un precio social para las personas que residan en municipios en riesgo de despoblación y acudan a diario a trabajar, a tratamientos médicos que no precisen ambulancia, o a estudiar a las ciudades. Asimismo en las concesiones de líneas de autobuses debería establecerse una cláusula similar. Y, por supuesto, se debería de garantizar el servicio en todo momento.

No olvidemos las necesidades de transporte adaptadas a las circunstancias personales, por ejemplo por franjas de edad. Así, las personas jóvenes, que necesitan un mayor contacto social, pueden utilizar por esos caminos rurales vehículos específicos. En algunos países nórdicos, para ello, modifican los vehículos todo terreno o agrícolas para que su velocidad sea limitada, y, poniéndoles una luz destellante sobre la cabina, son habitualmente utilizados por la gente mas joven para desplazarse desde los 16 años.

También existen muchos vehículos, que se suelen llamar erróneamente "sin carnet" que, con una licencia de ciclomotor, permiten el desplazamiento de jóvenes. Incluso algunos *quads* calificados como agrícolas, incluso eléctricos; si bien estos vehículos no pueden entrar en autopistas ni autovías, por lo que sería necesario dotar a todas estas infraestructuras de vías especiales por donde poder circular. Sea en vías de servicio o mejor aún, adoptando la propuesta de instalar carriles ciclopeatonales elevados, que se presenta nuevamente en este libro, y que además servirían de soporte para instalaciones energéticas solares.

Teniendo en cuenta que la red de carreteras de España tenía, ***según consta en la página Web del Ministerio de Transportes,***

Movilidad y Agenda Urbana, a 31 de diciembre de 2018, 165.624 kilómetros, de los que 67.908 km son gestionados por las Diputaciones. Y si bien la idea que en esta obra presento nuevamente, – pues ya la presenté al Gobierno en 2004, aunque en una versión reducida, que no se realizó por burrocracia,- podría aplicarse en todas las carreteras, autopistas y autovías de cualquier administración El centrarnos en las carreteras que dependen de las Diputaciones es lo que mas va a incidir en las posibilidad de repoblación y de fijación de la población en el mundo rural. Y que supone, contando toda la red, calculando con la opción mas baja, que sería en el caso de que toda la red tuviese solo el ancho mínimo para carreteras de montaña, que son 6 metros. Se dispondría, en ese caso, de un total de aproximadamente 40.000 hectáreas (de las que se podrían desestimar como no aprovechables para este proyecto solar que presento, un 25%, debido a su orientación, situación, etc. Es decir, que podrían quedar un mínimo de 30.000 Hectáreas disponibles para rentabilizar con un cálculo más que moderado y pesimista.

El realizar infraestructuras viarias, como la propuesta en el gráfico, a modo de pasarelas elevadas de carácter ciclopeatonal, con servicios o comercio, puede parecer un gasto descabellado y mas en momentos de crisis, (*aunque si se hubiera acometido el proyecto cuando lo presenté por primera vez en 2004 al Gobierno, no hubiéramos entrado en la crisis del 2007 y ahora estaríamos exportando energía eléctrica a toda Europa*). Si esas pasarelas se recubren de paneles solares y se les dota con minigeneradores eólicos, y baldosas piezoeléctricas, con la venta de energía podrían no solo amortizarse, sino que podrían ser muy rentables. Se amortizarían a si mismos con la generación eléctrica, los soportes publicitarios y las tasas de los servicios como bares, puestos de comida rápida, puntos turísticos, etc. que habría por todo el recorrido, además de generar puestos de trabajo fijos en los municipios rurales para, su construcción, y luego su mantenimiento.

Si consideramos el dato (siempre cambiante según evoluciona la tecnología), 100 m2 de paneles solares producen 18,000 kilovatios/hora al año, a lo que además se le puede sumar la energía eólica producida en todas las columnas, por los diversos sistemas aplicables, e incluso la energía piezoeléctrica producida a base de instalar sistemas ya existentes, ligeramente flexibles, en el suelo, que podrían recoger la energía de los vehículos y peatones al circular sobre ellos, y unos sistemas de compostaje de los restos de poda de las plantas ornamentales sitas a la vera de las carreteras, así como en macetas de la zona peatonal para calentar esas superficies por suelo radiante, o como pellets para generación de vapor -y abonos naturales- se podría generar solo en nuestras carreteras toda la energía necesaria para el autoconsumo en el país y exportar una importante cantidad de excedentes.

Si tenemos en cuenta que un sistema como este estaría distribuido por todo el territorio, sería fácil adaptarlo, no solo para el transporte de hidrógeno, sino que también serviría para que, con sus excedentes, pudiese obtener hidrógeno barato y ecológico del agua y luego transportarlo, pudiendo elegir si transportarlo como electricidad o bien ya transformado en hidrógeno, en función de si está en zonas secas o húmedas.

Este tipo de infraestructuras, perfectamente compatibles con lo establecido en el **artículo 23 y 24** de **la Ley 45/2007** para el desarrollo sostenible del medio rural, respecto a la necesidad reflejada en el apartado c de ese artículo, de ***potenciar un abastecimiento energético sostenible, estable y de calidad, mediante la implantación de una red energética sostenible, de bajo impacto ambiental, potenciando las energías alternativas.***

Las carreteras de acceso a las pequeñas poblaciones suelen estar en mal estado porque se aplica el criterio de que no se justifican las inversiones para tan poca población, condenando con ello a muerte a esos pueblos que quedan incomunicados, incluso, en ocasiones, con la paradoja de no poder dormir por el ruido de una autopista cercana, pero a la que no tienen acceso.

Esto podría cambiar con esta propuesta de cambio de criterio de uso de esas carreteras de acceso, y, se les dota de un valor añadido, como podría ser la posibilidad de generar energía eléctrica, pasando entonces de ser un gasto económico importante, a una fuente de financiación para las poblaciones por las que discurra.

Cuando ya estaba este libro preparado para ir a máquinas, en su primera edición, he conocido un ***informe del Observatorio de la Sostenibilidad de España, que dice que si se cubren los tejados de Madrid – algo mas de 13.000 Hectáreas- con paneles solares, el resultado sería de una producción de 6.462***

GWh/año, para una potencia instalada de 4.503 Mwp, por tanto, y extrapolando esos datos, multiplicándolos por tres: el cubrir las carreteras dependientes de las Diputaciones, con un sistema de generación de energía eléctrica con paneles fotovoltaicos (por tanto no incluyendo la potencia adicional de los minigeneradores eólicos o piezoeléctricos adicionales) **supondría un equivalente a reducir las emisiones en casi diez millones de toneladas de CO2 amortizando las inversiones en menos de cinco años en el caso de Madrid**, lo que podría precisar el doble de tiempo, unos 10 años para el caso que nos ocupa, puesto que el proyecto supone una infraestructura adicional pisable que habría que construir. En los cálculos sobre la amortización no se han contemplado ni las ayudas europeas ni los rendimientos adicionales por alquiler de espacios como tiendas, bares, publicidad, soporte de líneas y conducciones de productos medidos por contador, ni la propia venta directa de la energía a través de una catenaria a los vehículos eléctricos que -principalmente camiones- pasasen por debajo de la pasarela y captasen de allí la energía que necesitan para moverse. Tampoco se ha considerado la venta de los derechos de emisión de carbono, que se podrían comercializar no solo por la energía producida, sino por el tráfico de vehículos amortizado, (al poder disponer de sistemas alternativos como bicicletas, etc.).

Compensamos la pérdida de energía en algunas zonas por estar frecuentemente nubladas con la pérdida de producción en Madrid por la capa de contaminación, y los cálculos por tanto son, en esta extrapolación aproximados.

Esa energía -recordemos que solo contamos la solar fotovoltaica producida en carreteras de las Diputaciones y consideradas como si todas fueran carreteras de montaña- supondría abastecer de electricidad a mas de 3.500.000 personas, y eso equivale a los habitantes de muchos pueblos.

En Madrid calculan que cubrir los tejados con paneles solares supondría 14.000 empleos de los cuales 9.900 serían estables. Con el sistema que se propone en este libro -contando solo las carreteras de las Diputaciones con la anchura de carretera de montaña (si le sumamos los kilómetros cuadrados de carreteras de ancho normal, las carreteras de las diputaciones y las carreteras del Estado con sus anchos correspondientes, la cifras se deduplicarían) se crearían mas empleos, ya que hay que considerar que sería necesario no solo instalar sino transportar, crear infraestructura, obra civil; por lo que podríamos calcular, a ojo de buen cubero, unos 50.000 empleos directos, de los que podrían quedar para el mantenimiento unos 30.000, si bien, con esta propuesta, la ventaja adicional sería la creación de una gran cantidad de empleo indirecto, dado que esas infraestructuras elevadas estarían también pensadas para pasear, la instalación de tiendas, bares, talleres mecánicos para bicicletas, paneles publicitarios, etc.. Todo ello supondría no solo empleo directo para quien lo gestiona, sino también para proveedores, transportistas, aseguradoras, mantenimiento, informática, y , sobre todo artesanos y artesanas de la zona que es lo que mas nos interesa para el objetivo de este libro.

Si el sistema se aplicase a toda la red viaria, considerando el ancho de las autopistas, autovías, etc., que de media tendría mas de 20m incluyendo arcenes; triplicaríamos esta producción en fotovoltaica, y duplicaríamos la eólica al poder disponer de espacios también en las columnas centrales situadas en la mediana, por lo que podríamos además vender una gran cantidad de energía verde a Europa, lo que, entre la venta de la propia energía en si, y la venta de los derechos de emisión de CO2, **supondría dinero suficiente para poder cubrir el coste de las pensiones de todo el Estado y duplicar -como mínimo- su importe mensual.**

El aumento del empleo además supondría para el Estado un aumento de ingresos a la Seguridad Social, y por IRPF, además de una disminución de gastos de coberturas sociales por desempleo.

Estos sistemas podrían atraer inversiones europeas, como mínimo de la mitad de los costes, a través del programa **Intelligent Energy**, siendo la otra mitad obtenible fácilmente, a través de las ayudas para la creación de empleo junto con la venta de los derechos de emisión de carbono que hubiera supuesto. Además, este tipo de inversiones tendrían una consideración especial dentro de los fondos Next Generation.

La forma de cubrir esas carreteras -también utilizable para las vías de tren- es el instalar una cobertura a base de paneles solares, junto con generadores eólicos de pequeño tamaño. El sistema evolucionado, con vías elevadas ciclopeatonales, que presento en este libro, supondría cubrir las carreteras con unos sistemas a doble altura, siendo la primera de ellas, una vía circulable en bicicleta o a pié, disponiendo además, de un sistema ,sobre la mediana,de vagonetas colgantes, que podrían ser vehículos de emergencia para primera intervención en caso de accidentes.

Colgante también sería un sistema de transporte de carga fraccionada y paquetería, sería un sistema rápido, por vacío -también presentado en 2004 mucho antes del Hyperloop- que comunicaría el corazón de los pueblos, a través de las oficinas postales, con el centro de las ciudades y sobre todo con las zonas logísticas. Lo que permitiría una rápida comercialización de los productos producidos en las zonas rurales, para poder entregarlos rápidamente en todo el mundo.

Además para fijar población y dar servicios complementarios, en esos andenes elevados, situados entre la carretera o ferrocarril y los paneles solares del techo, se podría pasear, hacer deporte, o ir en bicicleta, por lo que serían sitios ideales para establecer miradores, bares, talleres de bicicletas, tiendas de artesanía y productos de la zona, etc.. No se trata de hacer centros comerciales elevados, sino simplemente generar algunos puestos de trabajo y obtener unos beneficios adicionales que, por ejemplo puedan cubrir los costes de la limpieza y mantenimiento diario de las estructuras. Esos puestos de trabajo o microemprendimientos -según sea el caso- , deberían de ser exclusivamente destinados a personas de la zona, incorporando a los contratos de concesión una cláusula social que refleje ese criterio como parte de la lucha contra la despoblación.

El uso de pintura fotoluminescente, (no coincidente en color ni frecuencia lumínica con el de las luciérnagas, para así no interferir en su reproducción). Evitaría el consumo energético y se minoraría la contaminación lumínica de la zona.

Las cubiertas recogerían el agua de la lluvia que serviría para regar los maceteros, limpiar los suelos, tanto de los andenes elevados como de la propia calzada y sobre todo, limpiar los paneles solares del techo, que podrían ser híbridos; para además de generar electricidad, calentar agua. El agua caliente generada por esos paneles solares híbridos podría utilizarse para generar mas energía, duchas, limpieza, o incluso canalizarla a los pueblos para la calefacción de al menos los centros sociales, y edificios públicos como mínimo.

Estos sistemas deberían adaptarse al paisaje en su diseño, y no se podrían poner en todas las carreteras; especialmente cuando interfieran visual u operativamente con la actividad de esos pueblos, sea por su belleza turística o por tipos de maquinaria que suelen pasar por esas carreteras, exceso de curvas, etc.

Por lo que, de implantarse, se mejorará la seguridad vial, especialmente para peatones y ciclistas, y permitirá utilizar la energía eléctrica excedente en la obtención de hidrógeno, no solo utilizable para las pilas de hidrógeno, sino, incluso para los motores de explosión de vehículos si se invierte en investigación al respecto parte de los **30,000 millones de € que destinará la UE a investigación en estos próximos 10 años,** y se superan algunos temas aún pendientes en las emisiones y la corrosión que este tipo de combustible genera. Esta producción de hidrógeno podría trasladarse fuera del país a través de grandes hidrogenoductos instalados en estos propios soportes elevados.

Esto, además, tendría la ventaja adicional de tener un coste prácticamente nulo para la Administración, pues entre ***la financiación de la UE para la generación de energía sostenible, que alcanza hasta el 50% del coste total de la infraestructura*** (recordemos que una parte del coste puede ser la amortización del suelo, y en este caso ya es la aportación que hace el propio Estado); a lo que se le suma la posibilidad de la venta de derechos de emisión de carbono, la venta de la electricidad generada, los ingresos por publicidad, los derechos de uso o alquiler de la infraestructura *(por ejemplo, de los sistemas de tubos de vacío para el transporte de paquetería)* y las tasas por los bares y servicios turísticos implantados en el sistema, podría generar un superávit bastante amplio, y suficiente para eliminar el IRPF en todo el Estado y pagar una renta mínima universal. Y, si a esto le añadimos los beneficios indirectos por nuevas cotizaciones a la Seguridad Social, mayores ingresos del Estado por Impuesto de Sociedades, IVA y otros impuestos tanto directos como indirectos, junto con la atracción turística que supone la propia instalación en sí, lo cual es aumento de divisas, y la disminución de los costes de seguridad social por tener la gente una vida mas sana y la disminución de costes de control de incendios forestales, etc. Hacen estas infraestructuras altamente viables y rentables.

El transporte a la demanda es necesario para garantizar la movilidad de las personas más jóvenes y también más mayores, sin que tengan que depender necesariamente de vehículo propio y se debe garantizar en todo momento, cuando no haya un adecuado y suficiente servicio regular.

Las líneas de transporte se deben repensar en muchos casos, teniendo en cuenta las necesidades específicas de las personas que las usan. No siempre es lo mas práctico dirigirse a una estación de autobuses y desde allí tomar otros medios de transporte como autobuses o metro, para ir a su destino; haciendo mucho mas penoso, caro y largo, el desplazamiento a la urbe. Siendo especialmente notoria esa penalidad, cuando ese autobús pasa por delante del hospital, de la Universidad, etc. teniendo que hacer la persona un trayecto inverso para llegar a su destino, y lo contrario cuando quiere volver.

En ocasiones, estos servicios pueden salirle gratis a un pueblo o conjunto de pueblos, si se ponen en contacto con determinadas empresas que puedan financiarlo en una simbiosis que a ambas beneficie. Así, si por ejemplo en la ciudad hay un polígono comercial, o de ocio, los ayuntamientos de los pueblos de determinada comarca y los que estén en la ruta, cuando no tienen un adecuado servicio de transporte por incumplimiento de la empresa concesionaria; podrían negociar con las empresas de ese polígono comercial o de ocio; cofinancien el servicio de transporte, para garantizar que, a cambio de tener una parada en ese centro comercial y así fidelizar a la clientela rural. Así se cubrirían los gastos de mantener ese servicio cuando la demanda del mismo es deficitaria o incluso que sea un servicio gratuito (en ese caso no tiene por que ser todos los días sino poner un día de compras para cada zona geográfica y así optimizar costes). Eso es algo que se está haciendo con regularidad en discotecas, centros comerciales o multinacionales de muebles, que ponen servicios de autobús gratuito a sus expensas.

Ese servicio, de todas formas, hay que establecerlo con criterios adecuados, no es lo mismo financiar un autobús a un conjunto hospitalario o a una universidad, que se puede negociar con una Comunidad Autónoma, o ir a una macrodiscoteca o una tienda de muebles un día a la semana, que poner un autobús diario a un hipermercado de alimentación cuando estamos intentando que la tienda del pueblo siga abierta, siendo quizá mas conveniente en ese caso el negociar un servicio quincenal o mensual, de cara a adquirir los productos que la tienda del pueblo no tiene disponibles. Es decir, en todo caso hay que tener cautela y sopesar los pros y los contras de cualquier cambio que se implemente.

También es importante valorar otra posibilidad, como la del retorno, es decir, si el mismo autobús que va a la ciudad a dejar personas en un centro comercial para que llenen sus baúles en las rebajas, ha llegado al pueblo con gente de la ciudad que van a hacer senderismo, y parten, por ejemplo, desde la puerta de una gran tienda deportiva de una multinacional, a esa tienda le pueden aportar también mucho negocio al proveerse en la misma del material necesario y aprovechar la compra por impulso que se puede generar en ella, además de la imagen, para así contribuir a sostener los gastos del establecimiento de ese servicio. Cuando se plantea la implantación de alguno de estos servicios, habría que plantearse inexcusablemente que tiene que salir beneficiada la ciudadanía de esa población, el comercio local, y la empresa que financia el servicio. Si esas tres partes ganan, el servicio será viable. Si alguna de ellas pierde, el servicio está condenado al fracaso y podría ser la puntilla que acabe con el pueblo.

La nueva normalidad post-coronavirus implica un cambio total en las costumbres de movilidad. El teletrabajo descongestionará las autovías y autopistas excepto en las salidas vacacionales, que también podrán ir siendo sustituidas por unas vacaciones escalonadas. Los desplazamientos serán mas bien locales, la compra mensual o quincenal será local, cada dos o tres días y se podrá hacer en bicicleta o patinete eléctricos. La demanda de este tipo de vehículos, incluso en su opción de carga, crecerá en detrimento de los automóviles.

Las grandes multinacionales del automóvil lo tenían claro desde hace tiempo, pero el coronavirus ha precipitado la necesidad de cambio y, por eso, la precipitación en los cierres de fábricas que tenían ya previstas usando la pandemia como excusa.

Las nuevas tendencias en el transporte pueden ser un revulsivo en los entornos rurales, donde podrían establecerse fácilmente empresas fabricantes de esos vehículos, así como vehículos para personas con movilidad reducida.

Si bien no solo en los vehículos alternativos puede estar la oportunidad, sino también y sobre todo, en la fabricación de complementos y piezas compatibles. Ya no son necesarias las megafábricas, y ahora podemos externalizar toda la producción, limitando la fábrica al ensamblaje final. Eso facilita una ventaja adicional en los pueblos, especialmente a nivel comarcal, ya que en una zona con experiencia en la guarnicionería se podrían fabricar asientos personalizables de cuero, en otra zona se podrían fabricar neumáticos, los cuadros, los espejos, puños, cintas decorativas, sistemas de alarma, GPS, tijas, fundas de transporte o de aparcamiento, sistemas para colgarlas del techo y cualquier otro elemento productivo. Esos pequeños talleres podrían estar uno en cada pueblo y trabajar para varias marcas. Los productos se pueden vender ensamblados y listos para su uso o venderlos pieza a pieza por Internet. Al ser productos mas o menos estandarizados y por tanto compatibles se facilita la comercialización a nivel mundial. La diferencia estará en la innovación, el disponer de triciclos, cuadriciclos, bicicletas, patinetes, sillas de ruedas para deporte paralímpico, etc. de diseño clásico o con diseños innovadores, con o sin apoyo eléctrico, con carenado o descubiertos, de paseo o de carga, etc. será lo que marque la diferencia y le de el éxito a una empresa en este sector tan consolidado pero que va a renovarse completamente; y, donde un servicio personalizado, a la medida, será garantía de éxito.

La entrega de paquetería con drones, los taxis aéreos , que son precursores de vehículos aéreos para uso personal, es decir, los famosos coches voladores,o los robots para agricultura, vehículos de reparto terrestres, etcétera, supondrán una oportunidad de revitalización de las zonas rurales despobladas pues no solo será necesario disponer de mano de obra para la fabricación, sino que también será necesario el diseño, la comercialización , las reparaciones post-venta, la logística, etc. Y eso se podrá hacer en pueblos diferentes, especializándose cada uno en una parte concreta, sobre lo que no se va a incidir en esta obra, ya que el mismo autor ha publicado un libro específico sobre ese nuevo mercado llamado “Sin Aviones” el cual está disponible en: https://www.amazon.es/dp/B096TRTTC6

Las tecnologías del transporte no se limitan al transporte terrestre o por ferrocarril, sino que también se pueden aplicar a la aeronáutica y al espacio. Por supuesto en ese campo , como en muchos otros, se necesita tener una formación muy específica, pero, al igual que las bicicletas, este sector también se compone de piezas. Una fábrica de carros de catering para los aviones en fibra de carbono por ejemplo podría estar en un pueblo pequeño y dar una máxima calidad, especialmente si eligen un pueblo que tenga unas características ambientales la mayor parte del año en cuanto a humedad y temperatura que faciliten la calidad sin tanta inversión en crearlas artificialmente.

La disponibilidad de espacio se puede aplicar a otros productos, como por ejemplo a la fabricación de globos, dirigibles, ultraligeros, y, hasta globos estratosféricos, los cuales tienen un enorme tamaño y posiblemente sean utilizados, de uno en uno, o varios agrupados, para el lanzamiento de naves espaciales desde las capas altas de la atmósfera, ahorrando muchísimo dinero en costes, al subir la plataforma de lanzamiento a varias decenas de kilómetros de altura, y por tanto disminuir tanto el combustible de lanzamiento como la carga de pago, o carga útil, necesaria para lanzar las últimas fases del cohete que podría hacerse a decenas de kilómetros del suelo con un mínimo coste.

Este tipo de globos en breve serán también usados para el turismo espacial, ascendiendo casi a nivel exterior de la atmósfera unas cápsulas turísticas desde las que se podrá contemplar todo el planeta, habiendo ya empresas que tienen prevista su comercialización y cuyas plataformas de lanzamiento podrían resultar un revulsivo económico para la zona rural donde se instalen.

El rechazo a la contaminación atmosférica es cada vez mayor y, por tanto, es mayor la crisis aeronáutica. Si a esto se le suman los riesgos del coronavirus, y la creciente incomodidad de los cada vez mas minúsculos asientos de los vuelos de bajo coste, obtenemos un resultado de rechazo generalizado a volar, pero al mismo tiempo se mantiene la necesidad de hacerlo tanto en viajes intercontinentales como en intercomunicación con los territorios insulares. Para estos últimos se vislumbra en lontananza una tendencia al uso de dirigibles, ya sean con formas tradicionales o con forma de ala. Mixtos que aprovechan el efecto suelo, o incluso los vehículos aéreos de propulsión humana (HPA son sus siglas en inglés), o aviones a pedales.

Estos vehículos aéreos tripulados a distancia, o robotizados, que se mueven a baja altura, podrían ser el elemento clave para garantizar la calidad de vida en el mundo rural, y, por tanto, la repoblación. Y no se trata solo de poder llevar una pizza caliente hasta el tractor, o unas medicinas urgentes a un pueblo que ha quedado aislado por la nieve. La forma principal de garantizar la repoblación gracias a los robots, drones, etc. es la fabricación de los mismos. Sea con talleres tradicionales o con impresoras 3D y pudiendo especializarse en cada uno de los talleres en una parte concreta.

Una ventaja adicional que tiene la vida en el pueblo y establecer empresas tecnológicas punteras en núcleos relativamente aislados. Esa ventaja es la garantía de confidencialidad.

Si bien el secreto siempre se puede violar y alguien podría observar o incluso grabar, por casualidad, una prueba de vuelo de un nuevo producto o la carga de un prototipo en un contenedor; pero disponer de un centro de investigación en una población aislada y con poca población permite rápidamente detectar personas extrañas por la zona y contaría con el apoyo de la población, la cual tendría interés en que esa empresa triunfe para garantizar la supervivencia del pueblo, podrían alertar de la presencia de personas extrañas por ejemplo en un grupo de mensajería a través del móvil por si fuera pertinente paralizar alguna prueba de vuelo o algo así. Esto garantizaría la total integración de la empresa en el pueblo.

Además, las empresas tienen la garantía de que el personal, una vez afincado en el pueblo y echadas raíces, no se va a cambiar a la competencia por dos duros mas al mes, por lo que el dinero dedicado a la formación lo rentabilizan siempre.

Si bien la instalación de pequeños aeródromos de césped o tierra en casi cualquier población reduciría notablemente su aislamiento, hay que ser práctico y, a día de hoy, todavía los vehículos como taxi aéreo, y similares no están popularizados y la mayoría de las personas preferiría trasladarse en tren, aunque esto puede cambiar en menos de una decena de años.

Comunicar poblaciones no solo tiene que hacerse usando vías férreas, también se puede hacer mediante cables. Especialmente en poblaciones de montaña, donde instalar telecabinas para la comunicación entre poblaciones podría ser mucho mas barato que hacer carreteras,y además tendrían un valor añadido adicional de ser un atractivo turístico cuando el paisaje y las vistas merezcan la pena.

Crear líneas de ferrocarril podría ser caro, aunque aplicando el sistema propuesto anteriormente para las carreteras, esos costes entre subvenciones de la UE y venta de derechos de emisión de carbono se podrían amortizar rápidamente, dando opción incluso a poder viajar gratuitamente en una amplia red que llegue a cualquier pueblo.

En España tenemos 15.301 km de red ferroviaria, según datos publicados en la Web del Ministerio de Transportes; una parte con vía única, muchas vías dobles o triple vía, las entradas en estaciones con sus cuellos de botella, y las superficies de tejados y andenes de las estaciones, centros de mantenimiento, etc. podríamos considerar en una hipótesis muy conservadora que la superficie disponible, incluyendo todo el espacio de dominio público, es decir, contando todo el terreno deslindado al servicio del ferrocarril (quitando túneles, etc.) para hacer estas instalaciones, sería equivalente a la opción planteada por el OSE, de cubrir los tejados de Madrid con paneles solares, -aunque posiblemente la cantidad sea un poco inferior-, lo que supondría para la Gestora de Infraestructuras Ferroviarias la generación de 4.503Mwp y eso equivaldría a reducir las emisiones en 3,17 millones de toneladas de CO2 y supondría que en cinco años habrían amortizado los costes de instalación y tendrían 9000 personas mas trabajando en su mantenimiento, cuyos salarios futuros saldrían del propio sistema productivo. En esto no hemos contado con la generación eólica adicional de las pequeñas turbinas, los ingresos por alquileres de las tiendas y cafeterías que se instalasen no solo en las estaciones sino en los puntos intermedios, etc.

Recordemos que la instalación de toda esta infraestructura podría estar financiada entre la UE y la venta de derechos de emisión de carbono, aparte de la comercialización de los establecimientos comerciales.

Esas telecabinas podrían tener, en algunas de las columnas que sostienen el cableado, unos centros de producción energética eólico-solar, para ser autosuficientes energéticamente. Asimismo podrían tener un bar-mirador o una tienda de comercialización de la artesanía del pueblo. Eso generaría empleo, además del personal de mantenimiento necesario, y ese empleo sería fijar la población y evitar la despoblación.

CAPÍTULO 5

Telecomunicaciones y digitalización

Las telecomunicaciones actualmente son un derecho básico al que aspira cualquier contribuyente. En los pueblos no existe lo denominado "brecha digital", en los pueblos lo que hay es un "**abismo digital**".

No es de recibo que con las tecnologías actuales sea necesario subir a un cerro para poder hacer una llamada de urgencia o tener Internet "a pedales". Tampoco deberían de soportar el coste económico y sanitario de tener que comprar e instalar repetidores de telefonía privados.

La Comisión Europea mediante la estrategia sobre Conectividad para una Sociedad Europea de Gigabits que adoptó en 2016 quiere garantizar la plena inclusión de la ciudadanía europea en en el mercado único digital mediante la adopción de redes de muy alta capacidad y establece que todos los hogares europeos han de tener para el año 2025 acceso a una conectividad de al menos 100 Mbit/s.

En la actualidad según datos que publica esta entidad en su página web, ***"solamente el 40% de los hogares rurales en la Unión Europea tiene acceso a Internet de "la siguiente generación"".*** En una declaración conjunta del Comisario de Agricultura y Desarrollo Rural, Phil Hogan, La Comisaria de Políticas Regionales, Corina Crețu y la Comisaria para la Economía Digital, Mariya Gabriel, han dicho que: ***"Toda la ciudadanía europea deberían beneficiarse de conexiones de banda ancha a alta velocidad. No siendo el caso en la actualidad, especialmente en zonas rurales, lo cual las convierte en menos atractivas para la inversión"***

Castelserás, en la provincia de Teruel, con 830 habitantes, no habría conseguido ser el "Silicon Valley" español, ni un referente internacional sobre como combatir la despoblación con el cyberemprendimiento, si no hubiese tenido unas conexiones adecuadas a Internet y sus habitantes tuviesen que hacer como en otros pueblos, donde hay que trepar a un árbol para tener cobertura en el móvil o montarse un despacho virtual con un decorado de cartón-piedra en la cima de un monte o en el tejado de la nave ganadera para poder mantener una videoconferencia.

Conseguir señal de internet o de móvil en muchos pueblos puede dar lugar a situaciones increíbles

Es discriminación anticonstitucional que una persona no pueda tener acceso a los servicios públicos por motivo de su lugar de residencia. Hoy en día, con la manía de la cita previa, antes incluso del coronavirus, y sin dar opciones a atender a nadie que llegase sin cita -no solo porque no tenga ordenador, o no tenga Internet o no sepa manejarlo, sino por ejemplo la pérdida de un certificado electrónico de una empresa por un siniestro, o cualquier otro imponderable, puede suponer varios días de muerte civil, es decir,que en varios días no pueden hacer ningún trámite con la Administración, (en el caso de Asociaciones pueden ser varias semanas incluso debido al extraño funcionamiento del Ministerio del Interior) , lo que implica en muchas ocasiones graves perjuicios económicos, por no poder cumplir plazos de presentación de documentos, recursos, etc. En los pueblos pequeños es necesario no solo disponer de Internet público y de la posibilidad de contratar uno privado, sino que además es necesario que, por ley, se obligue a los Ayuntamientos a prestar un servicio de asesoramiento y ayuda con los trámites, validando documentos o facilitando videoconferencias para ahorrar desplazamientos (todo esto se ampliará mas adelante en este mismo capítulo) dotándolo de las correspondientes partidas presupuestarias.

Si las nuevas generaciones, datadependientes, odian ir al pueblo de vacaciones, porque recuerdan que, durante su infancia no tenían Internet, o este es de pésima calidad, será difícil que cuando sean jóvenes o adultos se planteen iniciar su proyecto de vida en la casa familiar del pueblo. Por el contrario, si desde la mas tierna infancia se les motiva, por ejemplo haciendo safaris fotográficos que incluyan la identificación de plantas o animales a través de aplicaciones para el móvil, puede suponer ese primer contacto con la naturaleza real, una asociación mental positiva, como una actividad agradable.

No se puede pretender una desconexión total desde el principio, la única manera de que esas generaciones generen apego a la naturaleza y con ella a la tierra y a través de ahí al pueblo, es ir paso a paso. Y, para el primer paso se necesita Internet, no solo en el pueblo con fibra óptica, sino también cobertura móvil de calidad para todas las compañías en el entorno

El acceso a la banda ancha en las telecomunicaciones es solo del 25% de los hogares en los municipios de menos de 10.000 habitantes, siendo el 47% de los hogares en las ciudades de mas de 100.000 habitantes. Esa diferencia en cambio no es tan notable en cuanto a la posesión de ordenadores, siendo esta de un 10% de diferencia (Según el Informe de Situación y Diagnóstico del Medio Rural en España dentro del programa de Medio Rural Sostenible del Gobierno de España).

La vida en el campo no quiere decir necesariamente ser anacoretas, si bien es cierto que hay personas que buscan el aislamiento en la vida rural, tienen que tener garantizado el acceso a las telecomunicaciones, independientemente que luego usen o no ese derecho.

Muchas de las soluciones propuestas en este libro a los problemas de despoblación serían inviables si no hay un acceso adecuado a las telecomunicaciones. La gestión de una cabaña ganadera o pedir cita previa para hacer unas consultas a Medio Ambiente, supone un martirio para muchas personas que tienen la vocación de llevar un emprendimiento rural.

Si bien hay tecnologías de satélite, *wimax* y otros parches para garantizar las telecomunicaciones en el medio rural, es necesario garantizar la llegada de la fibra óptica a cualquier localidad.

Una forma de hacerlo podría ser el dejar canalizado el espacio para la fibra óptica cuando se licita cualquier tipo de obras en las carreteras podría también garantizar la llegada de la misma.

Eso mismo aplica también para los tendidos aéreos de cables de media tensión, y máxime ahora con los robots que instalan la fibra óptica moviéndose enganchados a los cables ya existentes, sean estos de media tensión, de telegrafía, etc. Incluso los tendidos en desuso de telegrafía cobrarían una nueva vida con ello.

No solo se trata de garantizar las telecomunicaciones en los pueblos, las viviendas aisladas, naves ganaderas, etc. también deben tener una conexión tanto telefónica como de Internet suficiente, e incluso una persona que está labrando o pastoreando o paseando en el monte tiene que tener un mínimo garantizado de conexión.

Para eso se podrían instalar repetidores y antenas *wifi* u otros sistemas en las antenas de televisión, en las torres de alta tensión, en las torretas de vigilancia forestal (con la protección radioeléctrica adecuada para el personal allí destinado), etc. de manera que, como mínimo se pueda avisar en caso de accidente, o mandar una foto de una planta que se acaba de comer su hijo o su perro a su pediatra o al veterinario habitual, por poner algún ejemplo, y todo, con los sistemas comunes de telecomunicaciones que casi todo el mundo tiene en su bolsillo, como son los teléfonos móviles.

Las grandes operadoras telefónicas desdeñan ese mercado, pero luego llaman a la hora de la siesta para ofrecer sus servicios, y, ante eso, solo cabe una "Revolución de los Pueblos" , Unirse a la hora de realizar acometidas, quizá con la ayuda de Diputaciones u otros organismos, sin que luego pueda ser aprovechada por esas Compañías para luego hacer negocio. Es necesario que los pueblos creen compañías operadoras de telecomunicaciones, tanto legalmente como a efectos prácticos. Eso conlleva una necesidad de papeleo y gasto ingente, y que está fuera del alcance de cualquier pequeña población. Si bien, para todo eso hay soluciones:

- Hacerse compañía virtual de telecomunicaciones está bien, pero depende de las redes de los otros operadores, por lo que se hace necesario utilizar licencia, tecnología y otros conocimientos de entidades, como por ejemplo la Fundación **"guifi.net"** u otras para establecer nodos de telecomunicaciones en las poblaciones. De esa forma, aprovechando por ejemplo las subvenciones de la UE para poner wifi gratuita en los edificios municipales, parques o polideportivos, dotadas de, aproximadamente, 15.000€ podrían dar un servicio de calidad al menos en el núcleo de población.
- Dar servicio a las viviendas en diseminados, casas solas, unifamiliares aislados, haciendas o fincas, es algo vital para poder realizar cualquier actividad profesional, pero, hemos visto también, con el virus, la necesidad de dar teleformación, por lo que la educación a distancia y la telemedicina serán en el futuro habituales.

Red.es, es la entidad pública Ministerial encargada de impulsar la tecnología en la Sanidad, la Justicia y la Educación desarrolla un programa de Ciudades Inteligentes, del que cuelga otro dedicado a los Territorios Rurales Inteligentes, que permite no solo el control de luminarias y consumos de agua, riego, etc. sino otras cosas muy útiles para optimizar los gastos de los servicios prestados en el entorno rural, como, por ejemplo, dotar de sensores a los contenedores de basura, de manera que el camión de recogida solo se desplaza cuando están llenos, así, al optimizar la carga, disminuyen los costes, por lo que se garantiza la rentabilidad de los servicios y la dotación de los mismos.

Si una luz se enciende solo cuando pase alguien, el ahorro en el consumo eléctrico de la población puede ser cuantioso, sobre todo en los pueblos pequeños, además de dar una seguridad adicional a quien camina al saber que no hay nadie, ni humano ni bestia, acechando por la zona. Ese tipo de farolas ya se están implantando con energía solar de manera que no tienen mas gasto que el mantenimiento ocasional, además producen una luz muy tenue toda la noche (en algunos casos roja, para así evitar cansancio ocular si está cerca de alguna ventana de un dormitorio), y, cuando pasa alguien cerca, se ilumina completamente hasta un poco después que esa persona está fuera del alcance de la misma.

También trabajando con "big data" (macrodatos) se puede conocer, por ejemplo, el movimiento regular o puntual de personas, y alguna de sus características, así, por ejemplo se puede prever si es conveniente abrir el bar hasta mas tarde o si es necesario que el autobús entre en el pueblo o puede seguir porque no hay pasajeros. Estos macrodatos permiten intercambiar, sintetizar y procesar datos, en ocasiones a través de satélite, que influyen y programan las necesidades en cuanto maquinaria agrícola, optimización de semillas, abonos, etc.

La gestión de datos en la nube optimiza esos recursos y permite mejorar las cosechas. En la actualidad tenemos diversos tipos de robots que pueden realizar todo tipo de tareas agrícolas simples y complejas, limitando la acción del agricultor a la supervisión de los mismos, el rellenado de tanques y depósitos de agua, semillas, abonos, etc. y ocupándose del traslado a las fincas, por lo que pronto, la labor agrícola será mas bien de pastoreo de robots, donde la función del "pastor" es puramente intelectual, tomando las decisiones principales, y dedicando más su tiempo a las ventas y a la investigación, ya que tanto los cultivos como otras tareas, que pueden ir desde el ordeño hasta la alimentación animal o la limpieza de cuadras podrían estar completamente robotizadas. No obstante, es necesario tener en cuenta que muchos de los robots agrícolas, la gran mayoría, son diseñados para realizar tareas específicas, que requieren pasar mucho tiempo metiendo datos complejos, si bien la tecnología de datos compartidos puede simplificar eso por zonas, no debemos olvidar que esa mayoría son diseñados por personas que no tienen conocimientos agrícolas, mas que algunos teóricos, y por tanto, al final acaban siendo chatarra cara acumulada en los galpones del agricultor. Por lo que se hace necesario el fomentar, desde las empresas fabricantes de robots agrícolas, el teletrabajo, o mejor aún, el establecimiento de sus sedes y delegaciones en pequeñas localidades y que las ingenierías que les presten servicio en el diseño de los nuevos productos, sean principalmente personas de origen rural.

Estas tecnologías conectadas o autónomas (principalmente las conectadas) permitirán un gran ahorro en los insumos agrícolas, así se dispondrá de un menor coste en semillas, plaguicidas, agua, abonos, etc. suponiendo un considerable ahorro según "Vonnies Estes, consultora independiente con base en California" podrían llegar a suponer unos ahorros de entre un 30 y un 40%

La digitalización de las PYMES puede estar financiada en todo o en parte por diversos programas públicos. Para hacer una digitalización adecuada de la empresa se puede tener la información a través de la contratación de "asesores digitales", para eso la entidad pública RED.es tiene ayudas de hasta 5000€ para pagar ese asesoramiento tecnológico. Y apoyarlo a través de las "Oficinas de Transformación Digital"

RED.es también tiene un programa denominado "Acelera PYME" que, aparte de los procesos de transformación digital, fomenta la transformación digital y el trabajo a distancia, así como la formación y el aprendizaje digital, que son elementos básicos para garantizar la repoblación efectiva en el rural.

La Agenda Digital para Europa, en España tiene la Estrategia Nacional de Redes Ultrarrápidas que establece que todo ciudadano europeo deberá de poder acceder a conexiones de banda ancha a velocidades de al menos 30Mb. Esto permitirá la contratación por parte de usuarios finales de servicios de acceso de banda ancha fija, de alta velocidad, en todo tipo de ubicaciones sin tener penalizaciones que supongan una discriminación con respecto al resto de los usuarios de otras zonas; por lo que financian los costes asociados al alta en esas zonas infra-atendidas por los operadores. Cuando el objetivo de la UE es garantizar a cada hogar al menos 100MB de velocidad.

La inversión pública en telecomunicaciones no solo resulta la cobertura de una necesidad socioeconómica para la población residente en el medio rural, sino que también permite garantizar que cualquier otro elemento que requiera la conexión en la nube pueda seguir funcionando incluso en zonas con mínima población o despobladas, y esto incluye desde los vehículos autónomos, sean coches o tractores, servicios de detección temprana de incendios o prevención de inundaciones, servicios de emergencias, actividades formativas, etc. favoreciendo también la instalación de enclaves productivos.

Esto permitirá la telemedicina, que por ahora se limita a dispensar recetas electrónicamente, además de alguna aplicación para tratamientos crónicos. Pronto podrá existir una telemedicina real, con exploración y atención a distancia, de hecho, ya está funcionando, desde hace tiempo un sistema de teleoperaciones en remoto, por las que se pueden hacer cirugías a distancia con el uso de sensores y robots en realidad virtual.

Sin una buena conexión digital no es posible el acceso a la formación y no hay opción de "Escuelas conectadas". De poco le sirve a un estudiante que le den una *tablet* última generación, si solo la puede usar como pisapapeles.

En general los problemas del mundo rural no se acometen desde las administraciones públicas de la forma adecuada, quizá porque son conformadas las estrategias de gobernación pública desde las ciudades, por personas que, como mucho, viven en urbanizaciones y lo mas parecido al rural que han visto son los parques urbanos.

Con la pandemia del COVID-19, (precursora de muchas otras que vendrán posteriormente, cuando con el cambio climático se derrita el permafrost y salgan los virus allí invernados por miles de años) se ha hecho patente esta dificultad, cuando muchas personas se han trasladado, irresponsablemente, a sus segundas residencias o a la casa familiar en el pueblo para intentar teletrabajar desde allí -poniendo en peligro especialmente a las personas mas mayores que en ese pueblo vivían todo el año- y se han dado cuenta de que es una labor imposible, por la pésima calidad de las comunicaciones. Por ello, es de esperar, que si la tendencia al teletrabajo se consolida, muchas personas opten por mudarse al pueblo, donde podrán disponer fácilmente de un despacho individual, al ser el coste del suelo mucho menor. Si bien es cierto, que después de la frustrante experiencia debido a la falta de conectividad adecuada, muchas dejarán de intentarlo al menos por unos años.

Las Administraciones Públicas deberían fomentar acciones para la conexión digital, estableciendo elementos generadores de recursos económicos, Si no hay una dirección única con un proyecto a nivel estatal que garantice esos servicios, podrían crear entidades mixtas colaborando con el tejido social, no solo local, sino también comarcal. Estas aportarían inversión retornable, construyendo redes propias de telecomunicaciones las cuales podrían a su vez alquilar a los operadores de telecomunicaciones, a bancos, a operadores de televisión por cable o a la propia administración, que tiene la necesidad, y también la obligación de prestar determinados servicios como la Telemedicina.

Estas redes físicas son necesarias aunque solo sea como respaldo, pues la tendencia actual a establecer sistemas inalámbricos como el 5G podría no tener la fiabilidad suficiente, no solo por los avatares políticos que son casi un guerra internacional por el control de esas tecnologías, ni tampoco debido a la cada vez mayor oposición de la población a aumentar la contaminación radioeléctrica que ya sufrimos y que, cada vez mas, provoca hipersensibilidad electromagnética a parte de la población. Sino, que, este respaldo es absolutamente necesario para caso de eventos como tormentas solares, hackeo, cyberterrorismo o cualquier otro evento natural o de origen humano que dificulte o impida la comunicación sin hilos.

En estos casos la titularidad compartida de la red es importante y si se opta por una red con inversión principalmente pública se debe blindar la misma para que no pueda ser privatizada o puesta en manos de cualquier operador en exclusiva que pudiera tener a su clientela cautiva. Para garantizar el derecho a la libre competencia, ese blindaje debería de ser mediante una forma jurídica propia, como por ejemplo una fundación comarcal, cuyos estatutos fundacionales dejen claro el libre acceso a la red de cualquier operador y que pueda llegar a cualquier persona. Eso no quita que se puedan juntar esas fundaciones, a través de una Asociación o Federación, pero que, en ningún caso la participación en esas redes colaborativas debería quitarle la plena autonomía y capacidad de decisión a cada red comarcal, y eso debería quedar reflejado de forma clara e inequívoca en los estatutos fundacionales.

El teletrabajo se deberá organizar de una manera mas responsable desde las Administraciones Públicas; aprendiendo del caos del pasado confinamiento en el que, la no formación previa para teletrabajar y la carencia de medidas de cyberseguridad junto con protocolos de seguridad presencial, han expuesto datos en muchas ocasiones a visitas y familiares. En esos casos, al trabajar con datos personales y expedientes obligados a la confidencialidad de su contenido, de no existir un protocolo serio y estudiado, será inviable el teletrabajo en el domicilio. De otra manera se pondrían en riesgo esos datos, ya sea por posibles piratas que puedan entrar en su red privada, robos, o simplemente que algún vecino curioso entre de visita y se ponga a leer lo que está en la pantalla mientras vamos a buscarle una herramienta o la sal que necesita; incluso esos expedientes podrían estar al alcance de la tecla "borrar" que podría pulsar algún niño pequeño a modo de juego, o que la persona con la que conviven se acerque a darles un abrazo y lo lea en la pantalla. La excusa de que "no van a decir nada a nadie" no es válida en esos casos, por lo que es necesario garantizar esa confidencialidad.

Para ello se propone la creación de espacios públicos de trabajo compartidos entre personas de distintas administraciones, por ejemplo, la instalación en las oficinas municipales de equipos conectables a las distintas administraciones públicas, de forma que esa persona funcionaria pueda tener un despacho en el ayuntamiento pero ajeno a la actividad municipal, que también podrían tener una zona dedicada a espacios de trabajo compartido (popularmente conocidos bajo el anglicismo de ***coworking***) .

Claro que, por las medidas de distanciamiento sanitario, puede ser necesario el establecer múltiples despachos individuales, lo cual en un ayuntamiento pequeño, no siempre es posible, por carencia de infraestructuras, pero que se puede organizar con la colaboración económica de las administraciones y empresas usuarias, que se beneficiarán además del menor coste por metro cuadrado que hay en el medio rural, en comparación con lo urbano, liberando espacio que podría entrar fácilmente en el mercado inmobiliario urbano, pues habitualmente las Administraciones Públicas están situadas en zonas de elevado coste por metro cuadrado.

Otra solución para el teletrabajo podría ser tecnológica. Trabajar con terminales *tontos* conectados a la red, sin salidas USB o de otros tipos, y que tengan un sistema de reconocimiento facial que les permita identificar a la persona funcionaria, dándole acceso al mismo solo a esa persona y, siempre y cuando no tenga personas detrás o a los lados que puedan ver la pantalla. Así como el usar pantallas polarizadas para que solo sean visibles desde la posición de la persona usuaria principal, con reconocimiento continuo de su presencia para estar activados. Por otra parte, es muy necesaria la conexión en la nube, con garantías de seguridad que protejan del acceso no autorizado y el robo de datos a través de cualquier punto de conexión en esa nube.

En todo espacio rural, se debe disponer de puntos de libre acceso a Internet, sean tipo locutorio o tipo centro de juegos online o una combinación de ambos a disposición de toda la población, no solo de la más joven, puesto que el que su uso sea mayoritario por la población juvenil no es de recibo el aumentar la brecha digital con las personas mas mayores.

Los centros de acceso público a Internet son insuficientes si no se complementan con cursos de manejo de las nuevas tecnologías de telecomunicación. El saber como usar un teléfono móvil inteligente, o un ordenador son cosas muy necesarias, pero no debemos olvidar presentar otras opciones. Por ejemplo, muchas personas mayores han dejado de leer por tener dificultades de visión, y nadie les ha informado de la existencia de los audiolibros, ni les han enseñado a descargarlos.

Generaciones que se han criado escuchando radionovelas tienen la capacidad cognitiva necesaria y suficiente para seguir cualquier libro teatralizado o leído, concentrándose además mucho mas en el contenido; por mucho que algunas personas mas jóvenes presupongan que no son capaces de ello. Asimismo, la falta de fuerza en las manos puede hacer difícil sostener un libro en las manos mucho rato, y, no siempre es cómodo estar muchas horas delante de un atril. Teniendo los libros electrónicos, que, además de ser ligeros de peso, en la mayoría de los casos permiten ampliar el tamaño de la letra para hacerlo legible sin el uso de gafas, puede ser una gran opción cultural y de ocio para estas personas, cuya vista ya adolece de cansancio; con la ventaja de que no necesitan una conexión permanente a Internet para poder leer, o escuchar, su obra favorita.

La digitalización rural no solo consiste en llevar Internet a los pueblos sino también en llevar el pueblo a la ciudad, o a la cabecera de comarca. Plataformas de venta directa de productor a consumidor proliferan cada día mas, algunas solo venden productos frescos de temporada y proximidad, pero cada vez hay mas plataformas que comercializan productos envasados o elaborados.

Algunas de ellas tienen un precio fijo mensual por varias cajas de verdura o fruta de temporada al mes, que pueden ir acompañadas de huevos, miel, embutidos, carnes o incluso pescado, sea de piscifactoría sostenible o salvaje (cada vez menos), que llevan vivo, en cubos de agua hasta el domicilio donde lo han comprado.

En una plataforma digital, una persona, consumidora final de los productos, puede hacer una compra por ordenador o teléfono móvil y abastecer su despensa sin salir de su puesto de trabajo o domicilio. Puede elegir si quiere hacer una dieta vegana o carnívora, o bien ovolacteovegetariana, y si prefiere alimentos totalmente orgánicos, con pesticidas naturales o con venenos químicos, y puede elegir la distancia máxima de las ofertas, incluso valorar si no le importa comprar productos de una finca al lado de una autopista o prefieren comprar productos de un pueblo remoto de montaña donde el aire y el agua de riego no tengan contaminación. Pueden negociar si van a hacer la recogida de la compra y de paso hacer una visita turística al pueblo y así visitar también las tierras que producen sus alimentos (actividad altamente recomendable para el público infantil, la cual estaría encantada en muchas ocasiones de participar en la recolección directa de la planta), comprar a varios proveedores o elegir que se lo lleven a domicilio a la ciudad, lo que puede ser gratis a partir de determinado importe de compra, o tener un coste por km, o por entrega, y que se puede hacer ese reparto en bicicletas eléctricas de carga.

Además, estas plataformas contribuyen a fijar la población, puesto que con la venta directa al consumidor se obtienen precios justos y razonables, obteniendo ambas partes mayor beneficio, una parte porque vende mas caro que lo que le comprarían en las grandes cadenas de distribución, y otra porque compra mas barato que lo que le costaría el mismo producto en un hipermercado, siendo además mas fresco y de proximidad, por lo que deja una huella de carbono menor.

Tecnología es también el uso de los llamados "big data", ese trabajo de "Gran Hermano" que se produce no solo recopilando, analizando y gestionando los datos de la humedad del suelo, temperaturas, incidencia solar, etc. con objeto de planificar mejor las cosechas o alertar tempranamente sobre posibles heladas locales o granizo. Sino que también son los datos sobre esa vigilancia constante a la que nos someten las grandes corporaciones, para saber donde vamos, que compramos y cuáles nuestros gustos.

El disponer de esos macrodatos puede suponer a una casa rural o a la tienda del pueblo, no solo prever cuanta afluencia va a tener en determinada época, sino también enviar, en períodos sin clientela prevista, publicidad dirigida específicamente a personas que hayan mostrado interés en grupos o hayan hecho búsquedas de destinos turísticos, similares a los que la zona puede ofrecer. También ofertas concretas, como agua y bocadillo a precio de oferta cuando haya grupos de senderistas por la zona, pudiendo incluso recibir la reserva de un menú o de un bocadillo concreto antes de que la persona haya llegado, para así tener preparado pan suficiente u otros insumos necesarios. Incluso, disponiendo de los datos de geolocalización que avisen de cuantas personas son en el grupo y en que dirección van, se pueda salir a su encuentro con una furgoneta alimenticia (ahora les llaman Food Truck, como si en la lengua cervantina no hubiese otra forma de designarlos). Estas furgonetas, una vez autorizadas por el Ayuntamiento y si es el caso, por el Parque Natural, podrían desplazarse hasta unos puntos de encuentro, donde montar unas sillas, mesas plegables y papeleras abundantes; así, cuando llegue el grupo tendrían la opción de reponer fuerzas e hidratarse. Incluso, respetando la Ley de Protección de Datos, podrían enviar unos mensajes a los móviles de estas personas indicando donde está el chiringuito y enviando la localización exacta (aunque sería mucho mas efectivo y agradable que saliese una persona a su encuentro -sin usar ruidoso vehículo de motor- y les informase).

Pero también esos macrodatos pueden servir para otras cosas, por ejemplo, si durante el fin de semana se han detectado grandes grupos de caminantes, es probable que las papeleras y contenedores de basura de la zona estén saturados, así como también algún desaprensivo haya dejado tirada la basura por el sendero, por lo que enviar un servicio de limpieza y recogida de residuos a ese camino solo cuando se calcula que será necesario. Eso puede suponer que esa persona, a sueldo del Ayuntamiento local, pueda dedicarse a otros menesteres, en lugar de ir a patrullar por un sendero que no ha usado nadie ese fin de semana.

La obtención de macrodatos puede dar ideas de la conveniencia o no de potenciar determinadas líneas de transporte. Así, si se detecta un movimiento frecuente de población entre dos pueblos determinados a horas concretas, quizá sea rentable social y económicamente establecer un servicio de autobús que haga ese mismo recorrido a esas horas determinadas y así disminuir la huella de carbono y la contaminación en general, por lo que podrían obtenerse importantes subvenciones al respecto.

Siempre que se hable de telecomunicaciones en el ámbito rural, hay que tener en cuenta que el artículo 26 de la Ley de Desarrollo Sostenible en el Ámbito Rural, en su artículo 26, obliga a fomentar la formación y uso de las tecnologías de la información en el mundo rural , teniendo además una especial consideración hacia las personas mayores, las mujeres y las personas con discapacidad.

Un aspecto importante del que dependen las pequeñas explotaciones agroganaderas es la excesiva burocracia de la PAC, del control sanitario, y de todo el papeleo que tiene que hacer quien tenga una explotación ganadera o agrícola, que, para colmo, tienen que hacerlo por Internet. Eso significa, en muchas poblaciones, quintuplicar el tiempo dedicado a ese papeleo, especialmente por los microcortes o cortes de la señal de Internet, la falta de cobertura, o los cortes de suministro eléctrico. El no poder hacer los papeles adecuadamente significa que una explotación no puede funcionar adecuadamente y con todo en regla, lo que lleva a la persona que tiene esa pequeña explotación a tener que decantarse por abandonarla o quedarse en ella de forma ilegal, y como para el control si que hay medios humanos y técnicos, como sería inmediatamente detectada la irregularidad y multada, casi la totalidad prefieren abandonar la explotación y buscar un trabajo fuera del pueblo, o alquilar sus vidas a una macrogranja o similar por un salario, escaso, pero mayor de lo que pueden conseguir con su propia explotación. Lamentablemente, para estas personas, combinar la opción agroganadera con el teletrabajo, aparte de ser un laberinto burocrático, y tener que cotizar en dos regímenes distintos de Seguridad Social, supone la imposibilidad de dar un servicio adecuado por falta de una buena conectividad. Estas complicaciones burocráticas, junto con la falta de destreza con los ordenadores ha generado ya un nuevo modelo de negocio, que es como una de las clásicas gestorías o asesorías por las que el cliente puede delegar en la gestoría la realización de todo tipo de trámites administrativos relativos a la explotación o a su vida personal como pedir cita previa o gestionar una pensión. También hay otro modelo que se va abriendo paso en el medio rural, son los servicios integrales de ayuda a domicilio, que no solo consisten en que alguien eche una mano en la limpieza de la casa, si no que también les ayudan a pedir cita previa usando el DNI electrónico o a hacer una compra por internet.

La mas famosa Red Social -por ahora- se está pasando al negocio de las telecomunicaciones y es famoso su empeño por llevar Internet a toda la población. Una de sus últimas ideas ha sido desarrollar un robot que instala automáticamente un nuevo tipo de fibra óptica ultrafina que han desarrollado, alrededor de los cables de transporte de energía eléctrica. Esto lo hace automáticamente alrededor de todo el cable, salvando los obstáculos que suponen las torretas y los tensores y empalmes, sin necesidad de la intervención humana. Ese tipo de conducción es totalmente segura para los usuarios finales, pues la fibra óptica no es conductora de la electricidad, por lo que no hay problema alguno en que vaya enrollada a un cable eléctrico. *Eso podría suponer un coste de instalación de unos 3 € por metro, en Europa, si bien esa idea la han diseñado pensando en los países subdesarrollados, donde el coste sería menor.* Es una buena idea el utilizar las ya existentes redes de transporte de electricidad o telegrafía para servir de soporte a la fibra óptica. Con un sistema de estos se garantizaría una rápida instalación en todo el territorio, incluso poblaciones aisladas a las que si que llega un cable de electricidad pero no señal de telefonía móvil. Si bien lo ideal sería que el sistema lo fabricase e instalase directamente la Administración, para no tener dependencia de ningún operador en concreto y garantizar la libre competencia. Quizá Correos podría utilizar para ello su red de Telégrafos.

El trabajo inteligente trata de ofrecer a la fuerza laboral de una empresa todos los recursos que sean necesario para que aporte el máximo rendimiento en cualquier lugar. No se trata solo de tener un ordenador en casa, sino de disponer de un sistema ágil y eficiente que se pueda usar en cualquier sitio.

El teletrabajo puede provocar un aislamiento social de la persona que está teletrabajando. Hay quien está implantando un sistema de videoconferencias múltiples permanentes y silenciosas, para que cada persona de una organización tenga la sensación de estar en grupo, y teniendo fácil y rápido acceso a cualquier otra persona de esa oficina que puede ver al momento si está en su puesto o si está hablando por teléfono, antes de abrir su canal de comunicación.

Para poder trabajar cómodamente a distancia, es necesario que la empresa ofrezca a su personal o telepersonal, las herramientas necesarias para poder desarrollar su trabajo. Es decir, ha de proporcionar a la persona que teletrabaja no solo un ordenador, sino que debe contribuir al coste de alquiler de la habitación donde esa persona trabajará, contribuir al gasto energético, (no solo del ordenador, sino también del aire acondicionado o calefacción), hacer una instalación de aislamiento acústico para que suene una videollamada adecuadamente, instalarle una conexión a la red por fibra óptica si no la tenía ya, o por satélite. Existe ya una legislación sobre el teletrabajo, y es importante consultarla tanto por las empresas y administraciones, como por las personas que van a teletrabajar concretamente se trata del Real Decreto Ley 28/2020

El que la persona teletrabaje en el comedor de su casa con los gatos o los niños peleándose como ambientación musical no es la mejor opción en todos los casos, por lo que debería dedicar una habitación específica para el teletrabajo que la empresa debería acondicionar, y amueblar. Esos son gastos deducibles para la empresa y se debería de buscar la fórmula legal para que la persona que teletrabaja no tenga que pagar , debido a ello, cantidades extra a hacienda. En ese caso realmente no sería teletrabajar sino trabajar a distancia.

El teletrabajo permite que la persona diseñe sus propios horarios , salvo que sea necesario tener un horario concreto por alguna razón. Y, permite también conciliar la vida laboral y la profesional. Asimismo permite y facilita tener reuniones y funcionar en equipo con gente de otros países o localizaciones geográficas, por lo que se enriquece el trato personal multicultural, pero a veces tiene exigencias horarias que hay que compensar. Exige una comunicación constante para actualizar la información, incluso es necesario establecer un sistema de pausas para el café, permitiendo y facilitando otras redes diferentes a la oficial para que puedan desconectarse de una y pasar a otra mas informal donde charlar en grupo, sin posibilidad de ser grabada, de forma distendida y relajada, pues eso además aumenta la productividad. El disponer de un portal para personal, es básico y no solo se trata de un sitio para charlar a la hora del café, sino que también permite realizar tareas como pedir vacaciones, tablón de anuncios, teleformación, incluso acceso a la telemedicina con el servicio médico de la empresa, si esta tiene entidad suficiente para tener uno.

Disponer de firma electrónica es vital en todo caso, y, además, en todo caso, teletrabajar es una estupenda opción de integración sociolaboral para las personas con movilidad reducida que se evitan tener que desplazarse a una oficina y este tipo de oferta laboral permite que las empresas se beneficien de las ventajas fiscales, y en seguridad social, además de las ayudas directas que pueden tener para contratar a una persona con discapacidad. Eso además podría suponer con unas modificaciones legislativas mínimas, afrontar los gastos de adecuación del lugar de trabajo para esas personas, adaptándolo a su discapacidad, con importantes subvenciones, que en muchos casos podría suponer hasta la totalidad de los gastos de reforma que esta persona necesitaría efectuar para disponer de un lugar de trabajo adaptado. Por ejemplo, instalando un salvaescaleras que le permita usar una habitación en la parte alta de la casa, que antes no usaba pues por la discapacidad con movilidad reducida hacía toda su vida en la planta baja o facilitarle la llegada de la fibra óptica a su domicilio, lo cual le permitiría contratar una conexión privada a internet cuando no tenga autorizado por la empresa el uso de la red de la misma para su vida privada por razones de seguridad informática. El entorno laboral es importante,y la persona que teletrabaja a veces elige si prefiere ir a trabajar a la biblioteca del pueblo, hacerlo en un despacho,en el bar, o en el medio del monte. Por eso, ese colectivo, es una importante baza en la lucha contra la despoblación. A una empresa le puede salir mucho mas barato tener a una persona teletrabajando o trabajando a distancia, incluso pagándole la infraestructura necesarias, puesto que el precio del metro cuadrado rural es mucho mas barato que el urbano. Además le compensará la liberación de espacio en sus oficinas, donde el coste de impuestos, calefacción ,limpieza, aparcamiento, etc. es mucho mas elevado.

El teletrabajo y el trabajo a distancia son oportunidades muy interesantes para desarrollar el medio rural y crear empleos en el mismo, pero no es la única opción, a pesar de que, desde muchos medios de comunicación, nos pretendan vender que la repoblación rural depende de las personas que teletrabajan y se quieren trasladar al pueblo a vivir. Puede que el aumento del teletrabajo aumente el padrón municipal en los pueblos y mejore las estadísticas, pero la repoblación no es solamente un concepto estadístico. Una repoblación rural exitosa depende de la integración de los nuevos pobladores en el pueblo. El contacto, respetuoso por ambas partes, con la población local es vital para que los pueblos no mueran. Lo contrario sería lo mismo que hacer urbanizaciones cerradas y aisladas dentro de un término municipal, que aumentan la demografía, pero no la población (entendiendo esta como vecinazgo).

CAPÍTULO 6

Abastecimiento y Servicios

Los tiempos han cambiado desde la época en la que ir -en mula- a la cabecera de comarca o a la ciudad era una odisea de muchas horas de viaje y la vida en los pueblos era principalmente de supervivencia, con una agricultura de subsistencia sino de hambre.

La necesidad de poder adquirir productos diversos es inherente a la vida gregaria, donde existe la especialización en cada materia por parte de cada individuo del grupo. Sin la garantía de poder adquirir bienes fundamentales y menos fundamentales, muchas personas del mundo rural no se quedarían en el pueblo. Para evitar la despoblación es necesario garantizar el abastecimiento. Esto lo demuestra la actividad diaria y continuada de "La Exclusiva", empresa social pionera en el abastecimiento a domicilio, cuya reseña no puede faltar cuando se hace referencia al tema de despoblación rural y servicios.

Es necesario dotar de ciertas ventajas adicionales que compensen el esfuerzo de tener una tienda en lugares en riesgo de despoblación, como disminuir el IVA, facilitar los trámites burocráticos para la apertura y sostenimiento, incluyendo en ello los horarios comerciales, requisitos de instalaciones en metros cuadrados, necesidad de aseos, etc. adoptando también medidas activas para garantizar la subsistencia del pueblo, como financiar la construcción de mercados, al estilo de los centros comerciales, incluso con grandes zonas abiertas, donde no solo adquirir bienes diversos, sino también donde pasar una tarde tranquila tomando algo o el día que venga el cine, poder disfrutar de esa película en pantalla grande.

Es viable construir en un pueblo, dado el bajo precio del suelo, un parque urbano donde pasear, formado por bosques comestibles, con un estanque, rodeado de tiendas amplias, donde las restricciones de aforo en caso de pandemia no afecten mucho, las cuales tendrían entrada tanto por un pasillo cubierto de invierno, como por el jardín cuando hace buen tiempo. Quizá no abran todos los días en principio, por lo que es necesario establecer un diseño que evite la sensación de cerrado y desangelado del lugar cuando se ven muchas persianas bajadas. Así, se puede tener una zona siempre abierta, como por ejemplo la de alimentación y otras zonas como cines que, estando ubicadas en una misma área o planta puedan tener un acceso general cerrado, salvo determinados días. Así una planta superior abierta, puede ser una zona de paseo y relax, con unos juegos infantiles pintados en el suelo y el día que hay cine, convertirse en cine al aire libre (o cubierto si ponemos una cubierta plegable tipo las que se ponen en algunas piscinas). Ciertamente para ese tipo de centros, se requiere un mínimo de población, pues si en algunos pueblos ya hay dificultades para tener abierta la tienda, lo de tener un centro comercial con varias tiendas suena fantasioso. Ahora bien, mirémoslo desde otro punto de vista: En pueblos de 150 habitantes, hay en ocasiones una biblioteca, un minigimnasio, va el podólogo una vez al mes, fisioterapeuta una vez por semana, hay una tienda, una quesería y una bodega, los domingos suelen ir senderistas que quieren bocadillos y refrescos, hay necesidad de veterinario en ocasiones y de compra de piensos y otros artículos para animales, ya sean mascotas o de granja. Las personas del pueblo compran ropa los días que ponen mercadillo. Todo eso puede tener un espacio fijo en el pueblo. Una persona que vende ropa, puede no necesitar tener su tienda abierta más que un par de veces al mes, pero puede tener un escaparate montado e iluminado (la energía eólica o solar es gratis), que se pueda ver al pasear por el centro, y una nota en la puerta diciendo los días que abre y un teléfono de aviso por si alguien de repente necesita algo para una boda, un entierro o para llevar una canastilla de bebé a un familiar a otro pueblo, etc. Ese centro comercial puede permitir tanto las reuniones vecinales a cielo abierto, sustituyendo a la plaza del pueblo, como las reuniones bajo techo y al amparo de una chimenea central durante el invierno. El coste de construirlo puede ser subvencionado ampliamente, pero no necesariamente tiene que asumirlo el Ayuntamiento; se pueden licitar las tiendas; el Ayuntamiento aporta el diseño de como ha de quedar todo, presenta la maqueta y cede el suelo, en concesión indefinida o por 75 años para cumplir la Ley y quien quiera se construye su propia tienda, o paga los gastos de la construcción futura.

Los tradicionales buhoneros han cambiado la mula por la furgoneta refrigerada, pero algunas normas *"burrocráticas"* (con doble R), propias de la ciudad, contra el comercio ambulante también las están extinguiendo. Y no son malas algunas normas, como delimitar lugar de venta y días y horas para que se concentren los comerciantes en la plaza, como un mercado tradicional en lugar de permitir los molestos sistemas de megafonía -ilegales- para anunciar su mercancía si bien algunas actividades como llevar comida lista para servir, siempre que cumpla con los requisitos sanitarios deberían además potenciarse, salvo que en el propio pueblo exista ya algún establecimiento que preste ese servicio.

La popularización del vehículo de motor hace que en los pueblos se sigan los criterios de compra, semanal o mensual, como en las ciudades, lo que lleva a una merma de calidad en el producto fresco y la falta de variedad en general, por eso una gran parte de esa población acude a los macrocentros comerciales e hipermercados para abastecerse. Es necesario dar alternativas variadas de abastecimiento, aunque sean a escala. A veces nos parece que la enorme cantidad de alimento que hay en las estanterías de los hipermercados serían imposibles de consumir en un pueblo antes de que se caducasen.

Los grandes hipermercados están diseñados específicamente para fomentar el consumo. La sensación de abarrote anima a llenar el carro más y más. Pero si miramos detenidamente, e invito a cualquier persona a hacerlo en su próxima visita al hipermercado de la ciudad, en cada góndola (isla formada por estanterías dentro del supermercado), en realidad no hay tanta diversidad como aparenta. Lo que pasa es que en lugar de poner los cartones de leche en estanterías inclinadas para que al coger una, por gravedad, su lugar sea ocupado por otra, ponen siete u otro cajas seguidas, para que la marca se vaya repitiendo en el cerebro del comprador, primero entera, luego otras ocho de desnatada, otras tantas de semidesnatada, etc. Fijémonos en el pánico que se dió durante la pandemia con el papel higiénico: mucha gente acaparaba papel higiénico, el motivo es que es un producto muy voluminoso, en las estanterías ocupa mucho y debe de ser repuesto constantemente. El que alguien llevase unos cuantos paquetes, suponía que de repente se viese una estantería medio vacía, por lo que el resto de la gente, al ver que quedaba poco, porque en las baldas de la góndola no cabe mucho; entraban en alerta y compraban más, ante el miedo a que no hubiese. Eso suponía que, con cuatro carros llenos que llevaba alguien, la góndola de papel higiénico se viese vacía y por ello la gente entraba en pánico, llamaba sus familiares a dar la alerta y provocaba un caos escatológico.

En un supermercado de pueblo, puede haber casi lo mismo que en una gran superficie, quizá no haya 27 marcas distintas de leche pero puede haber la suficiente para el consumo diario. El problema de las tiendas de pueblo es que tienen poca rotación de productos y por tanto, no pueden comprar a los mismos precios que las grandes cadenas, pues no es lo mismo comprar un tráiler completo de atún o de cebollas, que comprar 20 latas. Por eso es importante la colaboración. Esta puede ser en franquicias o incluso llegando a acuerdos las tiendas de varios pueblos de la comarca para comprar palets enteros, que luego se repartirían, bajando así los costes.

En este momento, está creciendo grandemente la demanda de productos de tiendas en línea, tanto las multinacionales estadounidenses como Chinas están copando el mercado rural de productos no alimenticios. Esos mercados además son unidireccionales, es decir, solo se usan, en la mayoría de los casos, esos canales para comprar y no para vender.

La compra por Internet no consigue sustituir el placer y la seguridad que nos proporciona ir a una tienda o un gran almacén y que una persona experta en los productos que vende, nos recomiende el mejor producto para satisfacer nuestras necesidades al precio adecuado a nuestra economía.

El mercado es muy amplio y con poca competencia. En los pueblos las pocas tiendas que existen suelen tener unos costes adicionales por la distancia y la poca rotación de productos que hacen que el precio tenga que ser mas alto. Esto es principalmente porque estas tiendas suelen ser pequeños emprendimientos no coordinados entre sí para abaratar costes de compra y de gestión.

Hoy en día, con los sistemas tecnológicos actuales, podemos fácilmente diseñar un nuevo modelo de tiendas rurales. Unos multiservicios, quizá en pequeñas gasolineras y electrolineras, que permitiesen la venta de productos de primera necesidad y, además, también todo tipo de productos que se pueden encontrar en un gran almacén. Disponiendo, al tiempo, de una central de compras que también funcione como central de ventas, para llevar al pueblo los productos que no hay, y al mismo tiempo, dar salida a su producción agroganadera, artesana u otras.

Estos podrían ser atendidos físicamente por las personas que tenían la tienda tradicional, a quienes se podría reciclar con unos cursos; pudiendo recibir la ayuda complementaria de comerciales especializados que pudiesen mostrar, desde sus mostradores virtuales en los grandes almacenes los productos en pantallas tamaño humano. donde poder "probarse" una prenda (con realidad aumentada) de forma virtual, recibir todo tipo de explicaciones y teniendo una logística adecuada, llevar el producto pre-comprado a la tienda física del pueblo en el mismo día o al día siguiente como mucho. Allí lo podría probar e incluso, mediante videoconferencia interactuar con el-la dependiente que le atiende desde el gran almacén.

Si bien, no estaría de más que esos grandes almacenes complementasen el servicio, por ejemplo teniendo una red de autobuses que facilitasen el desplazamiento desde el pueblo hasta el propio gran almacén, al menos un par de veces por semana, en los pueblos que el servicio de transporte público sea insuficiente.

Estos servicios no deben de ser unidireccionales. Estos centros de venta podrían también ser centros de compra, para los productos que se fabriquen en el pueblo o que se cultiven allí.

Tener unos centros de compra minorista no solo permitiría a los grandes almacenes tener una garantía de calidad en los insumos eliminando intermediarios superfluos, sino que fidelizaría la clientela al promover el consumo de corta distancia y fijaría la población en un mercado cautivo como podría ser el rural.

Estos centros multiservicios podrían disponer de parking adaptado para autocaravanas en las poblaciones donde no haya camping, fomentando así el turismo rural y también garantizándose a si mismos la venta de productos tanto de primera necesidad como especializados o de lujo. Y estar señalizados como oficinas de turismo locales.

El Turismo Rural es una importante oportunidad para la fijación de la población en el medio rural. Y, muchas veces es la puerta de entrada para una población permanente, que conoce el pueblo por ir a pasar unas vacaciones a la casa rural y se enamora del mismo, hasta el punto que regresa para alquilar o comprar una casa. Además, el mantener una Vivienda Rural turística permite unos ingresos complementarios -o exclusivos- a una o varias familias, que podrán permanecer en el pueblo gracias a esa actividad.

Un pueblo de 3000 habitantes, -o de 300-, quizá no permita sobrevivir a una tienda de deportes, pero seguro que tiene algún-a deportista que viva allí o que vaya de paso; tampoco justifica una boutique, pero a la gente le gusta vestir bien; puede tener un supermercado, pero no siempre tiene una gran variedad de productos; necesita material de bricolaje o accesorios para el automóvil. Además podrían establecer en el pueblo la base de una gran tienda online, como ya ocurre con una afamada tienda de artículos de esquí, que vende online para todo el mundo desde un pequeño pueblo pirenaico.

La compra on-line cada vez está mas generalizada, aunque hay un sector de la población que, bien por no tener acceso a Internet, como por no tener conocimiento o actitud necesarias para moverse por las redes, tanto en los pueblos como en las ciudades. Sería una buena idea firmar acuerdos entre las tiendas rurales, bien de forma independiente, o bien estableciendo una franquicia rural, con las grandes plataformas de distribución para establecer unos programas de "afiliación" generales, de forma que las compras realizadas a través de esas tiendas locales produzcan unos beneficios complementarios para la tienda en forma de comisiones tanto por la compra, como por la entrega de esos productos. Teniendo en cuenta que la plataforma podría vender mas, al tener comerciales presenciales sin coste adicional y rebajar sus gastos de entrega al poder aglutinar pedidos en un solo envío, en lugar de competencia desleal que suele ser ese tipo de plataformas, pasaría a ser un proveedor, en un estilo de negocio que implica ganar-ganar para ambas partes.

Además, en una zona rural también son necesarios los servicios mas especializados como seguros o agencia de viajes, la demanda de los mismos no justifica instalar una agencia de seguros o de viajes, pero si que se puede dar ese servicio por videoconferencia, incluso mas: mediante la realidad aumentada hacerle sentir a la clientela una pre-experiencia del viaje que habitualmente no se da en la contratación habitual.

Puede apetecer, en los entornos rurales, una tarde de palomitas y cine; ya sea en unas instalaciones tipo cine o en casa pidiendo una pizza o comida china o cualquier otro tipo de restauración a domicilio; por ello es importante que se establezca un nuevo modelo de negocio, que permita tener acceso a estos servicios y que lleguen con calidad suficiente en la zona. Por eso las innovaciones tecnológicas son importantes para garantizar esos abastecimientos con calidad suficiente. Hay quien habla de drones de reparto, pero tendrían que ser terrestres, porque de otro modo los daños medioambientales serían elevados especialmente si por el camino ha de pasar sobre una zona ZEPA de protección de aves o cualquier otra medioambientalmente protegida.

Por ello, volvemos a lo expresado en el capítulo sobre transportes de este mismo libro, sobre la posibilidad de implantar unos sistemas de generación energética mediante unas pasarelas elevadas sobre carreteras y ferrocarriles recubiertas con placas solares. Todo este sistema podría estar dotado de unos conductos por vacío, como lo que vemos diariamente en los supermercados, para retirar el dinero en efectivo de las cajas, que pudiese transportar rápidamente y con seguridad alimentaria desde la cabecera de la comarca o incluso desde la propia ciudad, esos productos hasta el pueblo, donde un repartidor local lo llevaría hasta el domicilio ordenante.

Dentro de este capítulo acerca de las necesidades de abastecimiento rural vamos a incluir una serie de servicios como los jurídicos, pues el asesoramiento jurídico es muy importante para posibles contratos de alquiler, de cesión o de venta de las propiedades, teniendo un despacho jurídico de confianza que vaya, de vez en cuando o a la demanda a cada pueblo. Si el despacho está en el pueblo o al menos en la comarca, el conocer a las personas que están al frente dará mucha mas confianza. Esa oportunidad la pueden aprovechar fácilmente quienes decidan especializarse en temas rurales, pero también podrían ser personas que tuviesen un despacho virtual en el campo y se desplazasen a la ciudad de vez en cuando a los juicios.. Ese Gabinete Jurídico podría también ejercer Online, permitiendo incluso una superespecialización legal.

El medio rural es sitio adecuado para profesionales de otros gremios, como pueden ser la arquitectura y la ingeniería. El tener un estudio de arquitectura o ingeniería en la zona es algo vital para el fomento de la repoblación. Además, si esas personas además de trabajar, viven en el pueblo, o al menos en la comarca, conocen los ayuntamientos y las peculiaridades de la zona, saben si una zona es de protección para las aves o si está proyectada una carretera, etc.; lo cual facilita los trámites, pues ahorra tiempo y también resulta mas barato a sus clientes, pues de otra manera han de pagar mas por los desplazamientos, no solo para ver la obra, sino también para las consultas previas, con el riesgo de que una persona de fuera no sepa si donde se quiere construir un galpón es una zona que se puede inundar cuando llueve fuerte o si por debajo hay un rio subterráneo, etc.

El vivir en un pueblo además, a este tipo de profesionales no les impide tener clientela en la ciudad pues, por su trabajo, han de desplazarse de todas formas.

Un servicio que se puede dar en los pueblos puede ser, por ejemplo, el de telefonía móvil. Un furgón o un camión preparado como taller y tienda, permitiría a una persona o dos, montar una tienda sobre ruedas, que no solo vendiese móviles, microrepetidores e hiciese contratos, sino que daría también un servicio básico en un pueblo, que es el de reparaciones telefónicas. En el rural es fácil que esos nuevos teléfonos inteligentes rompan sus delicadas pantallas, se pierdan o se caigan a un charco; por lo que que las reparaciones son un mercado bastante interesante. Además del mercado de domingueros y veraneantes.

También se pueden rentabilizar otros servicios móviles, como podría ser ponerle ruedas a una parafarmacia, que también tuviese personal habilitado para vender audífonos y gafas. Podría montarse en un autobús-tienda, y por ejemplo estar fijo varios días en el pueblo donde residen las personas que lo gestionan y desplazarse por los pueblos de la comarca o bien a la demanda o bien pasando periódicamente (para así garantizarse la publicidad en la zona y atender casos puntuales que puedan surgir y la compra por impulso) e incluso desplazarse hasta el domicilio de la persona que lo necesita cuando esta tiene la movilidad reducida.

Callista y fisioterapeuta suelen ir a los pueblos y tienen espacios que les habilitan los ayuntamientos, pero ese servicio también se podría hacer en una clínica móvil de atención presencial. Incluso se podrían complementar, en el caso de la fisioterapia, con videoconferencias por ejemplo para indicar a la persona los ejercicios que han de hacer y que les han enseñado previamente cuando estuvieron esa semana en el pueblo.

No se va a promover desde este libro el consumo del mortal tabaco, pero un estanco tiene también otros servicios interesantes para los pueblos, tener un estanco móvil, que lleve además otros insecticidas, artículos de regalo, loterías , sellos (¡si!, todavía hay quien manda cartas escritas, incluso a mano, como síntoma de distinción y aprecio, o porque no tienen ordenador), encendedores, etc. Muchas de esas cosas son muy útiles en el medio rural.

Incluso la movilidad se puede tener con servicios básicos. Muchos pueblos no tienen farmacia porque no tienen consumo suficiente para mantenerla abierta sin subvenciones. Si el colegio farmacéutico lo permite, sería interesante tener una farmacia móvil, o un servicio a domicilio de farmacia, que incluso podría estar atendido desde un pueblo de la comarca donde tengan la central a través de una videoconferencia con el vehículo, que estaría atendido por una persona que fuese auxiliar de farmacia y que atendería las instrucciones que le diese la persona titular de la farmacia a través de esa videoconferencia. Además, con la receta electrónica, se puede saber de antemano que medicamentos han de llevar e incluso podrían hacer ese servicio a domicilio para que las personas enfermas no tuviesen que desplazarse al centro del pueblo a recogerlos. Si aún así, este servicio no fuese autofinanciable, debería estar subvencionado por la Consejería de Sanidad correspondiente,

Un herbolario móvil podría comprar hierbas y plantas, o sus transformaciones, como jabones, etc. para venderlos en la ciudad, pero al mismo tiempo llevar remedios naturales y alimentos biológicos a la gente del rural, especialmente a quienes ya no están en condiciones de ir al monte a buscar sus propios remedios.

Elementos como juguetes pueden no ser tan necesarios en las zonas despobladas, donde escasea la infancia, y nunca faltan actividades para entretenerse, sea correteando en la naturaleza, observando insectos o recuperando los juegos colectivos tradicionales, A pesar de ello, una juguetería infantil móvil no sería mala idea, incluso en las dos direcciones, la fabricación artesana de juguetes sanos y ultraresistentes, como los tradicionales camiones de madera, caballos balancín, peonzas, etc, para venderlos en la ciudad y llevar al pueblo otros juguetes de moda de los que anuncian por televisión. La venta de la producción de unos pueblos en otros, como un camión hecho de madera, puede hacer mucho mas papel y ayudar a que quien con él juega, desarrolle su imaginación y se divierta, mucho mejor que un juego de esos ultramoderno que cansa a los diez minutos y que solo se puede mirar. También son importantes los juegos para adultos, y no se refiere esto a los juguetes sexuales, aunque también se demandan en el rural (en ocasiones con vergüenza social por ello), sino que con ello nos referimos a esa necesidad de los juegos de mesa para pasar las frías y largas tardes de invierno frente a la chimenea, con buena compañía y un vaso de vino, que podrían ser mas amplios que el dominó o la baraja de cartas, pudiendo tener muchas mas variedades, que incluirían hasta los juegos de Rol y videojuegos.

El abastecimiento, por tanto, no debe de ser solo alimentario, sino de todo tipo de productos y servicios. Si no se justifica económicamente el tener un establecimiento permanente en cada pueblo, si que se pueden montar diversos negocios con sus bases en pueblos diferentes, y luego dar servicio al resto a través de oficinas o tiendas móviles. Así, si en una comarca la juguetería está en un pueblo, la farmacia en otro, el despacho jurídico en otro, y todos tienen un servicio móvil que pueda vender en los otros pueblos, dinamizaría y abastecería la comarca entera. (ese servicio móvil podría ser un mismo autobús-tienda compartido entre varios establecimientos, un día cada uno, por ejemplo).

Todas estas ideas de emprendimiento fracasarían si en los pueblos donde se van a montar aplican normativas propias de la ciudad, como restricciones al comercio ambulante. Estas propuestas son novedosas y necesitan una adaptación normativa, no solo a nivel local, sino también a nivel autonómico.

Si queremos que un pueblo tenga servicios, no podemos exigir el pago de unas licencias y tasas en cada pueblo donde un servicio móvil va una vez a la semana. Esa tienda móvil necesitaría pagar licencias en cinco pueblos y eso sería inviable, no solo por el coste de esa tasa, si no también por la necesidad de quintuplicar su burocracia y costes administrativos.

Se hace necesaria a una legislación estatal, o como mínimo autonómica, que regule y de un cobertura jurídica a este tipo de emprendimientos, los cuales, en algunas ocasiones se podrían desarrollar en comarcas que incluyen pueblos pertenecientes a distintas provincias e incluso a varias Comunidades Autónomas.

Para estos casos se necesita una licencia única comarcal o provincial, teniendo en cuenta si es comarcal, que sea la comarca natural, especialmente si cada uno de los pueblos de la zona pertenece a una Povincia-Comunidad Autónoma diferente.

Al mismo tiempo, esos centros comerciales diseñados específicamente para los pueblos, que proponíamos al principio de este capítulo, deberían tener una zona diseñada específicamente para que pudiesen estacionarse allí autobuses y furgones; teniendo incluso la posibilidad de hacer unas paredes, específicamente diseñadas para servir de escaparate, y que al estacionarse el vehículo detrás de ellas, se tuviese acceso directo al interior del mismo, por ejemplo teniendo el carril de acceso a una cota (altura) inferior a los pasillos y sí poder entrar directamente, sin tener que subir escaleras.

Durante el tiempo que no hay ningún autobús o furgón usándolo, se podría disimular esa puerta, con paneles led con publicidad o vídeos de la comarca, fiestas patronales, etc.

Por otra parte, el tema de tasas e impuestos debería de ser, para esos centros comerciales, comarcal. Eso es complejo administrativamente hablando, por lo que esos centros comerciales, que se construirían en cada pueblo, deberían de pertenecer a un consorcio entre los distintos pueblos. Ese Consorcio de Garantía de Abastecimiento de la zona X, emitiría una tasa única y una licencia única. Pudiendo incluso tener un carácter provincial o supraprovincial.

En esos centros comerciales se podría también gestionar la salida al mercado de la producción local, sirviendo de central de compras y distribución. Esta coordinación serviría para abaratar los costes logísticos, teniendo vehículos mixtos para alimentos y otra zona para productos no alimenticios que viajen siempre a carga completa y en ambas direcciones, tanto para dar servicio al pueblo, como para dar salida a la producción local en la ciudad.

CAPÍTULO 7

Actividad Económica:

Lo primero que hemos de diferenciar es el negocio especulativo, el cual no provee de valor añadido a la población, del emprendimiento social. En este libro están distribuidas, por todos los capítulos, ideas de emprendimiento social que pueden permitir a una persona o familia tener una suficiencia económica, de una forma que revierta además en el bien común.

Ciertamente, el negocio especulativo, que no está basado en la creación de un producto comercializable sino en la compra barata de activos para su venta mas cara, especialmente notorios en el área inmobiliaria, donde hace poco hemos visto en la prensa diversos casos de corrupción relacionados con ese negocio antisocial, que no solo no genera valor, sino que destruye los valores culturales y medioambientales del entorno, absorbiendo otros recursos tan necesarios como el agua de los cultivos que, al final, acaba siendo usada para regar césped.

Las personas que gestionan ese negocio especulativo, afortunadamente, no ven en el campo ningún futuro, una vez reventada la burbuja inmobiliaria que tanto daño hizo a este país. El inmovilizado inmobiliario en el medio rural no puede ser la base de ningún negocio en los pueblos, simplemente porque su valor es mínimo y no puede siquiera garantizar posibles créditos que cualquier empresa puede necesitar. Si bien ahora han intentado subirse al carro de la especulación en el medio rural, para aprovechar la estampida de las ciudades, pero eso fue solo flor de un día.

El principal apoyo que se necesita para el emprendimiento rural no suele ser para la adquisición de tierras y naves, que tienen un relativamente escaso valor, sino, sobre todo para la compra de maquinaria y para el circulante. Elementos mucho mas difíciles de autoavalarse que cualquier adquisición inmobiliaria y para los que los bancos suelen exigir unos avales externos muy fuertes, mucho mas valiosos que el propio elemento avalado.

Por eso es necesario tener un nuevo concepto de banca rural, sobre todo enfocada las cooperativas de crédito mutuo, la banca social estatal y las sociedades de garantía recíproca, cuyo funcionamiento se debería dar la vuelta como un calcetín para hacerlas cumplir su función social con efectividad.

La implicación de las distintas Administraciones, como veremos en el capítulo específico dedicado a la Administración Pública. es muy importante, no solo incluyendo los factores de despoblación en el Reglamento de los Fondos de Cohesión, o en los otros Reglamentos como el Reglamento de Disposiciones Generales de la UE, o la consideración en los Contratos con el Estado a las empresas que favorezcan la repoblación rural, puntuando como un factor de beneficio social en la adjudicación de esos contratos; sino que la mayor importancia en contar con un sistema que desburocratice los nuevos emprendimientos rurales, pudiendo reinventar un Régimen Especial Agrario ampliado. Este Régimen Especial Rural en la Seguridad Social y Hacienda debería favorecer los emprendimientos rurales de cualquier tipo, sean agrarios, turísticos, industriales o de servicios que tengan sus centros de producción en núcleos rurales de pequeña entidad.

Por supuesto, dada la tradicional picaresca, habrá que establecer los sistemas inspectores y de control oportunos y suficientes para evitar que, por ejemplo, las empresas establezcan en el campo una sede social fantasma, con una persona contratada para figurar y el grueso de su fuerza laboral opere en otros lugares.

La Ley 45/2007 para el desarrollo sostenible del medio rural contempla la voluntad de fomentar la creación de empresas y fijar empleo en el mundo rural especialmente para las mujeres, así como

el dar formación profesional específica para las actividades en el rural, no solo agro-silvo-ganaderas, sino también para el aprovechamiento del patrimonio histórico, cultural y medioambiental existente a través del Programa de Desarrollo Rural Sostenible.

Las cuotas de la Seguridad Social deberían de ser menores en las pequeñas poblaciones para favorecer el emprendimiento rural (*realmente al hacer una vida mas saludable la gente del campo en edad laboral necesita menos frecuentemente de la Sanidad Pública por lo que esa rebaja se autoamortiza*).

Se deberían rebajar las tasas notariales para ese tipo de emprendimientos e incluso para las operaciones inmobiliarias destinadas a la vivienda habitual; así como una rebaja en el impuesto de sociedades aplicable a las empresas que tengan su mayor fuerza laboral en zonas rurales.

Si bien el Estado recauda menos en estos casos; el apoyar esas iniciativas de emprendimiento local tiene beneficios adicionales como balancear el mercado exterior, al disminuir la necesidad de compra de combustibles fósiles, aumentar la capacidad de exportación, aumentar el empleo, ahorrar en costes de extinción de incendios forestales, ahorrar en tratamientos médicos por enfermedades causadas por la contaminación, etc. Promoviendo además una autosuficiencia alimentaria.

Para escribir este libro se han considerado datos sobre pandemias, pero es lógico pensar que, si la población no está tan concentrada, el riesgo de contagio de determinados virus es menor, lo que, sumado a un sistema inmunitario mas fuerte, por lo general, en el mundo rural, supone un ahorro importante en el gasto sanitario para las arcas públicas.

La Ley 45/2007 para el Desarrollo Sostenible del Medio Rural quiere fomentar una diversificación de las fuentes de ingresos rurales dentro de un desarrollo sostenible, según se infiere de su artículo 2 garantizando también unos servicios básicos adecuados y suficientes en el medio rural para todas las personas que lo habitan, dando una atención prioritaria en este caso a las mujeres, jóvenes, mayores, y personas con discapacidad.

Los negocios que se pueden emprender en el rural son diversos, ejemplos de ello figuran en casi todos los capítulos de este libro.

La venta de productos relacionados con la agricultura, ganadería y silvicultura son un ejemplo del negocio tradicional del campo. El 11% de las exportaciones españolas son de productos agrícolas, según el Consejo Económico y Social. No debemos olvidar, por tanto, la importancia de este sector en la economía nacional española. Lo peor de este dato es que una gran parte de esa exportación vuelve a entrar en nuestras fronteras transformada con un valor añadido, así exportamos aceite a granel y nos vuelve envasado, exportamos hortalizas y nos vuelven congelados precocinados, y así con todo.

Por ello es importante la inversión que permita dar un valor añadido a nuestra producción agroganadera o agro-silvo-pastoril. Por supuesto, no se puede limitar la exportación de producto fresco, pero quizá se pueda dejar esa opción a los grandes mares de invernaderos contra cuyos precios no va a poder nunca competir cualquier explotación familiar o de pequeño tamaño, y centrar esta pequeña granja en el producto de calidad, quizá ecológico, y mas que venderlo en verde, que las cooperativas lo vendan en lo posible elaborado, por ejemplo en confituras, congelado, precocinado, enlatado, seco, etc. Potenciando más la calidad y comercializando también el fresco, pero todo directamente o con el mínimo de intermediarios posible de forma que se puedan combinar cargas para optimizar la logística del transporte y enviar camiones enteros de diversos productos de una comarca a un mismo destino.

La demanda de carne de calidad es cada vez mayor en el mundo, y la exigencia de garantías relativas al bienestar animal, crianza en libertad o semilibertad, ausencia de pesticidas, etc. hace que cada vez sean más las hectáreas de pasto necesarias, las cuales merman la superficie agrícola disponible por lo que, para mantener esa superficie agrícola se merma el bosque, lo que provoca plagas, y minora el rendimiento de pastos y cultivos por lo que se entra en una cadena sin fin con efecto bola de nieve. Y la población mundial sigue creciendo exponencialmente. Los sistemas agrosilvopastoriles sostenibles, son las únicas alternativas productivas social y ambientalmente viables.

El 54% del territorio español es forestal, según el propio Ministerio de Agricultura. Esta superficie es en su mayoría monocultivo de coníferas, con poco aprovechamiento y reducida biodiversidad. El aprovechamiento de estos terrenos es escaso, y serían mucho mas provechosos si se dedicasen a dehesas o bosque mediterráneo o atlántico autóctono, con plantaciones mezcladas de frutales, verduras, hortalizas, sotobosque, etc. aumentando o generando donde no lo había el aprovechamiento económico, y también, potenciando la biodiversidad que produce rendimientos indirectos como el turismo de observación de la naturaleza, de safaris fotográficos o la disminución de plagas en las superficies agrocultivadas próximas.

La Red Rural Nacional en una jornada organizada por el Ministerio de Agricultura, Pesca, Alimentación y Medio Ambiente del grupo de trabajo sobre Seguimiento de las Medidas Forestales en los PDR pone de manifiesto un problema muy común: Muchas veces la gestión forestal no se realiza porque la ubicación exacta de las parcelas forestales no es conocida por las personas que detentan su propiedad, lo que, aunque parezca increíble es algo muy común cuando se trata de herencias sucesivas de gente que vive en la ciudad.

El aprovechamiento forestal no tiene por qué limitarse al negocio de hacer tablones con los árboles o a convertirlos en serrín para luego hacer pastillas para calefacción. Es necesario ponerle imaginación para, aprovechando la función de captación del CO2 de los árboles, darle diversos usos y aprovechamientos.

Hay quien en sus bosques (bosque es diversidad, no monocultivos de pinos o eucaliptos) construye pasarelas entre los árboles para hacer circuitos elevados desde los que poder ver con una distancia de seguridad y sin molestar, la vida en el bosque, y cobra por pasearse por ella.

Unos estudiantes estonios organizan conciertos de naturaleza, instalando grandes amplificadores de los sonidos naturales. Hechos con madera, sin usar electricidad, emulando a las antiguas bocinas de los gramófonos; permiten escuchar la caída de las hojas o el comer los gusanos esas hojas caídas, lo que podría ser una interesante experiencia para muchas personas, no solo invidentes.

Otras personas atraen un turismo responsable colgando de algunos árboles fuertes. tiendas de campaña a modo o imitación de nidos en las cuales se puede pasar la noche por un módico o no tan módico precio, alternando la ubicación por todo el bosque para no machacar demasiado una zona, y así por la noche dormir bajo las estrellas o bien observando la vida nocturna con prismáticos de visión nocturna.

Se pueden organizar cursos de supervivencia o jardines botánicos en el medio natural, incluso con realidad aumentada, o jornadas de meditación bajo los árboles. Es necesario dejar entrar la imaginación en la gestión, y , sobre todo, racionalizar los trámites administrativos para la realización de actividades sostenibles en los bosques.

Habitualmente la actividad económica en el medio rural está orientada a la actividad primaria. ***El 42% del total de las empresas radicadas en regiones rurales es del sector primario, siendo principalmente de carácter familiar y donde el papel de la mujer como cotizante está sometido a una altísima temporalidad (según el informe del CES antes citado).***

Si queremos dinamizar la vida en el campo es importante dinamizar los negocios para que no se limiten a la producción agrosilvoforestal para luego vender lo obtenido en los mercados. Fomentar el turismo rural, y, al mismo tiempo la transformación del producto, envasado y la distribución en cada ayuntamiento o comarca; estableciendo conjuntos de dinamización con otras áreas similares con las que puedan optimizarse los recursos. Así si se produce, por ejemplo aceite, no es necesario venderlo a otros países a granel para que allí multipliquen su precio al envasarlo, sino que se puede envasar directamente. Si se cultivan cacahuetes, se puede poner en la zona una pequeña fábrica de mantequilla de cacahuete o de galletas de cacahuete o chucherías para los perros. Si la producción de leche no justifica poner una quesería, se puede tener una quesería en el pueblo que podrían alquilar al ayuntamiento por horas para procesar la leche de varios rebaños, ya sea con un producto único o mejor aún con una variedad de marcas que se podrían luego comercializar juntas para ahorrar en los costes de la logística de la distribución.

La diversidad de opciones energéticas en el mundo rural permite el desarrollo de muchos negocios relacionados con la energía, ya sea para producir electricidad e introducirla en la red de distribución o hacer pellets de madera para usar como biomasa, o los grandes y dañinos (por ruido, estética y accidentes con aves), molinos de viento gigantes.

En el capítulo de transporte en este libro se propone la instalación de unas plataformas elevadas sobre carreteras y ferrocarriles, cubiertas por paneles solares, que al ser usadas por viandantes y ciclistas podrían generar una considerable industria auxiliar, tanto para su mantenimiento, como en los negocios establecidos en la propia vía, para dar servicio a quienes la usen; ya sea en restauración, mecánica, servicios turísticos, publicidad estática, etc. por lo que no vamos ahora a incidir sobre ello. Si bien no es la única opción para el negocio de la energía, de hecho, esas instalaciones supondrían una gran generación energética, y, aunque su gestión y mantenimiento se pueda licenciar en pequeñas concesiones a cambio del uso gratuito del espacio para gestionar los pequeños negocios que pueda haber en ese tramo, o por otra parte, se sufrague mediante los ingresos de la venta de la electricidad, no soluciona los problemas de energía de las viviendas aisladas.

En la distribución y mantenimiento de sistemas aislados o bien conectados en sistemas de microredes de energía distribuida, hay un importante negocio. La cogeneración energética, la biomasa, el aprovechamiento de la energía solar para desecar o incinerar purines, el compostaje para generar calor residual además de compost y tener agua caliente sanitaria y calefacción, los sistemas de calefacción pasiva, la geotermia, etc. pueden ser de por si un negocio que fije la población. Una empresa especializada en la comarca puede montar estos sistemas para sus clientes, pero también puede darse de alta y comercializar esa energía cobrando a quien la use bien un precio periódico por mantenimiento, o directamente encargarse de la instalación y el mantenimiento y cobrar un precio mensual.

El disponer de energía renovable, además de poder obtener una amortización adicional por venta de derechos de emisión de carbono a la atmósfera, puede certificar la menor huella ecológica de los productos allí producidos; lo que es una valor añadido para los mismos al poder aportar un certificado ecológico, no solo en la falta de uso de venenos y productos químicos, sino también por la casi nula huella de Carbono en su producción, lo que hace al producto elaborado o envasado final mucho mas atractivo para su adquisición.

El instalar grandes superficies de paneles solares no quiere decir que sea esta la única actividad a la que se puede dedicar ese terreno. Si se condiciona el alquiler del terreno a la explotación de la superficie por parte de la propiedad, por ejemplo, se puede seguir teniendo una actividad agrícola-ganadera en una macrogranja solar. Los paneles se pueden poner altos, y debajo plantar biodiversidad, especialmente flores. Estas flores, pueden alimentar muchos panales de abejas. Que crezcan flores debajo de los paneles no solo las protege de heladas o granizo, sino que también les da sombra, lo cual necesitan muchas flores, y, además, al tener toda la superficie cultivada, excepto los caminos, para el mantenimiento de los paneles; se genera menos polvo, por lo que los paneles, al estar mas limpios, pueden generar mucha mas electricidad, por lo que este aprovechamiento, que se puede combinar con ovejas o incluso conejos (siempre que las estructuras de soporte sean continuas y no se caigan sobre las galerías que estos excavan) criados en extensivo, en colonias. Así se mantiene la vegetación baja. El aprovechamiento comercial de estos conejos silvestres podría no ser necesariamente la carne, sino sus deshechos, puesto que su abono es muy efectivo para el aprovechamiento agrícola.

El factor emocional que en los años 70 creó vínculos de la población con los bosques, con las campañas del **ICONA** con el slogan ***"cuando un bosque se quema, algo tuyo se quema"*** no se han vuelto a repetir, y, hoy en día, hacen mas por la conservación de los bosques algunas películas comerciales como "Avatar" que las propias campañas institucionales.

Bolsas que hacen la función de pozo negro de las que se obtiene directamente biogas para la cocina o el calentador de agua, o sistemas tipo radiador invertido, que recojan el calor residual producido en un montón de compost y calienten con ello una casa o una piscina, son una posible fuente de negocio, tanto para su fabricación y mantenimiento, como para la comercialización de la energía resultante..

Construcción con superadobe o con balas de paja para tener casas o naves ecológicas y bien aisladas. Venta y reparación de robots de todo tipo, desde los que nos cocinen la comida hasta los que van solos a nuestro campo a ararlo. Confección de juguetes de madera estilo antiguo o con máquinas automatizadas de guiado digital (CNC u otras). Venta de cristales para invernaderos sin mantenimiento o de luces artificiales que simulan la luz del sol con todo el espectro del mismo o la fabricación de cualquier producto en pequeñas instalaciones rurales especializadas de pequeña entidad y destinadas a la venta por Internet, como por ejemplo:

- Collares con luz para perros y ganado.
- Cerveza artesana.
- Encuadernación de libros manual.
- Imprenta por Internet.
- Confección de mantas tradicionales o de fundas a medida para asientos de coche con lana pura.
- Fabricación de bastones, alpargatas, equipos de supervivencia o licores

Son algunos de los ejemplos de negocios que se pueden fomentar en cualquier pequeño pueblo de nuestra geografía.

Para fomentar el emprendimiento en entornos rurales es necesario establecer unas redes específicas por parte de las administraciones que piensan leyes, cupos y ayudas en base a la visión cosmopolita de las necesidades y requerimientos de la población urbana, por lo que es necesario darle a esas políticas de gestión, una visión rural en la hora de su diseño.

Una buena carretera es vital. Garantías de que no vaya a haber cortes en el suministro de agua o electricidad también lo es. No olvidemos por ello que, si la carga "*burrocrática*" inútil con la que se agobia a quien pretende emprender no está adaptada al entorno y a la sociedad rural, las ideas de emprendimiento pueden desecharse, simplemente para no enfrentarse al muro infranqueable de los trámites administrativos.

Una lavandería de monedas instalada en el pueblo, con su secadora, podría ayudar mucho a las personas mas mayores o dependientes a tener una mayor calidad de vida. Además podría ser punto de reunión y disponer de unas máquinas expendedoras de refrescos y agua. Sería como retomar la esencia de los antiguos lavaderos comunales pero en plan moderno. Eso si, es muy importante que los ayuntamientos favorezcan que quien monte el servicio sea alguien del pueblo o de la comarca, ya sea como cláusula social que, por ejemplo, ceda un espacio gratuito para instalar ese servicio o avale los créditos necesarios a quien cumpla una cláusula social como es el contribuir a evitar la despoblación fijando allí su residencia al menos una persona, etc. Pero si se quieren evitar las complicaciones jurídicas, lo mejor sería que el ayuntamiento montase el servicio y contratase a alguien para llevarlo. El contrato no tiene por que ser a jornada completa, podría ser de un par de horas al día, una para abrir, limpiar y reponer y otra para cerrar y desinfectar.

Hay muchos tipos de emprendimientos en el mundo rural, muchos no coinciden con la demanda en las ciudades. No es costumbre alquilar herramienta, sino tener maquinaria y herramienta propias, pero la mayor parte de las veces esa maquinaria y herramienta está infrautilizada, y la inversión no se amortiza realmente. Cuando alguien necesita maquinaria pesada, suele contratar el servicio. No es habitual que alguien se ofrezca a prestar o alquilar carísima maquinaria pesada para realizar tareas agrícolas, tanto por la necesidad de especializarse en su manejo, como en el riesgo de dañarla o de accidentes por un uso inadecuado. Tampoco se suelen prestar herramientas pequeñas. Una azada o una carretilla la tiene todo el mundo en su casa. Es mas común que se contrate a alguien que tenga esa maquinaria para realizar acciones puntuales, lo que podría generar múltiples empresas dedicadas a la prestación de esos servicios, que, por tener mayor envergadura y especialización, podrían adquirir maquinaria mas sofisticada y rentable, abaratando también la prestación de esos servicios especializados y, con ello favoreciendo el desarrollo de la zona.

Hay, no obstante, un mercado ocasional para el uso puntual de determinada herramienta. Una amoladora o una hormigonera con generador eléctrico podrían ser necesarios para reparar una chivera o una acequia donde no hay electricidad, o para tenerla en casa un par de meses mientras se hace una obra. El servicio de alquiler de herramienta y maquinaria se puede complementar con el de venta de la misma, tanto nueva, como de segunda mano. Incluso aplicar el concepto de alquiler de espacios en talleres (ahora a esos espacios los suelen denominar con el anglicismo de boxes) donde autorepararse el automóvil se puede aplicar también al rural, para las autoreparaciones de vehículos, tractores y maquinaria agrícola.

Hasta pubs se pueden montar en autobuses, por ejemplo uno de dos pisos, que tenga una ruta circular por varios pueblos, y así la juventud puede ir subiéndose en su pueblo y bajarse también en el mismo pueblo, quizá incluso en la puerta de su propia casa, luego de haber socializado, bailado y haberse divertido con el resto de jóvenes de esa comarca. Un servicio de pubs a domicilio, daría seguridad a la juventud, especialmente a las mas vulnerables, que podrían llegar directamente a su casa sin riesgo de caminar solas por descampados o caminos solitarios por la noche.

Las oportunidades pueden surgir en cualquier momento o lugar. Hay que estar atento a detectar las oportunidades. La mejor manera es experimentar por uno mismo los problemas y dificultades y en lugar de quejarnos, crear una empresa que solucione ese problema, del que posiblemente se estén quejando desde hace décadas otras personas del pueblo, y así, luego de hacer una simple encuesta a modo de estudio de mercado, crear una empresa que dé solución a ese problema, que posiblemente se repita en muchos otros pueblos.

Por ejemplo, si en el pueblo hay un problema con los residuos plásticos que dejan senderistas sin escrúpulos,se podrían instalar papeleras de reciclaje en la vera de los caminos y reutilizar esos plásticos o aluminio para hacer filamento para impresora 3D. Pero no se debería quedar la cosa en hacer el hilo, sino que se podrían producir elementos de cualquier tipo con esas impresoras (que tan útiles han sido para hacer pantallas para el personal sanitario durante la pandemia), y que podrían usarse para hacer herramientas, juguetes, decoración y hasta señalización. Esos plásticos se pueden trocear y compactar o incluso fundir para hacer adoquines que podrían empedrar los caminos rurales. Pero eso se puede hacer también en la ciudad o en un polígono industrial. Por tanto, hay que buscar el valor añadido que podría tener el hacerlo en pequeñas poblaciones rurales. Como con todo proyecto, la ventaja competitiva para montar una empresa de ese tipo en un pueblo es la mayor disponibilidad de espacio y la posibilidad de tener, a consecuencia de ello, una energía gratuita. Tener un horno solar que vaporice los plásticos y ese producto se reconvierta en diésel o gasolina es una ventaja que se puede aplicar en el medio rural, (*una empresa japonesa ya está fabricando una máquina casera eléctrica de alto coste y del tamaño de una impresora láser, solo que, un poco mas grande que, usando electricidad para calentar los residuos plásticos obtiene gasolina, gasoil y queroseno. Eso mismo se puede hacer más grande usando energía solar*).

También hay sistemas basados en el descubrimiento de un joven investigador Leonés (Francisco Angulo) que convierte la basura doméstica en biodiesel y que podría aprovecharse ese sistema para los excedentes de producción agraria y para hojas y otras partes de las plantas no aprovechables comercialmente. Los tractores de ese pueblo podrían tener con esto combustible ecológico y gratis.

Se pueden reutilizar por ejemplo las botellas para hacer tiras de plástico que convertir en escobas o hacer pleita para hacer canastas.

El ejemplo del plástico se puede aplicar a todo lo que hay, natural o añadido, en el medio rural, de lo que se trata es de hacer volar la imaginación y documentarse para obtener un valor de lo que anteriormente se desechaba, y evitar la contaminación innecesaria. Antiguamente no se desperdiciaba nada, todo tenía varias vidas, desde la ropa, las herramientas, etc.

Hemos de encontrar ese valor añadido. Si tenemos piedras podemos reconvertirlas en fuentes, o usarlas para pavimentar las calles, pero también las casas, incluso hacer una bañera con cantos rodados y cemento de forma que nos pueda dar un masaje cuando nos bañamos. Si lo que tenemos es un terreno con un pequeño manantial, podemos, si obtenemos los permisos necesarios, hacer una charca en el mismo y que el manantial haga un lago antes de continuar su curso. Ese pequeño lago o mas bien charca, podría ser una piscina que se podría conectar a un sistema de calefactado por energía solar instalado en sitio no visible de la finca; incluso disponer de un sistema de aireación del agua para hacer burbujas de hidromasaje. Si se hace bien, puede parecer hasta natural, saliendo el aire entre unas piedras y teniendo un sistema biológico de depuración del agua y control de plagas. Podría convertirse en un atractivo turístico que pudiese dotarse de un merendero en derredor y ser un foco de atracción turística para la zona. También se podría usar como reservorio de energía térmica, si tiene la suficiente profundidad, para conectarlo a un sistema de energía geotérmica de calefacción o pre-calefacción.

Si lo que tenemos es un acantilado (no protegido), como podría ser una antigua cantera, podemos reconvertirlo en un montón de piscinas al estilo de las de Tolantongo en México, si bien en este caso, se deberían hacer artificialmente y así aprovechar todo el acantilado para hacer una especie de bañeras colgantes a diversos niveles en las que el agua calentada con energía solar, o con sistemas de compostaje (que se integrarían mejor en el paisaje incluso uno para cada nivel) iría descendiendo de bañera en bañera, mientras iría perdiendo temperatura y podría ser seguida por las personas caminando por las escaleras, parando a descansar en las múltiples terrazas donde tomar un zumo, incluso abajo de todo, cuando ya el agua está mas fresca, podría dedicarse una de ellas para que los perros también se relajasen. En resumen, se trata de convertir una antigua cantera, que siempre son un atentado paisajístico, en un centro de salud mediante la hidroterapia y el ejercicio al bajar la escalera, aunque se pudiera subir con un ascensor oculto para dar acceso también a personas con movilidad reducida. Cualquier elemento en la naturaleza es aprovechable. Si tenemos un bosque quemado, se pueden usar los árboles medio quemados que se talen para convertirlos en planchas, y con resina que tape los huecos, reconvertirlo en mesas de lujo. O usar las cenizas para hacer lejía natural o jabón de potasa, por poner un ejemplo.

Aprovechar el medio natural para generar riqueza no quiere decir necesariamente destruirlo, sino que se puede también aprovechar sin interactuar o con la mínima interacción con el mismo , como por ejemplo aprovechando el paisaje, montando miradores, observatorios de aves, de estrellas, etc. , como se describe en otra parte de este mismo libro.

Aquí hemos hablado de negocios. Más adelante hablaremos de Servicios. Cualquier negocio debe servir a la sociedad. El emprendimiento que no sea social está abocado al fracaso. La actividad productiva puede producir residuos, si esos residuos son escasos, por ser pequeños talleres, la propia naturaleza, salvo excepciones de productos muy tóxicos, puede digerirlos y su impacto podría ser casi nulo. No es lo mismo una gran fábrica que produce muchas toneladas de un residuo que se almacena, desprende olores, riesgos de incendio, etc. , que un pequeño taller que puede almacenar esos residuos en un bidón hasta que lo recojan de una empresa especializada o una fábrica de muebles tradicionales que podría compactar serrines y virutas para hacer pellets para las estufas de biomasa.

Tampoco es lo mismo una gran chimenea de una central térmica que un conjunto de espejos en una parabólica que calienten un producto, o incluso puedan hasta fundir metal con la energía solar o incluso quemando algo de leña de podas. que el propio entorno pueda regenerarse sin afectar a la biodiversidad, aportando además un valor medioambiental añadido al producto, que es un valor cada día ms importante para tomar una decisión de compra, especialmente ahora, en la era post-covid.

Posteriormente al COVID-19 va a haber muchos cambios sociales, también en los hábitos de consumo y en la producción. El teletrabajo se va a normalizar, y no solo dentro del propio país, sino que algunas personas podrían trasladar su residencia a países que se vean menos afectados tanto por el clima tradicional como del cambio climático. Las principales beneficiadas de esta nueva migración laboral, de personas que cotizan y trabajan en otros países y viven aquí como turistas, serán, como siempre, las zonas costeras o incluso las grandes ciudades. Si bien el cambio climático, la posibilidad de la subida del mar y la búsqueda de espacios mas sanos, verdes y poco poblados, sobre todo en prevención de futuras pandemias, hace que estas personas se planteen el medio rural con problemas de despoblación como alternativa de vida. Ciertamente muchas de estas personas preferirán que sea cerca de un aeropuerto con conexiones directas a su país de origen, si bien no todo el mundo pensará igual.

Las videoconferencias han llegado para quedarse, la proyección holográfica aún necesita evolucionar, pero pronto podremos hacer una teleportación virtual y aparecer en una sala de reuniones al otro lado del planeta mientras realmente estamos en el salón de nuestra casa. Y para eso, la principal demanda será de una buena conexión a Internet de muy alta calidad, por fibra óptica (mucha gente rechazará el 5G por temas de salud y privacidad), y la segunda, disponer de espacio suficiente para poner un despacho online, pero también podrían necesitar un lugar donde poder tener una impresora 3D para imprimir prototipos, herramientas o productos terminados.

La nueva burbuja son los coliving y coworking rurales. Cualquier casa rural ahora está poniendo unas mesas de despacho y le llaman coworking o centro compartido de trabajo. La mayor parte de ellos fracasará nada más abrir, dado que no tienen en cuenta las necesidades de las personas que trabajan en remoto, y estas no son solo tener una conexión a internet de calidad. Es necesario tener un adecuado ambiente laboral.

El aislamiento acústico es importante, como también lo es disponer de la posibilidad de un descanso adecuado por la noche.

Hay que tener en cuenta también que algunas personas se relacionan con empresas de otros continentes con horario diferente, y si necesitan tener una videoconferencia a las cuatro de la madrugada deben tener la disponibilidad de mantenerla y acompañarla de un café. Los servicios de oficina, como disponer de impresoras de calidad son importante. También lo es el poder tomarse una cerveza y un bocadillo en cualquier momento en que decidan hacer un parón.

Se valora también el que sean coworking especializados, donde compartir espacios con gente más o menos similar, por ejemplo un coworking de Ingeniería, de Bellas Artes o Jurídico, pues alguna gente prefiere estar con personas con actividades afines. También al contrario, se necesitan coworking donde no se tenga nada en común con las otras personas; es cuestión de gustos.

Pero un coworking no es, insisto en ello, una casa rural con una mesa de despacho a precio desorbitado. Un coworking es algo mas y si bien el mercado aún está por definirse con mucha gente, hay muchos otros teletrabajadores que ya tienen las ideas muy claras. Tampoco se puede pretender ordeñar a los teletrabajadores hasta dejarles secos; es cierto que durante el confinamiento, personas que cobraban 1500€ al mes estaban dispuestas a pagar 1200€ o incluso 1800€, es decir más de lo que ganaban, para poder teletrabajar en una casa rural con tal de salir de su pequeño y oscuro apartamento de la ciudad, y con sus ahorros pagaban también el alquiler o la hipoteca en la ciudad, el seguro del coche y la cuota mensual, el combustible y la comida, pero los ahorros se acaban y vivir en un coliving-coworking no puede suponerles más de la mitad de lo que ganan. Si alguien se piensa que van a atraer millonarios extranjeros a quienes cobrarles cien pesetas por cada trago que den a un botijo, como en una famosa película de la España en blanco y negro relativa al turismo de Suecia, no va por buen camino.

Si no va a hacer inversión y no la va a hacer de forma adecuada, puede probar a anunciarse, o a jugar a la lotería, pues tendrá más posibilidades de pagar las reformas necesarias para ello con la lotería que consiguiendo clientes; pero si necesitan invertir; especialmente si han de hipotecarse, tienen que hacer las cosas con la cabeza fría y los pies calientes. Sin un proyecto serio y meditado, que tenga claro donde va a conseguir los clientes, sus necesidades y posibilidades económicas cualquier iniciativa está bocada al fracaso, salvo un milagro. Y con esto no quiero desanimar a nadie, al contrario, habrá una gran demanda de este tipo de espacios en el futuro, pero hay que montarlos usando la cabeza y no creyendo que esta burbuja durará, pues se está pinchando antes aún de empezar y solo quedarán en pié los proyectos que hayan sido meditados y concienzudamente preparados antes de empezar.

Del mismo modo que para plantar algo hay que analizar primero el terreno, su orientación, si tiene o no agua, la estación del año, la fase de la luna, la acidez del terreno y un montón de factores más, para iniciar un proyecto de repoblación, es decir, para hacer un cambio total de vida, es necesario meditar previamente mucho sobre el mismo y diseñarlo sobre el papel, teniendo en cuenta todos los factores que pueden influir en el mismo.

Nómadas digitales hay de muchos tipos, desde magnates que recorren el mundo en su yate, gestionando sus negocios online desde cualquier puerto donde recalen, hasta autónomos que hacen pequeños encargos por menos de 10€ en plataformas de "minijobs".

Hay quien exige lujo y paisaje y quien prefiere un espacio más tradicional.

En todo caso, el disponer de espacios de trabajo compartido o mejor aún colaborativo, supone tener en cuenta otras necesidades, como la necesidad de vivienda en alquiler a precios asequibles. El vincular obligatoriamente ambas necesidades, la de vivir en comunidad y trabajar en espacios compartidos, puede ser un modelo de negocio, pero no es el único, ni el que todos los nómadas digitales elijan. Algunas personas podrían necesitar un espacio de vida individual, totalmente independiente y aislado, e ir trabajar a un espacio compartido, a cualquier hora del día o de la noche, otras personas querrán tener un espacio de vida compartido con unas personas y compartir el espacio de trabajo con otras distintas.

Vivir y trabajar con tanta gente puede llegar a cansar. Puede estar bien en algunas etapas de un emprendimiento, pero las personas acuden a un lugar a trabajar, no a casarse con un montón de desconocidos.

Es necesario tener en cuenta que gestionar un coliving y un coworking no es lo mismo que abrir una casa de huéspedes, necesita una formación y una especialización para dar un servicio adecuado. Si no se tiene esa preparación, quizá sea mejor abrir una casa rural típica, que tenga internet, y poner precios para largas o medias estancias. De lo contrario se devaluará la imagen y el nombre de estos establecimientos. Asimismo se hace necesaria una regulación específica y una armonización internacional de categorías; de forma parecida a lo que se hace con las estrellas de un hotel, pero no limitándolo por el precio y el lujo, sino por los servicios disponibles. Así, una persona podrá elegir, por ejemplo vivienda y zona de trabajo compartida en un establecimiento tecnológico, que disponga de impresoras 3d de gran tamaño especializado en el sector aeronáutico, ubicado en población de menos de 500 habitantes, cerca de un río, con clima confortable pero no agobiante en verano y cerca de una estación invernal donde practicar deportes de nieve, que admitan perros también en la zona de trabajo, con derecho a cocina pero con menú diario vegano y abierta la zona de trabajo 24h. Con compañeras de vivienda exclusivamente de su propio sexo, pero mixta la zona de trabajo; situado a menos de 5 km de una autovía y con aeropuerto internacional cercano, que además alquilen bicicletas y dispongan de servicio de taxi. Como podría ser que viajara con su hija, que tengan colegio abierto y que tengan preferiblemente compañeros de X país cuyo idioma materno sea X.

Todo esto, puede parecer demasiado enrevesado y complicado pero dentro de poco será lo habitual; según las personas vayan teniendo experiencias, irán teniendo claro lo que necesitan y de lo que pueden prescindir, por lo que, una persona aspirante a vivir como nómada digital, debe de hacerse una lista de todas sus necesidades, marcando cada una de ellas con un color o un número diferente en función de su prescindibilidad, para tener claro lo que preguntar -o consultar en la web del establecimiento- antes de ir a vivir allí.

Es decir, si una persona viaja con su perro, el espacio tendría un requerimiento obligatorio de que admita perros, eso lo debería marcar con un color o con una puntuación. Si admiten perros en la zona de trabajo o no, sería una opción a considerar, y en caso de que no admitan perros en la zona de trabajo, como podría ocurrir en la zona de impresión 3D por los vapores tóxicos que desprenden o el riesgo de daños oculares, o si es un establecimiento especializado en cerámica, que no quieran tener pelos volando por ahí que se queden pegados a la pintura; en esos casos se valorará el que tengan un lugar habilitado y protegido de las inclemencias meteorológicas en el jardín. Una persona podrá preferir que tenga posibilidad de practicar deportes de invierno, pero si en su lugar prima el que tenga un aeropuerto internacional a menos de 20 minutos en coche, tendrá que ponderar ambas opciones y elegir a cual le da más valor.

La especialización por una parte restringe la demanda; también la segmenta y por tanto, al haber una oferta mas especializada, quien demanda algo en ese sentido también tiene menos donde escoger y por tanto elegirá ese establecimiento con preferencia a otros. La diversidad puede ser también una forma de especialización, puede haber personas que no quieran convivir y trabajar con otras de su mismo sector, que si se dedican a diseñar puentes, no tengan que convivir con otra gente que también diseña puentes o similares, por lo que podrían preferir opciones como vivir con una persona que sea artista, otra que sea escritora, adiestradora canina, etc.

Una manera de esparcir la semilla de los coworking es la especialización, como hemos dicho anteriormente, por lo que cada quien podría valorar si, teniendo una profesión u oficio, y viviendo en un pueblo, podría crear un establecimiento especializado. Pongamos el caso hipotético de una persona que tiene una herrería en el pueblo, podría abrir un coworking especializado en metal, quizá ampliando el taller, dejando mucha más amplitud de espacio de trabajo en el mismo, comprando nueva herramienta -al menos la mas grande- y estableciendo unos horarios de disposición del horno, tamaño máximo de las piezas a trabajar, y si tendrá para la venta equipamiento de protección individual como delantales, guantes, etc. Una vez vistos todos los detalles, incluyendo hipotéticos cambios de licencias de apertura o de CNAE en Hacienda, podría tratar de captar a personas que trabajen en el sector, por ejemplo escultores, diseñadores industriales que necesiten prototipar, personas que hagan bisutería o reproducciones históricas de armas para películas, muebles, etc. Ver también sus necesidades, por ejemplo, si avisan y pagan con tiempo una cantidad determinada de varillas de hierro de determinado tamaño, al hacer el pedido de material ahorrará mucho dinero, tanto por pedir mas kilos como en concepto de portes. Además podrá dar cursos complementarios, tanto por si mismo, cobrando por ello aparte o incluyéndolo dentro de la oferta del coworking, como siendo subvencionados por la FUNDAE, dentro de los programas de formación continua o formación para el empleo, los cuales disponen además de unas ayudas complementarias para el alojamiento y manutención, cuando son cursos que se realizan lejos de la vivienda habitual de una persona. En estos casos no hablamos ya de nómadas digitales, pero si de un modelo de negocio que facilita la repoblación rural, pues no ya, quien por tener un establecimiento de este tipo se queda a vivir en el pueblo, si no que si una persona acude a un centro de trabajo compartido con formación añadida en un pueblo, por ejemplo de la Sierra de los Filabres y aprende a trabajar el mármol, podría posteriormente alquilarse una casa por la zona, una vez domine la actividad y trabajar desde allí, ahorrándose el alto coste de comprar esa pieza de mármol en bruto, transportarla a su taller en un polígono industrial de la ciudad y allí trabajarla para luego proceder a su envío al cliente final como producto elaborado; disponiendo en ese mismo espacio, de la posibilidad de alquilar una habitación separada, por ejemplo una casita de invitados, donde poder recibir a sus clientes que quieren ver personalmente como evoluciona el trabajo, o el producto final que han visto previamente en fotos sin alojarse en el mismo espacio de convivencia y que un compañero de coliving acuda a cenar en paños menores.

Por eso es importante que cualquier proyecto sea meditado adecuadamente antes de ponerlo en marcha, hacer un estudio de mercado y contactar con hipotéticos clientes antes de hacer la inversión – como con todo negocio- . Y tener en cuenta que la clientela podría ser a largo plazo en los espacios de trabajo compartido, pero lo que es la vida compartida, es un negocio, en general, cortoplacista. Así, si se quiere garantizar un futuro más largo a un coworking deberá de garantizarse la opción de vivienda, en alquiler al principio y posteriormente podría ser en compra, en el mismo pueblo.

Si alguien quiere iniciar esta actividad, como todo, siempre es mejor que sea de forma colaborativa, por lo que pueden coordinarse con otros establecimientos similares a través de la Asociación Nacional de coliving y coworking (www.colingycoworking.es) y además crear Asociaciones Comarcales o Provinciales de colaboración mutua, por ejemplo organizando campañas de promoción conjunta.

En la nueva normalidad, el vehículo privado pasará a tener otro concepto, primarán las bicicletas, ciclos de carga, etc. De hecho, esa puede ser la causa real por la que las grandes multinacionales de la automoción cierren sus fábricas. Es necesaria una reconversión, un reinicio de la especie humana, aunque haya todavía dinosaurios que se oponen a la evolución.

En este reinicio, la vuelta a los pueblos jugará un gran papel. Pequeñas fábricas, mas bien talleres semiartesanales, fabricarán bicicletas, patinetes, triciclos y cuadriciclos de paseo o de carga, a medida. Tiradas cortas, diseños personalizados para personas mayores, mutiladas, jóvenes, infantes, personas con obesidad mórbida, y muchas otras peculiaridades podrán permitir una fabricación de series cortas en talleres especializados, fabricando en cada uno un modelo distinto; por tanto, muy fácil de tener un adecuado control de calidad de cara al servicio post-venta. Y donde la presentación de una marca, supondrá disponer de múltiples talleres de pequeña entidad, pasando las empresas a ser en realidad una Marca compuesta de múltiples nodos en una red productiva.

La fabricación de pequeños robots, ya sea completa, o a base de ensamblar piezas estandarizadas en el mercado y programarlos para nuevas aplicaciones será uno de los negocios predominantes en el mundo rural, donde además del coste mas barato del suelo, se puede garantizar la fidelidad de la mano de obra que tanto cuesta formar, por su apego y enraizamiento a la zona.

Además, el espionaje industrial será mas fácil de evitar, pues se detectarán inmediatamente visitas foráneas por los alrededores. La calidad de vida del personal aumentará la productividad, tanto por evitar largos desplazamientos y disminuir las enfermedades asociadas a la contaminación, como por disponer de mas tiempo libre para desestresarse.

Hemos de tener en cuenta esta nueva normalidad a la que nos han llevado los virus, por ejemplo, negociando con grandes cadenas de distribución y reparto el ser sus repartidores en la zona para pedidos on-line; pues, por mucho que se tienda a la autosuficiencia, siempre hay algunas cosas que se necesitan comprar, si en el pueblo no hay herrería, o ferretería, no se va a estar sin cuchillos, así que no queda mas remedio que acudir a la compra en línea o desplazarse hasta la ciudad mas cercana, por lo que la compra por Internet es la opción mas viable, siempre y cuando haya quien se encargue del último tramo, de lo que es la propia entrega a domicilio.

Dentro de las entregas también puede incluirse un servicio de desayuno a domicilio, con la opción de llevar el desayuno calentito y el periódico a casa, servicio que podrían contratar especialmente veraneantes y turistas, especialmente quienes usen el área de descanso de autocaravanas. Repartir el pan, la compra, y la mensajería puede ser un trabajo a tiempo completo, o un complemento a otra actividad dependiendo de la zona. No estaría de más, por tanto, disponer de unos carteles en los espacios que habiliten los pueblos para las autocaravanas, con un listado de la oferta disponible, con un código QR que sirva para pedir automáticamente y con pago previo, para evitar atracos, desde una barra de pan, hasta el menú del día, o una caja de vino de la zona, pasando por la posibilidad de contratar una visita guiada a una quesería donde poder ver y participar en todo el proceso productivo de la elaboración de tal manjar.

Los pueblos con problemas de despoblación no siempre están situados en zonas inaccesibles de alta montaña. En ocasiones, esos pueblos están ubicados al borde del mar y en verano están masificados de turistas, pero al llegar Septiembre la cosa cambia y quedan pocas personas que pueden caminar por largas calles desiertas viendo locales cerrados. Otros están al lado mismo de la autovía o en una salida de autopista, que es poco usada porque no va a ninguna población importante, o que, por el contrario, es muy usada pero todos los vehículos pasan por delante del pueblo sin aportar al mismo mas que unas toneladas de contaminación. Las antiguas Carreteras Nacionales llevaban riqueza a los pueblos por donde pasaban, no solo por la posibilidad de parar a tomar un refresco o comer un menú o un bocadillo, sino por la posibilidad de dar salida a la producción local o recibir fácilmente insumos de todo tipo. Los sistemas de Autovías y Autopistas y el uso de la navegación guiada por satélite evita esos pueblos por defecto.

Los descansos obligatorios para conductores de vehículos como camiones, autobuses, etc. se establecen en función del tiempo de conducción. En carretera hay áreas de descanso sin vigilar. También hay áreas de servicio, habitualmente con cafeterías o restaurantes los cuales, en ocasiones, tienen precios al triple de lo habitual en algunos productos.

Una forma de potenciar la fijación de la población rural podría ser establecer áreas de descanso municipales, fuera de los límites jurisdiccionales de las autopistas o autovías, orientadas principalmente al transporte de mercancías y de pasajeros, pero también utilizables por turismos y autocaravanas. En estas áreas de descanso se pueden instalar duchas con agua calentada por energía solar y desinfectadas por luz ultravioleta, vigilancia nocturna, bar-kiosco 24 h., zona de esparcimiento canino, zona para niños, áreas de ejercicio para tercera edad y zona de entrenamiento al aire libre con aparatos antivandálicos diseñados específicamente para su uso por conductores, incluso con diferenciación de género (aparatos para mujeres gestantes por ejemplo). Estas áreas de esparcimiento y descanso, además podrían dar servicio al pueblo teniendo jardines y hasta una piscina municipal cubierta, con zona de hidromasaje, por supuesto con precios diferentes para las personas empadronadas y para personas de paso, ya que daría también servicio al pueblo. Además, teniendo una tienda de productos de la zona, se podría promocionar y hacer negocio, fijando la población del entorno al darle salida a los productos fabricados en la comarca, lo que daría también mayor estabilidad a los empleos de las fábricas que los producen y son un atractivo turístico en general, siendo además el turismo en autocaravana de un alto poder adquisitivo por lo general.

Disponer de una gasolinera, hidrogenera y electrolinera se garantiza una afluencia constante de vehículos. Siendo solo necesario mantener unos precios asequibles y garantizar la cobertura telefónica (o incluso poner vigilancia y wifi gratis), para animar a esos vehículos a desviarse y hacer unos kilómetros más para tener un buen descanso. Los vehículos de transporte de mercancías circulan todo el año, por lo que es muy interesante desarrollar promociones que les animen a repetir la experiencia de pasar sus horas de descanso obligatorio en ese pueblo con comodidad y seguridad.

Además se pueden habilitar espacios para el descanso por horas para la espera de otros vehículos de las empresas que utilizan aplicaciones propias, o públicas, para el intercambio de conductores para grandes rutas facilitándoles que el camión pueda circular sin detenerse, haciendo el cambio de conductor a la mitad de cada tramo horario.

Otro negocio que podría tener éxito es el de la prevención de incendios forestales en la interfaz urbano-forestal, en los alrededores de ciudades, pueblos y urbanizaciones. Ese es también un emprendimiento agrario o mas bien agro-industrial. Así, el instalar cañones de agua, de disparo automático en los alrededores de las zonas habitadas, junto con una poda y limpia frecuentes, puede servir para frenar la incidencia de los fuegos sobre esas viviendas. Estos sistemas también se pueden vender a granjas aisladas, casas en diseminados, etc.

Trufa, piñones, resinas, corcho, son algunos de los aprovechamientos tradicionales del bosque, aparte del ganadero -cuando era bosque y no monocultivos de pinos- , empresas de vigilancia remota de la trufa para evitar robos, de venta de maquinaria de extracción de piñones, de creación de pastillas de encendido o de calefacción, de triturado de excedentes de corcho para hacer rollos o para aislamiento con corcho proyectado; recoger las algarrobas para hacer pseudochocolate; hacer matorral con avellanos para que críen las aves, plantar zarzales en semicultivos para la venta de moras ecológicas, hacer mermeladas o licores pueden ser alternativas de aprovechamiento industrial de los bosques de verdad.

El cinturón urbano-forestal que rodea muchos núcleos urbanos puede facilitar otra posibilidad a las ciudades: El agua caliente que se puede obtener instalando en los aparcamientos composteras verticales que sean aprovechadas para calentar el agua para calefacción o sanitaria circular por circuitos aislados hasta los centros oficiales como escuelas, hospitales y edificios públicos diversos, para la calefacción y uso sanitario sin coste, aprovechando luego el compost resultante para los jardines públicos y huertos urbanos.

Hay también una opción de negocio en el avance tecnológico; la maquinaria muchas veces se ha visto como enemiga del empleo, pero esa maquinaria necesita que alguien la fabrique, la venda y la repare, y si puede ser en la misma zona mejor. Hoy en día, tenemos que adaptarnos a las nuevas alternativas robóticas, y estas a su vez a los ecosistemas donde van a tener que trabajar pues no es lo mismo un robot que cuide tomates en un invernadero sobre unos raíles, que un sistema autónomo con patas tipo araña que pueda transportar los trozos de corcho sobre su lomo en lugar de tener que hacerlo los mulos, y así además poder alcanzar árboles que crecen en zonas inaccesibles para un mulo y, que un humano puede necesitar ir con arneses enganchados a líneas de vida, pero con el robot tipo araña podrían llegar hasta allí. Sin olvidar que los robots también necesitan quien los construya, programe, venda y adapte además de repararlos.

El tener garantizado el ingreso mínimo vital, hará que, pase lo que pase, no falte nunca algo de comida en el plato. Eso animará a mucha gente a promover pequeños emprendimientos, y para eso, estar en el medio rural es lo ideal, y así, si la empresa acaba por no cuajar, siempre puede recuperarlo y al menos no pasará hambre, pudiendo pagar la casa y teniendo además, en su caso, autosuficiencia energética y un terreno donde cultivar. Con eso el miedo a emprender disminuirá mucho, y aunque el negocio no rinda lo suficiente como para hacerse rica, mientras cubra gastos, esa persona podrá tener una calidad de vida envidiable por la gente de la ciudad.

Es necesario modificar la normativa reguladora de ese Ingreso Mínimo Vital, que permita compatibilizarlo con pequeños emprendimientos. Así, si por ejemplo el emprendimiento es agrícola, se tendrá garantizado ese Ingreso hasta que pueda comercializar la primera cosecha rentable. Por tanto, la normativa para el cobro, ya sea del paro -normal o el de mayores de 52 años-, el Ingreso Mínimo Vital o cualquier otra ayuda, sea compatible con el inicio de una actividad económica en un pueblo, si este tiene menos de 5000 habitantes, durante los tres primeros años de la actividad. (Si esa actividad funciona y es rentable, es decir, si gana limpio mas de determinada cantidad, entonces se cancelaría ese derecho).

Según propone el Profesor Enrique Javier Díez Gutiérrez, de la Universidad de León, sería necesario establecer una Renta Rural Garantizada. Un ingreso que se otorgaría en función del territorio donde se vive habitualmente para compensar a la población en áreas escasamente pobladas por los inconvenientes y gastos adicionales que la falta de servicios les provoca.

Para montar un negocio en el medio rural lo mas importante es tenerlo claro desde el principio. Nos podemos preguntar por ejemplo:

- ¿Que es lo que podemos hacer en la zona elegida?, teniendo en cuenta el clima, las telecomunicaciones, las carreteras, parques naturales u otras restricciones administrativas, etc.
- De lo que podría ser viable, conforme al punto anterior, ¿hasta donde llega nuestra economía?, si en el pueblo hay por ejemplo un precioso castillo en ruinas podríamos ver que sería muy interesante convertirlo en hotel con encanto, pero si estamos cobrando el Ingreso Mínimo Vital, no vamos a poder pagar ni siquiera el proyecto de la obra de restauración, y si no contamos con socios inversores, quizá debamos empezar con miras más a nuestro alcance. O quizá innovar en la gestión, como por ejemplo creando una cooperativa para su remodelación y otra posterior para su gestión, involucrando en ambas al Ayuntamiento, Diputación y Comunidad Autónoma, buscando ayudas europeas, haciendo financiación colectiva (ahora llamada crowdfounding) o buscando business angels o inversores que luego van revendiendo sus acciones a quien creó la empresa según el negocio va generando recursos.

Lo ideal es no depender de bancos; pues luego es mucho mas difícil liberarnos de su voracidad, pues son como garrapatas, que una vez pican, no paran hasta sacarnos toda la sangre que pueden. En caso de necesidad hay que evaluar previamente la posibilidad de obtener financiación para el proyecto y el coste de la misma. Quizá hablando con las cooperativas agrícola-ganaderas de la zona, alguna de ellas tenga la opción de crédito mutuo, en alguna de las opciones que marca la ley, como por ejemplo las Cooperativas de Crédito, que tratamos mas ampliamente en este mismo libro, o las Sociedades de Garantía Recíproca. Sin olvidar otras opciones como inversores privados, ángeles de negocios, campañas de crédito entre particulares (en Internet se puede buscar como crowdlending) o campañas de micromecenazgo donde mucha personas aportan una pequeña cantidad cada una para apoyar tu proyecto sin intereses, si bien, es costumbre en estos casos el hacerles un pequeño obsequio por su contribución, así, si por ejemplo te han financiado unos panales de abejas, les puedes enviar un tarro de miel (teniendo en cuenta tanto el coste de envío, como las comisiones que se queda la propia plataforma que te soporta la campaña).

El Estado debería crear una banca pública al estilo de lo que eran antiguamente las Cajas de Ahorro, es decir, teniendo prohibido por los propios estatutos de Constitución de la misma, el comercializar productos financieros complejos o de alto riesgo, limitándose a dar créditos, pagar nóminas, hacer transferencias, otorgar tarjetas de crédito, pagar recibos, hacer hipotecas y otras operaciones sencillas. Esta banca pública, como veremos más adelante con más detalle, debería estar implantada en todo el territorio, ya sea con oficinas reales o con una especie de cajeros donde, con una pantalla y un botón se pueda ser atendido en remoto a través de una videoconferencia, pudiendo escanear los documentos, comprobando su veracidad por IA, leer los microchips de los DNI, entregar y recibir dinero y hacer cualquier tipo de gestión, siendo atendida la persona por un operario en remoto a través de una pantalla de tamaño real.

- Ya sabemos las opciones que están a nuestro alcance. De ellas hemos de elegir la que mas nos guste y preguntarnos si tenemos la formación adecuada para ello?
- Si vemos que la zona es apta para tener unas cabras y hacer queso, tendríamos que ver si conocemos bien el oficio de pastor. Saber como cuidar el rebaño, como atender accidentes, como evitar esos accidentes, legislación, sanidad, etc. Por tanto, quizá sea conveniente apuntarse a una escuela de pastores donde hombres y mujeres pueden obtener una formación adecuada, o bien, optar por el sistema tradicional, de aprendizaje, acompañando y ayudando, sea gratis o incluso pagando por ello, a alguien que trabaje en ese oficio y nos lo quiera enseñar. Lo mismo ocurre si el negocio a montar va a ser cerrajería, carpintería, reparación de

calzado o cualquier otro. Y tener claro de que vamos a vivir mientras aprendemos. Lo cual es distinto a quien traslada un negocio existente en la ciudad, teletrabajando, que solo tiene que mirar que las comunicaciones son suficientes y estables, incluso en verano, cuando vuelve todo el mundo y se saturan las líneas móviles.

Llegado este punto, y, conociendo nuestras necesidades, a la posible competencia y a nuestro público objetivo, teniendo en cuenta nuestras posibilidades económicas y de tiempo, así como las circunstancias externas y la posibilidad de quedarse aislados por la nieve,etc. es necesario, hacer números, y preparar un plan de negocio, para ello hay herramientas en Internet o podemos contratar alguien que nos lo haga.

El Ministerio de Industria Comercio y Turismo tiene una herramienta en línea, de acceso gratuito que ayuda a valorar previamente, sobre el papel la viabilidad de un negocio. En el momento de escribir este libro, la dirección electrónica es:

http://www.ipyme.org/es-ES/DecisionEmprender/Paginas/PlanEmpresa.aspx

la cual, si cuando lees este libro está desactualizada, se puede consultar el buscador interno de ese ministerio o llamar al teléfono **060** pudiendo hacerlo también desde el extranjero al número +34 902 887 060 si bien este último es un número de valor añadido -valor en realidad no, es solo que es más caro llamar-, algo incomprensible en un organismo público, especialmente ahora que tenemos la mayoría de las personas un plan de llamadas ilimitadas a teléfonos fijos y móviles,

por lo que la otra opción es usar el servicio de conversación en línea que es totalmente gratuito y que por ahora está en: https://administracion.gob.es/pag_Home/contacto/WebChat.html desde ese teléfono 060 o desde su página web se puede consultar además cualquier procedimiento, norma o asunto relacionado con la Administración pública española.

Cuando hablamos de emprender, todo suena muy fácil, hasta que llega la necesidad de aportar el dinero. Si necesitamos capitalistas que aporten dinero a ese proyecto de empresa podemos recurrir a **European Investment Project Portal (EIPP)** que es un portal de inversiones dependiente de la Comisión Europea que da la visibilidad necesaria a un proyecto, a nivel internacional, para encontrar inversores de cualquier parte de EU y del mundo. Si bien se hace necesario un portal similar para inversiones inferiores a 250.000€ que hagan mucho más sencilla la burocracia. Dentro de esas opciones de menor necesidad de inversión destacan las microinversiones, que se pueden conseguir con microcréditos de la UE, que , en el ámbito rural deberían de complementarse con otros 25.000€ que podría prestar la Comunidad Autónoma o la Diputación, y gestionar todo a través de un banco público local de perfil bajo (sin productos financieros complejos). Con 50.000€ de inversión por persona se puede comprar una vivienda sencilla y un garaje o local pequeña más algo de maquinaria para iniciar un negocio en el medio rural. Por supuesto es necesario evitar la picaresca y establecer unos parámetros como por ejemplo entregar la maquinaria como si fuera un renting, o hacer hipoteca sobre los inmuebles, que la Guardia Civil controle si realmente esas personas viven en el pueblo, si la actividad realmente se realiza como se propuso, etc. . En los microcréditos se debe eliminar completamente la gestión privada, no se puede encargar a los bancos que otorguen estas cantidades, dado que la experiencia deja ver que al final no acaban esos créditos en las personas más desfavorecidas, si no todo lo contrario, el banco lo otorgará a las personas que realmente no lo necesitan, porque son buenos clientes suyos y acabaremos financiando maniobras especulativas disfrazadas de ayudas sociales. Los microcréditos públicos deben de ser otorgados por las Administraciones Públicas, independientemente que luego ese dinero sea remitido a la cuenta corriente que utilice regularmente la persona beneficiaria.

Para más información sobre los microcréditos de la UE se puede ir a la página web: https://ec.europa.eu/social/main.jsp?langId=es&catId=836

Asesoramiento, acompañamiento, y un espacio de trabajo individual o compartido es vital para iniciar un emprendimiento en el ámbito rural, para ello, se puede contemplar la posibilidad de iniciar el proyecto buscando el apoyo de entidades de "coworking" mezclado con "business angels" promotores de inversión, acompañamiento social y lo que haga falta, en un único y original proyecto digno de ser replicado en cualquier territorio con futuro.

El Banco Europeo de Inversiones coparticipado por la Comisión Europea es otro apoyo para el desarrollo e implementación de nuevos proyectos a través de la prestación de asistencia técnica y asesoramiento utilizando el **"European Investiment Advisory Hub (EIAH)".**

No se deben menospreciar las importantes o a veces simbólicas, ayudas para el emprendimiento que dan las Comunidades Autónomas, sean propias, o administrando los fondos del Estado o de la UE, que, en ocasiones, especialmente cuando se trata mas de ayudas a la contratación pueden ser muy útiles para el inicio de un negocio. Siempre y cuando lo resuelvan pronto y lo paguen en fecha, pues en muchas ocasiones, para ahorrarse dinero y hacer propaganda, hay Comunidades que sacan ayudas, pero luego tardan mucho en pagarlas, a veces varios años, lo que obliga a quien emprende a endeudarse a nivel personal y como cuando toca pagarlas, la empresa ha cerrado, ese dinero se "pierde".

Por ese motivo es importante tener en cuenta que, para iniciar un proyecto empresarial es necesario tener dinero propio o que provenga de inversores, crowdfounders o préstamos familiares, tratando de evitar en lo posible depender tanto de bancos como de subvenciones.

Eso es posible en el medio rural, donde se pueden empezar pequeños emprendimientos mucho mas fácilmente y con menos dinero, y luego ir escalando si se hace una buena reinversión de los beneficios.

No hay nada mas desalentador para una empresa que empieza, -y también para una consolidada- que contratar al personal que te va a acompañar en la aventura, formarle adecuadamente, soportar los lógicos errores de la falta de experiencia, que llevan a averías o roturas, crearle el espíritu de empresa, amoldarle a los sistemas de producción de esa empresa y que luego, se vaya a trabajar al otro extremo de la ciudad - a veces sin preaviso- simplemente porque le han ofrecido 50€ mas al mes al tener ya experiencia, o porque así puede ir a recoger a sus niños al colegio a tiempo. ¡Eso en el rural no pasa!; la gente quiere quedarse en su pueblo.

Para una empresa seria y con futuro, el mayor activo es su personal, especialmente para las empresas que necesitan una elevada especialización, lo cual no siempre tiene que estar relacionado con estudios superiores.

Hay sectores, como por poner un ejemplo el de la talla del diamante, que precisan de varios años de formación de su personal para un proceso tan delicado. Esto le cuesta mucho dinero a la empresa y no pueden arriesgarse a que otra empresa del sector, cuando ya tienen al personal formado, se los lleve con una oferta de unos pocos duros más al mes.

Para estas empresas, establecerse en un pueblo pequeño es una garantía a largo plazo, puesto que si orientan sus puestos de trabajo hacia las personas que allí viven y no se han marchado ya, por tener hondas raíces, no van a tener problemas de que un día aparezca otra empresa y les ponga delante la zanahoria o se los lleve con música como el flautista.

El emprendimiento socialmente responsable, o cualquiera de los muchos nombres que aplican a esta entelequia, es el elemento necesario para el enraizamiento en la socioeconomía de los pequeños pueblos rurales de industrias sostenibles y con futuro.

El establecimiento de una empresa en un pueblo permite, con mas facilidad, cumplir los objetivos de RSE, conciliando la vida familiar y social, teniendo un ambiente de trabajo adecuado, favoreciendo el acceso de la mujer a entornos laborales donde está menos representada, negociando con la escuela del pueblo la adaptación de horarios a los de la empresa donde quizá trabajen todos los padres y madres de los niños escolarizados, y favoreciendo que, por la proximidad, puedan en cualquier descanso laboral acercarse en un momento, por ejemplo a tomarse el bocadillo con el niño o hablar con el profesorado.

La proximidad del consultorio médico minora también las bajas laborales, ya no es necesario perder un día entero de trabajo para ir a consulta, por lo que, junto con el medio ambiente mas sano, y un aire y un agua respirables además de una comida mas sana, potenciarán la salud de la fuerza laboral de la empresa.

Los sueldos rinden mas en el campo que en la ciudad. No solo porque una persona puede necesitar para acudir a su puesto de trabajo un vehículo con el consiguiente gasto operativo y de desgaste del mismo, sino que esa hora de trabajo que pierde diariamente en ir y la otra hora en volver, sumadas al coste de combustible y mantenimiento, suponen una merma de los ingresos líquidos de esa persona en concepto de salario.

A esto le hemos de sumar el stress ocasionado por el tráfico, etc.

Por eso la proximidad al puesto de trabajo hace aumentar el rendimiento económico del mismo salario tanto para quien lo paga como para quien lo percibe. Y, si encima contamos que esa persona dispone de dos horas mas de tiempo diario para, por ejemplo atender su huerta, puede tener dos horas de ejercicio diarias para desestresarse y mantener su cuerpo y mente sanas con el trabajo en el campo y con el paseo diario a su puesto de trabajo. Si bien de poco sirve tener un puesto de trabajo muy sano si no hay nada que fabricar o trabajo que realizar.

Ahora que todo el mundo compra en China a través de páginas web se puede ver que, la mayoría de los productos tienen una cláusula en su presentación que dice algo así como " Por favor entienda que la fabricación de este producto es manual, permita ligeras variaciones en el tamaño o en el color" o advertencias similares. Ello es debido a que la fabricación de esos productos suele ser en pequeños talleres, de no mas de quince trabajadores-as, aunque la mayoría son de una media de cinco; donde muchas veces fabrican o ensamblan a mano los productos.

Esas pequeñas fábricas, si en lugar de estar concentradas en las ciudades, estuvieran diversificadas por todo el país, evitarían una gran parte del problema de contaminación ambiental, al fomentar el uso de energías alternativas, y la fijación del carbono.

También está la opción de teletrabajar o de trabajar en remoto. La diferencia estriba en que, quien teletrabaja lo hace en cualquier sitio, se puede teletrabajar mientras se espera el autobús, mientras se come en el restaurante o en la biblioteca del pueblo. El trabajo a distancia o "en remoto" es disponer de un espacio adecuado y suficiente, dotado con el material y equipamiento necesario para desarrollar esa actividad laboral.

En general ***la persona que se traslada al campo con intención de teletrabajar, lo hace en un 56% porque quiere poder gestionar sus propios tiempos*** *según el primer informe sobre la industria del trabajo 3.0 que publicó Nubelo en Colombia*, aunque no referido específicamente al campo sino al teletrabajo en general. En el caso de España y Portugal los porcentajes podrían variar pero poco. En trabajos autónomos, en el campo, encajarían perfectamente neorrurales que desarrollen a modo de ejemplo actividades en las siguiente áreas:

- Desarrollo Web y Móvil
- Informática y Telecomunicaciones
- Diseño y Multimedia
- Márqueting y Ventas
- Redacción y Traducción
- Consultas profesionales on-line como jurídicas, técnicas, etc.
- Artesanía
- Trabajos que se deben de realizar en el domicilio del cliente (construcción, reparaciones, antenas, etc)
- Venta ambulante en distintas poblaciones.

La economía en el medio rural, no está limitada a labores de emprendimiento industrial, agrícola-ganadero, ni tecnológicas.

Si una persona se traslada a vivir al campo podría emprender, por ejemplo realizando pequeñas tareas y servicios como pequeñas reparaciones, recados, cuidado de personas solas, etc. , pues el trabajo autónomo también es emprender. En esos casos, además tiene unas importantes ventajas si se instala en pequeñas poblaciones, puesto que el coste de autónomos está subvencionado los primeros años.

Para las empresas, la población rural les puede dar una ventaja competitiva, pues pueden externalizar los procesos productivos, lo que los anglosajones denominan como **outsourcing.**

En una vivienda rural, que dispone normalmente de mas espacio, es mas fácil montar talleres de costura, montaje, etc. Las personas trabajan mas cómodas allí, si son autónomas tienen descuentos en las cuotas de la Seguridad Social en pequeñas poblaciones.

Al estar esas personas mas cómodas y saludables y con menos estrés disminuyen las bajas laborales, aumenta la productividad y la calidad del producto, por lo que aumentan los beneficios.

Una empresa puede contratar a varias personas diferentes dentro del mismo pueblo de manera que cada una haga una parte del proceso productivo, así, podría crear una cadena de montaje extensiva en el espacio, donde el producto va pasando de casa en casa hasta conseguir el acabado final. Suponiendo esto además una ventaja adicional para ambas partes si, por ejemplo, la empresa financia la instalación de placas solares o estufas de leña, pues es mucho mas fácil instalarlas en el campo, aparte que la persona puede hacer uso de, por ejemplo, el calor residual, para calentar el resto de la casa al acabar de trabajar.

El uso de energías alternativas, no solo puede aminorar los costes energéticos para la empresa, sino que, además, puede darle un valor añadido a su producto, el cual puede disponer, en su caso, de una etiqueta de producto sin, o con una mínima, huella de carbono. A lo que le puede sumar una etiqueta, por ahora inexistente, pero que debería de promover el Estado, referente a "producto rural" o "Fabricado en el Medio Rural", "Industria Rural" o con algún nombre específico relativo al compromiso con los entornos rurales de escasa población. Lo cual son valores añadidos que, encima que le permiten a la empresa ahorrar dinero en su fabricación, son un valor añadido de cara a el consumidor-a, lo que le permite posicionar mejor su producto en el mercado.

El establecimiento de una línea productiva, sea de fabricación o de servicios en un pueblo, con energías alternativas y sin procesos contaminantes, además de mejorar la imagen de la empresa, ahorrarle dinero, y favorecer sus ventas, disminuye su huella de carbono emitido a la atmósfera por lo que tiene una ventaja directa al minorar los costes de producción no solo por el ahorro energético sino también por disminuir el coste por contaminación.

Es decir, que no tendría que comprar derechos de emisión (por poder contaminar). Esto es especialmente interesante para empresas que precisen mucho consumo energético, que podrían tener fuentes propias. No hablamos solo de poner generadores eólicos, hidráulicos o paneles solares. sino que, esas empresas tendrían una gran oportunidad de innovar. Por ejemplo instalando concentradores solares en un crisol podrían tener un total ahorro energético en una acería pues el sol concentrado puede fundir metales. También podrían precalentar unos alimentos que van a pasteurizarse reaprovechando el calor del compost, y añadiendo un poquito mas de energía para el calor que le faltaría, con energía solar o eólica y cualquier otro procedimiento que la imaginación humana sea capaz de crear. En ocasiones sin necesidad de gastar dinero, por ejemplo aprovechando los meses mas fríos para, simplemente abriendo las ventanas, que corra el aire que puede secar unos jamones, por ejemplo, que son sistemas, que no por ser tradicionales dejan de tener validez, al contrario, le otorgan un valor añadido al producto.

Tener la foto aérea de la empresa, con un jardín al frente, donde el personal pueda ir a relajarse, incluso tener puestos de trabajo habilitados bajo los árboles para los días de sol, aumentaría el rendimiento laboral y daría una imagen cautivadora para clientes, proveedores y público en general.

CAPÍTULO 8

La formación como oportunidad de repoblación.

Casi nadie se va a plantear el trasladarse desde una ciudad a un pueblo si no lo conoce previamente. Una manera de conocer un pueblo puede ser el ir a estudiar al mismo. centros formativos, ya sean internados o abiertos, pero también centros de preparación de oposiciones, autoescuelas de cursos intensivos o formación especializada.

El modelo de internados tradicionales está en desuso actualmente, por el convencimiento familiar de que se puede educar mejor a los niños si viven con la familia, e incluso se considera una especie de abandono el que los menores se alojen fuera de casa. Pero es todo una cuestión de números:

Si una persona ha de levantarse dos horas antes para vestir a los niños, darles el desayuno y llevarles al colegio, donde luego comerán, para luego ir corriendo a recoger al menor para llevarle a una actividad deportiva en la que los padres no participan o incluso, ni siquiera los ven, luego ir corriendo a recogerlos para llevarles a una formación complementaria, por ejemplo musical, llegar a casa y pretender que encima se pongan a hacer los deberes, etc. supone un stress añadido para sus progenitores que, si se añade al stress laboral que ya acumulan, puede darle al menor una imagen, que podría fijarse en su subconsciente, de que resulta una carga familiar. Y todo por pasar realmente solo tres horas diarias realmente juntos (o mas o menos juntos, pues estar juntos no es solo el estar en la misma habitación).

Realmente la convivencia familiar cada vez es menor con este sistema de hiperactividad infantil orientada a una sobreformación técnica, pero perdiendo la formación humana.

Quizá sea necesario un nuevo modelo de internados, que se puedan establecer en las zonas rurales, con un alumnado reducido, no macrocolegios como los antiguos, donde el-la menor disponga en su cuarto de un sistema de videoconferencia para hablar con su familia, y donde se disponga de un sistema educativo integral, moderno e inclusivo, que no sea solo enseñar conocimientos, sino también, por ejemplo a ceder el asiento a una persona mayor en el autobús, a comportarse en sociedad, etc.

Con este sistema se podría dotar a sus progenitores de unas estancias donde poder ir a pasar el fin de semana con los menores, como si esa fuese su casa habitual y durante la semana estuviesen de viaje de trabajo. O recogiendo a los menores para ir a su casa habitual. Eso permitiría una redistribución de los tiempos de la familia, y facilitaría la desconexión los fines de semana, al dejar toda la tarea laboral o doméstica finalizada el viernes tarde para disfrutar plenamente de la compañía de la prole.

Además, cada vez es mas común que las familias originales, donde nacieron los niños, no sean las familias actuales. Cuando el menor tiene dos familias (la que posteriormente ha constituido cada progenitor luego de divorciarse), se relaciona con cada uno de los progenitores a tiempo parcial; es decir, unos días está con papá, otros con mamá. Si un menor en un centro educativo tiene una videoconferencia a tamaño natural con su familia, podría cenar con su padre, habiendo comido con su madre. Incluso si ambos progenitores se llevan bien podrían hacerlo con ambos al mismo tiempo.

Por supuesto eso se debe hacer con el adecuado asesoramiento psicológico. También programar adecuadamente que el niño o niña se vayan adaptando progresivamente al nuevo centro antes de quedarse allí a dormir por primera vez, y haciendo que no lo vean como un abandono, sino como unas vacaciones constantes.

Claro que, existe otra opción. El vivir en un pueblo permite tanto las ventajas de un internado como de un colegio tradicional. El enviar a los niños al colegio caminando es una ventaja adicional, pueden ir solos, como han ido toda la vida y así evitamos una sobreprotección que no les servirá para desarrollarse adecuadamente en el futuro ante los problemas de la sociedad (en Japón, incluso en las grandes ciudades, los niños caminan o toman el metro solos, precisamente para enseñarles independencia). En un pueblo, las actividades extraescolares se pueden organizar desde la misma escuela. Quizá no haya un Dojo para practicar Artes Marciales en el propio pueblo, pero si que se puede contratar a un Maestro para que acuda un par de veces por semana al gimnasio del colegio, o mejor aún, cederle un espacio municipal, equiparlo adecuadamente y que acuda allí a dar las clases. Lo mismo si se les quiere ofrecer clases de danza o de otros idiomas. También pueden disponer de sistemas de aprendizaje en línea que les permitirían aprender cualquier disciplina educativa con el profesorado a distancia.

En un pueblo se puede ir a recoger a un niño para llevarlo al pediatra en un momento, incluso se puede pedir a cualquier vecino o al propio personal del colegio que lo haga, si los progenitores están trabajando fuera, En un pueblo donde todo el mundo se conoce en el colegio sabrán perfectamente a quien nos referimos cuando decimos que tal persona irá a recoger al niño para llevarlo al pediatra sin que salten todas las alarmas ante un posible secuestro.

La educación infantil en los pueblos pequeños no solo goza de los mejores métodos, si no que también tienen los más modernos sistemas de enseñanza. En el medio rural el profesorado suele ser vocacional, eso contribuye mucho a la calidad de la enseñanza. A eso le sumamos un ratio de alumnos por aula muy inferior al urbano, incluso aveces se puede disfrutar de la heterogeneidad de edades en las aulas, y aprender mezclándose con niños de otras edades permite aprender a comportarse en sociedad donde inexcusablemente tendrán que relacionarse con personas de distinta edad a la suya.

Disponer de profesorado casi exclusivo, debido a los pocos alumnos por aula aumenta mucho el rendimiento académico. Es como ir permanentemente a clases de repaso, y encima gratis.

Es necesario también dispersar por la comarca centros de Formación Profesional e Institutos. No necesariamente ubicándolos en los pueblos de más población. Ubicar un Instituto en un pueblo muy pequeño podría revitalizar el mismo, no solo por el personal del instituto, si no que con las librerías, tiendas de bocadillos y todo el comercio que se genera alrededor de un centro educativo. Trasladar a seis niños de un pueblo a la cabecera de la comarca a diario para que acudan a clase, supone el mismo autobús que si trasladamos a 15 niños de la cabecera de comarca al pueblo. El coste es el mismo, pero la repercusión social no.

En los pueblos, al igual que en las ciudades se necesita garantizar el acceso a la educación, tanto que sea reglada como no reglada. Y no solo para niños y jóvenes sino también la formación continua.

En muchos casos vemos el origen de la despoblación rural en la marcha a la ciudad de los-las jóvenes para hacer estudios medios o superiores.

Una vez que se han marchado no suelen regresar al pueblo mas que por vacaciones.

La formación superior, hoy en día, es muy diversa y con multitud de grados y especializaciones. El coste de desplazamiento y vida de una persona estudiante en otra población supone un gasto que no todas las familias pueden asumir.

Se deberían potenciar los grados a distancia o mixtos, de forma que se pudiese estudiar la teórica a distancia e ir a los campus solo para las prácticas, que, además, se deberían de poder realizar el mismo día, para así optimizar el viaje.

La teleformación ya no es enviar unos discos de vinilo y un libro para que alguien los siguiese en su casa como pudiese. Hoy en día se puede disponer de videoconferencias con las aulas de interacción inmediata, contacto con el resto del alumnado por mensajería instantánea, redes sociales propias de cada Universidad o incluso de cada promoción; incluso esos nuevos mundos de realidad virtual, hoy en día con avatares y ya algunos con el rostro real de la persona en un campus virtual o reflejar incluso el espacio físico real y la ubicación de cada persona en el entorno. Incluso con cámaras que permiten que el avatar reproduzca los movimientos virtuales que la persona hace en realidad, incluyendo los nuevos guantes con sensibilidad proyectada que permiten no solo reproducir movimientos con manos biónicas, sino sentir lo que están tocando como si estuviesen al otro lado de la pantalla. Los hologramas cada día son mas perfectos y podría mantenerse una "realidad" en la asistencia a las clases, que cada día es mas necesaria, especialmente en estos tiempos de virus y pandemias. Esto debería de estar compensado con encuentros en vivo de vez en cuando para interaccionar realmente esas personas y no perder el sentido de la realidad.

Esta formación virtual permite a la persona tener una vida real en un entorno ideal pero también permite interactuar con otras personas, asistir a un centro formativo o participar en un evento. Si bien tiene el riesgo de que al final nuestra realidad de vida sea similar a la representada por la película **Matrix**, la ventaja de la vida en el campo y tener, por tanto, un entorno lleno de estímulos, es mucho mas adecuada para garantizar que la persona no se pierde en ese mundo virtual que si esa misma persona hace su vida en una habitación de un edificio de muchas alturas donde el único estímulo que tiene es otro edificio enfrente y la decoración de su propio cuarto.

El modelo de formación virtual, dispersa, con campus pequeños en múltiples pequeñas localizaciones ha permitido la fijación e incluso el incremento de población en algunas zonas rurales de las Highlands Escocesas donde el buen hacer de la Agencia de la Tierras Altas e Islas de Escocia ha tenido unos resultados muy positivos, permitiendo estudiar múltiples carreras universitarias desde cualquier población utilizando un sistema mixto de teleformación, combinado con clases presenciales concentradas en un único día. Ese un modelo que deberíamos estudiar para copiar o en su caso mejorar. Si en las Highlands o tierras altas Escocesas pueden tener 70 campus diseminados por toda la región y pueden impartir 250 materias, también se puede hacer en otros sitios.

No se puede pretender potenciar el acceso remoto a estudios Universitarios o de Formación Profesional, o de niveles inferiores sin tener una adecuada red de telecomunicaciones que evite la anticonstitucional discriminación por razón de donde vive cada persona. No se puede garantizar el derecho a la Educación sin garantizar el derecho a las telecomunicaciones.

Esa formación Universitaria Rural debería de darse sin tener que pagar tasas de ningún tipo para las personas residentes permanentes en localidades de menos de 1000 habitantes, y con una beca de mínimo un 50% para las personas residentes permanentes en pueblos de entre 1001 y 5000 habitantes.

Tampoco debería de haber limitación alguna en cuanto a nota -siempre que se haya aprobado- ni números cerrados de alumnado que puede estudiar cualquiera de las carreras ofertadas.

Eso también podría favorecer la repoblación, no solo con las personas que han vivido siempre en el rural, sino también con personas provenientes de ciudades que tendrían esta opción como única alternativa cuando se han quedado sin plaza en la ciudad. Este estudiantado conocería así la vida en el pueblo y podría, una vez acabada la carrera, optar por quedarse en ese pueblo o no, pero al menos habría dinamizado el mismo durante unos años. (Para evitar picaresca; la Guardia Civil debería comprobar periódicamente si esas personas realmente pasan su periodo lectivo en el pueblo, aunque los fines de semana regresen a la ciudad con sus familias).

Asimismo se necesita una flexibilidad en cuanto al calendario lectivo, facilitando la realización de actividades de temporada por parte del estudiantado que no pueda posponerlas, como por ejemplo aplazar los exámenes que puedan coincidir con las cosechas.

La oferta educativa también ha de adaptarse, y si bien no se debe limitar a ciertas actividades que desde la óptica urbana son las únicas con salida en un pueblo, como Forestales, Agrónomos o Veterinaria. Ciertamente hay que potenciar las mismas, pero eso no impide que por ejemplo alguien estudie Historia o Turismo para poner en valor los potenciales de la zona; otras personas estudien robótica o minas, para poder montar una empresa de fabricación de robots sean agrícolas, mineros, cobots, o cocineros. Y así cualquier otra rama del saber, pues el saber no solo es para enfocarlo a la vida profesional, sino que el conocimiento por si mismo debería de ser un objetivo para el desarrollo humano.

Dar oportunidad de estudiar libremente en el rural, permite también fijar a las mujeres. Hemos contemplado en el análisis de la situación actual al principio de este libro, la masculinización del campo, durante el período de vida activa. La mujer se marcha a estudiar fuera y no vuelve. Se marcha porque hay unos roles muy claros en el campo y un constreñimiento social de su libertad personal, todavía en algunos sitios se considera que el tractor lo lleva el hombre y la cocina la mujer. El emprendimiento rural es mas difícil para la mujer. La igualdad de oportunidades para estudiar desde casa, cualquier rama del saber, y desarrollarse laboralmente, da la oportunidad a la mujer de independizarse también en el pueblo y quizá emprender o teletrabajar.

Cuando hablamos de igualdad de oportunidades se trata de eso, de igualdad, no de invertir los términos y discriminar a los hombres, si hay una rebaja o supresión de tasas, que sea para ambos sexos, si hay unas becas para que no tengan que estar todo el día en el tajo que sean para ambos sexos igual. La discriminación positiva debe realizarse en función del territorio y no de las circunstancias personales de quien en ese territorio vive salvo en el caso de las dificultades añadidas por discapacidad o alguna otra circunstancia mensurable.

Es necesario potenciar y diversificar geográficamente por todo el territorio la función investigadora de las universidades, que es vital para el crecimiento humano y tecnológico, para el avance como sociedad. En el medio rural se abre un gran potencial investigador si se diversifica la oferta en el territorio. El alumnado y en ocasiones también el profesorado pueden fijar e incrementar la población rural fácilmente, y en todos los niveles desde la guardería hasta la universidad, con especial atención a la formación profesional. En el medio rural se puede y se debe enseñar de todo, pero llama poderosamente la atención que se dediquen ingentes cantidades de terreno en los campus urbanos para tener invernaderos y cultivos diversos para la formación e investigación, cuando esos espacios se deberían ubicar en zonas rurales, en las cuales -o similares- además, ejercerán su profesión en el futuro las personas egresadas de esa Universidad que se formaron en ese campus rural.

Las redes de fibra óptica se podrían instalar mediante proyectos de inversión conjunta entre administraciones, empresas y personas usuarias locales, o como pura inversión, estableciendo cooperativas o sociedades comarcales que realicen las instalaciones y que luego se limiten a alquilar fibras a cada operador u otras administraciones, garantizando así las comunicaciones y un retorno de inversión a medio plazo bastante jugoso, incluso cuando se trate de dar servicio a centros despoblados, que puedan necesitar disponer de cobertura de telefonía, de servicios de medida y detección de fuegos, terremotos, prevención de inundaciones, o telemedicina de urgencias o de uso ordinario.

Estas inversiones hay que pagarlas, la inversión no es pequeña, pero se cuenta con importantes ayudas europeas, además del propio rendimiento esperado procedente de la explotación del servicio. La burocracia es compleja, y a veces podría ser mas conveniente organizarse a través de alguna entidad que, teniendo licencia de operadora de telecomunicaciones, acceda a dar esa cobertura legal como podría ser por ejemplo la fundación "guifi.net" o cualquier otra similar.

La UE tiene una iniciativa para brindar acceso gratuito a wifi en espacios públicos como parques, bibliotecas, plazas y edificios oficiales que se llama WiFi4EU y que dota a cada proyecto de un importe de hasta 15.000€ en una convocatoria anual a la que se pueden presentar todos los ayuntamientos. Con ese importe muchas pequeñas poblaciones hasta ahora desconectadas podrían colocarse en una posición puntera en telecomunicaciones, dotando de Wifi sus plazas, parques y edificios públicos en general. Siempre teniendo en cuenta la normativa que protege a los operadores privados procurando que la señal pública no llegue a los edificios privados (*al menos sin que tengan que usar amplificadores de señal, de bajo coste, para "robar" esa señal en espacios privados*). Los Fondos Públicos se pueden utilizar en inversiones en redes de banda ancha, según la propia Comisión Europea, cuando estas inversiones aporten mejoras sustanciales a las redes existentes.

También el Fondo de Banda Ancha "Conectando Europa" (CEF) apoya la financiación de la infraestructura de la red de banda ancha y el Mecanismo Conectando Europa (CEF) que entre 2021-2027, debería financiar la infraestructura de conectividad digital estratégica con 3000 millones de Euros.

Una colaboración conjunta entre varias administraciones podría llevar la fibra óptica a los centros educativos, a los ayuntamientos, a los centros de salud y a todo el pueblo en general, desde usar la Fibra Oscura de ADIF, que son 16.000 km de cable óptico que alquilan para llevar Internet hasta cualquier punto de la línea férrea y desde allí saldría mucho más barato poner una red propia hasta el pueblo, ya sea combinando esfuerzos varios pueblos en la ruta, como con ayudas de otras Administraciones. Lo mismo debería hacer Correos con su ingente red de cableado de telégrafos.

La fibra óptica es mucho más importante que el 5G o el 6G, puesto que garantizaría las comunicaciones en el caso de una tormenta electromagnética de origen solar o de otro tipo. Eso no quita que se instalen antenas de 5G o superior en los pueblos, ambas son tecnologías compatibles. Si bien la fibra tiene una seguridad mayor y no presenta riesgos para la biodiversidad.

La educación no solo debería de centrarse en la transmisión de conocimientos y en el mundo rural, especialmente en pequeñas poblaciones, el transmitir las reglas de cortesía y educación social es mucho más fácil, si bien por otra parte es una sociedad que constriñe mucho más la libertad individual, al mismo tiempo ejerce una labor de educación social colectiva que es muy importante para el desarrollo armonioso de los menores. Si bien esa presión social ha de ser moderada, para evitar sobre todo el hastío juvenil que conlleva las ganas de marchar las ciudades en busca de una mayor libertad.

No es fácil encontrar el término medio entre libertinaje y opresión. Es necesario disminuir la presión social en los pueblos, especialmente en lo relativo a la vida privada de cada quien, pero también es importante ejercer una presión de cara a fomentar el respeto a otras personas y su vida.

Desde niños se debe educar en el respeto. Eso incluye que, por muy felices que estén los abuelos de la visita infantil de verano, se les debe inculcar en el respeto a la privacidad de otras personas para no ponerse a gritar delante de una ventana de una persona que quizá haya elegido vivir en el pueblo huyendo del ruido de la ciudad o que tenga una actividad, sea o no remunerada, que precise silencio externo.

Para educar a los críos debemos empezar educando a los mayores.

CAPÍTULO 9

Cultura, Artesanía y Repoblación Rural

Un pueblo no es nada sin su cultura propia. Para ser agrupaciones de casas sin identidad, ni historia, ni cultura, ya están las urbanizaciones. La cultura no tiene por que ser la tradicional de forma exclusiva, pero es importante mantener esa tradición, en muchos casos oral, que hace la identidad de ese pueblo. La gente usa su casa en la ciudad para dormir mientras que en los pueblos la usa para vivir.

La cultura no son solo piedras viejas amontonadas para deleite de turistas. La cultura es la forma de ser y entender la vida de una parte de la población en relación a su conjunto. Implica las tradiciones pero también es cultura los nuevos modos de vida de una población incluyendo la comunicación por mensajes a través del móvil o los videojuegos. Algunas personas preferimos las culturas más clásicas, otras prefieren las más modernas, En cualquier caso hay que respetar cualquier opción, si bien lo ideal es un sincretismo de ambas, pues una no excluye a la otra.

Hay una cultura implícita que va en la personalidad de sus habitantes y un cultura manifiesta, que son las manifestaciones externas del acervo cultural y que puede ser desde disponer en el pueblo de una escuela de arte, o un taller de escritura, hasta tener un museo etnográfico con las ropas tradicionales, sus usos, el porqué de cada prenda o la forma de teñir, brocar o coser.

La transmisión oral de la cultura es la que, en muchas ocasiones testifica la historia de ese pueblo, y esta no solo está en las historias y aventuras de antepasados reales o de leyenda, sino también en cosas como la construcción de habitáculos de todo tipo. UNESCO u otros organismos al reconocer un Patrimonio Inmaterial de la Humanidad, como la construcción con piedra seca, que en muchos sitios estaba (y está) minusvalorado por quien tiene la suerte de disponer de ese tipo de construcciones y empiecen a ponerlas en valor han otorgado un refuerzo a la valorización cultural de las cosas de cada día.

La cultura en el mundo rural hemos de contemplarla desde un punto de vista de generación, (cultura que se crea en el mundo rural) y de consumo (la cultura que tiene como destinatario final el habitante rural).

Una persona que realiza espectáculos circenses puede ensayar en el pueblo, pero una vez visto el espectáculo una vez, necesitará innovar, con todo lo que eso conlleva, o llevar el espectáculo a otros pueblos o a la misma ciudad.

Para esas personas, que tienen que desplazarse para hacer su trabajo a uno u otro sitio, el vivir en el campo es una ventaja, pues pueden disponer de un mayor local de ensayos y desarrollar mas creatividad viendo a la propia naturaleza o oxigenando mejor su cerebro con el aire puro del campo.

Los entornos rurales son, además, un ávido consumidor de cultura, en cualquier formato (aunque desde las ciudades se pueda pensar lo contrario, fruto del desconocimiento y la prepotencia urbanita). En la mayor parte de las ocasiones puede ser necesario adaptar la oferta cultural a las características del local y el número de público que puede asistir. Pero eso no tiene que ser necesariamente una desventaja.

Ahora que vamos a empezar a vivir una nueva normalidad, con una distancia social amplia, en lugar de unas relativamente incómodas butacas de cine y gente pasando por delante de la pantalla cada poco, en los pueblos se podrá disponer de mayor espacio por un menor coste del suelo, y por tanto, poner butacas supercómodas, incluso reclinables donde poder ver cualquier tipo de espectáculo cómodamente y de forma segura. Lo cual podría ser la única alternativa viable, en tiempos de pandemias, para disfrutar de las actividades culturales y provocar, si la oferta es buena en el cartel, incluso desplazamientos inversos, es decir, que desde la ciudad se trasladen al campo para disfrutar de un espectáculo. Al final las salas de espectáculos de los pequeños pueblos serán como salas VIP donde poder disfrutar de un trato personalizado en condiciones cómodas y saludables.

La disponibilidad de viviendas vacías y casas rurales en los pueblos permitiría ofrecer alojamiento gratuito -como parte de pago en especie- a compañías itinerantes de teatro, danza, mimo, circo, o cualquier otra disciplina artística que podrían alojarse toda la semana gratis, siendo adecuadamente alimentados, descontando esos gastos (previo acuerdo) de la remuneración que hay que pagarles por su trabajo.

Eso mismo sirve para cursos de pintura puntuales, de adiestramiento canino, de mecánica o de albañilería.

Muchos pueblos estarían gustosos de acoger, por ejemplo, a compañías de teatro profesionales u orquestas, etc. incluso dando facilidades extraordinarias, por ejemplo intercambiando la cesión de una vivienda múltiple o un local de ensayos a cambio de ofrecer al pueblo, gratuitamente también, sus espectáculos; por ejemplo en invierno, para estimular que la gente se quede a vivir en el pueblo todo el año, y fomentando los desplazamientos comarcales que pueden dar vida permanente al pueblo.

La oferta cultural de las Instituciones está también abocada a un cambio y para ello es importante la contemplación en su cartelera de los espectáculos y actividades provenientes de los pueblos y especialmente los que se realizan también en los propios pueblos. La oferta cultural de las ciudades puede y debe incluir actividades en las pequeñas poblaciones que las circundan. Disponer de un autobús que lleve -incluso pagando billete- a las personas de la ciudad a un pueblo para ver un espectáculo, ya sea al aire libre o dentro de unas instalaciones adecuadas, es algo transgresor, innovador y solidario que invito a los responsables de la programación cultural de las ciudades a contemplar e ir introduciendo poco a poco en su oferta.

Un grupo de teatro, una banda de música o una asociación recreacionista que ponga en valor el patrimonio cultural como puede ser recreacionismo prehistórico, si hay pinturas rupestres, o recreacionismo medieval, si tienen un castillo de esa época o un monasterio, pueden no solo ser una actividad cultural y divertida para las gentes del lugar, sino también ser una importante fuente de ingresos para esa población. Sería interesante para muchas personas ir a ver la toma de un castillo, el ver y participar en hacer fuego con palos o calentar agua con piedras calientes, o ver una justa medieval y participar luego en un banquete con ropa de época.

Los Ayuntamientos pueden ceder para ello locales o terrenos, quizá hasta contribuir económicamente, pero estas actividades, sin una base social, desaparecen solas. Para dinamizarlo es necesario crear un tipo de Agentes Comarcales de Dinamización Cultural, que puedan trabajar en coordinación con otros pueblos de la zona, pero también abiertos a la interacción con otras localidades lejanas con las que puedan tener algo en común. Así, si en el pueblo hay restos romanos y hubo allí una gran batalla contra las legiones romanas, esos agentes culturales deberían de contactar con otras localidades con características similares y proponerles hacer intercambios con recreacionistas que, vestidos de época, participen en la recreación histórica de esa otra localidad, formando vínculos y cogiendo ideas. Incluso, estos agentes culturales podrían intentar conseguir recursos públicos para ello, como por ejemplo, encuadrando dentro del Cuerpo de Solidaridad Europeo una solicitud de subvención de un intercambio internacional de jóvenes o voluntariado; asimismo la participación en los actos de escolares y jóvenes de otros países, especialmente si de alguna manera estuvieron relacionados con esa historia, ya sea por una batalla o bien por estudiar diferentes sistemas de cultivos agrícolas, e incluso fabricación de vestimentas tradicionales, de vino, etc. Y para ello no tiene que ser solo una ruta internacional reconocida como la Ruta de la Sed, puede ser simplemente un poblado prehistórico donde ver como se hacían las hachas de piedra, similares a las que podrían haber encontrado en su propio pueblo.

Lo mas importante para mantener la cultura viva es que esa cultura la mantenga la propia gente del pueblo. Los centros de interpretación cultural están bien, pero son en muchas ocasiones tanatorios culturales donde se vela una cultura difunta y se le rinde homenaje.

Las propias escuelas de los pueblos, una vez finalizada la jornada lectiva podrían convertirse (a falta de otras instalaciones mas adecuadas) en centros de dinamización cultural, a veces con cosas muy simples, como recuperar los juegos tradicionales de la zona o aprender los bailes tradicionales, incluso haciendo canales de vídeo de cualquier plataforma en Internet, para presentar como se obtenía el aceite o como se hacían las alpargatas al mundo en general (y, quien sabe, si añadiendo una opción para telecompra que permita a esa chavalería vender esas alpargatas, por la red, hechas por ellos mismos para pagarse un viaje de fin de curso, y que, podría ser el preludio de una empresa futura cuando acabasen su formación reglada).

Las acciones y actividades culturales puede realizarse en un pueblo solo. Si bien, en muchas ocasiones, podría ser mas práctico coordinarse con los municipios del entorno, estableciendo una red comarcal que pueda aprovechar esas iniciativas creando sinergias colaborativas entre esas localidades tanto para la realización de las actividades como para el intercambio de posibles turistas y visitantes.

Así, se puede ofrecer en un pueblo la opción de participar en un ordeño tradicional para luego participar en un taller de fabricación de queso. Al día siguiente, en el pueblo de al lado, participar en la vendimia y en el pisado de la uva o en el embotellamiento con sistemas tradicionales, con visita a las bodegas. El tercer día podrían estar en otro pueblo participando en la confección de platos y cubiertos de madera El cuarto día, la actividad podría ser visitar un pequeño museo sobre los trajes tradicionales de la zona y aprender el uso de cada prenda, incluyendo la participación en la confección de ropa o mantas con el sistema tradicional. El quinto día, bastón artesano en mano podrían caminar hasta una cascada que hay en otro pueblo diferente, también de la comarca, y escuchar historias y leyendas de la zona mientras disfrutan de un banquete con el queso y el vino en los platos de madera y, como colofón final una recreación histórica de una batalla o una boda o algo que ocurrió en la zona, como forma de aprender historia participando en ella y de forma divertida. Por supuesto esto es solo un ejemplo, lo importante es poner en valor, en cada zona, el potencial que puedan tener en la misma.

Siempre debemos de tener en cuenta que , a través de la cultura se puede socializar, y en la satisfacción de la necesidad humana de socialización se puede cimentar la permanencia de esas personas en los pueblos. Ver vídeos por Internet está bien, hablar con amigos virtuales también, incluso tener una segunda vida en un universo virtual es divertido, pero donde esté el participar en actividades en grupo y acabar tomando un vino de la tierra con los amigos, todo lo demás sobra. Y si encima se escancia ese vino frente a un fuego en una construcción tradicional (aunque sea reciente pero conservando el estilo constructivo) acompañado de músicas tradicionales tocadas con mas o menos gracia, pero con todo el corazón por otros convecinos.

No es necesario ir a quedarse sordo en una discoteca a la ciudad rodeado de desconocidos, con alto riesgo de accidente de tráfico u otros problemas, y, sobre todo, mas caro, si tenemos una alternativa mejor en el propio pueblo. Eso no impide que también haya discotecas o se escuche música moderna, que también es cultura, si no que lo complementa.

No olvidemos también el interés que esto puede provocar en personas de otros sitios, con mentalidad alejada del turismo típico, y que podrían participar por temporadas, a través de los programas de Erasmus Rural, u otros que podrían estar incluidos incluidos dentro del Cuerpo Europeo de Solidaridad. Pues, aunque el Erasmus Rural está mas enfocado a hacer una especie de prácticas que complementen la formación reglada, la oferta de una vida social y cultural en el pueblo puede animar mas fácilmente a cubrir esas plazas, e incluso, quizá, a establecerse definitivamente en ese pueblo.

La Artesanía es la manera de empoderar a las personas trabajadoras y dotarlas de una capacidad y autonomía suficiente, darles la oportunidad de tener el control de todo el proceso productivo en el que están inmersos.

Esto ocurre también con la recuperación de los oficios tradicionales de la zona, que serían también un motor de desarrollo económico, que además sería sostenible y de interés cultural. Pero no olvidemos que hay nuevos procesos artesanos como se relata al final del capítulo que están a caballo de la tradición y las nuevas tecnologías.

La artesanía no es solo la producción local y la venta a visitantes, sino también, la realización de actividades formativas participativas, en las que turistas pueden aprender realizando activamente alguna de las partes de la artesanía, o todo el proceso. Se puede dar un gran valor a un sombrero hecho por sus propias manos o unas zapatillas, por poner un ejemplo, habiendo pagado mucho mas de su valor habitual de compra, al recibir las clases de como hacerlo y la importancia histórica en la cultura local. Esto se puede hacer a través de empresas privadas, pero también a través de centros de interpretación cultural municipales que sirvan de dinamización de la zona al concentrar las actividades turístico-culturales, cobrando una tasa por participar en la actividad, que si bien sería simbólica, podría financiar los costes de funcionamiento. La empresa local podría encargarse de las actividades recreativas, logísticas y principalmente hosteleras que,necesariamente, deben acompañar a este tipo de centros dinamizadores culturales locales.

En virtud de lo establecido en el ***artículo 74 de la Ley 42/2007 del Patrimonio Natural y la Biodiversidad, que dice que "las administraciones públicas deben elaborar inventarios de conocimientos tradicionales que permitan avanzar en su conocimiento y conservación"*** han creado el ***"Inventario Español de Conocimientos Tradicionales relativos a la Biodiversidad"*** que se puede descargar de la página Web del Ministerio Para la Transición Ecológica y el Reto Demográfico.

Obviamente no todo el mundo tiene la capacidad de realizar trabajos artesanos, y los mercados de artesanía se han confundido en muchas ocasiones con los mercados de reventa de productos manufacturados en grandes fábricas, pero con diseño *hippie*, que no solo no fomentan la artesanía sino que además financian en ocasiones el trabajo esclavo lejos de nuestras fronteras o incluso dentro de ellas.

Muchas de las personas que tienen habilidad para los trabajos artesanos y afición a ello como profesión son también personas a las que les interesa la permacultura y la vida rural.

La población en general no confía en que los productos que se les venden sean realmente artesanos.

Hay poblaciones nómadas que tenían oficios artesanos que desarrollaban de forma itinerante y que ahora tienen que dedicarse a otras actividades como recolectar chatarra, perdiéndose esas tradiciones. potenciar el establecimiento en zonas rurales de personas artesanas, no es solo a hacer pulseras y collares, sino como se hacían antes los muebles a medida (por eso algunos no se pueden sacar de las casas por las puertas y ventanas y hay que destruirlos o desmontarlos), bañeras con cantos rodados, quesos o embutidos, vinos, chimeneas tipo cohete, o de inercia térmica (las denominadas estufas rusas), o cualquier otro elemento de producción manual o artesana.

La implantación de estas personas en el mundo rural no es difícil, pues suelen ser receptivas a ofertas interesantes en ese sentido. Si bien es necesario ofrecerles también un apoyo comercial, que, por ejemplo podría ser el desarrollar sistemas de venta online de esos productos.

Estos sistemas pueden ir desde páginas web hasta disponer de puntos de venta en las ciudades cercanas, o incluso una red de centros de venta de esos productos distribuida por toda Europa a modo de plataforma logística de distribución y venta al menor de esos productos.

Disponer de un equipo de especialistas en audiovisuales que pueda hacer reportajes por todos los centros distribuidos por el país sería ideal, pues si pueden reflejar nítidamente el proceso de fabricación, permitiría presentar esos productos al público a través de las mismas plataformas de venta, pero también a través de la propia televisión pública o privada a la que podrían dotar de contenidos educativos al tiempo que promocionar esos productos.

Tener edificios como Mercados de Artesanía, en las grandes poblaciones o poblaciones turísticas permite unificar los esfuerzos comerciales, y si se hace con una plataforma logística adecuada, se podría llevar al centro comercial de Gandía - Valencia- una mesa de madera hecha en Betanzos -A Coruña- que un cliente había visto por Internet, para que la evaluase físicamente (quizá con un pequeño coste reembolsable para evitar abusos), o al centro comercial de Málaga los encajes de bolillos de Acebo, junto con cerezas frescas del valle del Jerte (Cáceres) para que un cliente pudiese admirarlo, comprarlo y luego, enviarlo a su vivienda en Alemania o Suecia para que la recibiese cuando acabase sus vacaciones.

Estos mercados serían además de por si, polos de atracción turística, a modo de ecocentros comerciales sostenibles con un marcado carácter social que beneficiarían tanto a la población donde estén ubicados, como a las pequeñas poblaciones donde residen y trabajan las personas artesanas que los proveen.

La simplificación de trámites y la contratación colectiva de asesorías y gestorías abarataría los costes de gestión, dando también unas garantías jurídicas de hacer bien las cosas, sin dolores de cabeza.

Servirían también esos mercados de centros de promoción turística, y de centros de contratación o al menos contacto con proveedores de otros servicios, como por ejemplo ecoconstrucción, laboreo agrícola, cria de insectos beneficiosos, etc. es decir productos que no pueden mostrarse directamente en el mercado pero que necesitan darse a conocer también.

Todo ello puede ser de nueva creación, pero también llegando a acuerdos con grandes Centros Comerciales para que pongan esa sección en su oferta.

No toda la artesanía es la tradicional, hay formas de compaginar ambas. El tallado de la piedra se puede hacer a mano, pero también con tecnologías robóticas, como por ejemplo la que se necesitaría para grabar un código QR con la información taxonómica de diversas plantas y árboles que pueden recorrer un sendero, o para instalar un pequeño recuadro que tenga el acceso a la información de un edificio o monumento en concreto. Luego está la persona que crea la web de acceso a esa información, en varios idiomas, en versión voz, etc.

Si bien, siempre es mejor el hacer una copia en piedra de un libro de botánica, con sus dibujos, etc. que pueda ser percibido también al tacto por una persona ciega.

Incluso, hoy en día se pueden hacer cestas o alpargatas con pleita que no sea de esparto, sino hecha con tiras de plástico obtenida de botellas de refrescos. No tardando mucho, veremos manos robóticas que confeccionarán esas y otros tipos de elementos de la forma tradicional, solo que las manos serán mecánicas. Si bien, sinceramente, el autor de este libro por lo menos, siempre preferirá calzar unas alpargatas hechas a mano con cariño, que no unas mecanizadas, aunque el sistema sea el tradicional robotizado.

En ambos casos generarán empleo, unas generarán un empleo tradicional, realmente artesano. En otro generarán los empleos de quien construye los robots, los repara, los programa, etc.

A veces se tiende a considerar la cultura solo cuando son tradiciones de antes de que naciese la persona que opina, incluso hay quien considera tradiciones históricas unas fiestas que se empezaron a hacer a mediados del siglo pasado y cree que por eso tienen harta raigambre en su pueblo. Y eso es cultura, pero no es una tradición histórica. De todas formas eso no debería de importar mucho lo importante es que se realicen esos actos y el pueblo participe.

Un pueblo sito en la ruta de Aníbal puede hacer festivales recreacionistas incluso con elefantes robóticos o mejor aún holográficos. En el Camino de Santiago se pueden recrear culturas anteriores pero también hacer peregrinaciones en silencio, en invierno con velas. Pueblos famosos por sus brujas -como Soportújar, que ha sabido comercializarse como pueblo de brujas y hechiceros y sacarle un gran provecho-, o lugares donde se dieron importantes batallas en la guerra de la Independencia pueden hacer una recreación histórica.

Pero no solo se trata de batallas. La construcción de un acueducto paralelo a uno ya existente con los métodos y sistemas romanos -aunque luego se destruya cada año esa copia- podría hacerse con aire festivo, incluso de concurso, como ya son motivo de concurso las obras de arte urbano que engalanan anualmente algunos pueblos y que algún día se complementarán con un concurso de esculturas en la piedra natural sita en su propio entorno, por ejemplo siguiendo un camino donde cada artista trabaje una de las piedras que lo jalonan. Un mercado medieval bien montado podría funcionar, siempre que no se limiten a ser puestos con gente vestida con ropa de las mil y una noches , Y así con cualquier cosa, pero siempre teniendo una base cultural real salvo que sea un acto imaginativo como podría ser la recepción de la embajada marciana con la gente disfrazada de extraterrestres. Si se hace algo recreacionista sería importante que realmente se recreara algo, consultando historiadores, documentos históricos del pueblo, etc.

¿Y si no hay nada? Realmente siempre hay algo, e incluso teniendo un pueblo un atractivo de por sí, se pueden organizar actividades imaginativas, como hacer una fiesta del rastrojo, organizando un festival rock o se puede organizar un concurso a ver quien atrapa un queso que se tira colina abajo como lo que hacen en ***Cooper's Hill Cheese-Rolling and Wake;*** liarse a tomatazos como en Buñol; hacer carreras de carrilanas hechas a mano; concursos de aviones estrambóticos que se tiran por una rampa y suelen acabar directos en el río, pero que, como lo que importa es la diversión de hacerlos y el show alrededor suyo para el lanzamiento, los financia una muy conocida marca de refrescos que dicen que dan alas.

También se pueden hacer festivales de coros, de mimo, incluso festivales de silencio donde reunirse cientos de personas en una colina y escuchar solo el silencio, o festivales mas tradicionales como carnavales, el pisado de la uva o el de la trilla. Cualquier motivo es bueno para, teniendo un buen marketing alrededor dinamizar el pueblo.

¿Por qué no hacer una empanada gigante o un concurso de tortillas de patata y donar lo que se haga al comedor social de la zona o al asilo de ancianos?

Y no hace falta que sean festivales internacionales, pues a veces son mucho mas divertidos cuando se olvida el marketing y se potencia lo auténtico.

Otras actividades pueden generar recursos para un pueblo, como es el caso del astroturismo, un turismo sostenible de personas que van a observar las estrellas, y que solo necesitan un sitio con poca contaminación lumínica, elevado y un cielo despejado para ello y a quienes se pueden ofrecer desde el alquiler de sofisticados equipos, aunque suelen traer los suyos, a cursos de iniciación y venta de equipamiento básico. Además de lo ya expuesto de servicio de bebidas calientes y alimentos en la noche o "taxi" que comunique el observatorio y el pueblo.

Si el astroturismo lo dejamos solo para personas aficionadas y con equipamiento caro estaremos limitando el mercado. Si lo combinamos con actividades de divulgación básicas o intermedias, aprendiendo como orientar un telescopio o como guardarlo, combinadas con otras como por ejemplo orientarse por las estrellas o incluso la divulgación de la arqueoastronomía que es la ciencia que estudia la interpretación del cielo que tenían culturas pasadas y su relación con su vida diaria como los cultivos, las religiones, las fiestas tradicionales o la medición del tiempo, si se hace de forma amena, son alicientes culturales que atraerían turismo y con ello fijarían población e incluso atraerían población nueva.

Lo importante en todo caso es el factor diferencial, si en todos los pueblos ofrecemos lo mismo, llegará un momento en que todos los pueblos competirán por la misma clientela por lo que no funcionará el negocio. Como mínimo es necesario no ofrecer lo mismo que el pueblo de al lado y que al menos en la comarca no haya actividades similares, si bien es importante que las haya complementarias. Es decir, si en todos los pueblos instalamos un centro de observación astronómico en la antigua era, nos pelearemos por los mismos astroturistas. Si en un pueblo habilitan la era para la observación estelar, en otro organizan charlas explicando el por qué de la orientación de los accesos del Castro o de la puerta de la iglesia en determinada dirección; en un tercero organizan un taller de confección e interpretación de mapas estelares y un cuarto ofrece la oportunidad de celebrar bodas en un pico, con el cielo estrellado de fondo; entre los cuatro pueblos pueden hacer una oferta especializada en turismo astronómico que, por su diversidad podría atraer ese tipo de turismo y fomentar estancias más largas.

PARTE III

La Administración Pública
Culpable y Solución.

CAPÍTULO 10

La Administración "culpable y solución"

Cualquier persona que conozca la reciente historia de España en el último siglo, conoce las causas de la Despoblación rural en España, fomentada por el Estado, principalmente en la época del desarrollismo, fomentando así la marcha de esas personas a las ciudades, pues se necesitaba mano de obra en las fábricas.

Para alimentar las fábricas de electricidad se necesitaban pantanos y eso provocaba el desalojo forzoso o voluntario de miles de habitantes de pequeños pueblos. Unos porque podían quedar inundados por las aguas y otros porque, para evitar el riesgo de colmatación de los pantanos con las tierras que pudieran arrastrar las lluvias, se recurrió a crear monocultivos de pinos, no siempre de variedades autóctonas, que reemplazaron cultivos y pastos, dejando una biodiversidad muy limitada y expulsando a la población.

Para cambiar el paradigma y favorecer la vuelta al medio rural es necesario actuar en dos frentes, por una parte, garantizar el acceso y disposición de los servicios básicos y menos básicos de la población (incluyendo las telecomunicaciones y carreteras), y por otra garantizar la suficiencia económica y el abastecimiento de sus habitantes.

Una vez garantizado eso, ya se pueden iniciar campañas de psicología social que promuevan esa vuelta a lo rural.

En España existen 6.827 poblaciones con menos de 5000 habitantes entre todas solo tienen el 12% de la población total.

Hasta ahora las políticas públicas relacionadas con la repoblación rural han sido muy poco imaginativas, aportando soluciones que parchean, en lugar de aportar soluciones y lo mas que consiguen es quitarse pobladores entre las poblaciones de la misma comarca.

Las pocas propuestas que se han hecho en España han sido generalistas, no se han hecho estudios específicos para cada zona, teniendo en cuenta sus potenciales y sus inconvenientes. Es necesario, antes de plantearse cualquier política concreta, hacer un mapa de recursos y de necesidades de cada zona.

La repoblación buscando la llegada de grupos familiares al completo es difícil. Si es difícil ponerse de acuerdo toda la familia sobre el lugar de vacaciones; una decisión tan trascendente es mucho mas difícil de acordar. Si no va toda la familia contenta y esperanzada con la idea, el proyecto no tendrá futuro, por mucho que para uno de los progenitores sea vivir en el campo la ilusión de su vida.

Es mucho mas efectivo, aunque requiere mas tiempo, que las personas acudan de forma individual y formen sus familias posteriormente en el lugar repoblado.

Es un error común en las Administraciones y Organizaciones encargadas de fomentar la repoblación y el desarrollo rural marcarse exclusivamente objetivos estadísticos. La calidad es más importante que la cantidad. Una persona individual que llega a un pueblo y se compromete con el desarrollo del pueblo, ayuda a las personas mayores que viven solas, compra en la tienda del pueblo y por las tardes se toma un vino local en el bar contribuye mucho más a la repoblación de calidad que dos familias numerosas cuyos niños que estudian en un internado de la ciudad, se dedican a pegar balonazos cuando van, a las puertas de los vecinos, que compran en el hipermercado de la ciudad y que dejan la basura en cualquier lado porque los pocos contenedores que hay en el pueblo están lejos de su casa y que solo se les ve cuando pasan a toda velocidad con sus coches por las calles peatonales.

En repoblación, como en todo en esta vida, ¡ni todo vale, ni todo puntúa igual!

Las políticas de repoblación se suelen enfocar solo a personas muy jóvenes, sin tener en cuenta que también se puede repoblar con personas mayores.

Algunos pueblos dicen que mayores ya tienen bastantes; pero eso es una visión simplista, pues según la población va envejeciendo va necesitando mas ayuda en sus quehaceres diarios, entrando en estos no solo su cuidado e higiene personal, sino también la realización de pequeñas tareas de mantenimiento, decoración, asistencia doméstica, etc. lo cual permite la fijación de personas mas jóvenes que tienen que dar esos servicios. Asimismo, el nuevo concepto de residencia abierta que se está implantando en algunos pueblos, donde las personas mayores viven en sus viviendas o en pisos asistidos, pero tienen todo el pueblo adaptado, con calles peatonales, pavimento peatonal antideslizante, barandillas en las calles, rampas, ascensores sustitutivos de escaleras en las calles, etc. están demostrando ser también un éxito de repoblación, no solo en el aumento censal de estas personas mayores, sino también, y sobre todo, por la fijación de la población de las familias que les cuidan.

También establecer pequeñas residencias geriátricas y para personas altamente dependientes puede ayudar a dar vida al pueblo, no solo por los insumos que estas necesitan, tanto en alimentos como en servicios de mantenimiento, etc., como por la posibilidad de que su personal fije su residencia en el propio pueblo. Esto se puede potenciar como cláusula social en el contrato de adjudicación, si no fuese de gestión pública directa, o de una forma mas sutil, por ejemplo ofreciendo casa gratuita en el pueblo al personal contratado, sea en la misma residencia o aparte.

Últimamente se han puesto de moda las viviendas compartidas. Grupos de amigos de toda la vida, o gente que se acaba de conocer, que compran un pueblo y se establecen allí recién jubilados o incluso antes de jubilarse para envejecer juntos, que se anuncian con el anglicismo de "coliving" Las miniresidencias abiertas son una opción en muchos pueblos para devolverles la vida. Estas pueden ser dentro del pueblo, donde han de interactuar con la gente de allí o en una especie de urbanizaciones, que en muchas ocasiones pueden ser cerradas con carácter voluntario y otras para evitar que personas con Alzheimer o Demencia pueda perderse.

La gente abandonó el mundo rural por moda. Todas las modas se repiten, por lo que ahora están volviendo al pueblo también por moda. Entendemos como moda, la volubilidad de los valores existenciales de las personas, que, al adoptar un estilo de vida gregario, se dejan manipular por los intereses mercantilistas de las grandes corporaciones. Estas grandes corporaciones promueven ese estilo de vida masificado, con altos patrones de consumo que intentan satisfacer unas necesidades no cubiertas de socialización y vida natural, tratando de compensar esas carencias con compras compulsivas. Para lograr la repoblación rural es necesario no limitarse a poner de moda esa neorruralidad, pues las modas pasan y sería pan para hoy y hambre para mañana. No podemos arriesgar la supervivencia de los pueblos a la volubilidad de la moda.

Lo que realmente sería efectivo sería una acción psicológica integrada, principalmente en los grandes medios de comunicación y en las redes sociales que mejorase la imagen de la persona rural.

El mercado laboral tiene la imagen, de que solo tiene ofertas en los sectores primarios de la agricultura y ganadería, cuando en el medio rural puede haber especialistas en todo tipo de actividades.

Cuando las políticas de repoblación se diseñan descontextualizadas, genéricas, sin hacer un análisis pormenorizado del entorno junto con sus circunstancias específicas en cada zona, están abocadas al fracaso.

Muchas personas que tienen intención de repoblar, podrían realizar actividades cotizando como autónomas, pero también tareas subcontratadas en externalización, lo que se suele conocer bajo el anglicismo de **outsourcing**, o, directamente en talleres o fábricas de escaso tamaño según los parámetros urbanos , que quisieran aprovecharse de las ventajosas condiciones de precios de suelo y fidelidad laboral de personas con raíces en el territorio, por tanto, mas difíciles de captar para la competencia cuando ya están formadas (*en un pueblo un pequeño taller que genere 10 ó 15 puestos de trabajo puede revitalizar ese pueblo y los colindantes*).

Este funcionamiento local no quita el mancomunado de servicios, donde si por ejemplo en un pueblo quieren especializarse en robótica y en otro en fabricación 3d y en otro en software, cada uno financiado por su propia cooperativa de crédito local o por una cooperativa de crédito comarcal, tengan relación entre esas cooperativas y formen un clúster que permita obtener un producto final comercializable a través de otro pueblo, con sus habitantes especializados en la venta en línea. Esa venta beneficiaría a todos los pueblos y empresas implicadas. Por eso es necesaria una especialización en diversos sectores, pero, sobre todo, una cercanía tanto al cliente como al inversor.

Es necesaria una **banca pública** que funcione con criterios propios y alejada de el sector bancario. No es de recibo que para reflotar la economía el Banco Central Europeo ponga a funcionar la impresora de Euros y los preste, a muy bajo interés, a los bancos, que a su vez, para hacer llegar el dinero al público, le añaden un beneficio propio considerable. Se necesita una colaboración especial a modo de **créditos preconcedidos avalados por el Estado, para la compra hasta el triple del valor catastral de propiedades rurales y su puesta en servicio,** o la compra de las mismas por parte del Estado y su arreglo y acondicionamiento para ponerlas a disposición de familias o personas singulares que quieran mudarse a vivir a esas localidades pequeñas e iniciar una actividad económica en la misma, mediante un alquiler con opción a compra, alquiler definitivo, cesión, donación o venta. Quizá recuperar la extinta Caja Postal o promover múltiples cooperativas de crédito con el aval institucional. Montar una cooperativa de crédito no es excesivamente complejo, si bien el papeleo, como todo en este país, es farragoso, las condiciones económicas son mas ventajosas que las de un banco tradicional, necesitando un capital inferior, de hecho si se crea una cooperativa de crédito el capital mínimo necesario es poco mas de un millón de euros, que, aunque suena mucho no es tanto, distribuido en participaciones de mas de 60€ cada una, Ninguna persona jurídica podrá tener mas del 20% del capital social, por lo que la creación de una podría ser mediante un sistema combinado de depósitos por parte de Ayuntamientos (a poder ser de signo político variado) de esas pequeñas poblaciones junto con capital privado.

Así, lo ideal sería que la gestión de los bancos de casas y tierras se hiciese a través de estas cooperativas de crédito, que, sin tener que hacer el desembolso inicial de la compra, irían pagando esos intereses a los vendedores y amortizando ese capital bien con destino al pago a posteriori del bien, o para añadirlo a su capital social en beneficio de todo el pueblo.

Esa gestión tanto de muebles como de inmuebles propiedad de la cooperativa cedidos, o bien alquilados en gestión, a personas o microempresas también locales, incrementarían el nivel económico de la zona, no solo por la propia productividad de las actividades financiadas sino, además, por la distribución de la riqueza generada por esos intereses en el entorno. Al tratarse de entidades de ámbito local, los beneficios se quedan en el pueblo.

Toda acción legislativa debería de tener en cuenta a la población rural, como ya hacen Irlanda del Norte y Nueva Zelanda, especialmente en áreas despobladas, adaptando las leyes a las peculiaridades del entorno natural, empresarial y social de esas áreas. Es necesario concienciar acerca de la necesidad de tener imbuida la costumbre entre la clase política, de legislar de forma diferente para las áreas urbanas y rurales. Si se toma la costumbre de legislar teniendo en cuenta lo rural y sus particularidades, esto estaría encajado en el subconsciente de nuestro cuerpo legislativo y saldría automáticamente. Esta podría ser también una competencia del Senado, que podría desarrollar esa labor como órgano territorial.

El Plan de Acción Rural de la UE, promovido por la Comisión Europea quiere revitalizar las zonas rurales antes de 2040, con especial incidencia en las menos pobladas, y así cumplir lo establecido en el artículo 174 del Tratado de Funcionamiento de la UE.

Este Plan de Acción Rural propone un mecanismo que denominan como "Rural Proofing" a través del cual se pretende que cualquier política o legislación que adopte la UE tenga en cuenta siempre como va a afectar la misma a zonas rurales y que ya recomendó en su tiempo la Declaración de Cork 2.0 , y que analizará su impacto sobre el empleo, el crecimiento rural, el bienestar social, las políticas de desarrollo, el medioambiente y la igualdad de oportunidades; teniendo que garantizar la coherencia, consistencia y la complementariedad de esas políticas de manera que beneficien a las zonas rurales y quienes en ellas habitan. Establecerá una ventanilla única sobre financiación, que acabe con el maremágnum de posibles ayudas presentadas de forma críptica en múltiples páginas, normativas y comunicaciones que se realizan actualmente, desarrollando también la innovación y las "smart villages" o pueblos inteligentes (lo cual por una parte es totalmente plausible pero por otra me da miedo que lo que traten es de convertir a los pueblos en pequeñas ciudades.

Lo importante en este mecanismo es que se escuche la voz de los pueblos y no que alguien hable en nombre de las zonas rurales cuando nunca ha pisado en su vida más que moquetas y asfalto, pues en caso contrario nos enfrentaremos a una visión paternalista de personas de las ciudades que tratarán de imponer como debe de ser la vida en el campo.

Nunca debemos olvidar que los recursos locales deben orientarse hacia la población local, no desvirtuar el espíritu de la población artificializando los mismos para el uso de turistas y foráneos, que, precisamente, lo que buscan es lo auténtico.

Garantizar el abastecimiento es una obligación para la Administración Local. Pero no siempre es fácil mantener un mercado de abastos abierto, especialmente en las poblaciones mas pequeñas. En estos casos podría ser eficaz unirse varias poblaciones para disponer de mercados móviles, ya sea instalados en viejos autobuses o en remolques de camiones que pudiesen atender, con las debidas condiciones de seguridad, higiene y accesibilidad a las personas de estos pueblos visitándolos alternativamente de forma ambulante y garantizando que no solo llegan los alimentos sino otros productos como textil o ferretería. Compartir los gastos de implantación del servicio, suprimir los impuestos o tasas de mercadillo, o recurrir a subvenciones de instancias superiores como Diputaciones o Comunidades Autónomas podría ser una buena solución para iniciar estos proyectos, que, luego, deberían de autofinanciarse con las ventas efectuadas. Incluso podrían ser servicios municipales consorciados atendidos por personal funcionario o contratado por ese Consorcio que, en caso de tener beneficios podrían estos repercutir o en el mismo servicio reinvirtiendo para mejorar la calidad.

En la sociedad actual no es necesario el pago de impuestos, o, mejor dicho, no debería ser necesario, dado que con las actuales tecnologías, la economía de subsistencia ya no debería ser tal, y con un simple reajuste de la Administración, esta podría generar un superávit que, luego de pagar los gastos del Estado, tuviesen un excedente suficiente para poder otorgar un salario social a toda persona que viva en ese Estado.

Existen fórmulas para invertir el orden de los impuestos, es decir, generar impuestos inversos, lo que básicamente sería aprovechar los recursos ociosos o infrautilizados, que tienen las administraciones para generar recursos.

Un ejemplo de recurso ocioso son los antiguos polígonos de tiro de Defensa que están sin uso, que, pueden ser usados para validar los sistemas de detección de minas, explosivos, etc. y, una vez certificada su seguridad, darles una utilidad, que podría ser agro-silvo-pastoril para pruebas de sistemas de cultivo robótico o teledirigidos (por si acaso hay fallos en la seguridad y quedan explosivos). También podrían ser centros de producción e investigación en energías alternativas, como por ejemplo instalando centros de generación de energía aprovechando el sol.

En el capítulo de transportes, en este mismo libro, se pueden ver las opciones de aprovechar las carreteras y vías de ferrocarril para hacer plataformas elevadas, recubiertas de paneles solares con generadores eólicos, etc. que sirvan para captar agua y generar energía además de proporcionar oportunidades de negocio locales en el sector servicios, que podrían no solo autoamortizarse, sino además generar unos importantes ingresos para el Estado.

El Estado puede hacer también otras cosas para dispersar la población y acabar con la despoblación, como por ejemplo reestructurar la Defensa.

Hasta ahora hemos estado viviendo en un concepto medieval de la Defensa, en el que una persona que detentaba un poder omnímodo y exigía a las personas que vivían bajo su yugo que le mantuviesen y con su sudor cubriesen sus gastos dispendios y derroches. A cambio les daba una protección, una seguridad en sus casas y las vías de acceso a los castillos y ciudades, no por justa devolución de lo pagado sino para así garantizar que no eran saqueadas sus fuentes de producción por parte de otros tiranos.

La Sociedad actual es diferente.

En España, hoy en día, los principales peligros no son que venga alguien con otro uniforme en hordas salvajes de miles de personas y se líen a tiros con nuestra gente.

Las amenazas existen, pero son de otro tipo. Los ataques aislados en forma de terrorismo son mas difíciles de articular en pequeñas poblaciones, además la incidencia en el pánico social es menor.

Si hay una guerra nuclear los ataques irán dirigidos a las grandes ciudades, y a la corta o a la larga morirá todo el mundo, sino por la bomba, por los efectos posteriores.

Acabamos de ver los efectos de un pequeño virus invisible, al que no se puede combatir a tiros y que ha paralizado el mundo.

La guerra ahora es económica, se puede someter a un país simplemente asfixiando su economía, por lo que la dispersión de la población en entornos rurales garantizará, al menos, disponer de alimentos suficientes para la mayoría de la población.

La dispersión del tejido productivo además evitará que la voladura de un polígono industrial, o una macrofábrica, por ejemplo, elimine todo el tejido productivo del país.

Otro gran enemigo es el cambio climático, el cual pone en riesgo, debido a la subida del mar, a las poblaciones costeras, que son, salvo excepciones, las mas pobladas.

Eso va a provocar, posiblemente antes de finales de este siglo, millones de refugiados medioambientales, que huirán de las zonas costeras hacia el interior, y las zonas rurales no estarán preparadas para acogerles por falta de infraestructuras y viviendas.

Los grandes incendios forestales cada vez aumentan más su potencia destructiva. La sustitución de los monocultivos arbóreos por bosque tradicional podría pararlos o minorarlos grandemente, junto, también, con la revitalización de la ganadería extensiva y de la agricultura tradicional con diversidad de cultivos, o los nuevos sistemas de permacultura o bosques de alimentos. Para evitar esos nuevos incendios forestales que cada vez denominamos con un ordinal mayor en el ámbito de las generaciones , no solo se necesita dejar de utilizar el fuego para quemar el rastrojo o para mejorar los pastos sino, sobre todo, en dejar de acumular biomasa combustible en los montes debido a la falta de rentabilidad de los aprovechamientos forestales. Sobre todo es necesario recordar que los cultivos agrícolas ejercen de cortafuegos y que la ganadería extensiva también reduce el combustible en el monte. La desaparición de masas forestales hace desaparecer el suelo fértil, debido a la desaparición del sustrato vegetal que sujeta el suelo fértil. Los mecanismos paliativos de los incendios (extinción) son extremadamente caros, no solo en dinero, sino en vidas humanas, generando además unos puestos de trabajo estacionales.

Si estos puestos de trabajo se mantuviesen todo el año, realizando labores de poda y clareo así como otros aprovechamientos forestales, sustituyendo los monocultivos por diversidad forestal, se podrían mantener muchos mas puestos de trabajo, con un menor coste para la administración, o incluso obteniendo rentabilidad. La mejora de caminos forestales, y su señalización para un uso regular y razonable por parte de senderistas, pastores, etc., junto con la creación de charcas, fuentes, y otros aprovisionamientos de agua regulares, ejercerá además una labor preventiva ante los incendios forestales, manteniendo los caminos pisoteados, y con áreas de menor densidad horizontal de población, así como unas regulares podas en altura, los convierten en cortafuegos ideales. Además, la diversidad de especies arbóreas atrae una biodiversidad general que ayuda a la prevención de plagas y enfermedades de todo tipo.

Para atajar estos problemas, las Fuerzas Armadas, que cada vez están mas especializadas, y necesitan menos gente pero más técnica, podrían dispersarse por el territorio, muchas veces recuperando antiguas bases, cuarteles, baterías, etc. que están abandonadas por todo el territorio. Y, aparte de disminuir el peligro para sí mismas por esa dispersión geográfica, podrían revitalizar el territorio donde estén ubicadas.

La UME, debería ser la principal baza de nuestras Fuerzas Armadas, triplicando sus efectivos y estableciéndose por todo el territorio, de forma que pueda ser movilizada mucho mas rápidamente aún, y, sobre todo, conociendo mejor cada zona, y los riesgos específicos de la misma.

Ahora, que hemos visto que los tanques no valen para nada contra los nuevos enemigos del país, que son los virus y el cambio climático, con lo que conlleva. Se hace necesaria una Defensa del territorio que se encargue de recuperar los bosques mediterráneos frente a las plantaciones monocultivos de pinos. Es necesaria una especialización en preparar autobuses-hospital, trenes-hospital y barcos y aviones hospital, o, al menos medicalizados, incluso trenes crematorio.

El utilizar una parte de los fondos Next Generation, para construir una flota de, por ejemplo 10 buques hospital, tamaño crucero, con 1000 plazas a bordo para pacientes, mas la tripulación y equipo médico; Otros 10 trenes hospital, y algunos aviones medicalizados, preparados para trasladar a personas altamente contagiosas, gestionados por Defensa, nos permitiría cubrir nuestros cupos obligatorios de inversión en la OTAN.

Los Buques y los Trenes hospital podrían servir, en tiempos de paz, entre pandemias, para descongestionar listas de espera en los hospitales. Esos medios, puestos a disposición del ECHO de la Unión Europea, podrían actuar rápidamente en cualquier punto de la Unión Europea si hubiese alguna emergencia, se podrían movilizar rápidamente a cualquier punto de la UE. Dotados además de desaladoras y depuradoras de agua de gran tamaño podrían garantizar el suministro de agua potable a la población en cualquier circunstancia.

En prevención de cualquier pandemia futura de las que se van a desarrollar, según se vayan liberando los virus atrapados por decenas de miles de años en el hielo del entorno de los glaciales y en el permafrost, que se están derritiendo con gran velocidad por culpa del cambio climático. Estos hospitales móviles podrán ser desplazados a cualquier punto del territorio donde sean necesarios.

Disponer de pequeñas unidades tácticas, distribuidas por todo el territorio, unas especializadas en fabricar respiradores o especializadas en convertir autobuses de dos plantas en uvis-móviles colectivas; otras que puedan replantar bosques autóctonos o recuperar el patrimonio arquitectónico de los pueblos.

Las prácticas de los Cuerpos de Ingenieros podrían ser habilitar caminos forestales o recuperar carreteras, pasando por construir puentes y rehabilitar viviendas. En un escenario de catástrofe, deberían de estar preparadas y tener práctica suficiente para garantizar el bienestar de la población, además de conocer el territorio, por lo que en lugar de grandes unidades concentradas, deberíamos utilizar el modelo de pequeños destacamentos distribuidos por todo el territorio. Eso si, con capacidad de movilizarse rápidamente si fuese necesario concentrarse en algún punto para, por una catástrofe puntual, intervenir, bajo la dirección o asesoramiento de quienes, por estar en los destacamentos locales, conocen más el territorio, sus riesgos y sus posibilidades.

Asimismo se debería recuperar el antiguo concepto de los cuarteles de la Guardia Civil, en todos los pueblos, aunque sea con menos efectivos, y dándoles en los mismos un alojamiento digno a sus integrantes para así promover que se queden a vivir en el pueblo y poder recurrir a ellos en caso de emergencia, a cualquier hora, pues si tienen que recorrer 40 km. para atender una emergencia por una carretera nevada y poco cuidada, cuando lleguen ya será tarde.

La protección ciudadana en los pueblos debería estar, en primera instancia, en manos de la propia población. Se deberían potenciar los Grupos Locales de Protección Civil -cuando la población sea escasa, coordinados por comarcas- . Esa Protección Civil, debería de recibir una formación amplia y unas compensaciones económicas. Esa formación debería incluir temas sanitarios, no solo primeros auxilios, si no también una formación suficiente anti incendios, inundaciones o cualquier otro tipo de catástrofe, que incluya conocimientos y equipamiento para una primera intervención y rescate de posibles víctimas incluso en domicilios, además de una formación sanitaria básica y suficiente para administrar una medicación intravenosa o poder intervenir en cualquier emergencia sanitaria siguiendo instrucciones telefónicas o en videoconferencia; además de poder proporcionar cuidados paliativos regulares.

Con una formación amplia y completa -no un curso de fin de semana- a una parte de la población, la cual, luego de obtener el título correspondiente, pueda dar un servicio sanitario y contraincendios de primera intervención, en la población o incluso ser requeridos para echar una mano en las poblaciones vecinas.

Si a estas personas se les da una formación adecuada, se les puede mantener en un Cuerpo de Voluntariado de Protección Civil, que podría funcionar de forma parecida a los Reservistas Voluntarios del Ministerio de Defensa, ya sea por un tiempo continuado (por ejemplo en invierno, para los pueblos que tienen servicios de emergencia públicos durante el verano) o bien todo el año, estableciendo turnos, ya sea que se hagan en un local o cuartel, o bien, como funcionan los Bomberos Voluntarios en algunas poblaciones de algunos países europeos, que desarrollan sus trabajos habituales, pero en caso de emergencia suena una sirena, que se escucha desde todo el pueblo, a cuyo sonido todos corren al cuartel o reciben aviso de donde deben dirigirse en su teléfono móvil.

Todo esto tiene un coste, no solo en equipamiento, vehículos, uniformidad, etc. si no también en compensaciones económicas que se podrían dar a las personas que desarrollan esos cometidos, por estar de guardia (si, ya sabemos que eso no es voluntariado total y propiamente dicho, pero unas compensaciones económicas estimularían la participación al menos al compensar en algo las jornadas que perderían en su trabajo habitual y ayudarían a la fijación de la población). Solo en los casos en que el siniestro que atienden esté cubierto por una compañía de seguros, se les cobraría tasa para así cubrir gastos. También se puede profesionalizar el servicio, si se contase con presupuesto suficiente. No obstante, esos servicios deberían de ser de primera intervención, por ejemplo para, siguiendo instrucciones dadas desde un hospital, estabilizar a una persona hasta que llega la ambulancia o sacar a una persona de su domicilio y usar adecuadamente un extintor para que, aunque tarden los bomberos en llegar, al menos los daños personales sean mínimos.

El coste de todos estos servicios, sería inferior a tener que enviar un helicóptero cada vez que alguien se rompe un dedo. No se trata de sustituir los servicios de profesionales titulados ni de que esas personas realicen intervenciones a corazón abierto, se trata de crear un servicio complementario de los Servicios Públicos, que puedan ayudar a distancia y prestar un servicio, muchas veces más importante que el propio tratamiento, que es el tranquilizar a la víctima y acompañarla hasta la llegada de la ambulancia, haciéndole notar que ya está en manos de los servicios de emergencia aunque médicos y enfermeros estén de camino, pero ya está atendida.

Ese voluntariado podría contestar adecuadamente a preguntas que le hagan desde el hospital o la central de emergencias, por ejemplo, si le preguntan por el estado de las pupilas o si existe midriasis o miosis, que esa persona sepa como iluminar adecuadamente el ojo y como distinguir si la pupila está dilatada más de la cuenta o si está hipercontraída, por poner un ejemplo. Esos datos, junto con trasladarle las preguntas que le vayan indicando puede servir para que desde la central de emergencias, consideren que la ambulancia debe volver y en su lugar mandar un helicóptero o viceversa, o para tener preparado un quirófano para cuando la persona llegue. Asimismo, ese voluntariado pueden facilitar datos de suma importancia para los equipos de extinción, como por ejemplo el color y densidad del humo en un incendio, hacer un reconocimiento exterior de posibles entradas a la vivienda, cerrar llaves exteriores de gas, e incluso realizar un primer ataque a un fuego, para tratar de contenerlo hasta que lleguen los Bomberos a hacerse cargo de la situación. Localizar, balizar y despejar la zona de aterrizaje de piedras sueltas, mascotas y sobre todo de curiosos; servir de guías en operaciones de búsqueda de personas desaparecidas en ese territorio son ejemplos de actividades vitales que pueden contribuir enormemente al éxito de un rescate y que personas de la zona, debidamente entrenadas, podrían desarrollar fácilmente, ahorrando costes ingentes a la Administración, pues una vez pasada esa primera oportunidad de minorar los daños en una primera intervención, los costes se disparan, pues se requieren más y más medios.

Además se podría crear un **Cuerpo Estatal de Intervención Rural** (podría llamarse de Protección Civil, pero eso podría originar conflicto con las agrupaciones de voluntarios de Protección Civil) el cual podría acoger a los excedentes de los Ejércitos y la Armada. Asimismo podrían acoger a los militares que, llegada una determinada edad, no habiendo ascendido, son abandonados a la vida civil, donde en muchas ocasiones tienen, a su edad, dificultades para integrarse. Personas que han podido desarrollar actividades parecidas; podrían optar, junto con personas civiles que entren directamente, en igualdad de condiciones, a formar parte de un Cuerpo o Instituto Militar, no armado, que, con una adecuada distribución territorial; emulando a la distribución de la antigua Guardia Civil; tuviesen múltiples cuarteles, uno en cada población, y tuviesen asignadas tareas logísticas de apoyo a la población. Estas tareas podrían ser, desde la reforestación y mantenimiento de los bosques, al arreglo y mantenimiento de las carreteras, garantizar las telecomunicaciones y el abastecimiento, crear bosques comestibles en terrenos baldíos públicos, despejar de nieve las carreteras o cualquier otro cometido necesario para la población local que solicitase un alcalde. La existencia de este Cuerpo Estatal de Intervención Rural garantizaría la calidad de vida y supervivencia de la población. Eso daría oportunidades a la misma para fijarse en su pueblo y no emigrar, ayudaría al establecimiento de nueva población y al tener que residir en el pueblo, en viviendas similares a las Casas Cuartel, aumentarían los datos del padrón, por lo que la financiación de ese Ayuntamiento mejoraría y con ello los servicios a la ciudadanía con un menor coste para el Estado. Si bien, la principal ventaja de la creación de este Cuerpo No Armado, sería la garantía de abastecimientos. Ya hemos visto con la pandemia, lo vendido que se queda un país que tiene a su industria deslocalizada fuera de sus fronteras.

Una de las misiones de este Cuerpo Estatal de Intervención Rural podría ser la investigación en maquinaria, sistemas robóticos de cultivo, sistemas de producción agrícola o sistemas de envasado y conservación de la producción, por parte de su personal técnico especializado, que además podría poner esos productos regularmente en el mercado a través de las cooperativas agrícolas locales y cuyos excedentes de producción en tiempos tranquilos se podrían destinar a la cooperación internacional en campañas contra el hambre, para no romper los mercados locales y garantizar los precios a los productores agro-ganaderos locales.

En caso de nueva pandemia, guerra mundial o cualquier tipo de evento catastrófico mundial, es importante tener una garantía de que la población tendrá alimentos, agua, energía y sanidad como mínimo. Eso se puede garantizar si existe una institución que, en previsión de ello, mantiene importantes cantidades de cultivos, ganadería (que pasta también los montes para evitar incendios), transforma excedentes forestales en biocombustibles o garantiza que en caso de una nevada fuera de lo común las comunicaciones sigan en pié.

La protección del territorio se podría complementar reubicando los antiguos intercomunicadores que estaban en las carreteras, los llamados pulsadores SOS, que antes de la popularización de los teléfonos móviles permitían avisar de un accidente en carretera y que ahora podrían ubicarse en los cruces de caminos, donde no llegue la cobertura telefónica y poder avisar sobre incendios, personas perdidas, e incluso servir como guía y orientador turístico a distancia o también, donde esté implantado el servicio, solicitar un "coche escoba" o vehículo que vaya a recoger a senderistas agotados por el esfuerzo, pudiendo también disponer de botones para llamar al bar-móvil o encargar una pizza que les llevarían desde el pueblo con unas bebidas para poder reponer energías en el lugar. Incluso en la Plaza Mayor de algunos pueblos donde la cobertura telefónica es escasa o directamente inexistente para algunas empresas operadoras sería esta una garantía de poder avisar a los Servicios de Emergencia de forma inmediata.

Además a ese Cuerpo o Institución se le podrían asignar otros cometidos, como la producción de determinados elementos o productos básicos para la población, como ha ocurrido recientemente con el gel hidroalcohólico, las mascarillas, o incluso aprovechar los conocimientos de la Farmacia Militar o la robótica de combate para poder fabricar en caso de emergencia desde aspirinas a robots autónomos que en caso de nuevo confinamiento aún más duro que el anterior, donde no se pueda salir de casa para nada, puedan encargarse de llevar los suministros básicos a esas viviendas aisladas o se encarguen de las cosechas, etc.

Las contratas de obras y servicios que haga la administración, especialmente si son de larga duración como el mantenimiento de infraestructuras, etc. deberían de tener una cláusula social en el baremo de puntuación que contemplase actuaciones dedicadas a la repoblación rural, como contratar a personas empadronadas en los pequeños pueblos próximos, o , en su caso, una actuación sustitutoria como por ejemplo la construcción de una vivienda social destinada a nuevos habitantes que vayan a esa población a vivir.

Los embalses ya han sido pagados, la electricidad y el agua deberían de ser gratuitas para la población, si bien las empresas deberían pagar una pequeña tasa para cubrir los gastos de mantenimiento de las infraestructuras. Esto, hasta que el proyecto de autosuficiencia energética que propongo en el capítulo de transportes de este mismo libro, capaz de no solo generar autosuficiencia energética sino también de convertir nuestro país en un exportador energético, esté desarrollado lo suficiente como para generar "impuestos inversos" además de permitir ofrecer esa energía y agua gratuitas también a las empresas que se establezcan en nuestro territorio.

La alimentación de la población, junto con el agua potable deberían de estar garantizadas por el Estado, incluso en caso de conflicto bélico o social, por lo que la implicación de los ejércitos en garantizar esa subsistencia para toda la población debería de ser una prioridad.

La investigación, en todos los campos también. Si tenemos un ejército muy tecnologizado, con su gran fuerte en investigación podríamos aprovechar mucho mejor su potencial y encontrar una reversión social de los impuestos.

Quizá lo establecido en la Constitución de 1812 que decía en el Art. 13.: *"El objeto del Gobierno es la felicidad de la Nación, puesto que el fin de toda sociedad política no es otro que el bienestar de los individuos que la componen"* debería de retomarse al pié de la letra.

La minoración de la burocracia es algo vital para el desarrollo social. Y, esa minoración puede ir acompañada por la diversificación en el territorio del funcionariado.

Hoy en día no es necesario presentar documentos en cuadruplicado ejemplar con siete sellos y dos pólizas del colegio de huérfanos del ramo. Pero muchas veces hay que rellenar múltiples formularios para que un departamento nos de una cosa que luego hemos de presentar en otro departamento, y así sucesivamente. El poder hacerlo por Internet es un suplicio cuando se convierte en obligación. Y no digamos cuando una empresa ha perdido un certificado electrónico por un problema informático o un siniestro, o una asociación cambia de junta directiva y tiene que pedir uno nuevo para poder solicitar una copia de los documentos que le permiten obtener ese certificado (la pescadilla que se muerde la cola).

La presentación por Internet es solo una opción de hacer el mismo papeleo, pero desde casa. No se minora la carga burocrática. Se deberían de cambiar los sistemas informáticos para que, una vez introducidos los datos y la identificación electrónica se pudiera, simplemente con un click, ir seleccionando las opciones en los formularios que fuesen de libre elección, para que el procedimiento fuese rápido y directo. En función de la respuesta dada, el formulario, usando Inteligencia Artificial o un programa simple, haría la siguiente pregunta (Ejemplo, si en una primera pregunta se contesta que no se tienen niños, no es necesario que aparezcan las posteriores sobre si los niños están escolarizados o si tienen discapacidad). Diseñando bien esos cuestionarios, los cuales deberían utilizar lenguaje natural simple, se podría dar en muchas ocasiones una respuesta automática al momento sobre muchos expedientes.

Los procedimientos de firma electrónica, con el programa autofirma, son demasiado complejos y absurdos. Si para poder disponer de todo el dinero de una persona solo se necesitan unas claves que proporciona el banco, usables en cualquier navegador, sin tener que instalar ningún programa adicional, se debería de poder hacer lo mismo para mandar una instancia o una consulta vinculante, por ejemplo.

La minoración de la burocracia y la facilitación de los recursos para poder acceder a la administración por vía electrónica apoyaría mucho la vida en los pueblos, puesto que se dejaría de ver como una barrera la necesidad constante de tener que ir, para cualquier papel, a la ciudad.

Si, además ponemos unas ventanillas únicas de verdad, como se propone en otra parte de este libro, en los ayuntamientos, desde donde se pueda interactuar por videoconferencia con cualquier ciudadano-a, podríamos dispersar mucho la administración territorialmente, aumentar su eficacia y funcionar con un sistema en forma de red, que además dejaría muchos bienes inmobiliarios de la propia administración libres para su puesta en el mercado y con ello financiar el desarrollo de esta red (aparte de la minoración de costes de establecimiento).

También son necesarias políticas públicas de ayuda directa como por ejemplo las fiscales, que tengan en cuenta cosas como que, siendo el vehículo, algo básico en las zonas rurales, no debería tener que pagar el impuesto de circulación de vehículos si se vive habitualmente en poblaciones de menos de mil habitantes, así como poder comprar los vehículos con un IVA reducido, (en el caso de personas con discapacidad o enfermedad crónica sin impuestos de ningún tipo).

Las ayudas fiscales deben estar orientadas a los entornos rurales (no necesariamente al agroganadero o forestal de forma exclusiva), no ser genéricas, es decir, deben estar condicionadas a la realización de actividades reales en el pueblo. Se deberán controlar las empresas que pongan su domicilio social en un pueblo pero su principal centro de trabajo sea en una ciudad, puesto que en ese caso, indirectamente saldría perjudicado todo el conjunto de la sociedad, al minorar los impuestos sin una contrapartida social que lo justifique.

La compra de propiedades en poblaciones de menos de mil habitantes debería de estar exenta de impuestos y de tasas de notaría siempre que se destinen a primera vivienda durante al menos cinco años, comprobando efectivamente la Guardia Civil que la persona no está empadronada irregularmente.

<u>Las tasas por licencias de construcción o reforma de propiedades destinadas a vivienda habitual o negocio deberían de ser nulas, así como el IVA de las reformas efectuadas en</u>

vivienda habituales o negocios que generen empleo o autoempleo deberían de ser nulas cuando son zonas con problemas de despoblación.

No se puede pretender que en zonas como la Serranía Celtibérica, donde la población no llega a un 7% (en enero de 2019 un 6.99% según el INE) o las fronterizas con Portugal, se paguen los mismos impuestos que en Madrid o Barcelona cuando no tienen los mismos servicios.

Es necesaria un doble sistema fiscal que despenalice a las áreas despobladas y reinvierta los excedentes que producen las ciudades en estas áreas. Pero el objetivo real debería de ser enfocarnos más hacia la autofinanciación de los servicios públicos, lo cual se puede hacer también en los pueblos, como se puede ver mas adelante en este mismo libro.

Ciertamente esa autofinanciación precisa de una inversión inicial, y ahora es, precisamente, el momento mas adecuado para acometerla.

La financiación pública de instalaciones como los sistemas de producción de energía eléctrica sostenible, aprovechamiento de aguas o dinamización turística, aparte de tener una cobertura económica por programas como Intelligent Energy de la UE y tener la opción también de financiarse con la venta de derechos de emisión de carbono, y publicidad estática, además de la concesión de servicios, no tendría que esperar a la concesión de esas subvenciones, y podría aprovecharse la lluvia de millones de compensación del coronavirus para promover una inversión realmente pública que , no solo garantice la economía en este momento, sino que también, y , sobre todo, sirva para garantizar la economía y los servicios en el futuro en esas zonas rurales.

Según datos fácilmente encontrables en Internet, las iniciativas municipales o estatales para favorecer la repoblación rural se parecen un poco en todo el mundo:

- **En Austria en 2009 la localidad de Rappottenstein daba tierras gratis a quienes se comprometiesen a crear una familia en la siguiente década, teniendo además la obligación de construirse una casa en esa parcela antes de tres años. Y en caso de incumplimiento se sancionaría con una multa de 12.000€**

- En Roubaix , Francia, venden casas a 1€ con el compromiso de restaurarlas a cuenta del comprador, y no puede venderla en cinco años.
- En Cobridge, UK , venden casas a 1€ pero como tiene quien la compre la obligación de restaurarla, deberá pedir un préstamo de 30,000€ o demostrar que tiene dinero suficiente para restaurarla.
- En Hokkaido en Japón regalan tierras a quien se construya una casa antes de tres años y viva oficialmente en ella.
- En Otok, -Croacia- en 2009, regalaron tierras y material de construcción por valor de 13,700€ a familias sin un hogar, jóvenes, para que se autoconstruyeran su casa.
- En Gangi, Sicilia vendieron casas en 2015 a 1€ para repoblar.
- En A Xesta , Galicia, recientemente se pusieron en alquiler casas por 100€ al mes.
- Pitcairn es un territorio Británico en el Pacífico que entregaba tierras gratuitas a quien fuese independiente y mantuviese un negocio propio.
- Ottenstein, en Alemania en 2015 regaló tierra por un valor de 10.000 euros cada parcela a las familias jóvenes con niños que se construyesen una vivienda en los tres años siguientes.
- Lecce nei Marsi en Italia,en la zona de Abruzzo, toda la región quedó afectada por un terremoto. Personas particulares regalan sus casas a quien se comprometa a restaurarlas empezando el trabajo antes de dos meses y paguen los gastos de notaría, impuestos, etc.
- Champ-du-Boult o Shang-du-bul , en el oeste Francés, en la Normandía, vende parcelas para la construcción de viviendas a 1€ el metro cuadrado.
- En Rusia están haciendo un experimento de repoblación cediendo el Estado una hectárea de tierra a quien la desee en una zona despoblada (la mitad del año congelada y en algunas zonas todo el año) , pero la cuestión no es su posible productividad agrícola. En esas tierras también se pueden poner negocios de cualquier tipo, esos negocios están, durante cinco años, exentos del pago de impuestos,

si transcurridos esos cinco años han demostrado que han puesto en producción esas tierras , obtienen la escritura de propiedad Este sistema se podría adoptar, mejorado, con tierras ibéricas, que no tienen el problema del permafrost, o congelación perpetua de las primeras capas de tierra.

En España se hacen experimentos ya con los bancos de casas y tierras, semipúblicos, destinados a la puesta en valor de terrenos abandonados, pero también para la repoblación. El apoyo institucional a estos proyectos es mínimo, en algunos casos es testimonial dándole el "apellido" de "del ayuntamiento de...." Estos bancos de casas y tierras funcionan como tablón de anuncios y método de puesta en contacto con personas que tienen propiedades abandonadas y que, a través de ese sistema pueden encontrar personas que cuiden de esos terrenos o viviendas poniéndolas en valor nuevamente, ya sea mediante cesión, donación, alquiler o venta.

En Japón **había en 2013 mas de ocho millones de viviendas vacías, número que según el Instituto de Investigación Fujitsu, *ascenderá a veinte millones 20.000.000 de viviendas abandonadas en el año 2033, la mayor parte serán viviendas rurales abandonadas,*** y mientras los precios del escaso suelo en las grandes ciudades no para de subir de precio, la gente abandona el rural, el número de viviendas abandonadas crece constantemente, debido principalmente al envejecimiento de la población, que, en muchos casos, fallecen sin herederos. En otros, deciden retirarse en residencias o casas de retiro. Asimismo el propio diseño de las viviendas actuales, pensadas para ser reconstruidas cada 20 años y la regulación tan estricta a la que son sometidas, principalmente por la normativa antisísmica hacen poco rentable tener allí una casa vieja. La juventud japonesa, al igual que ocurre en España, es cada vez mas reacia a tener hijos, y cuando los tienen, es a edades tardías. Esas *casas* **Akiya,** no solo tienen las ventajas de ser gratis (solo impuestos y gastos de la agencia) muchas de esas casas, sino que en el caso de que haya habido en la misma suicidios o muertes violentas, como nadie quiere vivir en esas casas por temas culturales, el gobierno japonés hasta paga un dinero a quien las habite.

En muchas ocasiones lo que se necesitan son canales adecuados de información, filtrar los datos y que aparezcan los anuncios de venta en las redes sociales o anuncios de compraventa. Muchas personas se limitan a poner un cartel en la puerta del bar del pueblo diciendo que necesitan personal. Un rótulo en una casa cerrada con un "se vende" y un teléfono, que con el tiempo desaparece con el sol, es en muchas ocasiones la única publicidad que se hace. Un portal de anuncios donde se publicasen simplemente estas fotografías, sería sencillo de organizar. A veces simplemente es subir la foto a algún grupo de repoblación de Facebook.

El Estado con el tema del Coronavirus, está presentando apoyos a las empresas, a cualquier empresa, tenga o no un rendimiento social elevado, medio o nulo. Es momento de tomar decisiones sociales.

La economía si no es social no sirve de nada.

Es necesario que las administraciones locales tengan en cuenta lo establecido en el artículo 956 del Código Civil que dice ***"a falta de personas que tengan derechos a heredar conforme a lo dispuesto en las precedentes Secciones, heredará el Estado"*** Estando regulado por la Ley 33/2003, de 3 de noviembre, del Patrimonio de las Administraciones Públicas, en su artículo 20 bis el procedimiento a seguir.

Teniendo en cuenta lo precedente, las administraciones locales deberían velar mas por el patrimonio inmueble que hay en su localidad, que ha quedado abandonado por haber fallecido sus propietarios sin herederos. Cuando el Estado toma posesión de esos bienes, cumpla con lo establecido en cada Comunidad Autónoma, por ejemplo poniéndolos a disposición de la Asociación de Vecinos o de alguna otra asociación de la localidad o en caso de no interés, vendiéndolos en subasta. Mientras tanto, es obligación del Estado el mantenerlo en las debidas condiciones de seguridad y ornato. ***El funcionariado público tiene obligación legal de comunicar al Ministerio de Hacienda el posible abintestato, las personas particulares no tienen esa obligación, pero en caso de comunicarlo tendrían una recompensa del 10% de lo que el Estado valore esos bienes.***

No es obligación de la persona particular comunicante del óbito abintestato aportar documentos como partida de defunción ni cualquier otro. La delegación de Hacienda, es quien debe buscar las pruebas que acrediten que el Estado tiene esos derechos, y mientras tanto, deberá de mantener adecuadamente esos bienes.

Algunas Comunidades Autónomas como por ejemplo la Gallega, han establecido por ley 1/2019 la posibilidad de gravar con un impuesto extraordinario a los inmuebles en estado de abandono, así como declarar núcleos rurales abandonados y establecido unos procedimientos para su puesta en el mercado inmobiliario para acometer las necesarias obras de reforma y adecuación reservándose la Xunta de Galicia el derecho de revertir esos gastos posteriormente a su propietario. Si bien esta Ley está enfocada principalmente al entorno urbano y es insuficiente, es un primer paso bastante positivo para lograr la regeneración rural adicional. Catalunya tiene también un impuesto sobre viviendas vacías y otro sobre los activos improductivos para las personas jurídicas, siendo este último un modo de evitar que se pongan a nombre de empresas y otras personas jurídicas mansiones, yates, aviones privados, etc. de uso privativo de sus dirigentes o accionistas mayoritarios,con el objetivo de engañar al fisco.

El origen del problema de la despoblación, muchas veces está en el hecho de que alguien tenga innumerables hectáreas de terreno adyacentes a su propiedad, usadas gratuitamente o con un alquiler claramente inferior al del mercado, como finca de caza o recreo y hasta en ocasiones financiada por la PAC, las cuales no resultan útiles ni al conjunto de la Sociedad ni siquiera a la persona jurídica que detenta su propiedad. Estas fincas no generan actividad económica a la población, ni a la propietaria legal, ni tampoco al propio Estado, por lo que un gravamen adicional podría dinamizar esos inmuebles. La Comunidad Autónoma de Andalucía tiene también un "impuesto sobre tierras infrautilizadas" en consonancia con el impuesto catalán, al igual que lo tiene el Principado de Asturias llamado "impuesto sobre fincas o explotaciones agrarias infrautilizadas". Estos ejemplos podrían servir de inspiración a otras Comunidades Autónomas para dinamizar los inmuebles, en zonas rurales y ponerlos en valor y la recomendación de su implantación debería venir de la

UE – La cual podría también negar a ese tipo de fincas cualquier ayuda o subvención–.

La modificación de la Ley de Montes del año 2003 permitió la creación de juntas gestoras para los montes comunales, (proindivisos propiedad de los habitantes, o también llamados montes de suertes) constituidas al menos por 11 vecinos. Esto permite tomar el control de esos espacios y darles un provecho. Este aprovechamiento puede incluir además de la gestión silvopastoral, otros emprendimientos: desde la apicultura u otras ganaderías, el cultivo de plantas aromáticas, fábricas de pellets, bastones, artesanía de madera, etc., rentabilizando además, indirectamente, la ampliación y mantenimiento de esos bosques, no solo con la promoción turística, sino también, y muy especialmente con la entrada de los mismos en el mercado de derechos de emisión de carbono que gestiona el Ministerio para la Transición Ecológica y el Reto Demográfico donde se cobra simplemente por crear monte y mantenerlo adecuadamente, ya que dicho *grosso modo* esos árboles van a fijar el carbono de la atmósfera y las empresas que quieren contaminar han de pagar a quien fije ese carbono para poder contaminar. El rendimiento de esos bosques podría ir en beneficio de las personas que además mantienen el pueblo con vida, como es en el caso de Espejón, en Soria, donde solo se mantienen cuatro casas abiertas todo el año, y, para ayudarles, el resto del pueblo, propietarios también del bosque comunal, han creado un fondo, a modo de "caja de resistencia" que ayuda a estas personas a seguir viviendo y manteniendo vivo el pueblo, dándoles un extra de un 5% del rendimiento del monte comunal.

Los ayuntamientos que no tienen un bar es porque están agonizando. Fórmulas como la cesión del bar para su gestión privada por parte de personas que tengan intención de mudarse al pueblo, son utilizadas desde largo tiempo para potenciar estos lugares, en ocasiones incluso incluyendo una vivienda. Aunque no siempre con el esperado éxito. Hay que tener en cuenta que el negocio no funciona solo, necesita que haya clientela y malamente con cuatro cafés al día se pueden pagar los gastos de electricidad, agua y calefacción. Las botellas no llegan solas a las estanterías y el pan de los bocadillos no vendidos es demasiado caro para servir de alimento a las gallinas.

Si se quiere que un bar funcione en poblaciones en riesgo de desaparecer es necesario fomentar el consumo, sea realizando actividades turísticas o incluso sociales. Encargar a ese único bar, por ejemplo, los menús sociales para las personas mayores que viven solas, sea para consumirlos en el bar o a domicilio o el servicio de comedor escolar, incluso si en en el pueblo no hay colegio o instituto, que el bar les suministre una merienda a los escolares para que se la tomen mientras esperan el autobús. Puede que esos servicios no sean rentables de por sí, puesto que los costes licitados apenas cubrirán los gastos, pero garantizan a quien gestione el bar, tener una garantía de movimiento de los alimentos, y garantizar una parte de los gastos fijos. También se puede buscar que quien lo gestione tenga otra actividad, como por ejemplo una actividad telemática, que le permita tener su fuente de ingresos principal teletrabajando, incluso entre cliente y cliente, y el hecho de tener cedido el bar y mantenerlo abierto sea mas bien como si fuese un pago por el derecho de uso de la vivienda.

Otra opción que no se suele tener en cuenta es la cesión de la gestión del bar a entidades sin ánimo de lucro, como la asociación de personas jubiladas del pueblo, o el APA, la Asociación Juvenil, o asociaciones externas, incluso procedentes de ciudades que pueden atenderlo por turnos, con su voluntariado y así establezcan un vínculo con el pueblo para realizar allí otras actividades. La gestión del bar por asociaciones vecinales o culturales permite que la UE pueda enviar a jóvenes voluntarios dentro del Cuerpo Europeo de Solidaridad (*que por alguna razón solo permite que sean solidarios los jóvenes y no cuenta con las personas más mayores o jubiladas*) que podrían ayudar en las tareas diarias del mismo, pero sobre todo en las extraordinarias, colaborando en la organización de eventos y actividades.

El hacer cine en el pueblo puede ser también otra buena opción facilitando a las asociaciones de vecinos y culturales la organización de proyecciones e incluso la organización de tertulias posteriores y cine-club.

Es importante tener presente que las ideas buenas para un pueblo, o para otro, no suelen ser buenas para ambos a la vez, es decir, un cine puede ser interesante en un pueblo, quizá también en el de al lado, pero si en uno lo hacen los miércoles que en el otro sea los viernes porque la cuestión no es luchar entre "hermanos" o "primos" para lograr los recursos de la comarca, sino luchar juntos para lograr los recursos de las ciudades. Y lo mejor para eso es diversificar la oferta, así, uno puede ofrecer cine, otro tener un salón de videojuegos con partidas comunitarias, otro teatro y un tercero karaoke y así hasta completar todos los días de la semana para que la oferta sea variada y siempre pueda haber un lleno en todos ellos, teniendo también oferta para todas las edades.

La potenciación de la unión comarcal mediante la creación de **Consorcios** que permitan disponer de recursos comunes, que, de otra forma sería imposible tener un solo ayuntamiento, puede ser la mejor solución administrativa.

Esas comarcas naturales suelen tener los mismos o similares problemas, que los municipios que la integran sean colindantes aporta la ventaja adicional del ahorro de logística y desplazamientos.

Los consorcios comarcales pueden tener fines diversos, yendo desde la adquisición de maquinaria de obras públicas para el arreglo de caminos y carreteras, a los tan manidos servicios de reciclaje y recuperación de residuos, o ampliarse a otros servicios como la Seguridad, ya sea con la creación de empresas de seguridad privada propias, como la creación de una policía local mancomunada, en donde lo permita la legislación. Asimismo son consorciables los servicios de guardería, transporte local, comedor social, cine y actividades culturales, recogida de animales abandonados y prácticamente cualquier necesidad que pueda tener un municipio, pues la misma o parecida necesidad suelen tener los municipios colindantes.

Estos consorcios han de ser transparentes y diseñados para el bienestar de la comarca, fuera de rivalidades políticas o históricas. Estos recursos han de ser gestionados con cabeza, y evitando solapamiento y desaprovechamiento de los mismos, es decir, diseñar con criterios técnicos su implantación. Por ejemplo, si se hace una ruta con un autobús, no introducir en el debate que ese autobús ha de pasar primero por uno u otro pueblo por ser mas o menos importantes, sino que ver la ruta mas corta, por mejor carretera y con horarios que permitan acceder a las actividades previstas. Así, ese autobús si tiene una gran demanda para ir a un municipio donde hay un centro de día para personas mayores, no puede estar este situado en la mitad de la ruta, porque habrá entonces poblaciones que se quedarían sin poder acceder al servicio, sino que tendría que ser el último, y siendo lo contrario por la tarde al regreso al hogar.

Lo mismo aplica a la prioridad de reparación de las carreteras y caminos, empezando quizá por las obras menores, de rápida reparación y que por tanto concentren la zona con mas dificultad en un pequeño tramo, y dejando el reconstruir un puente o un túnel para el final, salvo que ese puente fuese el único acceso a una población. Es decir, actuar por criterios técnicos y no políticos y dejando atrás las típicas rivalidades entre pueblos o barrios. En este tipo de actuaciones pueden tener un papel impulsor muy importante los Grupos de Acción Local.

Incluso se pueden resucitar fórmulas que en su momento fueron efectivas, aunque debidamente modernizadas, como la práctica que hacía el Instituto Nacional de Colonización, precursor del Iryda, que, además de convertir secanos en regadíos con la construcción de canales, acequias y pantanos; entregaba, para los pueblos de nueva creación, una casa, cuatro a ocho hectáreas de tierra, una vaca, una yegua, semillas y abonos durante un período de prueba (tutela), de cinco años en los que tenía que seguir los criterios generales que marcaba el Instituto y con el que garantizaban la fijación de la persona a ese proyecto según nos dice Ismael Sánchez Expósito, en su obra ***"Vegaviana (España), la experiencia de la colonización y la creación de una identidad social"***

Esa aportación inicial del Estado había que devolverla ***"El coste de todo ello lo debía reintegrar el colono con un determinado porcentaje sobre la producción. Tras la tutela, debía amortizar el valor de la tierra a un interés del 3% anual, estableciéndose los plazos entre 15 y 25 años para la tierra y 40 años para la vivienda. Tras la satisfacción de la cantidad total se expedía el título de propiedad de la parcela y la casa".***

Esto, traducido al mundo moderno sería la creación de una figura que, a modo de los conocidos en el mundo del emprendimiento como "business angels" hiciese el Estado esa aportación inicial, permitiendo a la persona o personas beneficiarias ir adquiriendo su explotación con el rendimiento obtenido por su porcentaje de beneficios, o dicho de otro modo, ir comprando acciones de su propia empresa que en principio estarían en poder del Estado, el cual tendría la obligación legal de vendérselas, cuando estas lo requiriesen, por un precio pactado previamente. O hipotecas preconcedidas a muy largo plazo puede ser otra forma de financiar los proyectos de repoblación.

Hay proyectos completamente necesarios, incluso aunque no produzcan un rendimiento directo. El convertir cauces secos de ríos en parques por donde pasear, libres de cañas (*invasoras de origen asiático*), pero que sigan teniendo su función, especialmente en caso de inundación puede dar mucha vida a un pueblo.

Como también, y muy especialmente, hacer proyectos de seguridad en los cauces , canales y acequias encajonados entre muros de cemento u otros materiales, que no permiten el agarre suficiente para personas y animales que puedan caer accidentalmente en los mismos, siendo necesaria una regulación que obligue a dotar a estos cauces de una estructura escalonada o en pendiente suave, que permita salir por si misma a cualquier persona o animal que pudiera caer en cualquier parte de su cauce. Esto generaría empleo abundante durante una temporada, y se puede incluir en las obras que puedan hacerse para cubrir esas canalizaciones artificiales de agua con estructuras con paneles solares que, al darle sombra, permitirían aprovechar mejor el flujo del agua al mismo tiempo que generan energía solar y aprovechan la corriente para minicentrales ecológicas de baja velocidad instaladas en el cauce diseñadas para no dañar animales y evitar accidentes con vehículos, peatones o caballerías.

Asimismo, un plan nacional contra inundaciones podría conectar diversos cauces en varias zonas, no para esquilmar el agua de cauces de zonas pobres para lucro de zonas ricas como pasa en algunos sitios, sino para que en caso de temporal y posible inundación, se pueda reenviar ese agua sobrante en un cauce y que podría provocar inundaciones río abajo, hacia otros cauces y llenar sus embalses. Incluso en algunas ocasiones, reenviarla hacia atrás, es decir, en el propio cauce enviarla mas arriba para poder llenar embalses de la misma cuenca. Cierto que nunca se sabe donde va a llover exactamente, pero si que se conocen alguna zonas que se inundan frecuentemente. Esas inversiones hidráulicas a veces necesitan grandes infraestructuras pero en ocasiones (como podría ser por ejemplo en Águilas, en la provincia de Murcia), solo es necesario recoger toda el agua de lluvia, que se concentra al pié de los montes donde está la ciudad construida y que inunda la parte baja, teniendo que ser evacuada al mar, luego de causar grandes daños. Solo sería necesario un reenvío paralelo a la rambla, hacia atrás, y podría ser aprovechada en un embalse de avenida o balsas de inundación situadas al otro lado de los montes. El agua es garantía de vida y si hay vida puede haber condiciones dignas para la población, que no se vería forzada a emigrar. Por ello quizá habría que plantearse el finalizar el inacabado "Canal de Castilla" y prolongarlo hasta el Mediterráneo, haciéndolo con criterios medioambientales.

Las enormes desaladoras que se han construido en el Mediterráneo podrían aprovechar las conducciones del "Trasvase" que deseca Castilla La Mancha, para producir el efecto contrario, y reenviar agua desalada a las cabeceras de las cuencas, diluyéndose esta agua en alguno de los grandes embalses, para que pudiese luego ser utilizada, luego de un proceso de renaturalización natural, en la misma cuenca pero más abajo.

Cuando la Administración se gasta el dinero que recibe para el desarrollo, en promover las ciudades en lugar del rural no solo se está cometiendo un ataque moral a las poblaciones menores, sino que , quizá también, en algunos casos , podría ser hasta un uso irregular de los fondos Europeos denunciable ante la OLAF.

Los fondos de la UE deberían de ser siempre finalistas, es decir, la UE debería marcar en que se puede o no invertir esos fondos, pues su gestión no siempre está mancillada por turbios intereses, sino que, principalmente se invierten sin un conocimiento ni experiencia previa y sin tener en cuenta las verdaderas necesidades. Si se invierte, por ejemplo, en una guardería en un pueblo con 40 habitantes en edad de jubilación, es difícil que se anime por eso una pareja con hijos a irse a ese pueblo. Si en lugar de prepararles una guardería, se les ayuda habilitando una casa y un taller o bar para alquilárselo mas barato, y se les pone en contacto con personas que, en ese pueblo, ya hayan criado hijos y nietos, para que les ayude cuando sea necesario, el dinero estará mejor aprovechado.

No es de recibo visitar pueblos y ver gastos en polideportivos y piscinas que no usa nadie ni siquiera en verano, o arreglo de caminos en desuso solo porque había dinero de Europa o de la Diputación o de quien fuese, para hacer algo.

No se puede tolerar que las propias administraciones hagan gastos incoherentes que solo dan trabajo a unas pocas personas durante un período corto de tiempo sin rentabilidad de futuro para ese mismo pueblo. Especialmente, si además la ley les obliga a contratar las empresas adjudicatarias en concurso público, por lo que podría ser incluso que ni siquiera los puestos de trabajo fuesen otorgados a gente del pueblo, si la mejor oferta es de una empresa de otra población.

Está también la opción de añadir cláusulas sociales orientadas a la repoblación o fijación de la población en ese pueblo, otorgando puntos a las empresas que, de una forma demostrable y motivada ayuden en esta lucha (por ejemplo contratando a gente local, o construyendo una vivienda de primera acogida para quien desee mudarse al pueblo, etc.) .

La labor de la Administración no tiene por que ser solamente financiera o externa. En los pequeños pueblos, el Ayuntamiento puede organizar fácilmente actividades sociales, que ayuden a combatir la soledad, como por ejemplo, comedores públicos, donde la gente del pueblo que vive sola, y quien quiera acompañarles, se reúnan a comer, ya sea mediante un módico precio tipo restaurante comunitario, o bien simplemente proporcionando un lugar donde las personas puedan llevarse la comida de casa y comer junto a otras personas. Si bien en las circunstancias actuales pueda ser necesario que lo hagan en mesas separadas o al menos guardando las distancias de seguridad por el tema del coronavirus.

Otra forma de combatir la soledad en una sociedad rural, podría ser el crear espacios lúdico-laborales donde poder desarrollar, especialmente después de la jubilación, una actividad, principalmente artesana, sin ánimo de lucro, relacionada con la actividad que esas personas desarrollaron en su período activo, por ejemplo, si en un pueblo se trabajaba la cestería de mimbre o el encaje de bolillos, se podría poner un espacio municipal donde las personas que quisieran, principalmente jubiladas, pudieran acudir a hacer, tranquilamente, sin prisas ni agobios de ningún tipo, unas cestas , bolillos, bastones, sillones, o cualquier otra artesanía tradicional, en grupo, simplemente por el hecho de estar con otras personas y realizar alguna actividad con la que se sientan cómodas. Esto no solo permitiría a estas personas mantener su mente activa y sana, al realizar estas tareas y socializar, sino que también podría servir para la recuperación de oficios tradicionales que podrían enseñar a personas mas jóvenes, como actividad cultural (voluntaria, para que no le afecte a su pensión) y con el dinero obtenido por la venta de esos productos se les pueden pagar viajes, comprar los libros para los niños, sillas de ruedas eléctricas o cualquier otra cosa o actividad que, de común acuerdo, soliciten esas personas.

No olvidemos, por tanto, la recuperación de los tradicionales Filandones , Hilanderas o Calechus, que son reuniones nocturnas para contar cuentos o historias, recitar poesías e incluso cantar, luego de cenar, mientras se realizan actividades manuales alrededor del fuego.

La creación de emprendimientos municipales, con sociedades de capital público es complicada por la legislación actual. En cambio se pueden apoyar desde el ayuntamiento cooperativas de todo tipo, no solamente agrarias, como podría ser una cooperativa de artistas, de queseros, de fabricantes de calzado o de lo que sea, dado que las cooperativas se consideran como entidades sin ánimo de lucro, ya que reparten los beneficios por igual entre sus miembros.

La discriminación en función de la localización geográfica es una tónica general por parte de las Administraciones Públicas; y no solo por parte del favorecimiento a las grandes ciudades o ciudades pequeñas frente a pequeñas poblaciones. En muchos municipios, los escasos recursos se destinan al centro del municipio desatendiendo a los diseminados o pedanías. ¡Eso es ilegal! Si bien se pueden entender ciertos criterios económicos en algunos casos, como por ejemplo el dar preferencia a arreglar un camino por el que pasa medio pueblo a diario sobre otro por el que solo pasa una familia. Es entendible, pero no debería de ser así. Toda persona tiene el mismo derecho, viva donde viva.

A las personas jóvenes de entornos rurales se les dificulta sobremanera el acceso a cosas como la información de asuntos que le atañen, tanto por la propia dificultad intrínseca que conlleva el no disponer de conexiones estables y de calidad con la red Internet, como el no arbitrar sistemas de información juvenil adecuados y suficientes en el medio rural.

Así, si una persona tiene fácil en una ciudad acercarse a un centro de Información Juvenil y poder obtener un carné de alberguista, o informarse de viajes internacionales, intercambios juveniles, programas de la UE, o disponer de la programación cultural de la semana; en el rural eso implica necesariamente un viaje a la ciudad, lo que supone una ola mas en el tsunami de la despoblación rural, pues poco a poco, todo va sumando.

Hoy en día, con las tecnologías de las que disponemos, es fácil y muy barato instalar una sala de videoconferencias en una sala ociosa del Ayuntamiento o del edificio multiusos. Allí se podrían hacer conexiones mediante un sencillo menú con los Centros Regionales de Información Juvenil o los Centros de Información Europeos, y no solo para las personas mas jóvenes, sino para toda la ciudadanía de esa población. Con el confinamiento provocado por el COVID-19 muchas personas han perdido el miedo al teletrabajo, al trabajo a distancia, a vivir conectadas y a realizar videoconferencias. Es necesario aprovechar esa inercia, y, por tanto, conectar remotamente esas salas de información, donde un robot o un holograma, o una simple pantalla de tv (quizá a tamaño natural) nos atiendan virtualmente, preguntándonos nuestras necesidades y nos informen (opcional de la persona que pregunta el aceptar la información automatizada por Inteligencia Artificial o hablar con una persona real) incluso enviarnos documentos que imprimiría la impresora allí localizada y, en su caso, podrían hasta salir sellados y compulsados de ser necesario.

De esa manera, la administración de la que dependa el centro informativo, no solo democratiza el acceso a la información, sino que también puede optimizar los recursos disminuyendo costes de centros satélite.

Estos servicios de información centralizados no tienen por que estar ubicados en una ciudad, sino que pueden tener sus oficinas en alguna pequeña población y atendiendo a través de Internet. La atención telemática ofrecida desde otra pequeña población, aportaría otro grano más de arena para mantener la población juvenil en las pequeñas localidades. Tanto la información que proporciona a jóvenes de cualquier población, como por el propio empadronamiento de su funcionariado contribuirían a rejuvenecer los pueblos. Además en la oficina de información juvenil se suele reclutar al funcionariado mas joven para que así empaticen mejor y puedan compartir vocabulario y expresiones con la gente de generaciones mas próximas a la suya.

Por otra parte, la instalación de estos centros y sus requerimientos específicos en cuanto a la tecnología de telecomunicaciones puede suponer un revulsivo para el municipio. Cuesta lo mismo traer fibra óptica para ese centro, que para todo el pueblo. Y recordemos además que esta accesibilidad a las tecnologías de las Telecomunicaciones se puede financiar, en zonas rurales, también a través de la PAC.

Los Servicios Sociales deberían contactar con toda la población en los pequeños pueblos para conocer sus necesidades. Al menos llamarles por teléfono todas las semanas, y visitarles una vez al mes. A veces se tiene una imagen de Servicios Sociales como un Papá Noel que llega de vez en cuando y pone dinero en la cuenta; y nada mas. Es necesario cambiar eso. Muchas veces se puede ayudar mas con una llamada telefónica que ayude a paliar la soledad que con un cheque.

Las Administraciones Públicas y las Asociaciones Vecinales o Culturales pueden convocar proyectos de voluntariado (quizá dentro del marco del Servicio Voluntario Europeo integrado en los Cuerpos Europeos de Solidaridad) que simplemente ayude a paliar esa soledad, acompañando a estas personas, ayudando en tareas domésticas de mantenimiento básicas.

También, con un poco de imaginación, se pueden convocar esos programas de voluntariado por parte de los ayuntamientos, con las garantías de seguridad necesarias, ya sea alojando a esas personas en alguna vivienda municipal en desuso o bien en la propia vivienda de la persona a la que acompañan y ayudan, encargándose los Servicios Sociales de comprobar frecuentemente como está desarrollándose ese voluntariado en entrevistas privadas con la persona atendida y también con quien le atiende.

El voluntariado no tiene por que ser presencial. También se puede hacer mediante llamadas telefónicas (llamar por teléfono a diario a una persona mayor que viva sola es un ejemplo), o incluso instalando -cuando hay cobertura de Internet adecuada- un sistema para videoconferencia de fácil manejo, ya sea a través del móvil o del ordenador, o bien mediante grandes pantallas donde se pueda instalar a tamaño natural, ya sean holográficas, retroiluminadas o de proyección (algún día saldrán también al mercado unas gafas de realidad virtual o de realidad aumentada que permitan comer y beber mientras tanto, sin tener que echarse la sopa por encima, e incluso levantarse de la mesa manteniendo la perspectiva de la distancia y desconectándose cuando mira hacia atrás de la mesa). Los costes hoy en día no son demasiado elevados. Incluso una persona en el pueblo podría *"comer"* diariamente en familia simplemente instalando uno de estos sistemas en pequeño en el comedor familiar de la ciudad, y otro mas grande en su casa del pueblo, y así podría hasta tener su silla reservada junto con su familia. Esa media hora o una hora de comida apresurada por el stress de la ciudad en la que puede tener la sensación de estar sentada esta persona en la misma mesa que su familia podría mitigar enormemente la sensación de soledad y mejorar enormemente la calidad de vida de esa persona, manteniendo un aliciente para seguir viviendo activamente y no perderse en sus recuerdos. Los sistemas holográficos avanzan muy rápido y podrían ser una buena solución.

Una manera de dinamizar el pueblo tanto en lo económico como en lo social podría ser la creación de los Bancos del Tiempo Comarcales. Estos suelen estar respaldados por las Asociaciones Vecinales o incluso por el propio Ayuntamiento. Funcionan como una especie de cooperativas de intercambio que facilitan el contacto entre sus miembros para diversas tareas. En muchas ocasiones el intercambio es por horas, en otras se cuantifica con un valor económico y se utiliza una moneda social (lo que fue el precursor analógico de las criptomonedas, tan en boga ahora).

Un Banco del Tiempo podría servir para que María, abuela de 15 nietos y que crió a varios hijos, se encargase (ahora que vive olvidada en el pueblo) de aportar su experiencia cuidando a los hijos de Luís mientras este mantiene una videoconferencia. A cambio Luís le puede llevar la contabilidad a Marta que es fontanera, y esta le montaría la peluquería a Carlos que a su vez le cortaría el pelo a María, cerrando así el círculo de la ayuda mutua.

Al haber un precio, una contraprestación obligatoria, sea en trabajo o dándole un valor virtual al favor, ya no se hace tan costoso pedir la ayuda de alguien, especialmente cuando no se conoce a nadie.

Cada quien se puede apuntar, en ese Banco del Tiempo, para lo que le guste y domine; así si una persona se ofrece para enseñar a los recién llegados a cultivar la huerta o los juegos tradicionales de la zona, puede obtener a cambio parte de la cosecha o que a su vez le enseñen a manejar el ordenador para poder ver a su familia usando la Internet. Apuntarse al Banco del Tiempo y mandarle un mensaje a alguien para que le ayude a mover un mueble pesado, es mucho más fácil que recurrir a esa misma persona llamando a la puerta de su casa y pedirle esa misma ayuda. Además en el listado cada quien pone lo que realmente ofrece hacer, y así, al llamar solo a las personas que ofrecen lo que necesitamos, nos evitamos malos tragos como tener que decirle a alguien que no podemos ayudarle porque tenemos un problema en la espalda, como podría ser en el ejemplo anterior y que no parezca eso una "excusa de mal pagador".

Aunque el tema de transporte está en otro capítulo, no podemos olvidar aquí la necesidad de organizar actividades que socialicen a las personas de los pueblos, por ejemplo con autobuses que recojan a estas personas y las lleven a los centros de mayores de un pueblo grande próximo, al menos una vez a la semana, o a pasear por un parque en otra localidad próxima.

Los perros y gatos, especialmente si están castrados, pueden acompañar la soledad, como ya se expone en otra parte de este libro, el adoptar perros ancianos, tranquilos y sosegados, puede ayudar mucho a esas personas mayores en su soledad, sin tener que darles una educación especial. Pero también se puede realizar otra actividad con perros mas jóvenes y vigorosos, como por ejemplo que una persona voluntaria vaya con dos o tres perros recogiendo a estas personas en sus casas, para que "le ayuden" a pasear a los perros. Una hora de paseo con unas personas por la mañana y otra hora con otras personas por la tarde harán felices a los perros y también, y sobre todo, servirán de aliciente para que estas personas que viven solas, se socialicen entre sí, hagan ejercicio y tengan un estímulo diario para salir de casa (siendo visitadas igualmente, en su casa, cuando las inclemencias meteorológicas impidan su salida) además de un tema de conversación. Las Administraciones Públicas deberían de apoyar el adiestramiento canino para que presten servicio estas personas.

La administración, con las circunstancias actuales ha de fomentar la posibilidad del teletrabajo, el trabajo a distancia y la teleformación, las cuales son el factor mas importante para potenciar una repoblación rural, siempre que se dote a todas las poblaciones con unos adecuados servicios de telecomunicaciones por medio de una Ley garantista y adecuadamente dotada, que incluya aspectos esenciales como por ejemplo, que ese trabajo a distancia, cuando se trata de tareas de las Administraciones Públicas, se garantice que se realiza con la debida confidencialidad y seguridad de la información.

No es de recibo que si alguien va a visitar a una persona que teletrabaja en la Administración, en sus horas de trabajo, aproveche cualquier descuido para leer un expediente, con datos personales; o si le roban el ordenador o le piratean la red wifi que no puedan acceder a esos datos.

Para ello se proponen dos soluciones, una podría ser el establecer unos centros rurales de trabajo a distancia, sitos en los ayuntamientos de pequeñas localidades donde pudieran trabajar varios funcionarios de varias administraciones diferentes, con las garantías de seguridad y confidencialidad adecuadas y en otro edificio, lo mismo pero alquilable por empresas privadas para su personal laboral. La otra solución podría ser el que, trabajando sin papel, se tenga un sistema de validación biométrico que desbloquee el ordenador solo si la persona que está frente al mismo es la persona autorizada; bloqueándolo inmediatamente si detecta que esa persona se levanta de su puesto, o si hay alguien más frente al mismo. Y, por supuesto, trabajando todo en la nube con enlaces criptografiados, quizá en base a "blockchain", siendo en realidad los terminales mas que ordenadores, unos terminales tontos que no almacenen nada de información, ni siquiera los programas, estando bloqueados para cualquier acceso externo por ejemplo al no tener puertos usb, etc. Recordemos aquí la diferencia entre trabajar a distancia que es hacerlo en una oficina remota fija y el teletrabajar que es conectarse desde cualquier sitio donde la persona esté en su vida diaria. Además los ordenadores utilizados para temas oficiales deberían de tener ese uso único y exclusivo, no pudiendo ser usados por la familia o la propia persona funcionaria para actividades no relacionadas con su actividad laboral.

Las políticas públicas se piensan y se orientan desde y para las ciudades.

Como se ha dicho anteriormente, es necesaria una representación rural en las Administraciones Públicas, no solo para gestionar subvenciones de la UE a la agricultura, ganadería o silvicultura, sino para que escuchen también al entorno rural. Matizaciones en la legislación, estableciendo diferencias lógicas por territorios pueden ser necesarias, y es importante buscar la forma de redactar las normas para hacerlo legalmente. Hay quien propone un marco legislativo diferenciado para el medio rural y el urbano. El autor de este libro se decanta mas bien de una ley fundamental que obligue a que cualquier otra legislación o normativa administrativa del rango que sea tenga necesariamente que manifestarse en ambos sentidos, es decir, aclarar como se aplicará en el ámbito urbano y como en el rural Para eso, la Revisión en el Senado en el caso de la legislación estatal sería básica, y así, al menos, se le daría utilidad a este órgano.

Según Eurostat, cuyo mapa podemos ver encima de estas líneas, Una gran parte del territorio español se dedica a la agricultura, eso nos hace fuertes ante nuevas pandemias, cierre de fronteras o guerras, ya que podemos garantizar el abastecimiento de la población. Por otra parte nos hace vulnerables económicamente ante el cambio climático. Por ello, nuestra mejor arma contra una posible crisis climática es el garantizar que la mayoría de la población tenga una vivienda rural, una huerta propia y un invernadero que garanticen al menos la subsistencia de tres familias por cada una, permitiendo la comercialización de excedentes sin burocracia, incluso creando canales de venta de esos excedentes agrupados hacia otros mercados europeos.

El cultivar el triple de lo que cada persona necesita, con diversidad de cultivos garantiza la subsistencia en caso de desastres climáticos que puedan afectar a la producción de determinadas especies, para que, al menos quede algún otro recurso comestible.

El garantizar que la mayoría de la población tenga viviendas en el interior, sean primera o segunda vivienda, con su huerto, es un seguro ante una posible necesidad urgente de retirarse, por ejemplo de las zonas costeras, por la subida repentina del mar o tener que abandonar las ciudades por pandemias o similares.

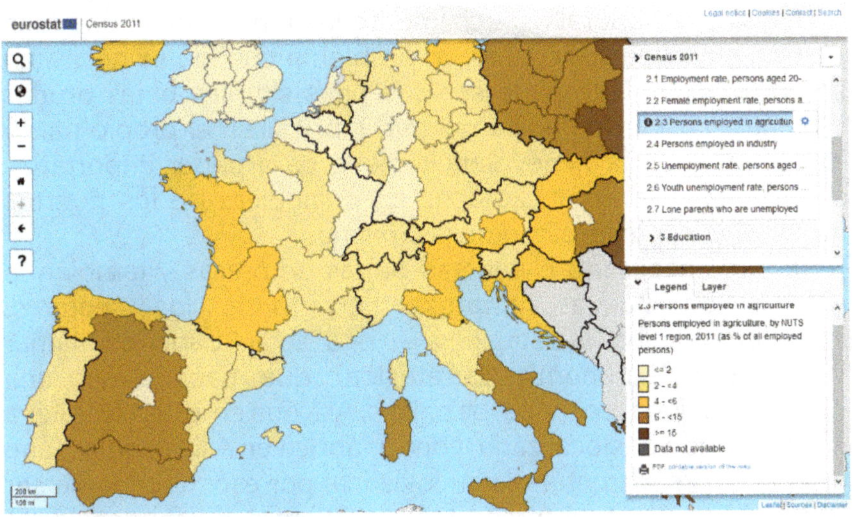

La legislación sobre la construcción en el medio rural tiene que flexibilizarse, y dentro de un orden permitir construir en cualquier terreno una parte proporcional del mismo, salvando exclusivamente las zonas protegidas, en las cuales debería haber una reglamentación especial, no tanto por lo restrictivo si no con ayudas de diversa índole para compensar las restricciones a la construcción y cultivo.

No es lógica la solicitud de la presencia física de una persona para realizar un trámite, cuando puede realizarlo desde su casa con una videocámara conectada a Internet. Algunas administraciones ya disponen de un software de Inteligencia Artificial capaz de detectar la veracidad de un documento que enseñan por Internet como el DNI que acredita la identidad de la persona y reconoce por la foto del mismo si la persona que lo muestra es la verdadera titular y si es una fotocopia. Algo que implica aún mas seguridad que cuando vamos a hacer un trámite presencial y que el funcionario que nos lo pide no tiene opción para comprobarlo. También detecta falsificaciones, fotos pegadas encima, etc. La modernización de la administración es garantía de lucha contra la despoblación.

****

Con esta pandemia del coronavirus COVID-19 se ha hundido el sistema de la Globalización. La deslocalización, moviendo empresas a sitios donde la mano de obra es mas barata o hay una legislación laboral especialmente laxa, no solo es una falta de ética, sino que además es un problema cuando se necesitan esos productos. No puede ser que unas simples batas o unas pequeñas mascarillas no se puedan fabricar en el propio país y dependamos de la benevolencia ajena para poder importarlas con el riesgo de ser incautadas en cualquiera de los puertos intermedios con necesidad de las mismas.

Se hace necesario el regreso de las empresas y también la creación de nuevas empresas en todos los sectores, especialmente los estratégicos. A eso se le dado en llamar últimamente "Autonomía Estratégica" que pasa a ser una prioridad nacional en todos los países. Así, una empresa que lleva años operando deslocalizada, con su fábrica en Asia o India, tiene perfectamente estructurada su logística, por eso, debería de ser muy fácil para esa empresa traer su centro de fabricación a cualquier población rural, donde, además de tener menos necesidad de stockaje tiene la facilidad de hacer pequeños cambios como la personalización de productos, pudiendo trabajar con pedidos mas pequeños al no ser necesario manejar contenedores completos para amortizar los costes del transporte.

La interconexión de las distintas administraciones es vital. No solo en cuanto a inversiones, sino que hace falta un compromiso serio para favorecer la vida en el campo.

En estos momentos una gran parte del trabajo de las administraciones y del funcionariado es de índole burocrático.

Con los medios informáticos actuales solo es necesario un buen sistema de telecomunicaciones para poder realizar esas tareas en pequeñas poblaciones a lo largo del territorio.

Debido, por otra parte a la necesidad de preservar la seguridad de los datos personales y la confidencialidad de los expedientes administrativos no se deben realizar esas tareas en el domicilio.

Pero si que se podría habilitar en los ayuntamientos una oficina dedicada a otras administraciones donde su personal funcionario pueda realizar trabajo a distancia, con las debidas garantías de seguridad y confidencialidad. Instalar un centro de videoconferencias, hoy en día es algo muy barato y permite atender a cualquier persona directamente por quien lleva su expediente, a través de una pantalla; sacar por impresora los documentos que sean y si no vienen firmados electrónicamente, poder ser sellados en original por el-la funcionario que está en ese centro, quien a su vez puede teleatender a otras personas que están en otras poblaciones en asuntos de su incumbencia.

Es necesario poner en valor algunas ventajas que tienen las pequeñas poblaciones en lo relativo al funcionamiento administrativo. La manía de las grandes Administraciones, en la actualidad, de establecer complicaciones para la ciudadanía disfrazadas de progreso, como la cita previa obligatoria para cualquier trámite, incluyendo el ir al registro de entrada (sin tener un turno abierto, es decir, que cualquiera pueda ir y esperar que quede un hueco disponible, bien porque una gestión ha durado menos de lo esperado, o bien porque alguien ha fallado), provoca múltiples problemas, por ejemplo a la hora de pedir subvenciones o realizar cualquier otro trámite que una persona particular tenga que hacer en un plazo de tiempo limitado, cuando le dan la cita previa para después de la fecha límite de presentación del papel que sea. Eso, afortunadamente, en los pueblos no ocurre.

Cierto que se puede hacer todo electrónicamente, aunque en muchas ocasiones no se tiene en cuenta que no todo el mundo tiene alfabetización digital suficiente, aparte de otros problemas externos, como por ejemplo si el certificado electrónico caduca, o si hay un problema informático en el ordenador donde está guardado ese certificado, o si la persona ha perdido su Documento Nacional de Identidad, o cualquier otro imponderable, que, en un pueblo pequeño se puede compensar el trámite al ser conocida la persona, y quizá tener ya una copia de sus documentos de identidad en cualquier otro expediente y poder recuperarla, al ser conocida por quien le atiende en el mostrador. Aún recuerdo la fórmula que emplean algunos notarios en lugar de poner el número de documento en los protocolos y la sustituyen por escribir, luego del nombre, "*a quien conozco*", como elemento probatorio de verificación de la identidad.

No olvidemos también otros imponderables que día a día agobian a la población en pequeños pueblos, como por ejemplo los microcortes de conexión. Eso supone hastío y hartazgo de quien tiene por ejemplo una explotación ganadera y teniendo la obligación de mantener los datos actualizados electrónicamente, al final se encuentra con la imposibilidad de poder hacerlo debido a los microcortes en la conexión, que le obligan a comenzar de nuevo una y otra vez.

También es beneficioso para la Administración, en general, la vuelta al pueblo de muchas personas, pues implicaría un aumento de los cultivos, por lo que disminuirían los incendios forestales, con el consiguiente ahorro en extinción.

Muchas infraestructuras serían mas baratas de mantener, puesto que el uso constante podría detectar determinados problemas cuando su reparación es menos costosa en lugar de esperar a grandes daños.

<u>La autosuficiencia energética es mas fácil de conseguir en el medio rural, y, por tanto, disminuiría la deuda exterior de todo el Estado.</u>

Los pequeños ayuntamientos, en muchas ocasiones, se encuentran con una burocracia complicada para muchas de las actuaciones necesarias. El diseño de la vida rural desde una óptica urbana o carente de contacto con la realidad rural ocasiona problemas posteriores.

Impedir retirar la leña seca acumulada, o el corte de las cañas asiáticas invasoras que asolan la ribera de muchos de nuestros ríos, ocasiona grandes incendios forestales e inundaciones. No se trata de tener los montes como parques, ni los ríos como fuentes urbanas, pero si el tener un adecuado aprovechamiento de los mismos para biocombustible, forraje o simplemente como prevención. Falsos mitos ecologistas pretenden aplicar criterios de autosostenibilidad del bosque a lo que son plantaciones humanas de monocultivos arbóreos, en lugar de bosque endémico, y eso, año tras año nos pasa factura a toda la sociedad o el mantenimiento de la caña asiática, invasora, en las riberas de los ríos esquilmando la poca agua que llevan y originando problemas complementarios de inundaciones cuando son arrastradas por una crecida y taponan puentes.

Las Administraciones Públicas han de establecer en sus contratos cláusulas sociales orientadas al fomento de la economía local, por ello, siempre es mejor realizar las obras y muchas actuaciones directamente por el propio ayuntamiento, contratando a su personal, en lugar de contratar empresas que traigan a su personal desde las ciudades y, si bien pueden salir unos pocos Euros mas baratas, al final salen mas caras, por no dejar la riqueza en el propio pueblo. Cuando son organismos como Diputaciones, Comunidades Autónomas o el propio Estado esto lo tienen mas difícil, pero pueden poner en sus contratos unas cláusulas sociales exigiendo que las empresas adjudicatarias contribuyan a la fijación de la población de la zona. Así los directivos de las empresas tendrían que estrujarse las neuronas para buscar la forma mas ingeniosa de colaborar en la fijación de la población, y la forma de evaluar la idoneidad de esa fórmula presentada podría ser el que los municipios afectados o beneficiados tuviesen voz y voto para puntuar ese proyecto.

Esta normativa ya está en vigor, si bien en muchos contratos públicos se olvidan de establecer esas cláusulas sociales, y, como mucho recogen la obligación legal de contratar una persona con discapacidad por cada cincuenta trabajadores y no siempre. Pero quizá se podría establecer una modificación legislativa que mejorase la normativa vigente.

Las políticas públicas hacia los pueblos suelen ser asistencialistas y no dedicadas a la verdadera promoción y revitalización de los pueblos. En muchas ocasiones esas políticas paliativas son totalmente contraproducentes al crear en los pueblos el desánimo y el concepto subliminal de que solo sobrevivirán porque tienen esas ayudas pero no serán capaces de desarrollarse por si mismos. Las políticas públicas hacia lo rural han de ser dinamizadoras, por supuesto, sin olvidar lo asistencial cuando sea necesario, para garantizar la calidad de vida en el rural, pero si no se dinamiza y no se le permite crecer, no hay futuro.

La Administración Pública ha de garantizar el acceso a todos los servicios en el mundo rural. La asistencia sanitaria primaria debe de estar garantizada en todo lugar. La telemedicina y las nuevas tecnologías aplicadas a la sanidad han de garantizar una calidad de servicios adecuada y suficiente en todo lugar del territorio. Se debe de trabajar para garantizar la estabilidad de los puestos de trabajo en el mundo rural para el personal sanitario, de forma que, tras un período de prueba y adaptación, puedan tener garantías suficientes para establecer su domicilio en ese medio rural de forma permanente.

La nueva normalidad posiblemente reenfoque una gran parte del turismo hacia los pueblos, si la oferta rural aumenta, también aumenta la demanda de servicios como la sanidad ordinaria y también la de urgencias.

Mas coches circulando por carreteras muy diferentes a las autovías a las que están acostumbrados, por calles sin semáforos, con rebaños por la carretera, tractores circulando lentamente, monturas, picaduras de insectos etc. supone una gran carga para los servicios de atención primaria de las zonas rurales, desplazar helicópteros puede suponer por un solo accidente el mismo coste que mantener los servicios sanitarios públicos medio año. En el tema de la Sanidad hemos de recordar que “lo barato sale caro”.

El turismo rural ha de cambiar el concepto. Ya no se buscan microhoteles situados en el campo en lugar de la playa. Luego de la pandemia la gente está buscando más lo que fue en sus orígenes el turismo rural, el ir a una casa en el campo donde se realizaba la vida agro-ganadera en la que alquilaban habitaciones y se comía, junto a la familia hospedadora. Ciertamente la nueva normalidad impide ese trato tan cercano, pues nadie puede saber si el resto está contagiado, por lo que es probable que en muchos sitios se siga demandando comer aparte o al menos en una mesa muy amplia donde las distancia interpersonal sea segura. En verano es fácil, puesto que la mayoría de los huéspedes preferirá comer en el exterior. No obstante, esos recelos irán decayendo con la popularización de los PCR o cualquier otro sistema de autodiagnóstico que se podrá aplicar a la llegada al alojamiento rural y antes de participar en las actividades contratadas.

Las administraciones públicas deberían, bajo mi punto de vista, proveer de métodos de autodiagnóstico a los establecimientos de turismo rural y a las empresas de actividades que trabajen en ese ámbito.

Otros pequeños detalles como subvencionar la instalación de cargadores para coches eléctricos en los establecimientos rurales y otros puntos del pueblo se trata más profusamente en otra parte de este mismo libro.

También se trata en este libro el tema de los nómadas digitales, un nuevo tipo de turismo que se realiza, junto con su trabajo, por todo el mundo. Este es un turismo de más larga duración, que tiene que tener una oferta específica, no solo en cuanto a precios si o también en cuanto los servicios que se les ofrece, que no solo son los basados en una buena conexión a internet y telefónica, si no cubrir sus necesidades en cuanto a silencio, alimentación a cualquier hora, etc.

La ordenación del turismo rural podría realizarse mediante la creación de un **Consejo Estatal del Turismo Rural.** Este podría ser un órgano autogestionado, quizá con forma de Fundación, que tuviese competencias prácticas a la hora de establecer la clasificación de los establecimientos, unificación de pictogramas, normas de seguridad, y sobre todo de promoción, disponiendo de un órgano de asesoramiento para las personas que quieran implantar unos servicios de turismo rural, ya sea como actividad principal como si esta es complementaria.

Así, este Consejo establecería, por ejemplo, una clasificación de las Casas Rurales, según sus servicios y establecería un Censo Estatal que permitiese promocionar esos establecimientos en el exterior, elaborar guías, folletos, organizar campañas de promoción exterior e interior, realizar acciones concretas, como encuentros de nómadas digitales, organización de campañas de colivings-coworkings, organización de rutas, edición de folletos, promoción de empresas de actividades en el medio natural, participación en ferias y en general, todo tipo de actividades dedicadas a la promoción del Turismo Rural que, sin invadir competencias autonómicas a ese respecto, se encargase de presentar a los posibles clientes toda la oferta estatal clasificada, de manera que una persona que, por ejemplo quisiese pasar unos meses trabajando en zonas de nieve, pudiese organizarse una ruta de establecimientos donde estar una quincena en cada uno, sabiendo previamente si van a cerrar en Navidad, si tienen chimenea de fuego vivo, estación de esquí, aceptan animales o si corre el riesgo (o la ventaja si es lo que desea) de quedarse varios días aislado por nevadas intensas. Asimismo tendría acceso previo a coordinarse con las empresas de servicios de la zona y conocer la disponibilidad de veterinarios (imprescindible si va con perros a practicar mushing), venta de ropa o accesorios de nieve, o si podría participar en los filandones locales, etc. organizando su viaje en función de la altitud, bajando o subiendo en altura según la esperada cota de nieve.

Lo mismo podría aplicarse a quien viaja con el deseo de hacer un turismo eno-gastronómico y quisiese participar en las actividades de vendimia o de ordeño en una misma denominación de origen, o conocer las peculiaridades de las bodegas de esa zona o de todo el territorio, incluso participando o viendo como se hace el vino o se extrae el aceite, participando en catas y conociendo diferencias y peculiaridades de cada zona.

Poder disponer de folletos en papel o virtuales de cada lugar de los que quiere visitar, que podría organizar por la fecha en la que se van realizando las labores propias, yendo hacia el norte o hacia el sur según vayan realizándose las tareas en cada zona o en una visita lineal si lo que quiere es por ejemplo visitar la arquitectura tradicional de las bodegas.

No olvidemos que el turismo activo es una demanda social cada vez más implantada, y con turismo activo no solo nos referimos a actividades de riesgo, si no a un turismo participativo, en el que la persona visitante no se limita a mirar, si no que participa y vive la vida diaria del lugar que visita. El turismo de escaparate en las zonas rurales, si bien existe, no es lo más deseable. Una persona que participa en un día de pastoreo puede entender más fácilmente que en los caminos ha de dejar los portones tal y como se los encontró, que no puede dejar a los perros sueltos si ve ganado y como debe acercarse o alejarse del mismo.

La participación activa en las actividades ayuda a conocer y valorar el esfuerzo de obtener un aceite de oliva de calidad. Participar en catas ayuda a diferenciar sabores, y entender que no es lo mismo varear un olivo, coger las aceitunas a mano o entrar con una máquina en el olivar; así como conocer las diferencias entre un aceite de orujo de oliva y un virgen extra y entender el motivo del precio de cada uno y la diferencia de coste de producción del producto ecológico al industrial.

Ese turismo participativo, por tanto, no solo resulta interesante durante el tiempo que nos visita, si no que, una vez conocidos los productos, y teniendo unas nociones de cata básicas, promoverá las exportaciones, pues la mayoría de estas personas querrán hacer partícipes de su experiencia a sus amigos y familiares. Hoy en día ya no se queda con los amigos para ver las fotos del viaje vacacional, esas ya las habrán visto en las redes sociales, pero recibir en su casa un paquete con una selección de vinos, quesos, aceites, embutidos o jamones, junto con algunas delicias de la huerta, permitirá extender sensorialmente la experiencia del viaje a esas personas, al tiempo que podrá lucir sus conocimientos, adquiridos en el viaje, explicando el procedimiento y labores necesarias para cada producto, convirtiendo a sus familiares en los mejores agentes comerciales para estos productos, cuando los exijan en sus tiendas de comestibles habituales y, por qué no, puedan aprovechar la ocasión de verlo en una estantería para demostrar sus conocimientos al respecto en un alarde de satisfacción del propio ego, que tanto va a favorecer nuestras exportaciones.

Cuestiones como la disposición a trabajar en pequeñas poblaciones deberían de figurar en las bases de datos de los Servicios Públicos de Empleo. Asimismo se debería de dar una puntuación preferente para las ofertas de empleo a las personas de la comarca, priorizando la comunicación de las ofertas a esas personas, con objeto de fijar la población rural. Incluso deberían permitir localizar la demanda. Una persona que esté dispuesta a irse a trabajar al pueblo de origen de su madre o bien al de su padre podría añadir ambos como destino preferente para que se le comunicasen las ofertas de trabajo que hay en su comarca.

En general se interpreta como lógico que una persona en desempleo pueda rechazar una oferta de trabajo en un pueblo por estar a mucha distancia de su casa si ha de trasladarse a diario, pero, por el contrario, nadie discute si tiene que desplazarse diariamente a la ciudad. A esas personas, si se les puede ofrecer ese puesto de forma permanente, sería interesante que, o bien desde las administraciones o bien desde las propias empresas se les proporcionase una vivienda digna (a precio subvencionado o de mercado) y se le garantizasen otras necesidades como podría ser la escolarización de sus hijos en el mismo pueblo, etc. Y a quien ha de trasladarse a diario a la ciudad, una vez comprobado que realmente vive la mayor parte del tiempo en el pueblo, compensarle por ejemplo con un bono-transporte gratuito o alguna otra compensación en especie como vales para restaurantes u otros como podría ser permitirle utilizar gasóleo agrícola en su vehículo.

La minoración de impuestos puede ayudar mucho al establecimiento de empresas en áreas rurales. Así, se pueden establecer ventajas adicionales como desgravaciones fiscales, disponibilidad de suelo público (no protegido) o cualquier otro tipo de ayuda a las empresas que se establezcan en el medio rural. Aunque quizá sea mas importante una flexibilización en la regulación administrativa del suelo en algunos casos, como por ejemplo el citado anteriormente.

Una empresa que quiere establecerse en el medio rural y que sin hacer actividades contaminantes, quiere construir a su alrededor viviendas para su personal, debería poder hacerlo independientemente que el suelo sea industrial o viceversa. En la actualidad las viviendas y las zonas industriales no pueden coexistir. Ojo, con esto no hablamos de llenar los polígonos industriales de chalets ni de meter fábricas contaminantes por emisiones o ruido en el centro del pueblo.

Esta idea podría ser práctica para empresas, con un determinado número de trabajadores que no exceda, por ejemplo, los 25; esta empresa podría construir a su alrededor 25 chalets para su personal, siempre y cuando las condiciones de vida para las viviendas no esté afectada por el trabajo diario en la industria. Esto sería especialmente válido por ejemplo para "call center" o centros de atención telefónica; empresas de informática, fábricas de cualquier cosa con mínima emisión de ruidos (incluyendo el tráfico de camiones, etc. (Salvo que por la correcta aplicación de medidas correctoras, se garantice la idoneidad de la vida diaria para la población). Por tanto, Considerando las dificultades orográficas, y el abandono rural, se debería de **equiparar a las zonas despobladas como territorios ultraperiféricos de la UE** , o una figura equivalente, que les dotase de unas condiciones fiscales asimilables a las de Canarias o Ceuta y Melilla. Comprobando los datos frecuentemente para evitar la picaresca.

Los contratos fijos -con enclave laboral en zonas despobladas- deberían tener unos beneficios adicionales a cualquier otra subvención, contemplando especialmente la disparidad de género y la falta de oportunidades para las personas con discapacidad en esas áreas.

Las Campañas para la repoblación rural pueden tener un altísimo coste económico... o no!. Todo es cuestión de emplear la imaginación. Las distintas administraciones son poseedoras de innumerables tierras, casas abandonadas, bosques, poblados mineros, cuarteles, poblados del ferrocarril, poblados para constructores de las presas, etc.

El Estado debería de constituir un ente único de gestión de inmuebles rurales, un Banco Estatal de Casas y Tierras, quizá una reconversión de la SAREB que, además de la gestión de tierras, negocios y viviendas que voluntariamente pongan a su disposición diversos particulares, se adscriba por ley, de forma dinámica y rápida todas las propiedades públicas sin uso en las zonas rurales. A su vez, este ente debería de entregar esas propiedades a las personas interesadas en una especie de alquiler con opción a compra, o cesión enfitéutica, concesión o cualquier figura jurídica que se considere adecuada para ello por la que condicione el disfrute primero y si acaso posteriormente la propiedad con la gestión productiva de esas propiedades, condicionada también a fijar a la población.

Imagen: Viviendas construidas para las familias y constructores de la Presa de Las Chorreras del Cabriel, hoy en día técnicamente abandonadas.

Esta cesión se debería hacer dando prioridad a las personas con menores ingresos valorando los proyectos en el aspecto medioambiental, paisajístico, de integración social y generación de empleo, sin sesgos de género ni cualquier otro tipo de discriminación, esto es, la adjudicación de estos terrenos debe efectuarse sin tener en cuenta mas que la voluntad de ponerlos en uso, sea con ánimo de lucro o de autoabastecimiento, sin limitaciones por edad, sexo, situación laboral o social. Con facilidades de pago, incluso con un período de carencia inicial (o mas que carencia, una exención de pago si cumplen unos determinados requisitos), y exenciones de impuestos iniciales (o permanentes si son para autoabastecimiento). Facilitando al mismo tiempo los requisitos legales para el comienzo de la actividad.

Estas personas encargadas de gestionar o custodiar estos recursos rurales deberían tener un trato fiscal especial y sobre todo en la Seguridad Social. La Administración Pública debería facilitar su formación técnica para las actividades a desarrollar, especialmente cuando estas están orientadas a la explotación agro-silvo-ganadera, tanto en la formación teórica, como financiando la figura de mentores locales entre las personas jubiladas de la zona, para que les proporcionen conocimientos específicos en base a su experiencia, como podría ser saber si el viento viene de determinado sitio hay riesgo de lluvias torrenciales y de inundación de sus parcelas, o los problemas asociados a las víboras o a osos si mete el ganado por determinado sitio, o los riesgos de dejar determinadas parcelas sin cerrar en época de turistas, etc., mas que el enseñarles las técnicas de laboreo tradicionales, si bien es interesante conocerlas, incluso teniendo una formación técnica mas moderna.

De alguna manera el Estado, en sus diversas administraciones. también es responsable de la paz social y la preservación del medioambiente y del paisaje rural por parte de estas personas concesionarias, por lo que se debería condicionar la ayuda económica a la permanencia y vida habitual en ese entorno. Con posibilidad de rescisión para personas que usen esas tierras o viviendas para la comercialización de sustancias psicotrópicas, ocasionen problemas continuados en el vecindario, rompan la paz social en la población (música estridente, broncas constantes, etc.), no tengan adecuadamente cuidadas esas tierras o infraestructuras (en la medida de sus posibilidades), originen voluntariamente incendios forestales, contaminen tierras y aguas o que su actividad suponga un atentado contra el paisaje, la biodiversidad y la paz social.

La financiación del primer asentamiento agrícola también requiere dinero, no solo se trata de dejar, ceder o concesionar tierras o inmuebles de otro tipo, sino que es necesario disponer de recursos económicos para su puesta en producción.

Para ello se puede otorgar créditos, pero también se puede financiar en especie, es decir, que el Estado a través de las distintas Administraciones ponga a disposición de estas personas maquinaria pesada en alquiler o cesión de uso, de manera que, además puedan ser estos recursos utilizados por otras personas en la zona, quizá incluso apoyando pequeñas cooperativas de inversión que adquieran la maquinaria y se encarguen o bien de alquilarla o bien de gestionarla directamente cobrando el servicio por horas o hectáreas trabajadas. Ahí vemos nuevamente la necesidad de una Banca Pública que, de no existir, se podría suplir con la iniciativa privada de las Cooperativas de Crédito, más profusamente tratado en el capítulo XII de este mismo libro. El uso colectivo de la maquinaria, equipamiento y medios de producción, supone una considerable disminución de la huella ecológica, además de disminuir costes.

Garantizar la buena gestión del dinero público es una obligación de la Administración, por ello se debería obligar a mantener la explotación por un número determinado de años, por ejemplo un quinquenio, y, en caso contrario, siendo la persona acreedora con el Estado de las ayudas recibidas que deberá devolver (salvo casos justificados de fuerza mayor).

Si estas ayudas dependen de las zonas de actuación, sean de montaña, secano o regadío y diferencian claramente entre un pedregal de montaña y una buena tierra de labor en el delta de un río, por ejemplo, sería una buena forma de aplicar unos criterios de equidad justos.

Tampoco se deben hacer diferencias que supongan una competencia desleal para otras pequeñas explotaciones agroganaderas de la comarca, las cuales tendrán preferencia para la adquisición de estas tierras, siempre y cuando generen empleo estable.

En todo caso, siempre se condicionarán estas ayudas, cuando la explotación tenga carácter comercial y no de pura subsistencia, al cumplimiento posterior de las obligaciones fiscales y con la Seguridad Social. Con el cumplimiento posterior nos referimos a que una persona con deudas a la Seguridad Social o a Hacienda, de un monto razonable *(por ejemplo menores de 15.000€, que podrían haberle quedado de un negocio fallido anterior o algo así, no por un afán consciente de defraudar)* podría tener acceso a estas ayudas, siempre y cuando no genere con esta actividad nuevas deudas, y dándole un plazo de carencia de por ejemplo cinco años, y facilidades de pago para que pueda poco a poco ir sufragando la deuda anterior con el rendimiento de esa explotación.

El cometer delitos ambientales, de maltrato animal, o sobre la libertad de los y las trabajadores o contra la salud pública o discriminación por razón de género, etnia u opción sexual, supondría la cancelación del contrato con carácter retroactivo reclamándole las cantidades entregadas, el coste de los servicios prestados y las cantidades no abonadas.

Estos derechos no serían transferibles salvo en el caso de consanguinidad, matrimonio o equivalente, o cambio de forma jurídica siempre y cuando la mayoría accionarial siga en manos de la misma persona o personas y deberían ser compatibles con otras ayudas de todo tipo, como por ejemplo las relativas a la constitución de una cooperativa, a la contratación, ayudas a la discapacidad, etc.

En caso de venta subvencionada, el Estado podría, por ejemplo, otorgar hipotecas, por ejemplo del 130% del valor del inmueble para ayudar a los gastos iniciales. Estas hipotecas se deberían de otorgar a través de una banca pública que, en caso de microproyectos de subsistencia o de emprendimiento autónomo no estarían sujetas a la capacidad crediticia de la persona, si bien, para garantizar el buen uso de ese dinero, se debería de presentar un proyecto de actividad, adquiriendo el Estado los bienes necesarios e incluyéndolos en el valor del inmueble, sean estos bienes un motocultor, o las ventanas para una casa.

En todo caso hay que tener en cuenta que el emprendimiento agro-silvo-ganadero es también emprendimiento y también genera empleo.

El Estado también puede tomar participación en las empresas que tengan una finalidad clara de repoblación rural, ya sea con créditos participados, pero también puede participar animando y poniendo los recursos necesarios para captar capital privado, por ejemplo creando una plataforma estatal de micromecenazgo donde las personas particulares o las empresas puedan apoyar proyectos socio-laborales enfocados a la repoblación y preservación del entorno con pequeñas aportaciones, y , por ejemplo recibir obsequios tipo tarros de miel, mermeladas o cualquier otro producto a cambio de su aportación.

También puede promocionar el Estado la actividad rural, con el establecimiento de mercados y plataformas logísticas, para comercializar sus productos.

La colaboración administrativa no solo se trata de dar subvenciones, de hecho, una iniciativa encomiable para frenar el despoblamiento rural es la transferencia tecnológica, así, con el impulso inicial dado por el Consejo Superior de Investigaciones Científicas (CSIC) nació la Plataforma Temática Interdisciplinar Alternativas Científicas Interdisciplinarias contra el Despoblamiento Rural, (Alcinder https://alcinder.csic.es/) que pretende transferir conocimiento científico al conjunto de la Sociedad, apoyando iniciativas emprendedoras que atraigan y fijen población en el mundo rural. Plataforma en la que se debería incorporar el Ministerio de Defensa, pues sería simbiótico para ambos, ya que el Ministerio podría transferir tecnologías, por ejemplo en construcción de viviendas bioclimáticas de emergencia, y recibir información sobre otros sistemas constructivos, además de conocer mejor todo el territorio nacional, tenerlo bien actualizado en sus mapas y colaborar con la repoblación por ejemplo otorgando pequeños contratos a empresas que produzcan esos bienes en zonas con claro peligro de despoblación. Así se podría recuperar por ejemplo la tradición de marroquinería, perdida en algunos pueblos para hacer botas militares o la talabartería para hacer asientos para los vehículos, correajes u otro material.

Claro que no se tiene que quedar solamente en la recuperación de oficios tradicionales, El Ministerio de Defensa, por ejemplo podría poner centros de producción de alimentos liofilizados para sus raciones de combate, con productos ecológicos de cada zona, o bien realizar investigaciones sobre sistemas de pulverización de algas marinas, o incluso comprar vinos o sidras de producción local para su distribución en las cafeterías militares.

El Estado a través de sus distintas administraciones debería tener un listado -un catálogo- de pueblos abandonados y de propiedades públicas (y privadas que voluntariamente quieran incluirse) y establecer un procedimiento de concesión de esos inmuebles, sean casas o tierras; no dejándolo a la buena voluntad de quien gestione la Administración de turno, sino con una Ley específica que regule la obligación de incluir en ese catálogo estatal -se llame Banco de Casas, Tierras y Negocios o como se le prefiera llamar). Disponiendo la puesta inmediata a disposición de quien lo solicite, en libre concurrencia, con trámites ágiles que prevean las ayudas económicas (en especie) necesarias, como material de construcción, exoneración de impuestos, seguridad social reducida, facilitación de trámites para pozos de agua para uso doméstico, reformas, inicio de la actividad agropecuaria de subsistencia o pequeña explotación; transporte escolar o cualquier otra. De forma que su concesión sea automática por orden de solicitud (*conociendo previamente a la firma si tiene los puntos suficientes para su concesión, para los casos de personas con opciones en varios territorios o que, en caso de denegación, prefieran esperar a otra convocatoria y no iniciar inversiones o tomar decisiones que luego le puedan suponer un problema como comunicar previamente que no van a renovar un contrato de alquiler en la ciudad, o similares*), dando preferencia a las solicitudes colectivas (grupos de personas amigas, cooperativas, etc.) poniendo los condicionantes que sean necesarios en esa ley para evitar un uso indebido o diferente a los fines iniciales.

Esos inmuebles se podrían ceder en principio con una figura de cesión de uso en precario, pasando directamente, sin trámite adicional, a concesión administrativa por tiempo determinado, siempre que se compruebe por la propia administración el buen uso de la propiedad, y, pasado un número de años determinado, prefijado en la propia ley, con un uso adecuado del bien, a ser propiedad mediante pago simbólico o sin él. O bien alquilándolas con opción a compra de forma que el precio final de compra va disminuyendo al compensar las mensualidades pagadas, esas mensualidades tendrían una subvención adicional siempre y cuando se viviese en el pueblo, se realizase una actividad productiva o se compensase a la población con unos trabajos periódicos en beneficio de la Comunidad y no fuese foco de problemas de convivencia con el resto del vecindario. Garantizando de esta forma la paz social en ese pueblo y que se cumplen los objetivos, y, en caso de que alguien pretenda darle otro uso como vivienda vacacional o alquilarlo a terceros. Lo que supondría una retirada automática de esas subvenciones y pasar a pagar el alquiler al completo.

También se debería regular el derecho a participar activamente en la vida política y en las decisiones de su comunidad, estableciendo la segregación automática -a petición de las personas interesadas- de esa población, cuando antes hubiese estado abandonada completamente, para convertirse en municipio propio, estableciendo el número de personas mínimo que deban de haberse empadronado en esa localidad para poder hacer servir ese derecho.

Hay que eliminar la "burrocracia" y el localismo de la Administración. Es necesaria una gestión integrada e integradora de los recursos. Si un fuego se produce en la frontera entre los territorios de dos administraciones, y una tiene un parque de bomberos enfrente del foco del incendio que está situado al otro lado de la frontera, no es lógico que tengan que ir bomberos desde alguna población lejana en lugar de actuar los que estén mas cercanos solo por pertenecer a otra Diputación o Comunidad Autónoma diferente. En temas de emergencias se debería de utilizar un sistema similar al de la compensación sanitaria, a saber: cualquier persona poseedora de la Tarjeta Sanitaria Europea o de una Comunidad Autónoma, puede ser atendida en el centro sanitario mas próximo a donde tenga una emergencia, de cualquier comunidad, y luego se compensan los gastos ocasionados con un sistema compensatorio común.

La Administración Pública ha de ser coherente en sus pretensiones. Es difícil de encajar que hagan oferta de unas naves industriales para que se monten empresas, que están ubicadas en el pico de una colina, con una cuesta muy empinada con muchas curvas, que impedirá llegar a los camiones. Asimismo que no dispongan de opción a electricidad de la red, si acaso fuese una empresa que necesitase mucha mas energía que la que puedan producir unos paneles solares y un minigenerador eólico sobre su tejado.

No se puede pretender vivir del turismo en un pueblo donde solo pueden aparcar quienes estén empadronados en el mismo, sin tener una alternativa Y, tampoco podría, por otra parte, en el caso de tener unas preciosas calles empedradas y unos edificios dignos de cualquier museo, cuando esas calles están llenas de coches aparcados que impiden ver esa arquitectura. A veces es necesario tener algo de coherencia e imaginación, por ejemplo reconvirtiendo una casa antigua sin valor patrimonial cultural en un garaje vertical, donde un sistema robótico almacene por si mismo los coches en altura o haciendo aparcamientos vigilados a la entrada del pueblo (*incluso con opción en uno de ellos de poder disfrutar de una limpieza completa del coche "detail" por dentro y por fuera, mientras se hace turismo por el pueblo o disponer de una guardería canina para poder pasear con tranquilidad en una ruta agreste, que sería peligrosa para los perros, dejando a la mascota muy bien atendida, generando así puestos de trabajo adicionales*).

También la Administración debe de estar abierta a nuevos conceptos. Por ejemplo podría firmar un convenio con una empresa obligada, por el tipo de actividad de riesgo que realizan, a tener un servicio médico propio, dejándole los terrenos y permisos para instalarse a cambio de que las pocas personas que hay empadronadas en el pueblo , o incluso mas, las poquísimas personas que viven todo el año en el pueblo, puedan utilizar ese servicio médico para casos de urgencia o como médico de cabecera .

Entre las diversas iniciativas que promueven las administraciones Publicas, varias Comunidades Autónomas de España, concretamente, Aragón, Asturias, Castilla-La Mancha, Castilla León Galicia y Extremadura han creado la *Red Europea de Regiones con Desafíos Demográficos y el Foro de Regiones Españolas con Desafíos Demográficos.* Instrumentos creados para atender los problemas que se derivan de la reducción de la natalidad y la despoblación en las zonas rurales, dispersas o desindustrializadas. Proponen una estrategia europea horizontal integrativa de todas las políticas útiles para combatir la despoblación rural reequilibrando la población de zonas densamente pobladas a otras con problemas demográficos, y para ello quieren crear oportunidades de vida y negocio principalmente para la población joven, abogando por unos servicios públicos de calidad, y con perspectiva de género.

Otra cuestión que las Administraciones Públicas han de tener en cuenta es que la gestión del rural no se puede hacer desde las ciudades con criterios de ciudad. No se pueden hacer limitaciones en la explotación del territorio si no se compensan. Y esa compensación puede y debe ser condicionada a que vivan en el territorio. Es decir, si se obliga a destinar las tierras a ciertos usos o se prohíben usos tradicionales como el aprovechamiento de madera, etc. se debe de compensar económicamente. La mayor causa de la despoblación es la burrocracia.

El Pago Verde, pago por servicios ambientales a las personas que viven en los pueblos, por una adecuada gestión del territorio dentro de los presupuestos de Medioambiente, Contraincendios, además del correspondiente a agricultura-ganadería y silvicultura serviría para mantener a los pueblos vivos. Este pago podría ser un impuesto verde al consumo, pero también se podría hacer reduciendo o eliminando los otros impuestos que gravan la vida en el medio rural. Al final realmente es cambiar el dinero de sitio, pues si las ciudades tienen unos cinturones de seguridad compuestos de huerta, evitarán ser consumidas por incendios forestales descontrolados, por tanto ahorrarán un importante dinero en extinción y reconstrucción. Si hay una adecuada gestión del medio, con cultivos ecológicos, pastoreo y gestión forestal se garantizará, por ejemplo la suficiencia hídrica para que se rellenen los acuíferos y la ciudad pueda beber. Ese trabajo poco conocido de consecuencias claras debe de tener una compensación directa o indirecta. Pues sin una adecuada gestión rural las ciudades están condenadas a extinguirse.

La *Red Europea de Desarrollo Rural* es una plataforma donde intercambiar datos e información acerca de las iniciativas reales de desarrollo rural para optimizarlas y mejorarlas, a través también de los Programas de Desarrollo Rural de los Estados Miembros de la UE. A través de su "Punto de Contacto" coordinan el trabajo y lo dan a conocer, difundiendo todo lo que se pone en práctica en el Medio Rural Europeo, publicando estudios muy relevantes en ese aspecto.

La Administración Pública también puede reinventarse. El IMSERSO, al organizar viajes para personas mayores en temporada baja para potenciar el mantenimiento de puestos de trabajo en invierno, podría ser la salvación del rural cambiando autobuses por minibuses y cambiando hoteles por casas rurales.

Ampliar la oferta pública de alojamiento de invierno al turismo rural, sería especialmente útil para personas mayores para que también puedan otros sectores de la sociedad tener unos días de desconexión. Especialmente para familiares cuidadores de personas dependientes; tan necesarios para las personas paradas, las cuales luego de un fin de semana en la sierra, a bajo coste podrían volver con ánimos renovados a la búsqueda diaria de empleo. Además en esos días, donde confluirían personas desempleadas de distintos rubros, edades y experiencia, se podrían dar unas pequeñas conferencias, una de búsqueda activa de empleo y otra sobre emprendimiento y ayudas, por si alguna quisiese establecerse en el medio rural.

El resto del tiempo las personas asistentes interactuarían entre sí, pudiendo surgir de esos grupos ideas de negocio. Pudiendo, con un diseño muy programado de las visitas no solamente enseñar los paisajes y monumentos de la zona, sino también dejar caer las necesidades laborales de alguna de las empresas, los potenciales negocios, la oferta de espacios de trabajo compartido (coworking) y hasta las viviendas en alquiler que se podrían enseñar como un atractivo mas de la visita turística (por ejemplo: *"a la derecha tenemos los restos de un castillo medieval, a la izquierda unas viviendas sociales que alquila el ayuntamiento a 200€ al mes a quien quiera montar un negocio en el pueblo y vivir aquí todo el año, para lo que ofrece un espacio de trabajo compartido gratuito en esas instalaciones que podemos ver al fondo, junto al Colegio, si... allí, detrás del Centro de Salud"* o *"las actividades tradicionales de esta zona se centraban en el aprovechamiento de la lana, ahora, con la recuperación del interés sobre la vuelta a los productos naturales por parte de consumidores de todo el mundo y la próxima jubilación de los dos pastores del pueblo, que por cierto, traspasan su negocio incluyendo en el traspaso la enseñanza del oficio; sería bien acogido algún proyecto, ya sea moderno o tradicional que le de un valor añadido a esa lana para venderla en lugar de al peso, transformada en prendas de ropa ecológicas que ayuden a luchar contra la proliferación de microplásticos en el mundo especialmente si se fabrican las capas tradicionales de esta zona, que, con su elegancia, y efectividad podrían recuperar el espacio perdido frente a las prendas plásticas importadas tan contaminantes"*). Estos ejemplos precedentes se deberían adaptar a las circunstancias de cada lugar, y su potencial y ser comentarios breves, estudiados, dejados caer de pasada en el transcurso de la actividad turística propiamente dicha, para la que han pagado algo, aunque simbólico y que, aunque se pueda sembrar la semilla del interés por el pueblo, no olvide que la función principal del viaje es recargar las pilas. Lo que no quita que se junte con el grupo el ADL de la zona, o que la actividad incluya una visita a su oficina.

Las políticas públicas se deben hacer *con cabeza* y de forma coordinada teniendo en cuenta los distintos factores y como afecta cualquier decisión a las actividades y a la vida de las personas en la zona. Por ejemplo la declaración de zonas con algún nivel de protección con motivo de preservar la naturaleza es importante, pero no se puede olvidar que el paisaje actual está profundamente modificado por la actividad humana y a veces se produce el efecto contrario al deseado.

Al limitar la actividad humana se producen como consecuencia abandono de viviendas y de explotaciones, eso desde los despachos puede parecer una recuperación del entorno natural pero podría ser lo contrario. Las especies de monocultivos plantadas en otras épocas no son entornos naturales por verdes que parezcan desde el satélite. Al no haber biodiversidad no hay vida real, salvo para algunas plagas (como la procesionaria del pino), y lo que es peor, se incrementa el riesgo de catástrofes como incendios forestales o inundaciones.

Estando el autor de esta obra a favor de la recuperación de la naturaleza, no por ello quiere decir que se esté de acuerdo con la simple prohibición de actividades habituales en áreas protegidas, sino que es necesaria una política integrada de recuperación natural, que garantice un adecuado nivel de vida de las personas que habitan en la zona.

La prohibición de viviendas diseminadas y de actividades no es la solución. Se pueden poner unas normas constructivas a nivel estético exterior para garantizar su integración paisajística, se pueden limitar los ruidos, e incluso algunas actividades industriales que puedan resultar molestas para la fauna y flora que se pretende proteger, pero los Planes de Ordenación no pueden ser hechos desde despachos sin contacto con la realidad en "copia y pega" de otras zonas. A veces se llega a incongruencias como la protección de especies invasoras como la caña asiática en la ribera de nuestros ríos, o prohibir la retirada de acumulaciones de madera seca en zonas donde la ignición de la misma podría ocasionar graves destrozos.

La prohibición indiscriminada de actividades como el ciclismo de montaña ,que es incompatible con el senderismo, e incluso con el tradicional paseo de las personas mayores del pueblo, y afecta en ocasiones gravemente a la fauna, no es la solución. Por el contrario, esa actividad podría ser un revulsivo para dinamizar la zona, solo es cuestión de reorientarla creando rutas señalizadas que transiten por áreas donde no hagan daño y dotándolas de servicios. Una vez se disponga de alternativas, se puede reorientar esa actividad a esas zonas primero con promoción de las mismas, luego con prohibición en otras áreas con un período informativo y, por último, con la prohibición sancionadora fuera de las rutas establecidas.

Cuando un territorio se incluya en actividades restrictivas es necesario compensar a la población del mismo, ya sea mediante la oferta garantizada de puestos de trabajo en la recuperación, conservación y mantenimiento del mismo, como en el otorgamiento a su población de compensaciones económicas que garanticen la fijación poblacional del mismo.

En las áreas donde haya ferrocarril habilitar un tren mixto para el transporte de mercancías y pasajeros, que puedan ir en la misma composición que los trenes regulares para potenciar la industria local y facilitarle la logística. Que una vez al día o a la semana se pueda añadir un vagón de carga específica o portacontenedor a los trenes regulares o se envíe una máquina específica para recogerlo sin coste adicional es vital para el mantenimiento de algunas empresas locales por lo que la opción debería de estar en el catálogo de ofertas de servicios de las operadoras de ferrocarriles. A veces es incluso más fácil. Sería establecer un servicio de paquetería, que permitiese la entrega de cualquier paquete en una estación y que este fuese posible recogerlo en cualquier otra estación del país.

En la UE hay una legislación inconexa y dispar sobre la gobernanza de la tierra, por eso el Parlamento Europeo instó ya en 2015 a las Autoridades Comunitarias a adoptar medidas para avanzar en ese sentido.

En 21 de Marzo de 2017 la Comisión de Agricultura y Desarrollo Rural del Parlamento Europeo aprobó un informe, cuya ponente fue ***María Noichi,*** sobre la superficie agraria en la UE cuyo título era ***"¿Como facilitar el acceso de los agricultores a la tierra?"*** reconoce la lejanía de la realidad, con la concentración de tierras, donde el 3,1% de las explotaciones de la Europa de los 27 controlan el 52,2% de la superficie cultivable europea.

"El modelo europeo de una agricultura sostenible, multifuncional y caracterizada por explotaciones agrícolas familiares se ha perdido".

El problema es principalmente la propia UE que paga la PAC por hectáreas en un modelo inadecuado e ineficaz de concentración de riqueza que la domina últimamente.

Si a esto le sumamos que ***"el 20% de las tierras agrícolas europeas ya padece problemas derivados del cambio climático, de la erosión hídrica y eólica del suelo, y de una explotación inadecuada"*** la oferta de tierras aptas para el cultivo disminuye notablemente.

Es decir, hay poca tierra disponible y la poca que hay está concentrada en unos pocos terratenientes, y si bien sigue reconociendo el derecho de propiedad de la tierra, también le confiere a esta una función social, al ser un bien que no puede aumentarse y que es el fundamento de un derecho humano fundamental como es el de tener acceso a una alimentación sana y suficiente, así como a la importancia de un uso agrario adecuado para la preservación del ecosistema.

Si bien la UE tiene clara esa necesidad de diversificación del sector agro-ganadero sus acciones van en otro sentido, y la población mas joven no tiene fácil acceso a esas tierras, por trabas económicas y administrativas. Por fin se está negociando una modificación de la Política Agraria Común, pero no solo eso, sino acciones de apoyo a la diversificación en la transmisión de la tierra como los "bancos de casas y tierras" se deberían de potenciar desde la propia UE. Al ser la tierra un bien que no se puede aumentar sería necesaria una intervención en los precios de la misma, pero sobre todo en la diversificación de la propiedad.

Las Administraciones Públicas tienen miles de hectáreas de terreno, en muchas ocasiones baldío, en otras formando parte de los monocultivos de pinos que tanto daño hacen a la biodiversidad. Aplicando los criterios adecuados se puede otorgar un derecho de superficie continuado, de explotación no solo maderera, si no de transformación del territorio. En ocasiones incluso puede ser un modelo mixto, que otorgue tierras para ser transformadas en cultivos, con la obligación de mantenimiento de parte de esas tierras, prefijado el tamaño, en bosque mediterráneo. Y con esto no se trata por ejemplo de cambiar simplemente un pinar por un sabinar o un castañar, si no de crear un verdadero bosque, con biodiversidad, e incluso con sotobosque controlado con orientaciones y consejos de las especies a sustituir, incluso siendo la propia Administración la que proporcione esas especies procedentes de sus propios viveros.

El Comité Económico y Social de la UE en su Dictamen ***«El acaparamiento de tierras: llamada de alerta a Europa y amenaza para la agricultura familiar»*** **firmado por Henri Malosse el 21 de enero de 2015, corrobora lo expuesto previamente.**

Otro problema para el acceso a la tierra de labor es la dedicación de la misma a actividades no agrícolas como es el caso de la creación de huertos solares y contra esta opción se presentan algunas alternativas mas viables en este mismo libro.

Aeropuertos sin aviones (a los que he dedicado otra obra "Sin Aviones" en cuyo libro presento un montón de ideas prácticas para reconvertir y rentabilizar este tipo de instalaciones en la era pos-covid y que se puede encontrar en Amazon); estaciones de tren en el medio de ninguna parte, centros tecnológicos vacíos, polígonos industriales que son solares urbanizados sin una sola nave encima, guarderías en pueblos sin niños, piscinas olímpicas en zonas desérticas y multitud de ejemplos más de la cultura del despilfarro. *"Ya que nos dan una subvención vamos a aprovecharla"* aunque eso signifique hacer obras inútiles, reiterativas con otras del entorno y totalmente innecesarias, ha sido la tónica general durante muchas décadas, y el dinero se ha desperdiciado en tonterías en lugar de aprovecharlo para hacer inversiones de futuro y con futuro.

Con los fondos europeos de recuperación corremos el mismo riesgo, muchas empresas se creen que esto es un maná que va a llover del cielo, olvidándose de que ese dinero hay que devolverlo. Esos fondos no deben, por tanto, gastarse si no invertirse. Las administraciones públicas deben invertir esos fondos en proyectos de futuro que produzcan una rentabilidad en el territorio. No sirve de nada que una empresa se instale en España y se dedique a comprar aviones, por poner un ejemplo a una empresa extranjera, ya que en ese caso el beneficio irá para el país fabricante de esos aviones. Tampoco sirve de nada el sufragar grandes inversiones de multinacionales, que, una vez rentabilizadas fácilmente se relocalizarán (lo que yo llamo darse a la fuga) para establecerse en otros países donde puedan recibir nuevas ayudas o los salarios sean mas baratos.

Esos fondos deberían de utilizarse en proyectos tractores, que si hemos de pagar nosotros y nuestros descendientes, que supongan un beneficio a este país. Es decir, si por ejemplo se invierte en crear una red de carreteras y ferrocarriles que satisfaga las necesidades de todo el territorio, dando accesibilidad a todos los pueblos (preferible como expongo en el capítulo 4 de este mismo libro, dedicado al transporte), eso no solo generará muchísimo empleo en el sector de las Obras Públicas, si no que esas carreteras y ferrocarriles quedarían para la posteridad, si creamos minihospitales en comarcas rurales con deficiencias asistenciales, estaremos contribuyendo al desarrollo futuro de la zona, al asentamiento de población y al desarrollo empresarial de la misma. Las Universidades dispersas con un modelo como las de las Highlands de las que hablo en este mismo libro con campus distribuidos por todo el territorio, quizá al cargo de la UNED supondría la opción de estudiar las personas en cualquier lugar y no tener que emigrar de jóvenes a las ciudades, en viajes sin retorno.

Estos fondos deberían de invertirse, bajo el punto de vista del autor de esta obra, en garantizar la subsistencia del país en caso de un cierre de fronteras, como los que se irán produciendo en el futuro según vayan surgiendo nuevas pandemias. La garantía como mínimo de disponer de alimentos variados y suficientes para toda la población, incluso en caso de crisis climáticas debería de ser objetivo uno de la distribución de ese dinero. Asimismo la garantía de los insumos sanitarios, de los equipamientos de protección individual para personal de emergencias, sanitarios e incluso para toda la población debería ser un foco de concentración de esas inversiones.

Y si se construyen carreteras, telecabinas y ferrocarriles que den servicio todos los pueblos del país, la hostelería de la zona que dé de comer a esos trabajadores se beneficiará, las empresas de fabricación de vestuario laboral también, las canteras, las empresas de transporte, las que alquilan maquinaria pesada, los hostales, pensiones y casas rurales, y cualquier otra empresa de suministro o de industria complementaria se beneficiará de estas inversiones, lo que indirectamente beneficiará a la economía en general mucho más que dar dinero alegremente a empresas reconvertidas en cualquier cosa que simplemente aparezca en los listados de posibles receptoras de esos fondos.

Si en un pueblo se invierte en construir y dotar una residencia de ancianos pública, o mejor aún, en habilitar el pueblo para que las personas mayores puedan puedan vivir autónomamente en el mismo, esa inversión, aunque habrá que pagarla como el resto de Fondos Europeos, quedará para el pueblo; generará beneficios económicos por mantener la vida en el pueblo y lo que es más importante, generará rentabilidades sociales.

Las inversiones en carreteras, telecomunicaciones, telecabinas, trenes quedarán para el futuro. Los pueblos así generarán vida al dejar de estar incomunicados, atraerán población y garantizarán que haya personas que inviertan en el sector primario, garantizando que, pase lo que pase, como país estaremos cubiertos antes cualquier contingencia y al menos comida y energía no faltará para su población en cualquier escenario apocalíptico.

No olvidemos otro posible escenario catastrófico que supondría una repentina subida del mar. Si esto ocurre, no será solo en un país, será a nivel generalizado, por tanto, no podemos contar en esos casos con ayudas internacionales. De repente podríamos encontrarnos con millones de personas refugiadas climáticas con destino hacia el interior del país. Estos fondos Europeos deberían de actuar en ese sentido. No solo se trata de crear ciudades de emergencia para posibles evacuaciones masivas en el interior – lo cual por otra parte estaría muy bien y por ejemplo en el verano de 2021 se podrían haber puesto a disposición de las víctimas de las grandes inundaciones europeas a través del ECHO- si no que se podría promover y facilitar crédito para la autoconstrucción de viviendas en los pueblos del interior, facilitando trámites y permisos, incluso aunque sean viviendas vacacionales, pues todas esas personas que dispongan de una casa en la montaña, si el planeta se sigue calentando y el mar sube,ya no serán refugiados climáticos a quienes alojar en tiendas de campaña improvisadas, si no que tendrán su propia casa, que antes sera su segunda residencia y ahora es su tabla de salvación; y para ello además, está la población concienciada luego de haber estado en confinamiento total durante esta pandemia que al momento de escribir esta segunda edición de este libro, aún sigue matando gente. No olvidemos que la mayor parte de la población mundial vive en las costas, por lo que esos movimientos poblacionales serán muy importantes y difíciles de gestionar de forma improvisada y emergencial.

Promover esas viviendas rurales se debería de hacer de forma controlada, es decir, no dar lugar a una burbuja inmobiliaria rural que al final provocaría que solo los más ricos pudiesen sobrevivir a una catástrofe. Por eso, con ese objetivo, se debería de facilitar suelo público, a precios regulados, y favorecer sobre todo la autoconstrucción de viviendas, regulando el tamaño máximo o poniendo condiciones como que sean bioclimáticas, autosuficientes energética y alimentariamente e integradas en el paisaje, por ejemplo exigiendo cubierta verde, diseño tradicional de la zona, recubrimiento exterior de piedra o cualquier otro requisito, que incluya biodigestores de aguas fecales, gestión adecuada de pluviales, etc. Para la parte constructiva se pueden facilitar créditos blandos, disminución de permisos e incluso planos homologados con varias opciones de tamaño y distribución así como de sistemas constructivos diversos tipo superadobe, casas de paja, etc. Estos planos disminuirían el coste de los arquitectos, que tendrían que limitarse a comprobar que la construcción se realiza conforme al proyecto, lo que además actuaría de preventivo ante posibles cuellos de botella que se podrían producir si, de repente, hubiese un boom de construcción rural y no hubiese suficientes profesionales para la dirección técnica.

La creación de estas viviendas, incluso autoconstruídas, cuando son con fines de segunda residencia, no computarían como viviendas sociales, teniendo los ayuntamientos la obligación de construir las suyas y que se reservarían para las personas que estableciesen en ese pueblo su residencia principal y que podrían disfrutarlas durante el tiempo en que viviesen efectivamente allí y mantuviesen su empadronamiento, siendo por ejemplo la opción de alquiler con opción a compra la más recomendable, de forma que mientras la persona vive efectivamente en la vivienda puede ir amortizando lo que paga de alquiler del precio final de la misma, pero en el momento en que se marche, pierde los derechos y es desahuciada -salvo que sea por fuerza mayor,como ingreso en hospital u otros similares-. Si el contrato de alquiler con opción a compra, amortizando los pagos, se hace por un mínimo de 15 años, se garantiza la repoblación rural, incluso aunque pasado ese tiempo, cuando la persona formalice la compra, decida marcharse, el objetivo se habrá cumplido. Si la persona deja de vivir efectivamente en la vivienda, esta quedará a disposición del ayuntamiento para contratar con otra persona o familia, perdiendo la anterior todos los derechos sobre la misma ya que se consideraría lo pagado como un alquiler y perdería el derecho de usarlo para la amortización final de la compra.

También se puede otorgar en un concepto similar el suelo público en "derecho de superficie" , por el que se otorgara permiso para construir y utilizar una vivienda en suelo público durante un elevado número de años (varias décadas), transcurridos los cuales la vivienda pasaría a formar parte del parque público municipal de vivienda, salvo que se hubiera convertido en la primera vivienda de quien la construyó o sus herederos.

Muchas de las instalaciones rurales disponen no solo de espacio, sino también de equipamiento, y eso les convierte en espacios privilegiados donde, por ejemplo, establecer centros formativos en especialidades no muy populares pero si muy demandadas.

Así un aeropuerto sin aviones puede transformarse en un centro de formación profesional por ejemplo para personas que quieran seguir especialidades aeronáuticas.

En las estaciones sin pasajeros se pueden impartir cursos de seguridad en espacios públicos y seguridad ferroviaria.

Una piscina cubierta, sin uso, puede dinamizar un pueblo impartiendo formación en salvamento y socorrismo, que reconvirtiendo la antigua escuela puede dar una formación profesional, albergar equipos olímpicos o preparar oposiciones para bomberos.

Recordemos que si bien el estudiantado no sería una población estable, si lo serían las empresas de servicios que surgirían como setas para atender las necesidades de estas personas tanto en formación, como en ocio, alimentación, etc.

Con solamente construir unas viviendas colaborativas como las citadas previamente en el capítulo de vivienda de este mismo libro, y adquirir unos sistemas de impresoras 3D de todo tipo y tamaño, de última generación, así como unos sistemas de prototipado, y quizá un túnel de viento o canal hidrodinámico; se podría atraer a muchas personas, que no disponen de esas tecnologías y que quieren desarrollar proyectos concretos, incluso sin necesidad de tener titulación alguna, ya que estos sistemas se podrían utilizar por cualquier persona, previo pago de unas tasas de amortización. Lo que supondría la estabilización de población, no solo con ese personal investigador o inventor, sino con empresas de servicios, proveedoras de insumos, hostelería, alimentación, etc.

Ahora mismo los coliving-coworking o espacios de vida en común y espacios compartidos para trabajo, quizá por su novedad, no están especializados. La especialización será lo que garantice su supervivencia. Unos espacios colaborativos de vivienda y trabajo en las proximidades de unas instalaciones como un aeropuerto sin aviones podría atraer a personas especializadas en productos relacionados con la aeronáutica, desde la fabricación de asientos ergonómicos a medida o regulables para la aviación deportiva a la fabricación de drones o sistemas informáticos de reservas. Esas personas con objetivos complementarios serían candidatas ideales para establecerse primero en espacios colaborativos de los que podrían surgir empresas o cooperativas que podrían implantarse en la zona.

El acceso a estos servicios comunes de investigación, como por ejemplo las impresoras 3D de gran formato y materiales múltiples, se podría hacer no solo cobrando tasas; sino también invirtiendo en esas empresas, por ejemplo creando una especie de "ángeles de negocios" que a cambio de acciones de esas empresas incipientes o "start-up" según su anglicismo mas comúnmente utilizado puedan estas utilizar esos servicios. O también a cambio de producto, por ejemplo si van a fabricar un robot de limpieza de los aseos, que a cambio del uso de toda la infraestructura y equipos puedan entregar uno como parte de pago al aeropuerto o a la estación o donde estén ubicados. Este sistema es mucho mas práctico para las empresas incipientes que las subvenciones porque no exige un alto desembolso inicial y también para esos organismos pues podrían encontrarse de repente con participación en empresas que pueda resultar mucho mas valiosa que cualquier pago. Imaginemos que alguien hubiera ofrecido eso a estas multinacionales que hoy en día mueven el mundo económico y que comenzaron en un garaje...

En los pueblos hay muchos espacios sin uso. Los que son de propiedad pública se deberían ofrecer primeramente a ONGs u otro tipo de entidades sociales, así como todo el material que no sea apto para la actividad, como vehículos que acaban su vida útil, etc. por si les pueden servir, ya que, además, lo permite la legislación vigente que regula el Patrimonio del Estado y de las Administraciones Públicas.

La tendencia general de las empresas a disminuir su huella de carbono, que es algo que demanda cada vez mas su clientela, podría ser un elemento dinamizador de espacios a los que convertir en "verdes", no solo por la generación de energía alternativa sino también por la realización de proyectos complementarios como la creación y mantenimiento de bosques -incluso bosques de alimentos, con frutales, etc. - que fijen el carbono atmosférico dando además la opción a las empresas que operan en el sector de apoyar este proyecto. Eso además de la producción alimenticia produciría unos ingresos al poner ese carbono fijado en el mercado de derechos de emisión -quien contamina paga-.

CAPÍTULO 11

Servicios que atraen dinero

Muchas veces nos podemos encontrar con pueblos que tienen muchas posibilidades de negocio, y por tanto, de fijar población . Las Administraciones Públicas deberían tener mas imaginación a la hora de apoyar emprendimientos privados y, sobre todo, a la hora de realizar inversiones públicas.

Esos pueblos pueden tener un monumento histórico, una cascada, preciosos paisajes, pueden anidar cerca aves protegidas, etc.

Quizá para quien vive allí todo el año es solo un paisaje bonito, pero como lo ha visto toda la vida quizá no le dé el valor que otras personas podrían hacerlo.

Y está bien promocionarlo cuando nos damos cuenta de lo que en realidad tenemos, si le ponemos en ese bello bosque un restaurante moderno quizá nos lo carguemos, y si estropeamos el paisaje nadie irá a comer allí. Por eso hay que tener cuidado con las actuaciones.

Quizá sea conveniente poner un merendero en el bosque, o hacer un kiosco de bebidas con forma de cueva artificial, poniendo en su acceso hadas o enanos de piedra que indiquen el camino. Si bien No es necesario poner un parking justo al lado de la cascada y estropear con ello el paisaje general. Quizá se pueda poner a 200m y hacer un bonito camino de piedra, transitable también para personas con movilidad reducida, hasta una distancia mas corta.

La señalización siempre es importante, y además hay que hacerla pensada en quien no conoce el entorno, no vale lo de "*la gente sabe*" porque lo sabe la gente del lugar pero no la que lo visita. Si se pone una indicación y una flecha debe de indicar el camino correcto de forma clara, si parten dos caminos del lugar o el camino se subdivide, una persona que no conozca la zona podría irse por el que no es y perderse. Por ello no hay que temer la redundancia de señales, por ejemplo una señalando el camino y otra nada más comenzar el mismo, confirmando que el camino es correcto.

También es importante señalizar en el medio de ninguna parte, es decir en el medio de caminos, entradas de fincas particulares, etc. Pues hay personas que podrían ir con un mapa de papel en lugar de GPS, o, lo que es peor, sin batería o cobertura en el móvil y estar perdidas. Si usan la poca batería que les queda para llamar al 112 que puedan decir al menos que están junto a la finca tal o en el camino cual y sobre todo, no meterse en una finca privada que, por el constante tránsito pueda parecer un camino público, por eso es importante señalizar también a la entrada de las mismas que es un camino privado.

En los bordes de los caminos alejados del pueblo debería haber pequeños refugios por si alguien se pierde y le llega la noche, ideal sería que tuvieran un intercomunicador con el cuartel de la guardia civil mas cercano. Señalizar esos lugares como puntos de encuentro sirve para que puedan esperar a las personas retrasadas en un grupo. Si son caminos de mucho tránsito se podrían poner allí kioscos de bebidas, o incluso pasar un vehículo (podría ser una bicicleta eléctrica de carga) de avituallamiento, vendiendo agua, refrescos y bocadillos, y recogiendo las papeleras, etc. Además de dar información ambiental y turística de la zona. Si encima se indica el horario del vehículo de avituallamiento y su teléfono de contacto, mejor todavía.

Además en los pueblos se podría disponer de un servicio de "taxi" para todo tipo de turistas y para las personas del pueblo mayores, embarazadas, lesionadas o con discapacidad. Algo tipo bicicletas con espacio para pasajeros, (al estilo rickshaw, tan populares en Oriente) que pudiera darles una vuelta por el casco antiguo del pueblo, o llevarles al mirador, al castillo, a la cascada o lo que tenga de valor ese pueblo.

Muchas veces el valor está tan visible que no lo vemos, por ejemplo esos pueblos de pocos habitantes, que tiene unos cielos preciosos, llenos de estrellas, que hemos visto toda la vida pero que no hemos apreciado por ello.

Un tipo de turista, citado brevemente al final del capítulo IX, que no da problemas, es precisamente el turista estelar, o astroturista, esa persona que se pasa la noche en vela observando el cielo. Para esas personas se pueden habilitar espacios elevados y planos, con un camino seguro, incluso en la oscuridad, bordeado con ladrillos fotoluminescentes, de esos que absorben la luz durante el día y por la noche la desprenden (hechos de colores que no interfieran con la reproducción de las luciérnagas).

Que pase cada hora por el observatorio un pequeño vehículo eléctrico, cuyas luces suaves no molesten, y ponga a su disposición un café o un bocadillo, *aunque los cafés los lleve en un termo,* podría ser una opción interesante. Pero quizá mas interesante sea el poder ofrecerles cursos por ejemplo de como guiarse por las estrellas, o de identificación de estrellas y planetas, etc.

Las administraciones han de potenciar este tipo de actividades facilitando los permisos necesarios e incluso proponiendo la creación de estos servicios, ya sean propios del Ayuntamiento o Diputación, o gestionados por las asociaciones vecinales o incluso abriendo oportunidades mediante la convocatoria de concesión pública.

Para un pueblo aislado certificarse dentro de Star Light supone ponerlo en los mapas para ese turismo estelar. Pueblos cuya actividad comercial comience al atardecer, con casas rurales y albergues juveniles que adapten sus horarios a las horas de actividad de sus clientes, que serán principalmente nocturnas, y que pueden necesitar, por ejemplo, poder ir bien descansados el día de su marcha y si han estado viendo estrellas hasta el amanecer quizá ponerles la hora máxima de salida a las diez de la mañana no sea lo más adecuado.

Hay otro tipo de turismo que parece apestado en algunos sitios por la propaganda interesada de intereses contrapuestos, pero que hay que saber cuidar, que son las autocaravanas y que, ahora, con los problemas biológicos causados por las nuevas apariciones de virus debidas al cambio climático y la contaminación, se transforma este turismo, en una alternativa viable al turismo de masas, al ser pequeños núcleos vivienda en los que se puede vivir autónomamente relacionándose con la población local solo para realizar las compras de alimentos, combustible, etc. surgiendo en ello una nueva posibilidad de negocio con la oferta de comidas tradicionales de la zona para llevar, ya sean caseras o de restaurante, siempre que se tengan unas garantías sanitarias suficientes.

No se trata de hacer una discriminación clasista, pero no se puede evitar recordar en este punto que una autocaravana nueva sencillita viene a costar unos 50.000 € de promedio. Por supuesto las hay mucho mas caras llegando algunas al millón de Euros. La diferencia del turista de autocaravana y quien hace turismo tradicional es que con la autocaravana no se necesita ir subiendo y bajando maletas todo el día, y o quizá es por lo que muchas personas mayores las utilizan en sus viajes. Aunque tienen cocina es muy habitual que esta no se use de forma regular pues estas personas suelen preferir, cuando es posible, disfrutar de la gastronomía local. Asimismo es mucho mas fácil que quien viaja en autocaravana compre una caja de vino que quien tiene que llevarla en un avión. También es común que ese tipo de turismo pida la comida en los restaurantes "para llevar" y así poder comerla tranquilamente en un lugar idílico con bellos paisajes donde la gastronomía local refuerza su sabor.

Una autocaravana, como cualquier otro vehículo, puede aparcar en cualquier sitio donde se permita el aparcamiento a vehículos de su misma dimensión y peso, independientemente de que haya gente o no en el interior, siempre que no se saquen toldos, sillas, se pongan en marcha generadores o música que trascienda hacia el exterior la actividad de vivienda de la misma como tampoco efluentes, basuras, etc, estando aparcada en zona segura, dentro de los límites marcados para el aparcamiento y sin entorpecer al resto de usuarios de la vía, según dice la propia DGT en la Instrucción 08/v74, por lo que puede estacionar en cualquier calle, plaza, aparcamiento público, etc. al igual que los demás vehículos. A pesar de las campañas que algunos campings han realizado en contra de su libre aparcamiento, lo cual, cuando es seguida -en muchos casos ilegalmente- por algunos ayuntamientos, no solo provoca rechazo de ese colectivo viajero hacia ese camping sino que también a toda la comarca donde está ubicado, olvidando que, por razones de seguridad, las personas autocaravanistas, especialmente cuando son mas mayores, prefieren disponer de lugares habilitados, donde poder pernoctar, sea gratis, o por un par o tres de euros, con un grifo y un depósito para aguas fecales (ojo que como llevan químicos agresivos no pueden ir a todas las depuradoras y quizá haya que poner un depósito de aguas negras que un par de veces al año vacíe una empresa especializada de las que alquilan cabinas sanitarias de las que se usan por ejemplo en las fiestas). Es cierto que se pueden producir abusos y en lugar de turistas educados se acople otra gente itinerante que pase allí todo el verano, dejando todo sucio y provocando problemas, para evitarlo lo mejor es limitar la estancia a dos o tres noches, tiempo suficiente para visitar el pueblo y sus alrededores. Habilitar esos espacios turísticos no es hacer competencia desleal, la competencia desleal es pretender desde un camping acaparar todo el negocio de la zona abriendo establecimientos como supermercados, tiendas de ropa, etc. que provocan el cierre de los pequeños comercios del pueblo que han resistido heroicamente hasta que se montó ese negocio.

Si, se monta un área de servicio para autocaravanas y por la mañana pasa el panadero-a por ese área, les vende pan, y les deja unos folletos turísticos de la zona, con un mapa donde está el bar, la tienda de recuerdos, las bodegas, queserías, etc. donde pueden comprar los productos de la zona directamente a su productor, la dirección del restaurante, etc. pueden ser un aliciente económico para el pueblo. Incluso el bar del pueblo puede tener un "bar móvil", lo que hoy en día llaman con el anglicismo de "food truck" y situarse por la mañana en el área de autocaravanas para ofrecer un desayuno caliente e información turística de la zona e incluso con comida precocinada recién hecha,para que quien lo desee solo necesite recalentarla. Para eso se le puede instalar desde el ayuntamiento un monitor para poder controlar si hay alguna aparcada. Ese monitoreo permanente serviría también para disuadir y controlar eventuales conductas incívicas (que también las hay, especialmente entre quienes alquilan una autocaravana un fin de semana y se creen por ello que el mundo está a sus pies y a quienes hay que sancionar duramente).

Un restaurante típico, que tenga aparcamiento propio dotado de cámaras de seguridad -dadas de alta en Protección de Datos- podría permitir a sus clientes pernoctar en su aparcamiento, incluso dándoles la llave de los servicios e instalando una toma de agua y desagüe para que estos vehículos puedan vaciar y llenar sus depósitos (sea gratis o mediante un pago moderado). Esto le supondría al restaurante, con una mínima inversión, aparecer gratuitamente en muchas guías de viajes para autocaravanistas, y si encima se come bien y no es caro tendría muchas recomendaciones en las aplicaciones de mapas y otras, lo cual supone publicidad y por lo tanto, negocio.

Además es importante potenciar desde las Administraciones Públicas implicadas, que ese área pase de boca en boca entre el tipo de turistas que nos interesan, por ejemplo con el mapa ya citado, pero también podría ser regalándoles unas pegatinas que poner en la autocaravana o disponer de una serie de cámaras en puntos elevados y a varias distancias que puedan captar el mirador al completo o por partes, donde poder recibir por bluetooth varias fotos que poder compartir en las redes sociales. Activable con códigos qr, o mediante monedas, etc.

Los establecimientos hosteleros podrían crear sus propias redes de recomendaciones y contactos, de manera que, cuando una autocaravana pare en uno, se les puedan ofrecer unos catálogos de los lugares a visitar por la zona, indicando los aparcamientos más recomendables (y si corresponde, su precio) para poder visitar tranquilamente la comarca, e indicar otro establecimiento similar al suyo, donde pernoctar la noche siguiente a una distancia prudencial (entre 100 y 250 km de media, si bien hay muchos autocaravanistas que no suelen superar los 30 a 50 km diarios de ruta).

Hoy en día la tecnología nos permite poner piscinas de olas en cualquier sitio.

Una pequeña piscina de olas en la ciudad está bien y tiene su público, pero si queremos que la gente vaya a surfear es impensable el dinero necesario para hacer una piscina de olas urbana por el coste del suelo. En entornos rurales se puede hacer, sea con dinero público o mediante concesión a la empresa privada, incluso con urbanización anexa, una gigantesca piscina de olas surfeables cerca de cualquier río donde captar el agua, y regresarla luego de haber sido surfeada como lo que van a hacer con tecnología vasca en **Fort Pierce** – Estados Unidos-.

Incluso se puede hacer un canal surfeable en el desagüe de desbordamiento de cualquier presa. Dos kilómetros de acelerada pendiente con varios niveles de dificultad no solo servirían para atraer un turismo de interior insospechado previamente como es el turismo de surf. También serviría para que los peces pudiesen remontar la presa sin dificultad y con ello tendrían un importante papel biológico.

También es importante facilitar a las personas que viven ya en los pueblos y lo han hecho toda su vida, que se queden en su casa, lo cual evita también la despoblación si no necesitan irse a una residencia. La prestación de servicios como catering a domicilio para las personas mayores en los pueblos o teletrabajadoras; ayuda con la limpieza, pequeñas reparaciones del hogar, montaje de muebles o reparación de los mismos; electricidad, fontanería, o tareas sin necesidad de ciencia alguna como cambiar una bombilla para una persona que, aunque sabe hacerlo, no puede subirse a una escalera; son servicios cada vez mas demandados que también fijarían una población nueva y permitirían a estas personas, seguir viviendo en el pueblo aunque no puedan valerse por si mismas igual que antes , o no tengan tiempo para hacer esas tareas.

Las empresas, públicas o privadas, especialmente las cooperativas, de servicios a domicilio se pueden impulsar y apoyar desde la Administración local, orientándolas a la fijación de la población, y no deben limitarse a la alimentación o asistencia a personas altamente dependientes. Las cooperativas de atención domiciliaria deberían contemplar la posibilidad de ampliar su oferta de servicios a pequeñas tareas de mantenimiento del hogar tipo fontanería, electricidad o carpintería, sino servicios de "peones" por horas, para poder, desde mover un mueble, a limpiar el tejado de hojas para evitar filtraciones, etc.

Es muy importante que esas empresas se ganen la confianza de las personas residentes en el pueblo, y, para ello, no hay nada mejor que vivir en el mismo. Cierto es que, en un micropueblo no se genera negocio suficiente en una actividad concreta, y, por tanto, no puede mantenerse un elenco laboral multioficios. Por ello debemos ir al ámbito comarcal en estas iniciativas.

Si la misma cooperativa tiene un carpintero en un pueblo, una fontanera en otro, un electricista en el tercero, y, así sucesivamente, esas personas serán todas de la zona y el que haya una de ellas que viva permanente en el pueblo, y, por tanto sea suficientemente conocida en el mismo, implica una garantía de seguridad y buen hacer cuando presenta o sirve de referencia como socia de esta otra persona que viene a hacer ese determinado trabajo, además de ser el contacto para ello.

El modelo turístico podría ser invertido, e ir las personas que viven habitualmente en el campo de turismo a la ciudad.

El turismo enogastronómico vivencial, que, a base de hacer partícipe al turista en experiencias que no se limitan a las catas, sino que pueden incluir desde participar en el pisado de la uva o en la recolección de productos de huerta o la fabricación de quesos, entre otras opciones. Así se crea alrededor del vino, el queso o la comida una experiencia educativa y emocionante. Esa experiencia no puede ser invasiva, sino integradora.

Este tipo de turismo no solo requiere que le ofrezcan comprar un pan recién hecho, quieren ver todo el proceso productivo, e incluso poder participar en la confección del mismo (con las debidas garantías de higiene), ya sea moliendo el trigo a mano, amasando o o preparando la leña para el horno.

Lo mismo puede decirse de un queso, donde además de ofrecer al turista unas clases participativas de cata y maridaje de vinos, se le hace participar primero en el pastoreo, de forma activa, es decir, dándoles explicaciones de que plantas come el ganado y como influye cada una en el sabor del queso. La influencia del lugar y su clima en la lana y en la calidad de la carne.

Conocer de primera mano la labor preventiva de incendios forestales que supone una adecuada cabaña ganadera en extensivo (nadie va a pagar para ver una macrogranja con mies de animales hacinados) es parte de la experiencia.

Como poder participar en el proceso de ordeño viendo una demostración de ordeño tradicional a mano (*sin participar directamente en el mismo, para evitar que puedan dañar las ubres del animal o posibles reclamaciones si reciben una coz o se contagian de algo; aparte de por prevención sanitaria, puesto que no sabemos que enfermedades puede traer consigo esa persona, incluso procedente de otras explotaciones que hayan podido visitar antes*). Estas personas no podrían tampoco participar en la confección del queso, por normativa sanitaria, ni entrar a la zona de trabajo, pero si que podrían estar en detrás de un vidrio viendo todo el proceso.

La participación activa en las catas, identificar distintos tipos de queso, comparaciones con quesos industriales comprados en el hipermercado de la ciudad y ver una exposición de fotos antiguas de como se hacía tradicionalmente el pastoreo, pueden ser los precursores de la próxima jornada, en la que participen activamente en la vendimia, pisado o cualquier proceso productivo que corresponda, según la época del año.

Lo mismo pasaría con el aceite,o con cualquier otro producto típico de la zona. Una fabada o unas migas no saben igual si se participa en su cocinado, aunque solo sea acarreando la leña, que si le es servida simplemente en el plato (y en estos casos se puede además hacer una comparativa mucho más fácil con el sabor de un producto de supermercado).

El entorno rural no es el zoológico vivo para que se vaya a divertir la gente de la ciudad, tampoco es un jardín botánico abierto o un museo etnográfico. El turismo rural debe de suponer un equilibrio económico con otras actividades productivas que se desarrollen en la zona. Esa diversidad económica ha de estar compensada con un equilibrio etnográfico, es decir, no es válido un formato turístico rural que suponga que el número de turistas supere o se acerque al total de habitantes realmente residentes de la población. Sin olvidar la necesidad de la protección medioambiental, marcando un equilibrio ecológico que esa actividad turística supone, no solo en cuanto a las basuras emitidas, sino también en lo relativo al respeto a la vida salvaje por ruidos, pisoteo de zonas de nidificación, etc. así como la preservación de otras formas de vida, como por ejemplo el respeto a los cultivos, pues ya se han dado casos en los que la masificación de algunas actividades, como el ir a contemplar los cerezos en flor ocasiona destrozos por pisoteo de sembrados, rotura de ramas para llevar recuerdos u otras tropelías. Estas circunstancias hay que tenerlas previstas antes de promover una actividad, por ejemplo instalando miradores y zonas valladas, y dotarlos de servicios adecuados como bares, etc. para canalizar ese turismo de una forma productiva y no destructiva.

Las actuaciones que se realicen para potenciar el turismo han de ser meditadas, así como sus consecuencias para el medio ambiente y para la población, buscando un beneficio para ambos. No vaya a ser que ocurra como con cierto municipio que, escaso de dinero, gastó lo que tenía, y pidió ayuda a voluntarios del pueblo para limpiar y poner en valor una antiguas trincheras situadas en lugar alejado de la población que si, generaron bastantes visitas, pero no se pensó la posibilidad de contratar un guía local, ni un vehículo todo terreno para subir turistas, ni un pequeño kiosco o al menos una furgoneta adaptada como bar, para que, al menos, las botellas vacías y los envoltorios de bocadillos, fuesen de los adquiridos a una empresa o autónomo del propio pueblo. Es decir, el entusiasmo es un factor clave para el desarrollo rural, pero tiene que ser siempre adecuadamente canalizado para producir resultados apetecibles.

Por otra parte, el plantearse en el campo, como único sector de desarrollo no primario el turismo, es algo a la larga insostenible, como desarrollo en otro capítulo de este libro, pues si todas las poblaciones lo hacen así, cuando la oferta supere a la demanda, será necesario bajar los precios, y muchas personas no podrán rentabilizar sus inversiones, provocando su quiebra financiera y provocando el efecto inverso al deseado, es decir, provocando que tengan que emigrar a la ciudad para pagar sus deudas. Además, circunstancias como la pasada pandemia, que aún colea, podrían suponer la ruina total de ese pueblo, que, si por otra parte, tiene diversificada su economía, podría mantenerse.

La oferta de servicios no tiene por que ir limitada a los servicios para humanos. Otra fuente de ingresos a considerar es el ofrecer servicios para perros, los cuales, como veremos posteriormente, pueden suponer una fuente de ingresos, pero hay que concienciar a las personas que vienen de la ciudad, que el campo no es un gran parque, los peligros de que pueda llevárselos un águila si van sueltos, de caerse en algún hoyo del que no sea posible recuperarlos, que sean atacados por un jabalí o coceados por una vaca o caballo son reales. Asimismo, si intentan "jugar" con un rebaño, serán atacados por los perros que lo vigilan.

No se trata de poner puertas al campo, pero si de canalizar esas visitas grupales o con mascotas, hacia determinadas zonas donde además de tener una experiencia gratificante para si mismas produzcan un beneficio para esa comunidad. Tener una fuente para perros en un ayuntamiento, e indicar una laguna donde se puedan bañar los perros, gratis y sin peligro, puede ser una atracción turística. Especialmente si consideramos que en España aproximadamente el 80% de las familias tienen un animal como mascota, y de ellas un 60% son perros a los cuales consideran como uno mas de la familia, el cálculo de los potenciales clientes para cualquier servicio canino que se ponga es enorme.

Si en el bar disponen de un espacio donde pueda la clientela estar con sus perros, además de en la terraza, o tienen casas rurales o campings, que admitan perros, podría animar a muchas familias a ir a esos lugares. En muchos sitios no admiten perros, por lo que, el disponer de opciones vacacionales donde ir la familia completa, perro incluido, puede animar a muchas personas a elegir ese pueblo para sus vacaciones.

El admitir perros no quiere decir que se convierta el pueblo en una zona salvaje. No toda la persona que tiene perro es educada, si bien, en general, suelen ser mas cívicas quienes comparten su vida con un perro que quienes no lo hacen; siempre hay excepciones y estas son mucho mas notorias. Si por una calle pasan diariamente cincuenta perros, cuarenta y nueve personas recogen las cacas, y solo hay una que no lo hace, con que esa persona saque a su perro tres veces al día, todos los días habrá un mínimo de tres cacas en la calle. No son tres perros, es uno sacado a pasear por un cerdo-a. Por eso, ser un ayuntamiento amigable con las mascotas, no quiere decir que no haya unas normas de obligado cumplimiento .

Si hay parques donde se pueden tener los perros sueltos y parques donde no, habrá que señalizarlos y si alguien incumple, multar. Teniendo siempre en cuenta hacer excepción de esas normas a los perros de asistencia a personas con discapacidad o que estén en formación así como los de salvamento y rescate. Si la limitación es en el entorno urbano, se pueden poner señales donde empieza y termina la prohibición. Si son zonas de peligro por balsas de agua no valladas, pozos abiertos, animales sueltos, etc. avisar para que lleven a los niños de la mano y a los perros atados evitaría muchos accidentes.

No es caro vallar unas zonas del pueblo, poner unos bancos y unos árboles, y una pequeña fuente para beber o para bañarse los perros, con bastante espacio para correr y unos juegos caninos, que pueden ir desde unos simples tubos viejos de cemento que sobraron de una canalización, para hacer agility, a un simple montón de arena donde hacer agujeros sin que molesten, dejando unas escobas, un recogedor y un cubo para que los propios usuarios-as lo mantengan limpio.

Esas infraestructuras además darán servicio a las personas del pueblo que tengan perro además de los turistas.

Ofrecer un par de hectáreas de bosque (*ojo con los pinos y la procesionaria*), preferiblemente caducifolio con unas zonas de seto donde poder jugar a esconderse y correr con otros perros, un charca grande o pequeño lago, solo cuesta el precio del vallado, pues los bancos, pueden instalarlos por todo el parque, como condición contractual, las personas que tengan la concesión del kiosco del mismo, que, preferentemente será la protectora de animales de la zona, que podría, con la explotación de ese kiosco, financiarse.

Si al lado del parque canino, fuera del vallado, hay otro parque con merendero, zona de barbacoas y juegos infantiles. sería ideal.

A eso le podemos añadir un kiosco de refrescos y bocadillos, o como mínimo una máquina automática de refrescos, y una señalización de donde tiene la consulta el-la veterinario del pueblo; tratar de que en la tienda tengan variedad de piensos, el teléfono de algún-a adiestrador canino que viva en el pueblo, que también pueda hacer de canguro de mascotas, por ejemplo cuidando perros ancianos, mientras sus humanos van a hacer una ruta senderista, etc., y una manguera para darle una lavada junto al anuncio de la peluquería canina del pueblo (para quien no quiera empaparse duchando al perro) y aproveche la visita para que, mientras le limpian y preparan al perro luego de un día agotador triscando por el monte, poder hacer una cena temprana en el restaurante al lado de la peluquería canina y llegar a casa o al hotel listos para dormir.

Puesto que los perros en las ciudades están tan estresados como sus humanos y necesitan gestionar ese exceso hormonal acumulado, relajando al mismo tiempo a sus familias al verlo corriendo o interactuando con él. Y si, además, en el pueblo se dispone de una persona con titulación y capacidad para adiestrar a los perros -y a los dueños-, aportar tratamientos psicológicos, etc. se tendrá un potencial turístico importante para cualquier pueblo sin monumentos o grandes paisajes naturales que atraigan a la población.

A veces no es necesaria mucha inversión para atraer un turismo de calidad. Al igual que ocurre con el astroturismo, que solo necesita un sitio plano alto y oscuro donde ponerse los observadores del cielo.

El Geoturismo, ya sea para visitar huellas de dinosaurio, cavidades kársticas, cascadas, etc. con motivos turísticos o educacionales, es una actividad que precisa poca inversión. Señalizar las Georutas y habilitar aparcamientos no es caro y pueden ser sufragados esos gastos fácilmente con la instalación de kioscos de bebidas y alimentos, licitando otros para venta de artesanía de la zona o producción agroganadera.

Mas caros son los centros de interpretación de la Naturaleza, ya sean biológicos, geológicos o paleontológicos, pero su coste se puede sufragar fácilmente con la venta de entradas. Sin olvidar los valores industriales o mineros que pueda tener una zona, y que en ocasiones pueden tener mas interés que algunos monumentos.

La inversión necesaria es comúnmente sufragable por Entidades de orden Superior a la local, como Diputaciones, Comunidades Autónomas, Estado o la Unión Europea. Encontrar el apoyo de Organismos Internacionales, como la UNESCO con la declaración de Geoparque, puede catapultar a una población a la élite turística internacional como los cuatro Geoparques que ya tenemos en España reconocidos. ***"Un Geoparque Europeo es un territorio que incluye un patrimonio geológico particular y una estrategia de desarrollo territorial sostenible apoyada en un programa europeo de promoción del desarrollo. Debe tener límites bien definidos y extensión para un verdadero desarrollo económico. Un Geoparque Europeo debe contener lugares geológicos de importancia en términos de su valor científico, rareza, valor estético o educativo. La mayoría de lugares relevantes del territorio de un Geoparque Europeo deben formar parte de su patrimonio geológico, aunque también pueden tener un interés arqueológico, ecológico, histórico o cultural. (Carta de principios de la Red de Geoparques Europeos). Fuente: Wikipedia"***

Quizá en este punto nos convenga recordar que la Ley 45/2007 para el desarrollo sostenible del medio rural, en su artículo 20g propone ***el uso del patrimonio geológico para promover un desarrollo rural sostenible***.

Disponer de unos carteles que, en una playa fluvial, expliquen los estratos situados justo enfrente y como el río en los diferentes períodos fue labrando ese lugar, sería la diferencia entre un paisaje anodino con piedras, a un lugar con historia, comprensible y asequible para cualquier persona, incluso disponiendo de códigos QR -siempre que haya cobertura de internet en la zona- para acceder a las explicaciones, en vídeo o escritas, mas amplias y en varios idiomas.

Ni que decir tiene que si además, en la zona, hay yacimientos arqueológicos, el potencial aumenta, así como la necesidad de preservar posibles hallazgos. También en ese caso se puede complementar el atractivo instalando un diorama, o si vamos a la versión mas tecnológica un sistema tridimensional, recreando holográficamente, por ejemplo, como suponemos que recogían el agua antiguamente con cestos de mimbre o con vasijas de barro - que hasta hace pocos años se llevaban en las caballerías hasta las fuentes- .

A cualquier persona le picará la curiosidad en lo relativo a confeccionar y utilizar cuchillos de pedernal. No se trata solo de verlos en un museo, si no que si en una zona abundante en materia prima se le enseña al público a confeccionar y usar esos cuchillos, la actividad pasa a ser inmersiva y permanecerá mucho mas tiempo en su memoria. Si han confeccionado un cuchillo, o una punta de flecha, lo más común será que quieran llevársela luego y ponerla en su salón. Si se dispone de unos marcos, con unos ganchos ya preparados para poner ese objeto, y espacio para poner la foto que les han tomado fabricándola, con un "certificado" preimpreso de que el instrumento ha sido fabricado por "el nombre de la persona" en " el nombre del yacimiento" conforme a las técnicas ancestrales de tallado de la piedra. Ese diploma podrá ocupar un lugar privilegiado en su salón, siendo un elemento publicitario que alcanzará a toda persona que visite su casa. El facilitarles copias de las fotografías digitales, para que las usen en sus redes sociales, servirá para presumir de esta actividad y por tanto promocionar gratuitamente el pueblo donde se hizo de cara a este turismo cultural-recreativo.

Lo mismo podríamos decir de la realización de un curso de tiro con onda. En las zonas donde la onda sea un elemento tradicional, no solo se puede comercializar el producto terminado para ponerlo de exposición en el salón de una casa, si no que el hacer el curso de como usarla tendría un atractivo de por sí.

Iniciativas como aprovechar un evento natural periódico para organizar un festival, con todo tipo de actividades relacionadas - o no- con ese evento, vistiendo el pueblo con flores y haciendo una muestra de arte efímero con las flores. Asimismo la confección de útiles tradicionales, como se hacía antes, por ejemplo las escobas de retama, puede dinamizar una zona

Ejemplo de ello podemos ver en el caso de la Sierra de Gredos, que han aprovechado la floración de los piornos (retama) como motivante para dinamizar la zona de una forma muy innovadora y holística. Al igual que ocurre en el Valle del Jerte con los cerezos, que si bien no son un fenómeno turístico de tan gran importancia como Ōka Sai o "**Festival** de la Flor de Cerezo" en Japón, sí que se convierten en un elemento dinamizador de la zona. El Hanami es en el sentido más amplio el festival japonés de observación floral "observar flores" ("hana" significa "flor", y "miru" significa "ver") . Ya sea la flor del Almendro, la del Cerezo o la del Piorno, este es un evento periódico que podría dinamizar una zona como ocurre con otras zonas por ejemplo con bosques de frondosas caducifolias, es decir, árboles que pierden su hoja en otoño y que generan unos paisajes preciosos con grandes contrastes de color según la especie. O incluso lo que pasa en Brihuega con la lavanda.

Fotografía del Festival del Piorno en flor ***(gentileza de Isabel Sánchez Tejado fundadora de la Escuela de Turismo Generativo)***

Lo mismo se puede hacer en una zona despoblada, y por tanto con cielos puros y limpios para aprovechar por ejemplo "las Perséidas" o cualquier evento astronómico, o la subida de la trucha o del salmón si es que aún quedan ríos por donde puedan subir; el paso de aves migratorias; la cosecha del trigo o el primer corte de la miel; un precioso amanecer, el atardecer del equinoccio entre dos montañas; un mirador bien alto sobre un acantilado para ver sin molestar el apareo de las aves o los cerezos del valle del Jerte en flor, sirven de excusas, bien aprovechadas para realizar eventos que revitalicen la zona.

La cuestión es ser originales, y, tener en cuenta, que las nuevas tendencias turísticas no premian ninguna actividad que suponga un maltrato a los animales, de hecho cada día es mayor el número de personas que antes de elegir el pueblo para ir de vacaciones o de fin de semana que busquen en Internet si durante las fiestas hacen festejos taurinos para, en ese caso, elegir otro lugar, incluso cuando no son fiestas y no hay probabilidad de coincidir con ello.

El desarrollo de las actividades además debería de ser compatible con la "nueva normalidad" que implique una cierta distancia física en sociedad por razones sanitarias, por lo que, la instalación de miradores, observatorios y centros de reunión deberán de tener en cuenta estas circunstancias, dejando espacio físico suficiente entre personas y, disponiendo de espacios familiares separados, donde poder participar de la actividad, y también respetando las distancias en los bares o zonas de avituallamiento que se instalen con motivo de la actividad.

Lo mas importante para hacer bien un proyecto de este tipo es garantizar la viabilidad del mismo, no solo en el ámbito económico, sino, sobre todo, en el social y medioambiental. Un proyecto demasiado grande, puede ser viable económicamente, pero su repercusión social puede ser elevada si de repente viene al pueblo un número muy elevado de turistas, mas de lo que el pueblo puede absorber, y lo único que provocan es un mayor gasto de recogida de basuras y de mantenimiento de las infraestructuras, accidentes de tráfico, ruidos y daños a los cultivos, como ha ocurrido en ocasiones cuando, por ejemplo, acuden ingentes cantidades de turistas a ver los almendros en flor y por no disponer de espacios habilitados suficientes donde situarse o por ser simplemente vándalos, han entrado en los cultivos, pisoteándolos por un selfie, y hasta arrancando ramas de los árboles (algunas de tal manera que han ocasionado la muerte del propio árbol). Por eso es necesario siempre promover un desarrollo sostenible de la zona, con una planificación previa adecuada y suficiente, que prevea incluso las posibles ampliaciones de capacidad puntuales, estacionales o continuadas en caso de éxito turístico. Pues no sería la primera población que muere de éxito.

En la actualidad, las pequeñas poblaciones han decidido tomar las riendas de su futuro, y algunas acciones como la creación de "bancos de casas y tierras" , con ese u otros nombres, donde la personas de la población que tienen tierras abandonadas, o viviendas sin uso, las ponen a disposición de personas que se comprometan a darles un uso adecuado. Muchas veces esta cesión o alquiler es temporal, pues la mayor parte de esas personas sueñan con que algún día sus descendientes, que en su día emigraron a la ciudad, vuelvan al pueblo, con sus hijos y nietos; por eso se resisten mas a venderlas, (muchas veces también por su valor sentimental que incrementa mucho el valor material), pero que no tendrían inconveniente en cederla o alquilarlas temporalmente si alguien por ejemplo reconstruye la casa. Incluso a veces, teniendo como pago una parte de la cosecha.

Estos "Bancos de Casas y Tierras", junto con los "Sistemas de Información de Tierras", o "Bolsas de Tierras" y cualquier otro nombre que se les dé, son básicamente dos ficheros independientes, uno de quien tiene viviendas, tierras o negocios sin uso; y otro relacionando a las personas interesadas en los mismos. Hemos añadido en esta publicación el término "negocios", que es un concepto mas reciente y no aparece en todos los bancos de casas y tierras como una parte independiente.

En el campo hay muchas personas que están próximas a la jubilación o que por motivos personales o familiares quieren abandonar un negocio que regentaban en un pueblo, dejando en muchos casos desabastecido al propio pueblo e incluso a la comarca entera si cierran un horno, la tienda, el taller mecánico, la farmacia o cualquier otra actividad que, en muchas ocasiones es la única que da ese servicio en el pueblo o incluso en toda la comarca. Las posibilidades de tener éxito en un pueblo, comprando o tomando en traspaso un negocio ya asentado en el mismo es mucho mayor que abriendo uno que le haga competencia, además tiene la ventaja que ese negocio viene con la clientela incorporada. Nadie en el pueblo va a dejar de comprar en la tienda de una persona que nació en el pueblo y lo conocen de toda la vida por comprarle a una persona recién llegada que tenga los productos unos céntimos mas baratos; pero si esa persona que compra el negocio está uno o dos años acompañando a su titular de toda la vida, aprendiendo el nombre de las personas del pueblo y sus gustos, a la jubilación de quien tenía antes el negocio seguirá con el mismo y con la misma clientela.

La ventaja de iniciar una actividad artesana a través de los Bancos de Casas, Tierras y Negocios es, en muchas ocasiones, el aprendizaje del oficio, pues quien cede, alquila o vende un negocio artesano por esta vía suele tener mas preocupación por que no se pierda una tradición artesanal, que de el dinero que va a cobrar por cesar en su actividad.

Una de estas fórmulas, que ya hemos nombrado previamente, es la “Cesión de Uso”, un sistema que en Alemania, Dinamarca, Holanda y otros países europeos es algo habitual, y que básicamente consiste en ceder el uso de una vivienda (o unas tierras) para su uso y disfrute, a cambio del mantenimiento o restauración de la misma o el mantenimiento de la productividad de las tierras. Esto se hace mediante la previa firma de un contrato.

En este tipo de contratos, la mayor dificultad suele ser encontrar a las personas o empresas propietarias de las casas o tierras, y, en muchos casos, el vecindario no es muy dado a dar información al respecto a desconocidos.

Una casa cuidada, que se note que alguien ha vivido en ella recientemente, o unas tierras cuidadas van a tener mucho mas valor en el mercado en caso de sacarlas a la venta o a un posterior alquiler.

Hay personas que han hecho su vida a base de viajar, estando por unos pocos años en cada sitio, reparando casas y cultivando tierras, mediante acuerdos beneficiosos con la propiedad de las mismas, que, cuando son pocas las reparaciones (mantenimiento o pequeñas cosas) les ofrece un intercambio directo, es decir, no pagan nada pero se comprometen a tenerla cuidada, pintada y en condiciones. Y, en otros casos, cuando es obra mayor, se les suele ofrecer una vivienda, y parte de la cosecha, como parte de pago por su trabajo, pagando el resto del trabajo en dinero.

El problema surge cuando la casa se cierra, casi siempre con intención de regresar algún día. Al principio se va todos los meses, luego se va solo en vacaciones, para posteriormente ir cada cinco años o ni siquiera ir.

Las casas cerradas y sin mantenimiento empiezan con un cristal roto y una gotera, para poco a poco alcanzar un alto grado de deterioro. Cuando sus propietarios regresan al pueblo, la obra necesaria ya es muy grande y costosa. En ese momento se plantean alquilarla, pero ya no le interesa a nadie en ese estado, tratan de malvenderla y lo mismo, hasta que al final el Ayuntamiento tiene que gastar el dinero de todos para derribarla por estar en peligro de ruina y poder causar un accidente, perdiéndose un patrimonio cultural, y teniendo encima la familia propietaria que pagar los gastos del derribo, además de perder los enseres y recuerdos que pudieran tener en la misma.

Es importante, por tanto, concienciar a las personas que se van a la ciudad o a quienes heredan viviendas en los pueblos que las alquilen o vendan cuanto antes. También pueden donarlas a los Ayuntamientos o incluso a Asociaciones, Fundaciones u otras ONG que le podrían dar utilidad. Por ejemplo a la Asociación de Jóvenes del pueblo que la podrían usar como su local social o prestársela temporalmente o alquilarla a bajo precio a alguna familia afectada por la voracidad de las hipotecas bancarias para que pudieran reiniciar su vida en ese pueblo. Cualquier opción menos dejarla cerrada y abandonada.

CAPÍTULO 12

Financia tu proyecto:

El poner en marcha este tipo de iniciativas de repoblación precisa de recursos, esos recursos no solo han de ser dinero en la cuenta corriente.

Es necesaria una línea de créditos ICO especializada en la repoblación.

En estos momentos hay otras líneas de financiación como son los microcréditos, ya citados previamente en el capítulo VII de este mismo libro; financiados por los fondos FEDER que se dan a personas desempleadas, que pueden llegar hasta 25,000€ para iniciar un proyecto de autoempleo, con un interés mínimo y hasta un año de carencia de principal. Con ese dinero quizá no se pueda hacer un gran proyecto en una ciudad, pero se puede montar una pequeña fábrica de mermeladas en un pueblo, o una academia que dé clases virtuales por Internet, o un taller de reparación de automóviles y tractores.

Además, los propios ayuntamientos, que no suelen tener, especialmente si son pequeños, mucho dinero; suelen tener, en cambio otros recursos, como bienes inmuebles, sean viviendas o tierras, incluso naves, que tenerlas cerradas solo les ocasionan problemas de seguridad y costes de mantenimiento y que podrían alquilar a precios simbólicos o al menos baratos.

Las Diputaciones o las Comunidades Autónomas, suelen disponer de un servicio de asesoramiento para personas emprendedoras que les ayuda a diseñar su negocio y a ver si el proyecto es realmente rentable. Si bien estos servicios están mas bien orientados a centros de negocios situados en las ciudades, o para el desarrollo de polígonos industriales y no suelen tener la sensibilidad necesaria para su desarrollo en entornos rurales, que tienen sus peculiaridades específicas. Pero una tienda on-line por ejemplo no tiene mayores diferencias entre un entorno rural o uno urbano.

Si el proyecto se orienta hacia personas de otras partes de la UE, sería fácil conseguir el apoyo de Europa, pero en todo caso, hay que tratar de que el proyecto sea autofinanciable.

Para ello es conveniente, lo primero hacerlo que no tenga gastos de mantenimiento, por ejemplo instalando energías alternativas.

Las personas beneficiarias del mismo podrían pagar una cuota, no necesariamente en dinero; por ejemplo podrían tener que encargarse de mantener y cuidar un "bosque de alimentos" (*que es un nuevo concepto de permacultura donde las plantas se crían en armonía de una manera muy parecida a su crecimiento natural, por lo que los trabajos de mantenimiento son mínimos*).O realizar servicios a la comunidad, ya sea la limpieza de calles, la reparación de caminos o ayudar en el comedor del centro de personas mayores, por poner algunos ejemplos.

El pago prestando esos servicios, es la opción mas deseable, puesto que eso supone que interactúan con la población de alguna manera.

Es importante establecer un pago y una forma de afrontarlo, especialmente para evitar parásitos sociales que pudieran encontrar en este tipo de proyectos una forma de ir viviendo del cuento de forma itinerante.

También se pueden establecer otros sistemas como alquileres crecientes, entrega de acciones empresariales a cambio de participar en el proyecto, o cualquier otra compensación, como por ejemplo mantener el bar abierto en invierno. Todo esto se puede financiar con diversos programas europeos que aporten personal como "**Youth in Action**" o dinero "**Intelligent Energy, Leader, Leader Plus, Interreg**, etc."

Es importante la colaboración entre las diversas administraciones, así, por ejemplo, si una Confederación

Hidrográfica tiene, como en casi todas las presas, un poblado abandonado al lado del pantano que se usó durante la construcción de la presa y ahora solo le supone gastos de pagar la vigilancia de seguridad, podría aportar esas viviendas, ahorrándose el coste de mantenimiento y seguridad y contribuir a que ese pueblo reciba algo de lo que la propia presa le quitó.

Las casillas de peones camineros, que están abandonadas y tapiadas, suponen un gasto de mantenimiento para la Administración y un riesgo de accidentes.

Sin olvidar los poblados ferroviarios, que algunos aún persisten, aunque diezmados y en estado de abandono en gran parte, aunque aún vivan en ellos, algunas personas, descendientes de sus antiguos moradores y que, al acabarse la actividad ferroviaria, sea por la modernización, o por el cierre de vías, tienen que ir a trabajar con sus vehículos particulares a poblaciones cercanas, a las que, irremediablemente acabarán mudándose, poco a poco, dejando el poblado en agonía.

Imagen: Poblado semiabandonado que se construyó para los constructores de la presa de Sitjar y sus familias.

La maquinaria embargada por la Seguridad Social o por Hacienda, en lugar de estar durante años en un almacén acumulando polvo hasta que se subasten a precio de chatarra, se puede destinar a estos proyectos de repoblación, en cesión de uso o alquiler, hasta su venta. Y servirían para dar comienzo a proyectos y con ello poder demostrar luego ante la banca que el proyecto es viable, si necesitan comprar maquinaria nueva o adquirir esta misma en pública subasta.

Estos proyectos pueden además devolver las inversiones realizadas a las instituciones, por ejemplo reforestando una zona y por tanto, vendiendo los derechos de emisión de carbono. Generando electricidad con energías alternativas, como por ejemplo la biomasa y vendiéndola a la red, etc. todo dependerá de zona y características de los lugares donde esté ubicada cada población.

En muchas ocasiones los recursos ya existen, solo que, en lugar de hacer con ellos actividades productivas y por tanto usarlos como inversión, se usan como gasto.

Pongamos un ejemplo, una familia en la ciudad, de repente se queda sin recursos y utiliza un piso social. junto al metro, que se podría alquilar por 450€ (como alquiler social, aunque el precio de mercado sea notablemente mayor), o bien recibe ese importe mensual como ayuda al alquiler, y recibe ayudas para alimentación de 350€ al mes, mas un cheque y bus escolar, mas ayuda para desplazamiento, a lo que se suma el coste que supone su tarjeta sanitaria social, beca de comedor y además reciben ayudas puntuales para pago de electricidad, agua, teléfono, etc. Es decir, tiene un coste para la administración, por diversos conceptos de mas de mil euros mensuales como mínimo, sin contar con los costes indirectos de salarios de trabajadores sociales, etc. a lo que en ocasiones se suma el Ingreso Mínimo Vital.

Esas ayudas que recibe son ayudas a la subsistencia, para que las personas no se mueran de hambre o frío, y no provocan ni satisfacción a las personas que las reciben ni retorno social alguno. Esas personas tampoco son socialmente productivas ni tienen una vida feliz y, sobre todo, esa situación les puede provocar depresiones u otras enfermedades, lo que supone un elevado coste adicional para las arcas públicas en atención sanitaria.

Quienes reciben esas ayudas no tienen por que ser necesariamente marginales, podría ser por ejemplo un-a autónomo que trabaje por Internet desde casa pero que, por culpa de un cliente moroso que no le pagó un trabajo, no ha podido afrontar su hipoteca y se ve en la calle.

En la ciudad esta persona puede generar, además, unos costes adicionales a las arcas públicas, por enfermedades contraídas por la contaminación y el stress. Necesita mas dinero para la compra diaria, por lo que podría estar alimentándose inadecuadamente, con el consiguiente riesgo de enfermar. Además la ciudad debe proveer de servicios de transporte público, regulación del tráfico o recogida de basuras Si esa persona no factura lo suficiente debería ser ayudada por servicios sociales. Lo mismo ocurre para una persona parada de larga duración que recibe solo 435€ al mes. Ese dinero es claramente insuficiente para vivir en la ciudad. Por tanto:

Si mantener a esa familia en la ciudad supone unos 1.300€ mensuales de gasto público (en un supuesto con cálculo extremadamente bajo de los costes) entre la ayuda directa y los gastos necesarios de los servicios públicos antes citados, en un pueblo esa persona podría con la mitad de ese gasto, es decir con 650€ mensuales podría pagarse un alquiler de una casa mayor, tener un huerto y una pequeña cabaña ganadera de subsistencia (aunque fueran cuatro gallinas), esa persona viviría mucho mas saludablemente por lo que el ahorro en sanidad sería considerable. Si tiene niños la Administración se ahorraría el comedor escolar y el autobús, pues podrían ir a comer a su casa, ya que podrían ir caminando a la escuela. Además el coste de la seguridad escolar, pues en un pueblo donde todo el mundo se conoce la vigilancia y seguridad en el camino al colegio está garantizada por toda la comunidad. Al disponer de mas espacio y más salud podría iniciar un emprendimiento de cualquier tipo, u obtener un empleo a tiempo total o parcial, lo que en breve se podría traducir de cobrar el paro a pasar a aportar a la administración el IRPF, IVA, autónomos, IBI, es decir, el saldo en breve sería positivo.

Por eso, las ciudades deberían de colaborar en financiar los proyectos de vida rural de las personas desempleadas, excluidas socialmente o en riesgo de exclusión.

La UE pretende entre los años 2021-2027, renovar el " Mecanismo Conectar Europa ", dotándolo con 42.300 millones de euros para apoyar inversiones en las redes de infraestructuras para el transporte (30.600 millones de euros), energía (8.700 millones de euros) y digitales (3.000 millones de euros).

Esto quiere decir que, financiar el proyecto presentado anteriormente en el capítulo de transportes, sobre cubrir las carreteras con vías ciclopeatonales cubiertas con paneles solares y generadores eólicos, que mejoren las infraestructuras para el transporte, proporcionen energía renovable y además sean soporte para el cableado digital y las antenas correspondientes, podría ser financiado por este Mecanismo, junto con la venta de derechos de emisión de carbono y los soportes publicitarios además de las concesiones de los diversos locales como bares, talleres, tiendas,etc. que se puedan establecer en esas vías. Además de con las ayudas para la creación de empleo, los ahorros en gasto sanitario y las ventajas adicionales para la descarbonización del transporte, por ejemplo usando los tubos de vacío para el transporte de paquetería hasta al menos el centro de los pueblos. Si bien, solo con la venta de energía ya debería de ser un suficiente atractivo para la inversión, incluso y , sobre todo, inversión pública que facilite, por tanto, unos ingresos adicionales a los ayuntamientos por donde pase, además de las mejoras de servicios que esto suponga.

El Mecanismo Conectar Europa también va a apoyar el doble uso civil y militar de las infraestructuras del transporte invirtiendo 6.500 millones EUR de cara a tener una Unión de Defensa para 2025, y esas vías ciclopeatonales serían un elemento básico por ejemplo en caso de tener que hacer evacuaciones masivas de las ciudades o en si algún hipotético virus informático tomase el control automático de los vehículos autónomos y genere el caos justo debajo de ellas.

Dada la importancia de las redes secundaria y terciaria de carreteras para el uso militar donde las vías principales son objetivos de ataque prioritarios, y, sobre todo la deriva de los modelos de guerra a los ciber ataques y a los ataques biológicos, se podría tratar de enfocar una reorganización de las Fuerzas Armadas, mediante convenios tanto de investigación como de prestación de servicios.

Si bien no es rentable por ejemplo la construcción de una carretera para un pueblo de 30 habitantes y ya que la Constitución no permite una discriminación en función del lugar de residencia; dado que resulta muy necesaria la realización de prácticas militares para el restablecimiento de las comunicaciones en caso de algún evento catastrófico o conflicto bélico, la construcción de esas carreteras o puentes se podría realizar como prácticas militares, solo que, una vez terminadas no se destruirían si no que quedaría en uso para la población. Además en esas prácticas podrían incluir conexiones digitales, como una red de fibra óptica, que garantice las comunicaciones y las conexiones eléctricas que garanticen el abastecimiento.

Siendo en la actualidad el principal enemigo común el Cambio Climático, tanto por la subida de las aguas, como por los gigantescos incendios de última generación, como por la aparición de virus altamente letales que dormían congelados en el permafrost por decenas de miles de años.

El Presupuesto de Defensa de cada país, así como el presupuesto conjunto de la UE debería de reorientarse hacia unas prácticas reales y de calidad, pues no sirve de nada construir puentes o carreteras para luego derribarlas y volver a construirlas, en polígonos militares, como prácticas. Esas mismas carreteras debería de construirlas Defensa en pequeñas poblaciones, así como adecuar los caminos rurales y de montaña para que estén siempre operativos en caso de una hipotética necesidad de intervención por ejemplo en un incendio forestal o para una actuación rápida en caso de prevención de inundaciones, etc.

El fondo *InvestEU* proporcionará 38.000 millones de Euros para potenciar las inversiones en Europa funcionando como una ventanilla única aglutinadora de los distintos fondos y ayudas a la inversión de la UE que apoyen principalmente la creación de empleo, la innovación y la inversión de cara a obtener sostenibilidad, excelencia científica e inclusión social .

A todo esto han se sumarse las múltiples ayudas que van a recibirse por motivo de la COVID-19, que sería un error dedicar a tapar los agujeros ocasionados por esa crisis mundial sin precedentes, pues sería ponerle una tirita a una gangrena.

Es necesario que esos fondos se reorienten para la transformación de la sociedad actual en otra superviviente, resiliente y competitiva. Y para ello es imprescindible tener en cuenta y potenciar la transformación social promoviendo la vuelta al rural, como ya se ha incidido previamente en este mismo libro.

En España existe la figura de las Cooperativas de Crédito, que son entidades que tratan , al menos teóricamente, de mantener una naturaleza social y financiera al mismo tiempo. En algunos casos creadas con vocación profundamente social, pero, al contratar para su gestión a personas procedentes de la Banca tradicional, pierden enseguida esa función social, la cual no queda mas que como un elemento de Marketing.

Estas cooperativas de crédito, que surgen en el siglo XIX, en el ámbito rural, se creaban como entidades de apoyo mutuo entre sus socios; para financiación mancomunada de inversiones o si alguien necesitaba capital por un siniestro o imprevisto, su ámbito era principalmente local. Se suelen denominar como "cajas rurales" enfocadas principalmente a las empresas agrícolas, "cajas populares", que son entidades de crédito mas bien establecidas en el ámbito urbano o "cajas profesionales" que prestan servicios a personas con una determinada profesión u oficio. Con la crisis de 2008 han desaparecido muchas de ellas al reestructurarse el sector y de las que quedan, la mayoría han perdido la esencia social operando como un banco más, solo que pagando menos impuestos, con lo que su función social se ha perdido y encima, al no contribuir al erario público son más una carga que un apoyo a la Sociedad. Si bien podría haber excepciones.

La Repoblación rural se debe empoderar con un nuevo tipo de entidad, fruto de un compendio de los tres tipos de entidades, ya que por una parte es una actividad rural, pero no dirigida a la actividad agropecuaria es difícil que pueda esta mantenerse con los nuevos paradigmas y necesidades, y, si queremos atraer a personas criadas en la ciudad, con nuevas necesidades, enfocadas principalmente a los sectores secundario y terciario debemos dotar al medio rural de instrumentos financieros -que no es lo mismo que usureros- con una visión amplia de las necesidades específicas de la población a la que deberán atender.

Estas cooperativas de crédito podrían enfocar una parte importante de su actividad hacia la repoblación rural, y, para ello lo mejor es un nuevo concepto financiero que vaya mas allá de prestar dinero con interés. Las nuevas cooperativas de crédito pueden funcionar en un sistema no basado en la confianza, como antiguamente, cuando todo el mundo se conocía y la imagen era un valor social, pero si, siendo un sistema accesible. Si bien primeramente los créditos tomaron su nombre de la confianza o crédito que la persona inspiraba a la banca, en un mundo donde no nos conocemos, y mas cuando se trata de proyectos de emprendimiento rural por personas a las que nunca antes hemos visto por provenir de la ciudad, no podemos establecer una barra libre, y, menos en un país donde la picaresca está tan extendida.

La nueva actividad crediticia debería ser una mezcla de alquiler a largo plazo, que incluya amortización del bien, junto con un servicio de asesoramiento. Así, no se trata de dar un crédito para la compra de un tractor o para la de un sistema informático, y que la persona disponga del dinero libremente con unas obligaciones inexcusables de pago rígidas.

Es necesario, en contrapartida, en una cooperativa de crédito, donde el dinero sale de los propios vecinos de la zona, un funcionamiento garantista hasta cierto punto, flexible y abierto, pero al mismo tiempo especializado y capaz de asumir riesgos.

Volviendo al ejemplo anterior, ¿que ocurriría si alguien compra un tractor y tiene una mala cosecha? En el sistema tradicional se le embarga el tractor o la vivienda, y en muchas ocasiones, además de perder el instrumento que le permite sobrevivir se le obliga a seguir pagando ese crédito, y se le impide acceder a nuevos créditos provocando una "muerte financiera" y casi civil de la persona. Por tanto, el nuevo paradigma de las cooperativas de crédito debería de tomar otras alternativas, si esa persona tiene una mala cosecha debería refinanciarse su crédito, incluso dejarle un año de carencia, siempre y cuando participase en un curso formativo, por ejemplo, sobre nuevos sistemas de cultivo, o incluso mejor potenciarle su habilitad, con la reparación de vehículos ayudándole a montar un pequeño taller mecánico que diese servicio a la zona y que pudiese complementar con el trabajo agrario, si esa persona fuese buen mecánico, o ayudarle a abrir una tienda online, o una fábrica artesanal de bastones.

Pero aún así nos quedamos cortos, puesto que estaríamos buscando soluciones a problemas ya enquistados. Lo bueno sería una actuación preventiva. Si estas cooperativas prestan dinero para la actividad agraria, deberían también tener asesores agrícolas que realizasen los controles del suelo, interpretasen las predicciones meteorológicas y sobre todo, no prestasen dinero, sino que comprasen bienes muebles o inmuebles y que, siendo de propiedad de la cooperativa de crédito, fuesen puestos a disposición de las personas que los han solicitado para su explotación y rentabilización, tanto para uso permanente, como si son bienes de uso ocasional, siendo propiedad de la cooperativa de crédito que funcionase como empresa alquiladora de esos bienes cobrando una tasa en función del tiempo de uso por cada cooperativista. Una vez vendidas las cosechas o el bien producido, en un proceso en el que puede entrar incluso la propia cooperativa crediticia no solo financiando la operación, sino también ayudando a la venta a través de comerciales propios, o compartidos con otras cooperativas del sector, de otras zonas. Ese dinero excedente, podría destinarse a amortizar el coste de esos bienes, de manera que la persona fuese comprando cada vez mas la propiedad total del bien. Lo mismo debería de ser para cualquier otra actividad industrial o empresarial de cualquier tipo.

El proceso es una mezcla de "ángeles de negocios", créditos participativos , ahorro personal y apoyo social; todo, dentro de unas comunidades locales en las que a toda la comunidad le interesa que a esa persona le vaya bien el negocio, porque es su propio dinero el que está en juego.

El Estado debería de potenciar los microcréditos para la inversión en el medio rural, dando un tiempo de carencia de principal e incluso subvencionando un porcentaje del mismo, cuando sea para personas que se empadronen y realmente vivan en el pueblo la mayor parte del año, sean personas jubiladas, pensionistas de cualquier tipo, personas físicas o jurídicas, emprendedoras.

La labor de acompañamiento financiero no debe de ser solo prestar dinero y exigir una devolución, sino ayudar con el proyecto, supervisar y orientar. Para los emprendimientos deberían de trabajar mas como "Business Angels" (ángeles de negocios) que como entidades bancarias. Encargándose de aconsejar, ayudar a buscar proveedores y clientes, negociar con empresas de logística, buscar y verificar la maquinaria, etc. Y, en caso de fracaso del proyecto original, ayudar a poner en el mercado de ocasión esa maquinaria y trabajar mano a mano con el personal de la empresa quebrada para buscar alternativas.

El escaso coste que tiene Constituir una Cooperativa de Crédito en España, permite que varios ayuntamientos por pequeños que sean puedan juntar fácilmente por ejemplo poniendo 170 personas de tres pueblos distintos 5000€ cada una y los tres ayuntamientos de la comarca 50.000€ cada uno, dispondrían de un depósito inicial de un millón de Euros que se necesita para empezar, teniendo en cuenta además que no perderían el dinero, pues quedaría en los fondos de inversión de la entidad. El funcionamiento diario, como que pudiesen cobrar por allí sus pensiones, pagar los sueldos y facturas municipales, tener un cajero automático en el pueblo y servir para hipotecar viviendas destinadas a posibles proyectos de repoblación, tendrían un beneficio social importante, además de mantenerse, e incrementar ese capital con la recuperación de los créditos que otorgan a sus propios vecinos, que tendrían mas interés que nunca en pagarlos porque su prestigio personal y relaciones sociales dependerían de ello.

Ni que decir tiene que, para que las estrategias de repoblación rural aquí presentadas funcionen bien, es imprescindible una formación específica. Por lo que se podría crear un centro nacional de adaptación al rural, donde las personas interesadas pudiesen ir a realizar cursos de manejo de tractores y maquinaria; de cuidado de gallinas o de ganadería extensiva, por poner unos ejemplos. Esto sería previo a otro período específico de aclimatación a la zona elegida.

Este centro, o centros, deberían de estar preparados para cursos especializados y adaptados a la zona, de duración corta, ofreciendo alojamiento gratuito a su alumnado, con un funcionamiento similar al de los centros de formación del Instituto Social de la Marina.

Pero la dinamización económica del rural no se debe dejar solo a cargo del Estado. Es necesario saber motivar a los inversionistas privados, y, no de forma exclusiva buscando su mecenazgo, sino, sobre todo presentándoles innovadoras formas de obtener beneficios, ya sean de imagen, sociales hacia su plantilla o puramente económicos. Por ejemplo, algunas medidas como la venta de derechos de emisión de carbono, es decir, que las empresas que contaminan tienen que pagar la fijación de las emisiones de CO_2 a la atmósfera, y, hasta ahora, el método mas común es el de fomentar la biomasa forestal. Si bien por ahora el Ministerio solo reconoce el plantado de árboles no frutales, posiblemente cambie ese criterio en un breve plazo, no solo hacia el reconocer el CO_2 que se fija al crecer los árboles, sino también al que se mantiene cuando esos bosques o plantaciones son adecuadamente cuidados.

La Biomasa forestal y residuos orgánicos utilizados como fuente de generación energética lo contempla específicamente la Ley 45/2007 para el desarrollo sostenible del medio rural en su artículo 24, por lo que es un tema que no debe quedar en el olvido y se debe potenciar.

Para muchas empresas, crear bosques con biodiversidad, no solo les puede compensar por los derechos de emisión, sino que podrían personalizar esos bosques, dándoles el nombre de la misma, como ya están haciendo algunas, y además darle un valor añadido adicional que podría ser, por ejemplo, el organizar actividades con su personal: desde una barbacoa a un paseo en grupo, o actividades de voluntariado como hacer cajas nido para aves, erizos o murciélagos, hoteles para insectos polinizadores, sembrar flores para las abejas, o cualquier otra adaptada a las circunstancias propias de su bosque.

Eso además les reportaría un segundo valor añadido que es la publicidad gratuita en algunos medios de comunicación y la mejora de imagen ante sus clientes. Además les permite hacer también actividades con la clientela como cursos de naturaleza, actividades para niños, zonas de paseo para ancianos o actividades de inmersión y observación de la naturaleza.

Las iniciativas rurales tienen apoyos Europeos a través de distintos programas.

Destacan en ello las Ayudas Europeas para la recuperación de los daños económicos procedentes de la pandemia del COVID. Unas importantes cantidades de dinero, que tendrán que devolver las próximas generaciones. Estas ayudas van a tener una importante incidencia en el medio rural, aunque la parte gorda acabará como siempre en las ciudades.

Como son ayudas puntuales, puede que cuando muchas personas lean este libro ya hayan pasado, por lo que no caeremos en la tentación de presentarlas en este apartado. Aquí enunciaremos los fondos regulares a los que se puede acceder para desarrollar proyectos en el medio rural.

El **FEAGA** es un programa que busca el autoabastecimiento de alimentos, garantizando la productividad y la calidad de vida de los agricultores pero garantizando que los precios al consumidor no sean excesivos.

FEADER no solo presta apoyo a la creación de empresas rurales o autónomos sino que también pretende crear entornos favorables para que puedan crecer, ***gestionando los fondos europeos destinados a la ayuda al desarrollo rural que busca el aumento de la competitividad del sector agrícola y forestal financiando la adecuada gestión de recursos hídricos, y otras infraestructuras rurales, asesoramiento general agrario y ayudas para la instalación de jóvenes agricultores, formación profesional y relevo generacional de agricultores, potenciación de la selvicultura sostenible y compensación y reparación de grandes siniestros. Así como la prevención de incendios forestales y ayudas destinadas a compensar las dificultades inherentes para la actividad agrícola en zonas de montaña. Ayudas para el bienestar de los animales. Ayudas para la primera repoblación forestal. Mejora de la calidad de vida en las zonas rurales y diversificación de la economía rural. Ayudas para la creación y desarrollo de microempresas. Fomento de actividades turísticas. Servicios que son básicos para la economía rural y su población. Conservación y mejora del Patrimonio Rural. Formación y adquisición de capacidades. El*** FEADER en el programa del año 2021 a 2027 fomentará un sector agrícola inteligente, intensificando el cuidado al medio ambiente y ala acción por el clima, fortaleciendo el tejido socioeconómico de las zonas rurales. Tiene un objetivo específico que refleja el artículo sexto, que es el ***apoyar una renta viable y la resiliencia de las explotaciones agrícolas, que, aún pendientes de como lo van a articular, entiendo que sería como un ingreso mínimo vital para los y las agricultores.*** Y pone mucho hincapié en la digitalización, la cual es imposible si no hay una adecuada infraestructura de telecomunicaciones en todo el territorio.

Quieren asimismo atraer a jóvenes agricultores , supongo que cambiando las políticas de acceso a la tierra y minorando la burocracia, especialmente en el acceso a las ayudas, fomentando el acceso a las mismas de las pequeñas explotaciones, pues de otra manera, al menos el autor de esta obra lo vé difícil y podría ser otro brindis al sol cargado de bonitas palabras y buenas intenciones pero favoreciendo a los mismos de siempre.

A pesar de que el artículo 68,3 dice claramente: ***"No son subvencionables inversiones en grandes infraestructuras que no formen parte de las estrategias de desarrollo local".*** También habla de que ***"La puesta en marcha de actividades empresariales no agrícolas en zonas rurales quedan reservadas a las estrategias de desarrollo local"*** lo cual suena bonito pero podría ser un freno a otras actividades no agrícolas, las cuales, en el caso de pequeñas explotaciones, podría ser un instrumento de cofinanciación la realización de otras actividades económicas que no sean las agro-silvo-pastoriles si se deja a la discrecionalidad y podrían generar el efecto contrario al deseado.

PAC que es la Política Agraria común. Creada para optimizar la productividad agrícola, asegurando un suministro estable de alimentos asequibles, garantizando un nivel de vida razonable a los agricultores de la UE, al tiempo que preserva los recursos naturales y contribuye a luchar contra el cambio climático, preservando el paisaje e impulsando el empleo rural y cuyo funcionamiento está siendo revisado – por fin- en la actualidad. La PAC junto con la Política de Desarrollo Rural de la UE, se plantea tres objetivos estratégicos que son

1. La mejora de la competitividad en la agricultura
2. La Gestión Sostenible de los Recursos Naturales y la acción del Clima.
3. Un Desarrollo Territorial equilibrado de las zonas rurales

Es decir, la PAC no es solo eso de pagar a los señoritos para que tengan sus fincas de caza o los monocultivos de cualquier tipo sea agrícola o forestal, sino que, teóricamente, también tiene que fomentar la transmisión de conocimientos en agricultura, silvicultura y zonas rurales, lo que dicho de otro modo sería proteger el acervo cultural relacionado con las explotaciones agro-silvo-ganaderas y la vida en el rural.

También tiene la PAC la obligación de buscar la mejora de la competitividad en todas clases de agricultura y mejorar la viabilidad de las explotaciones, lo cual no debería entenderse con el fomentar los monocultivos con agroquímicos, sino también y sobre todo en fomentar la biodiversidad y los policultivos, así se mejora la competitividad puesto que ser competitivo no está en tener miles de toneladas de un producto que puede ser que lleguen al mercado en un momento de máxima saturación del mismo o que se pierdan por alguna alteración climática, sino en tener variedad en la producción así si se pierde una cosecha siempre hay otras plantaciones alternativas que pueden compensarlo.

La PAC además de preocuparse por la cadena de alimentos sana y segura, contempla la restauración, conservación y mejora de ecosistemas dependientes de la agricultura y la silvicultura. Con esto se deberían financiar actividades tendentes a proteger a la avifauna y otras especies dependientes de la agricultura, no solo de vertebrados, sino también los insectos beneficiosos, las aves migratorias que descansan en arrozales comiendo sus plagas, las lechuzas que viven en los pajares comiendo ratas y ratones, así como las lagartijas, gorriones y culebras que vivían en los muros de casas o sembrados cuando estas eran de piedra y dejaban huecos donde hacer sus nidos (*recordemos que las serpientes suelen habitar en los muros de piedra seca, y que se alimentan de roedores principalmente, y, que, además hay muy pocas especies peligrosas para el ser humano, tendiendo casi todas a huir ante nuestra presencia*).

La PAC fomenta la economía baja en Carbono y resistente al clima. Y también tiene un objetivo prioritario muchas veces obviado que es el Fomento de la Inclusión social, la reducción de la pobreza y el desarrollo económico de las zonas rurales.

Para lograr ese desarrollo económico rural ha de ***facilitar el desarrollo de pequeñas empresas, promover la creación de empleo, Promover el desarrollo local en las zonas rurales, mejorar la accesibilidad a las tecnologías y velar por su accesibilidad y calidad en las zonas rurales.***

Los tres anteriores FEAGA, FEADER y PAC son gestionados en España por el **FEGA**

El FEGA también gestiona el Fondo de Ayuda Europea a las Personas mas desfavorecidas (**FEAD**) ***proporcionando alimentos, ropa, calzado y productos higiénicos, que deben ir acompañados de medidas de integración social, ayudando a*** *dar los primeros pasos para salir de la pobreza y de la exclusión social.*

LEADER *financia estrategias de desarrollo local, competitividad, medio ambiente, uso sostenible de tierras, calidad de vida, diversificación, cooperación y funcionamiento de los Grupos de Acción Local, adquisición de capacidades , elementos de uso por la Comunidad, ayudas agroambientales, bienestar de los animales y producción ecológica. Destacan unas ayudas destinadas para compensar las dificultades naturales que se dan en las zonas montañosas*

FEDER *intenta fortalecer la cohesión económica y social, igualando la capacidad de las regiones fomentando el desarrollo regional y la adaptación estructural de las regiones, este fondo incluye la reconversión industrial de las regiones en declive. Promoviendo la creación de empleo y el desarrollo industrial de estas regiones. Estos fondos promueven la economía del conocimiento a través del apoyo a las infraestructuras telefónicas, las tecnologías de la información, las PYMEs tecnológicas, el medio ambiente, entorno natural y la prevención de riesgos, así como la gestión de residuos de todo tipo y lucha contra el cambio climático. Fomentar la protección de la naturaleza y la diversidad biológica y la riqueza cultural. Infraestructuras de transporte, ya sea sobre raíles o asfalto, el transporte público y la eficiencia energética. El desarrollo local sostenible, el patrimonio natural, la mejora de servicios turísticos, el patrimonio cultural, educación salud y protección social.*

FSE busca el crecimiento y el empleo mejorando la productividad en el trabajo y promover la integración social a través del empleo. ***La promoción del empleo rural y el acceso al mundo laboral remunerado de las mujeres, son , junto con el apoyo al emprendimiento y el apoyo al trabajo por cuenta propia*** los objetivos de este Fondo.

Fondos de Cohesión: ***destinan su dinero al medio ambiente, a las redes transeuropeas de transporte y el desarrollo sostenible.***

COSME (*ahora integrado en el programa InvestEU*) es un programa para favorecer la competitividad empresarial y de las

PYMES centrado en favorecer el acceso a la financiación en todas las etapas de la vida de una empresa, apoyando también la internacionalización y el acceso a los mercados, teniendo mas de 650 oficinas distribuidas por toda la UE para hacer comprensible la legislación y los procedimientos para encontrar socios en otros países o conseguir fondos europeos para las empresas, entre otros mantiene la web "tu Europa" (your Europe) en la que facilita todo tipo de información y resuelve dudas sobre la experiencia europea. COSME también favorece la competitividad y fomenta el emprendimiento reduciendo los costes y procesos administrativos y la burrocracia innecesaria y tiene como destacable el programa de "Erasmus para Jóvenes Emprendedores" que es una especie de recuperación de la figura de aprendiz, pero enfocada al emprendimiento, y así, una persona joven puede ir a otros países de la UE a realizar unas prácticas con empresarios mas experimentados. Teniendo en cuenta que para vencer al despoblamiento la mayor parte de las iniciativas empresariales serán de autónomos o de PYMEs, este programa podría ser un pilar fundamental para favorecer el emprendimiento rural en zonas poco pobladas.

La **"Entrerprise Europe Network"** ***es una red de internacionalización de empresas, para encontrar socios europeos.*** Que esperemos tenga pronto un espacio para que, por ejemplo, una ganadera de Cuenca pueda establecer una colaboración con una distribuidora de Berlín, para vender directamente sus quesos en aquella ciudad, o una pequeña fábrica de chocolates de Bélgica pueda establecer una corresponsalía en el valle del Jerte para hacer bombones de cereza justo en origen, manteniendo así las mejores cualidades organolépticas de las cerezas. Pues el crecimiento y la internacionalización no deben de ser propiedad exclusiva de las grandes corporaciones, sino, por el contrario, la UE, lo que debe potenciar es precisamente el pequeño emprendimiento.

La Unión Europea tiene programas como el transfronterizo España-Portugal "**Territorio EUROBIRD**", que tiene como prioridades desarrollar, crear y promocionar una oferta turística sostenible, competitiva y de excelencia que tendría como base en el avistamiento de aves.

Fondo de Transición Justa tiene como objetivo prestar apoyo a los territorios con problemas socioeconómicos debidos al proceso de transición a la neutralidad climática que pretende una UE climáticamente neutra antes del 2050.

Todos estos Fondos y programas suponen muchos miles de millones de Euros de ayudas teóricas, pero farragosas de obtener, que, en muchas ocasiones se duplican siendo a veces incompatibles.

Es, por tanto, necesaria, la reforma de todos estos Fondos y Programas, en su organización y estructura, disminuyendo su burocracia y dejándolos al alcance de cualquier persona física o jurídica de una manera fácil.

La tramitación se puede simplificar muchísimo,si, por ejemplo se unifican fondos y se hacen estrategias integradas. Si se hace una web sencilla, donde se pueda rellenar un cuestionario dinámico, que nos vaya guiando a través de una serie de páginas que van cambiando según las respuestas y que acabe explicando que ayudas hay en ese caso, cuando se cobrarían, como y en que fechas, etc. y diese la opción de solicitarlas directamente con solo pulsar un click.

No obstante, es notorio que la inversión pública en entornos rurales proviene de la UE casi en su totalidad, las inversiones del Estado, sea el Central o el Autonómico se limitan a alguna acción puntual y a la cofinanciación obligatoria de programas europeos. Mientras el Estado se gaste el dinero en cazabombarderos importados cuya operatividad depende de piezas o programas informáticos cuyo control está en otros países (ahora amigos, pero... quien sabe por cuanto tiempo) o en tanques o similares en lugar de invertir en garantizar la independencia económica del país, al menos garantizando el autoabastecimiento, sean cuales sean las circunstancias, no será posible la repoblación, pero tampoco la independencia real de ningún país.

No olvidemos que se pueden aprovechar precisamente esas dificultades y transformar lo farragoso de esas ayudas, cuyo presupuesto se merma en gran cantidad por la compleja burrocracia interna, para buscar su parte positiva, al menos mientras no se solucionen esos problemas organizativos.

Este emprendimiento que se propone es precisamente el que puede solucionar esos problemas, creando asesorías virtuales y empresas gestoras de subvenciones, que, con carácter local, estén conectadas y posean una información actualizada suficiente y la habilidad burocrática, para ayudar en esa captación de fondos europeos, y, teniendo información sobre las actividades que realizan o pretenden realizar sus convecinos, puedan proponer "**mottu propio**" a esa vecindad la participación en algún programa, de forma personalizada a las necesidades de cada habitante, compaginando varios programas cuando sea posible. Algo que, teóricamente, deberían de hacer desde las ADL, pero que, al final, esas oficinas se convierten habitualmente en las gestoras de nóminas de personal municipal, o departamento de licencias de apertura, etc.

En el año 2012 el Estado central puso la soga al cuello de las pequeñas poblaciones con la Ley de Estabilidad Presupuestaria y Sostenibilidad Financiera, con la que bloqueó la capacidad de gasto o inversión de los pequeños municipios, en lugar de regular la acometida de esos gastos necesarios condicionando los mismos a determinados objetivos y aportando precisamente financiación para los mismos. La reforma de la Administración Local de 2013 fue la puntilla que remató en España a las pequeñas administraciones locales que sobrevivían, condenándolas a un proceso de zombificación previo a su total desaparición principalmente al suprimir o privatizar los servicios públicos esenciales que garanticen la supervivencia del pueblo.

El ***artículo 138 de la Constitución Española, que realmente amplía el número 2 otorga al Estado la obligación de establecer y mantener un equilibrio económico que sea adecuado y justo entre las diversas partes del territorio español.*** Si bien parece entenderse que este artículo va dirigido a la solidaridad entre Comunidades Autónomas, cuando habla de Territorios, debería de ser la base para evitar una discriminación real y constante entre diversas partes del territorio, en función de su número de habitantes, no ya entre Comunidades Autónomas, sino incluso dentro de la misma provincia o Comunidad.

La Política europea de Desarrollo Rural entre sus seis prioridades tiene, como hemos visto, una específicamente dirigida a fomentar la inclusión social en las zonas rurales.

En el medio rural hay una menor renta por habitante a nivel financiero, pero eso no siempre es sinónimo de pobreza, pues muchas veces el autoabastecimiento alimentario y la mayor salud permiten una mayor calidad de vida con menos disponibilidad económica.

El medio rural tiene una mayor capacidad de asumir iniciativas económicas de emprendimiento. El tamaño de las empresas en zonas rurales suele ser inferior a las empresas establecidas en los grandes polos industriales urbanos o periurbanos. Muchas están orientadas hacia el sector primario, siendo la agricultura y ganadería la asociación habitual que se hace subconscientemente por la población cuando se habla de empresas en el rural.

En los pueblos no solo caben las industrias relacionadas con el sector primario, sino que, especialmente ahora, recién superada la etapa del coronavirus y entrando en lo que se ha dado en llamar la Nueva Normalidad, es importante para el medio rural no perder el tren, una vez mas, a favor de las ciudades y apostar por que la relocalización de las empresas, que en su momento se trasladaron fuera de la UE por los bajos costes de la mano de obra, se produzca de una forma atomizada en el ámbito rural.

Por ello las Administraciones Públicas han de jugar su importante papel vertebrador, dirigiendo esas ayudas financieras y también funciones de asesoramiento, a la relocalización de esas empresas que retornan y las nuevas que se constituyan, creando centros de negocios amplios, de rango comarcal, especializados por sectores. La planificación de este tejido empresarial ha de hacerse no solo teniendo en cuenta los valores geográficos del territorio elegible, (en eso se incluye acceso a la materia prima, a personal especializado, a las necesidades de transporte y logística, las cuestiones medioambientales, etc.), sino también a la especialización de zonas concretas en determinada producción, sea esta la marroquinería, la robótica, las confituras y mermeladas, la ropa de gala o los zapatos por poner algunos ejemplos, pero ampliable a toda la diversidad productiva existente.

Esa especialización, como se toca en otro apartado de este mismo libro, tiene ventajas logísticas importantes, tanto para la entrada de insumos como para la salida de la producción.

Son conocidos territorios por determinados productos, sean bastones, jamones, mimbre o cualquier otro elemento. Antes de la era digital se sabía que, si se quería un determinado producto, yendo a una comarca o población en concreto se podían encontrar decenas de empresas especializadas en una determinada producción, aprovechando generalmente los valores locales.

Ahora, con la digitalización, localizar un producto es mucho mas sencillo. Aunque no debemos olvidar por ello que para producirlo es necesaria en muchas ocasiones la entrada de insumos y, en ocasiones maquinaria compleja. La agrupación de pequeñas empresas productoras de determinados productos puede conllevar la posibilidad de hacer inversiones conjuntas, por ejemplo en maquinaria envasadora o sistemas de alta tecnología; que puedan tener un uso ocasional por cada empresa, y que otra empresa o el mismo ayuntamiento, pueda alquilar por horas, repartiendo así las necesidades de inversión entre todas las empresas y dotando, por tanto, de equipamiento altamente competitivo a empresas que, por si mismas, no justificarían ni podrían afrontar esas cuantiosas inversiones.

La mayor disponibilidad de suelo en el rural permite también el poder disponer de sistemas de energías renovables combinadas, bien sea para una empresa de forma independiente o a través de redes multiconectadas, así, una empresa podría poner placas solares y complementar esa energía con la hidráulica que viene de otra empresa cercana, en una granja de la localidad pueden aprovechar el calor residual del compostaje para el calentamiento de agua que puede aprovechar otra empresa que a su vez combina con geotermia y la cogeneración. Todo ello se puede conectar a una red local y así garantizar en todo momento que las necesidades individuales de cada empresa estén garantizadas en todo momento. Incluso esa misma energía se puede aprovechar para las viviendas de la población, estableciendo una red en la que todo el mundo produce y todo el mundo consume una energía de calidad garantizada y suficiente, que permite desconectar pueblos de la red y evita los problemas de suministro y medioambientales que supone la centralización de los centros de producción energética.

El programa InvestEU, que integra alguno de los anteriores, es un programa de inversiones, por el que la UE puede ser un socio participativo en diversos proyectos. ***Este programa dedicará a Infraestructuras sostenibles 11.500 millones de euros; a las Pymes 11.200 millones de Euros; a la Investigación, innovación y digitalización 11.250 millones de Euros mas otros 4.000 millones de Euros que dedicará a proyectos de Inversión Social y Capacidades.***

Todo esto suena muy bonito, pero la obligación de dirigirse a los bancos ordinarios para obtener esta financiación no garantiza precisamente una equidad y adecuada distribución de estas ayudas, haciendo evidente de nuevo la necesidad de un banco público que tenga una mira en los resultados sociales mas que en el beneficio propio a corto plazo y con una gestión que sea realizada más por profesionales de los Servicios Sociales que por tiburones financieros.

PARTE IV

CAPÍTULO 13

Posibles repobladores-as y actividades que podrían realizar

Los motivos para ir a vivir a un pueblo se podrían englobar en tres áreas principales, por una parte, la motivación familiar, teniendo raíces en ese pueblo, y, en muchas ocasiones vivienda y tierras procedentes del patrimonio familiar.

Otras veces la motivación es laboral, ya sea porque esas personas encuentran un trabajo en el pueblo, o porque pierden su trabajo en la ciudad, regresando al pueblo hasta que vengan tiempos mejores, lo que no quita que puedan fijar allí su residencia definitiva en caso de encontrar un trabajo.

El tercer motivo es la búsqueda de un entorno adecuado para establecerse. La búsqueda de paisajes, viviendas amplias y asequibles, aire puro y silencio se suman a las necesidades de aislamiento que trae la nueva normalidad tras el Covid-19 y la previsión de nuevos confinamientos. Si bien este último factor no se espera sea tan determinante para la repoblación, puesto que las personas que tienen ese motivo sanitario, en realidad no buscan irse al rural sino establecerse en los arrabales de una ciudad en viviendas unifamiliares con jardín privado, en urbanizaciones cerradas que es muy diferente de irse a vivir a un pueblo.

Las personas jóvenes o de edad media que se mudan a los pueblos, procedentes de las ciudades, salvo que lo hagan por motivos familiares (cuidar a familiares por ejemplo) suele ir en solitario o en un núcleo familiar reducido es decir, la familia nuclear; no en familia extensa, es decir, no llevando consigo a personas de la tercera edad o a sus propios progenitores; creando una entidad propia, desvinculada de las redes asistenciales y comunitarias existentes, salvo en lo relacionado a la crianza de hijos.

A veces, los intentos de repoblación fallan por una falta de información previa sobre los recursos disponibles, las opciones laborales o el aislamiento. El frío del invierno y la soledad o la falta de cobertura telefónica, si no se conocen de antemano pueden suponer que muchos intentos no pasen del primer invierno.

Esos grupos de jóvenes que quieren hacer una vida rural como acto de rebeldía; sin un proyecto serio detrás, cuando asientan las hormonas, se queda en humo. Son proyectos que desaparecen con el viento, y, mientras tanto, han hecho perder tiempo y dinero a las comunidades donde se iban a asentar, quedando en el acerbo colectivo de estas una cierta desconfianza e incluso resquemor hacia nuevos proyectos.

No todos los grupos de jóvenes ven la repoblación de esa manera y siempre hay que tener en cuenta que un proyecto serio y duradero de establecimiento en el rural necesita unos buenos cimientos.

Los conceptos mas manidos, de vivir de una agricultura de subsistencia y como mucho algo de artesanía esporádica propios de los hippies de antaño, no son suficientes.

Incluso en el improbable caso que obtuviesen alimento suficiente, hoy en día existen otras necesidades mas costosas como la conexión a Internet, el uso de electrónica, el ansia de viajar, afición cultural..., que exigen la realización de actividades complementarias, comúnmente en el sector servicios; incluso en los servicios relacionados con la agricultura o ganadería como la programación o mantenimiento de robots agrícolas.

Las personas que se mudan por extrema necesidad económica, no suelen ser objetivo para repoblar, pues , en cuanto han podido saldar sus deudas o tienen opción de volver a la ciudad lo harán inmediatamente.

Por eso, se puede trabajar con esas personas que acuden al pueblo por una extrema necesidad económica si se tiene claro que la opción podría ser definitiva para ayudarles a montar un proyecto económico durable y sustentable, para conseguir su integración. Y con esto no solo se habla de enseñarles a cultivar su huerta, por el contrario, es importante hacer un análisis en profundidad de sus intenciones, capacidades y limitaciones. Una vez evaluada la posibilidad de quedarse, si tienen un medio de vida digno, sería importante estudiar, conforme a la formación y capacidades de la persona, junto con los recursos disponibles en el pueblo, la posibilidad de asesorarles y ayudarles a iniciar un proyecto de futuro, sea de emprendimiento, integrarse en una cooperativa, o cualquier otro.

Aprovechando el auge actual de las redes colaborativas, se puede vivir en el pueblo y obtener recursos de ello directamente, en otros sectores, por ejemplo poniendo alguna habitación en alquiler para fines de semana, organizando talleres agrícolas o ganaderos para poder mostrar de forma activa a turistas, como es la vida diaria (hacer un queso, o pisar en un lagar, ordeñar una oveja, plantar unas patatas, o batanear la lana a mano para hacer una buena manta).

También se pueden aprovechar las carencias existentes para desarrollar una actividad comercial, cuando administrativamente sea posible, sea el transporte de pasajeros cuando no hay autobuses, o la instalación de miniredes de telecomunicaciones propias que permitan dar un servicio adecuado de Internet donde las grandes operadoras no tienen interés en llegar. la necesidad de un sincretismo vocacional, es decir, la unión de la vocación por la vida rural con otras vocaciones, como por ejemplo las nuevas tecnologías, para el beneficio de la comunidad. Por ejemplo, una persona experta en robótica y otra en realidad aumentada se van a vivir a un pueblo cerca de un pinar, son conocedoras de los peligros de la procesionaria de los pinos, podrían crear un sistema de reconocimiento por imagen de los nidos de procesionaria y un sistema autónomo de acercamiento que se pueda acoplar a un dron. Si ponen un anuncio y captan una tercera persona ingeniera aeronáutica podrían diseñar y fabricar en el pueblo un dron autónomo que detecte esos nidos, se acerque a ellos e introduzca en ellos un chorro de nitrógeno líquido para así congelarlos completamente de forma no tóxica, de manera que cualquier ave insectívora pueda aprovechar esas orugas congeladas sin riesgo para su salud; tendrían un modelo de negocio viable (esta propuesta en concreto la expuse ya hace bastante tiempo en un foro y ya está el producto en los pinares, si bien les falta aún lo de la Inteligencia Artificial).

Esta exposición de opciones diferentes al sector primario no significa que ese sector deba dejarse de lado. Aunque la agricultura no sea la principal fuente de recursos para iniciar esa nueva vida rural, siempre es recomendable tener un huerto para el autoabastecimiento y para distraer la cabeza a ratos cuando dejamos de mirar la pantalla del ordenador.

De hecho, puede ser la alternativa agraria, una opción muy interesante, especialmente si ponemos imaginación y sabemos darle un valor añadido a nuestra producción, como por ejemplo hicieron en la empresa "De Espelta" que montaron una fábrica de harina de espelta y potenciaron el cultivo ecológico, en terrenos yermos, de variedades tradicionales de trigo y centeno, autóctonas, y, por tanto adaptadas a la climatología de la zona, de menor producción, pero mas alta calidad, y con la instalación de un molino en el pueblo y un buen sistema de comercialización directa consiguieron ser un referente en el sector, no solo de tiendas ecológicas y herbolarios, sino también entre los chef reposteros mas reputados.

Si al leer estas líneas se conserva la idea de dedicarse al sector primario, es conveniente tener garantizados unos ingresos mínimos. Sería recomendable empezar con pequeños cultivos, como afición, hasta conocer la productividad de la tierra, aprender a solucionar los problemas, detectar la falta o exceso de riego, etc., antes de plantearse empezar a vender la producción. Durante ese tiempo de aprendizaje se pueden hacer cursos de formación – Si, para cultivar la tierra se necesita una formación adecuada y suficiente – sea en centros de educación reglada, o preguntando a las personas mas mayores del lugar. Otra forma de formarse es realizando actividades de voluntariado en granjas orgánicas y sostenibles que se puede hacer a través de la organización WOOF, el woofing es ir a esas granjas y colaborar en las actividades diarias, durante unas jornadas de unas cuatro horas en las que se enseñará a la persona la forma de cultivar mas idónea según la filosofía, clima, agua, etc. de esa granja.

Hay que tener ojo en la selección del lugar para hacer ese voluntariado porque hay quien confunde un voluntariado colaborativo de aprendizaje con tener a personas esclavizadas, por lo que siempre es bueno buscar antes referencias y hablar con gente que haya estado en esa granja antes para que nos den su opinión -que no tiene que ser siempre acertada, pero nos puede dar una idea-.

También se puede contactar con entidades como las Fundaciones que se dedican a fomentar los bosques comestibles o bosques de alimentos, que son ecosistemas diseñados y creados por el ser humano; compuestos por plantas de raíz, trepadoras, hortalizas, arbustos, árboles, sistemas de reciclaje y recuperación de agua, etc.; con objeto de satisfacer una gran parte de sus necesidades como la alimentación, plantas medicinales, madera, etc. y sirve de hábitat para la fauna silvestre, retiene el carbono, protege el suelo, tiene capacidades de drenaje y retención del agua, al mismo tiempo que es un refresco para el clima de la zona. Estos sistemas tienen una elevada producción en un espacio reducido. Normalmente, si el diseño es adecuado a la zona no necesitan aportes adicionales de agua, fertilizantes y tratamientos químicos agresivos con fitotóxicos o biocidas. Producen a distintas alturas, y su cosecha se espacia durante todo el año. Son policultivos y por tanto la maquinaria agrícola no resulta útil habitualmente, si bien tampoco necesitan mucho mantenimiento, pues una vez instalados y en funcionamiento solo es necesario cosechar y de vez en cuando controlar que alguna especie no se extienda demasiado dejando espacio a la diversidad. Se puede diseñar también con forma de jardín, pudiendo ser un punto de encuentro social, zona de juegos y aprendizaje y tener virtudes paisajísticas si se combinan bien; además de la productividad se pueden aprovechar los factores cromáticos de cada planta para tener una adecuada combinación de colores todo el año.

Las entidades que promueven este tipo de ecosistemas cultivados, suelen ser bastante abiertas a difundir el conocimiento. Una de las primeras es la Red Ibérica de Bosques Comestibles y Semillas Libres.

Si, por otra parte, se prefiere un tipo de agricultura mas convencional, es necesario antes planificar que se va a cultivar, en cuanto espacio, y si vamos a tener maquinaria y mano de obra suficiente para cultivar y para cosechar, teniendo además previsto un mercado para los excedentes, no vaya a ser que se haga una gran inversión para cultivar mas espacio del necesario, con el consiguiente gasto y esfuerzo y luego no se pueda vender la producción.

En algunas zonas de huerta con un par de hectáreas puede obtenerse tres sueldos bien colmados, y en otras con cultivos como por ejemplo de cereal donde se pueden obtener -dependiendo de las zonas- unos 8,000 kg por hectárea de grano, malamente darían un par de hectáreas para cubrir los gastos, impuestos, amortizaciones y un salario bastante escaso para una sola persona.

En todo caso, antes de iniciar una explotación primaria de agricultura es conveniente valorar el tipo de clima de la zona, la disponibilidad de agua y si tiene o no coste ese agua, cuales son los cultivos tradicionales de la zona (y buscar variedades adaptadas a la altura, clima, sol, agua y tiempo disponible para ello (*aunque sea como afición para autoconsumo, se requiere un tiempo, y es necesario ver si es compatible con otra actividad*) Si se tiene o se puede comprar herramienta o maquinaria básica; estudiar donde se puede vender, si se va a disponer de invernadero o no y cual es el coste de mantenimiento del mismo; si va a tener abono orgánico suficiente, ya sea por compost o de origen animal y si eso te va a suponer un coste; a que precio se suele vender la producción en temporada, con que ayuda humana se va a contar al principio y el coste de la misma (aunque sea invitarle a una paella o una barbacoa a quien nos ayude por amistad). Es conveniente también mirar las posibles subvenciones, pero no depender de las mismas, pues suelen tardar en llegar o puede haber un cambio normativo y que lo que hoy se subvenciona plantar, mañana podría no ser rentable y por tanto no recibir ayudas. También es conveniente ver la conveniencia de combinar con otras producciones como miel, huevos, etc.

Lo mismo que se establece un perfil preferente para elegir el pueblo adecuado, el propio pueblo también presenta un perfil determinado ante sus posibles repobladores.

Si un pueblo quiere ganarse nuevos-as pobladores, sus gentes han de ser amigables, hospitalarias e inclusivas. No se puede llorar porque el pueblo se queda sin gente si se trata de forma hostil y desconsiderada a sus nuevos pobladores; por supuesto, la hospitalidad no está reñida con la seguridad, es decir, hay que ser amables pero eso no implica necesariamente darle las llaves de nuestra casa el primer día a quien acaba de llegar, ni quita que se tenga un registro de las matrículas de sus vehículos o hacerse alguna foto con la persona, por si acaso, pero dentro de la normalidad. ¡Ni paranoias, ni una apertura total!.

Es necesario, además de la hospitalidad y la amabilidad, el ser inclusivo. Un pueblo donde discrimine a las personas recién llegadas por el color de su piel, por su origen geográfico o social, por su opción sexual, etc. está destinado a desaparecer. Hay demasiada oferta de pueblos y poca demanda de los mismos para ir en plan selectivo. Además que la discriminación es ilegal en España.

Eso no quita que si se ve que una persona va a ser conflictiva, porque se le ve violenta, ha tenido una mala reacción con alguien, etc., pueda tenderse a su alrededor un cordón sanitario para animarle sutilmente a marcharse. Pero siempre con cuidado, pues se podrían cometer ilegalidades penales. Se han dado casos de llegar alguien, buena persona, a un pueblo y el operario de la empresa de mudanza contratada tener una bronca el primer día con algún vecino por tema de aparcamiento o darle una mala respuesta a alguien que se acercaba a curiosear y por ello hacerle la vida imposible a la nueva vecina; la cual, lógicamente, nunca volvió a saber nada del operario de la mudanza; hasta que abandonó el proyecto de establecimiento en el rural y regresó a la ciudad.

Los pueblos que hagan que sus repobladores, se sientan bienvenidos-as van a tener un retorno social mayor, y un mayor crecimiento económico.

Si alguien se siente cómodo-a en un pueblo tomará su café en el mismo, y hará la compra de productos locales, además participará en la vida cultural y social de esa comunidad vecinal.

La creación de conexiones entre vecinos de toda la vida con repobladores significa que todo el mundo se sentirá incluido y creará además un sentido de pertenencia, de origen, animando a fijar ahí sus raíces. Siendo la diversidad de orígenes un factor de enriquecimiento social y no una amenaza. Una cosa muy importante para tener en cuenta es la importancia de tener un comité de bienvenida y un grupo de vecinos y vecinas anfitriones orientado tanto a turistas con estancia temporal como sobre todo, de cara a quien pretenda integrarse totalmente en el pueblo y quedarse a vivir allí. Quizá no sea necesario, como vemos en algunas películas, llevarle un bizcocho recién hecho a quien acaba de mudarse, pero tampoco es mala idea para una primera toma de contacto; eso si, siempre sin agobiar, especialmente si esa persona viene de la ciudad, pues probablemente no esté acostumbrada a tanta vida social con personas desconocidas.

Las personas recién llegadas a un pueblo, han de darse a conocer, es común que, especialmente las personas más mayores hagan preguntas demasiado íntimas, como cuál es tu sueldo o tu pensión, tu estado civil, y todo tu currículum.

Tómatelo como una reiterada entrevista de trabajo, trata de ser amable y sonreir. Ten preparadas respuestas para posibles preguntas inconvenientes. No es necesario ser hosco ni descortés, a veces se trata de desviar la conversación hacia otro lado, otras veces se puede dar una respuesta vaga. Por lo general entenderán, por tus respuestas, que no quieres hablar de eso y lo respetarán, aunque luego es fácil que se inventen cualquier película y hagan correr la voz. Si no dices nada corres el riesgo de que te asignen desde el rol de expresidiario a el de rico empresario, o podrían hacer correr la voz de que eres una famosa youtuber, aunque en tu vida solo te hayas puesto delante de una cámara para las fotos del carné de identidad.

Es conveniente llevar las respuestas pensadas y ensayadas, tanto si son verdad como si son mentira. Pero si es mentira, que sea creíble, en un pueblo, aunque no veas a nadie por la calle hay como un sexto sentido y se identifica sin ver ni oír a la persona que va por la calle, incluso aunque no miren detrás de los visillos.

Con la modernidad pensamos que lo hemos inventado todo, pero el "Big Data" y el "Gran Hermano" llevan funcionando milenios en los pueblos pequeños. El control de quien entra y quien sale del pueblo era vital para la supervivencia por si podían ser saqueadores, o enemigos de cualquier tipo. La voz se corre de boca en boca, y cada quien cuenta una parte de la historia, donde te vieron, hacia donde ibas, de donde venías y que hacías. Eso provoca que se hagan un mapa mental con tus actividades y se difunda ese mapa por el pueblo. Por tanto no te ha de extrañar que cualquier día te pregunten el motivo de haber ido ayer más tarde de la hora que tenías acostumbrado ir al campo o si te sentaron bien los garbanzos que habías comprado en la tienda cuando no había nadie.

Eso puede dar lugar a situaciones extrañas, como cuando en un pequeño pueblo estuve recogiendo ortigas de una linde, pues tienen multitud de propiedades alimenticias y curativas, que no voy a narrar aquí. Se corrió la voz en el pueblo, no quedó ni uno de sus poco más de setenta habitantes que no se enterara, como allí no era costumbre eso y las ortigas las consideraban malas hierbas y lo de teletrabajar de aquella sonaba a chino, junto con mi habitual estilo de vida minimalista y modesto sin lujos innecesarios, dedujeron que estaba en una urgente necesidad de ayuda y me sorprendieron al día siguiente obsequiándome con frutas y hortalizas, además me ofrecieron trabajo en dos sitios y otra persona me ofreció que le cultivara unos bancales que tenía abandonados y luego iríamos a medias. Solo al cabo del tiempo, estaba hablando con una persona del pueblo y caminando vi ortigas tiernas, y como era el borde de un camino poco frecuentado y sin coches, le dije que iba a coger algunas y le expliqué, ante su asombro, que no solo eran comestibles si no que tenían una serie de propiedades depurativas y alimenticias que al acabar provocaron una carcajada suya, que, anti mi estupefacción, me aclaró que no se reía de mí si no que se había corrido la voz por el pueblo de que no tenía nada que comer y que por eso estaba cogiendo ortigas.

Si no lo explicas o lo explicas mal podrás tener situaciones agradables, como lo que me pasó a mí. Claro que también te podrán denunciar a la Guardia Civil porque a alguien se le ocurrió inventarse que eras un delincuente buscado internacionalmente y te habías refugiado en el pueblo o cualquier otra barbaridad.

En un pueblo no se vive como en la ciudad, la privacidad no existe, si quieres privacidad tendrás que tener una casa aislada y aún así te controlarán si has recibido visitas, si vas a comprar avituallamiento los miércoles o los viernes y sabrán por telepatía o no se sabe por qué don de la Naturaleza si las lluvias provocaron una gotera en tu casa o si los tomates de tu invernadero, que no se ven desde fuera, están secos o podridos.

Hay que vivir con ello, si bien es algo que está mejorando, pero aunque haya televisión, se seguirá indagando en la vida privada de cada quien.

Las respuestas hostiles que se suelen dar en las ciudades a personas desconocidas que indagan en tu vida, tipo de "*soy actor porno*" o "*soy catedrático de Física y estoy realizando un estudio sobre la aplicación del zumo de berenjena en las centrales nucleares*" en un pueblo, al igual que en una ciudad callarán la boca de quien pregunta, pero si bien en la ciudad no te volverás a encontrar con esa persona en el ascensor de tu edificio hasta dentro de unos meses o años, en el pueblo tendrás que ver a esa persona a diario y será a quien tendrás que preguntarle por un camino alternativo para ir al mercado o al pueblo de al lado cuando el puente de la carretera principal se lo hayan llevado las aguas. Si bien la gente en los pueblos en esos casos no suele ser rencorosa, lo que hayas sembrado es lo que recogerás y no esperes que te indiquen el camino con una sonrisa.

El desembarco en el pueblo ha de ser con mucho tacto, educación y respeto.

Si ves que algo se puede mejorar según tu criterio, no digas directamente a nadie que lo están haciendo mal o que se puede hacer mejor de otra manera; comenta que en un pueblo que visitaste en un viaje (no digas que en TU propio pueblo era mejor), viste como hacían algo. Por ejemplo, si quieres introducir la azada de rueda, es mejor que pongas un vídeo de alguien en otro país lejano usándola y le preguntes humildemente a alguien del pueblo si cree que eso podría funcionar allí -por muy ingeniero que seas y por mucho que la hayas estado usando durante años-, pídele a alguien que tenga un taller que te ayude a hacer el invento según se ve en el vídeo, pregúntale a la gente su opinión y luego, cuando esté hecha, trata de usarla, incluso cayéndote al suelo al cogerla. Pide ideas para mejorarla y haz un nuevo modelo. No vayas imponiendo, si no preguntando, comentando, sugiriendo.... Y cuando hayan visto todo el proceso de construcción y uso, te preguntarán por como funciona, si da resultado, etc.

Recuerda además que su tierra la conocen mucho mejor quienes la habitan que tú, y lo que queda muy bien en un arrozal de Vietnam, puede que en un terreno pedregoso y compactado de alta montaña española, no tenga capacidad no ya de empezar un surco, si no de acabarlo.

Escucha y respeta sobre todo a las personas más mayores. Eso no significa renunciar a tus ideas y planteamientos, pero si las quieres expresar, hazlo con tacto, poco a poco y con respeto. A veces callar y mostrar puede ser más efectivo que alardear y presumir, especialmente si luego la cosa falla, porque todo el mundo, ya sea en la ciudad o en el campo se suele reír de los presuntuosos y prepotentes y ayudar a los humildes o al menos discretos.

El mercado de trabajo rural está altamente masculinizado. En 2008, según datos del padrón, el 51% de la población rural eran hombres y el 49% mujeres, principalmente debido a la mayor emigración femenina. Las mujeres de origen rural suelen trasladarse a las ciudades para estudiar, esa mayor formación les permite encontrar en las grandes urbes sus medios de subsistencia, por lo que suelen quedarse a vivir allí, lo que contribuye a la masculinización del campo. Si bien esta masculinización parece menor dada la mayor esperanza de vida de las mujeres, dándose la paradoja que muchos pueblos en los que sus únicas habitantes son mujeres, o incluso una mujer sola, y de avanzada edad.

El artículo 174 del Tratado del Funcionamiento de la UE fija una especial atención a los territorios -regiones- que padecen desventajas naturales o demográficas graves y permanentes. Es decir, a los grandes territorios (provincias) que tienen menos de 8 habitantes por km2, si bien ahora se añade una consideración más local, que considera menos de 12,5 habitantes por km2. Esa cifra no llega ni a la mitad cuando hablamos de ciertos territorios de la península ibérica como la Serranía Celtibérica o la zona fronteriza entre España y Portugal, pero si aumentamos el zoom, podemos ver poblaciones con estas características diseminados por todo el territorio peninsular.

Si bien hay una serie de factores principales que promueven la despoblación, como la carencia de infraestructuras viarias y servicios básicos junto con la falta de empleo, no debemos olvidar otros factores menos notorios, pero que no deben de ser infravalorados o desestimados, como la igualdad de género, la inclusión juvenil, la aceptación de la diversidad sexual o de opción, etc. son determinantes en muchos casos de el abandono del rural por personas jóvenes, que buscan en el anonimato de la gran ciudad la ansiada libertad de ser como son sin tener que vivir permanentemente en un armario.

Por otra parte, no se deben de considerar el mundo rural y el urbano como antagonistas, sino que se deben establecer conexiones entre ambos. Por ejemplo, un ayuntamiento puede comprar un piso en una ciudad donde facilitar un alojamiento gratuito o semigratuito a las personas de ese pueblo -o comarca- que vayan a pasar el fin de semana a la ciudad, o tengan que quedarse allí por circunstancias, incluso podría ser una pensión o un apartamento turístico que también acogiese a personas ajenas al pueblo para autofinanciarse

CAPÍTULO 14

Menores y repoblación

Cuando se trata el tema de despoblación rural, lo primero que viene a la cabeza de quienes participan en la conversación es la falta de población infantil. Es cierto que es una baza muy importante para garantizar la repoblación, si bien no es la única.

Las políticas poco imaginativas de nuestros gobernantes, en muchos casos son primar la natalidad en los pueblos, sin tener en cuenta la edad y circunstancias de la población residente, que en muchas ocasiones supera con mucho la edad fértil, y dando lugar con ello solo a falsos empadronamientos.

El decrecimiento de la población infantil principalmente viene debido a la falta de oferta educativa y la falta de pediatra en los pueblos, pero sobre todo por la marcha de los pueblos de las personas en edad fértil

Sin olvidar otro factor muy importante a esas edades como es la posibilidad de relacionarse socialmente, que fuerza a muchas familias residentes en entornos rurales a modificar su estilo de vida y trasladarse a la ciudad; muchas veces con la falsa creencia de que, en la ciudad, la formación, en los colegios masificados va a tener una mayor calidad que una formación personalizada como la que pueden recibir en un pueblo.

Las relaciones sociales, tan importantes en nuestra sociedad, no solo se pueden mantener con cortos desplazamientos a la ciudad para que jueguen en un parque o se relacionen en una guardería. Habría que potenciar un modelo educativo mixto en el que escolares de la ciudad realizasen visitas, o incluso estancias de varios días a los pueblos. Relacionándose en esas visitas con la chiquillería del pueblo, no solo en el recreo, sino, por ejemplo en visitas guiadas a granjas, o a zonas naturales, como parte del "conocimiento del medio", así como la participación conjunta en las actividades manuales por ejemplo recuperando oficios tradicionales, y desarrollando las habilidades propioceptivas utilizando circuitos preparados en el entorno natural. En esas visitas la población escolar local podría reforzar su autoestima rural al participar como guías-ayudantes para colaborar con su profesorado en la atención a el colegio visitante. Si bien esto en los momentos actuales está limitado por el COVID-19, contra el cual son mucho mas fáciles de aplicar las medidas de aislamiento en el campo.

Las Casas-Nido, puede ser una opción interesante para la repoblación rural, haciendo al tiempo una labor social. Casi 50,000 menores están en la actualidad tutelados por la administración en España; la mayor parte de los que no se encargan sus familiares de ellos están en centros de menores, que tienen un elevado coste de mantenimiento, y que por su masificación no pueden proveerles a esos menores del amor filial, aunque sea virtual. Ningún menor de siete años debería vivir en un centro de internamiento , La Ley del Menor de 2015 especifica el derecho del niño a vivir en familia entre los 0 y los 3 años.

Hay varios conceptos asociados al acogimiento temporal de niños y niñas tutelados por la Administración, algunas funcionan como pequeños internados, donde los padres y madres acogedores son profesionales de la educación cualificados, que ofrecen una alternativa a la escolarización temprana en sus propios domicilios, (tipo guardería o escuela infantil) a infantes menores de seis años.

Pero también puede haber otras opciones, como formar, supervisar y financiar a familias de acogida, madres de día u otras opciones, para que el o la menor, en custodia por la Administración, viva en una familia sea monoparental o de mas miembros, ubicada en el entorno rural, en condiciones asimilables a las de cualquier otro compañero de clase, es decir, con una o mas personas que adoptan el rol de progenitores, pero realizando su formación escolar en el colegio del pueblo.

Las grandes residencias y reformatorios (aunque se adapte su nombre por cuestiones de imagen), no en todos los casos son necesarios, y la Administración no precisa pagar 3,500€ euros mensuales por cada niño-a custodiado en esos centros habiendo opciones más útiles y baratas.

Ya hay experiencias en algunas Comunidades Autónomas que financian a esas familias acogedoras, con cantidades variables, pero que vienen a rondar los 500 o 600€ al mes.

Estableciendo un número de niños máximo por familia, (fijando la cantidad máxima según marquen los informes de los expertos -el autor de esta obra no lo es en esa materia-), podría ser, no solo mas barato, sino que, socialmente muy rentable, lo primero para el menor, que se cría en un entorno familiar, lo segundo para el pueblo, pues puede contribuir a mantener la escuela abierta y lo tercero, para la persona acogedora, no solo por los ingresos que reciba, sino, sobre todo, porque le puede dar una nueva vida por ejemplo a una abuela que viva sola, que además cuenta con la experiencia de haber criado a uno o probablemente varios hijos y quizá algún nieto.

La entrada de ese dinero mensual para mantenimiento de esos niños además es un dinero que, en su mayor parte, se queda en el pueblo, pues los alimentos los comprarían allí, si hay tienda de ropa, también la ropa, los libros, etc.

El coste para la administración no solo es menor que en un macrocentro, sino que además este tipo de acogimiento tiene menos probabilidades de funcionar como una escuela de delincuencia, que es lo que en algunas ocasiones -afortunadamente no siempre- ocurre en los reformatorios tradicionales. Y si el personal supervisor de estos menores se adscribe a cada comarca, será mucho mas fácil que ese funcionariado fije también la residencia en la zona.

Si esos menores además guardan, de la ciudad de la que proceden, malos recuerdos y tienen sentimientos de desarraigo y abandono en la misma, es fácil que de adultos no quieran volver a ella y prefieran quedarse en el pueblo; donde además todo el mundo les conoce, y así, cuando cumplen los 18 años, en lugar de ser puestos con la maleta en la calle por las instituciones que les han acogido, pueden fácilmente encontrar un trabajo en el pueblo.

Es mas, si se promueve desde las instituciones la contratación temporal de esos menores durante los dos años que van desde su capacidad legal de trabajar, hasta su mayoría de edad, ya pueden tener una experiencia laboral, y ser conocidos por el empresariado de la zona, lo que les capacita para encontrar un trabajo en el mismo pueblo, incluso a tiempo parcial, si deciden continuar los estudios a distancia y así evitar el, recientemente publicado en prensa, altísimo porcentaje de ex-tutelados que acaban viviendo en la calle una vez cumplen la mayoría de edad.

Como familia de acogida, posiblemente sea ideal la que tiene el denominado "síndrome del nido vacío". Es decir, que sus propios hijos hayan marchado recientemente de casa, dejando un vacío que, si bien no lo llenan del todo los menores acogidos, en parte contribuyen a mantener la rutina de tantos años de crianza de la prole propia.

Para que esto funcione, es sencillo, la Administración debe de especificar los diferentes requisitos para cada caso, es decir, supongo -sin ser conocedor de la pedagogía, educación o cualquier otro tema relacionado con la infancia, pues siempre me he preocupado mas de relacionarme con personas mas mayores, pues creo que mi vocación social ha estado mas en relación con la tercera edad-, pero, por lógica, opino que los requisitos para una abuela que acoja a dos hermanos que se quedan huérfanos por un accidente de trabajo, tienen que ser mucho mas laxos, y mas relacionados con que la casa tenga aislamiento, calefacción, condiciones higiénicas, que la persona que les va a cuidar goce de buena salud, que su esperanza estadística de vida prevea que va a vivir hasta que sean estos mayores de edad, o cosas así.

Quizá una familia de acogida para menores provenientes del mundo de la drogadicción o con necesidades especiales por su discapacidad, enfermedad, etc. sugieran que la familia de acogida deba de ser de otro tipo, mas bien una familia formada por profesionales que puedan atender las necesidades y favorecer el adecuado desarrollo de estos menores, quizá mas en la idea de un piso tutelado.

Asimismo la adopción por parte de personas monoparentales que viven solas en los pueblos debería de fomentarse lo máximo posible, facilitando trámites.

No se trata en este libro de promover una u otra técnicas o sistemas educativos, pues es un sector que el autor desconoce, y, además ese no es el motivo de este libro, sino que, de lo que se trata es de crear conciencia en nuestros-as legisladores para que establezcan una serie de criterios y sistemas para, en estos casos, exigir que este tipo de acogimientos solo se desarrolle en los entornos rurales o al menos se les de preferencia a las propuestas provenientes del ámbito rural.

Asimismo sería conveniente consultar a personas expertas para determinar si sería conveniente favorecer y primar la adopción de menores, estableciendo, por ejemplo, prioridad en las listas de espera para las familias que tengan su proyecto de vida, en entornos rurales de baja densidad de población.

Como no todos los casos de acogimiento son definitivos, es necesario establecer una fórmula para garantizar la idoneidad también de los acogimientos temporales (esos en los que el menor vive en una casa como uno mas de la familia que le acoge, con una integración plena, pero es visitado o mantiene relación de alguna manera con su familia biológica, a la que se espera que vuelva cuando se solucione la situación que generó su acogimiento).

Ese menor en acogida necesitará lo que cualquier niño, es decir, alguien que le quiera, que haga con él o ella los deberes, que le riña con firmeza y cariño si hace algo mal y que le felicite cuando hace algo bien, que juegue con él, y que se preocupe si se pone enfermo, etc.

Especial cuidado y preparación son quienes van a integrar en su vida temporalmente a menores en "acogida de urgencia", generalmente bebés con síndrome de abstinencia, a quienes van a tener que atender como si fueran propios sabiendo que en pocos meses, lo mas probable, volverán a sus casas.

Un gran esfuerzo ha de hacer la administración cuando se trata de ejercer de progenitores cuando no hay vínculos de sangre, por eso, además de la supervisión posterior continuada, es necesaria una formación previa de las personas que van a acoger, incluso si han sido ya padres o madres o incluso abuelas. No se trata solo de saber cambiar un pañal, sino de tener en cuenta que, al no existir el lazo biológico, las técnicas educativas y de convivencia diaria necesitan ser adaptadas para cada caso, o al menos para cada tipología de menores a atender. Por ello, esos cursos formativos específicos deberían de darse o bien a domicilio, o bien conjuntamente, a varias familias acogedoras de esa población. Así conocerían también las peculiaridades del pueblo y de su entorno, y de paso, el elenco de formadores probablemente contribuya en algo a la dinamización social y económica del pueblo, mientras dura el curso.

Las cifras de menores tutelados en España varía según la fuente, pero mas o menos se podría decir que los menores que podrían ser acogidos en España procedentes de la tutela institucional -dejando aparte casos delincuenciales, etc. - andaría cerca de los 15,000 menores, lo que, a un promedio de tres acogidas por pueblo, podría suponer la recuperación de la vida para mas o menos 5000 pueblos.

Las familias acogedoras deberían de entrar en la consideración de familias numerosas; bien directamente o bien contabilizar al menor en acogimiento, para sumar, ya sea computando con otros hijos de la familia o con otros menores en igual situación.

Las cantidades de ayuda económica que ofrezca la administración , han de ser compatibles con cualquier otro subsidio que pueda recibir esa persona o familia.

Asimismo, es importante que la familia acogedora pueda tener una forma de contacto inmediata con el personal supervisor del menor , sea telefónico, o incluso presencial a requerimiento, por si surgiera alguna crisis en la familia relacionada con el-la menor

En todos los casos, (laboral, fiscal, transporte), el tener acogido a uno o mas menores deberá suponer una equiparación de derechos a lo que sería el que hubiesen nacido en esa misma, como los permisos de paternidad-maternidad, para acudir al médico, o ir a hablar con el profesorado, etc. Si bien, en un pueblo todo eso es mucho mas fácil, por la proximidad.

La gran diferencia entre criar hijos en un pueblo o hacerlo en la ciudad, es el tiempo que se les puede dedicar a los hijos. No es lo mismo llevarles corriendo entre las clases de Artes Marciales, las de ballet, las de pintura y las de repaso; a tener una clase con muy poco alumnado, que permite una dedicación intensiva del profesorado, por lo que no se necesitan clases de repaso, aprender a pintar pintando ya sea sobre un óleo o decorando una piedra con motivos ecologistas hecha por manos infantiles, ir a Ballet y Artes Marciales a otro pueblo de la comarca, pero poder saltar y brincar libres en la naturaleza haciendo actividades junto con sus progenitores y compañeros.

Es necesario garantizar la formación de la población mas joven sin olvidar que durante la fase de la adolescencia es preciso facilitar a esa población los medios suficientes y adecuados para permanecer en el pueblo, pues a esa edad se forman los planteamientos de vida, toman sus decisiones sobre por ejemplo si van seguir una rama formativa u otra y a crear sus planes de vida, lo que les llevará a fijar las raíces a uno u otro sitio.

Si esa juventud ha de desplazarse a temprana edad a vivir en la ciudad en un internado, pierde sus raíces, sus vínculos con el terruño se deshacen y el constructo mental sobre su planteamiento de vida y sobre sus valores se orientarán de una u otra forma.

La formación semipresencial puede ser un factor determinante en este aspecto, dando a todo el alumnado, tanto de ciudad como de campo -para no discriminar- una teleformación la mayor parte de la semana; combinada con una formación presencial de solo uno o dos días, que también les sirva para socializar entre sí además de hacer prácticas.

CAPÍTULO 15

Jóvenes

La fijación de la población más joven es el deseo mas obsesivo de las personas con responsabilidades políticas en cuanto a la despoblación rural. Pero lo hacen sin tener en cuenta las necesidades de esos jóvenes, y así, centran sus políticas en la búsqueda de nuevos habitantes olvidándose en muchas ocasiones de fomentar el que quienes ya viven allí no se vayan. Así podemos observar la carencia de políticas públicas orientadas a fomentar la emancipación de los jóvenes que quieran quedarse en el pueblo pero quieran tener una vida independiente fuera del domicilio familiar, aunque cerca de este.

En los pueblos quieren personas con hijos ya en edad escolar que se vayan a vivir al pueblo, olvidando la opción de que esas personas "fabriquen" o adopten a esos niños una vez establecidas en el pueblo.

Es común la pretensión de que los jóvenes de los pueblos subsistan con los sistemas tradicionales de vida rural, que son los agrícolas, forestales y ganaderos, olvidando no solo que hay otras opciones laborales en un mundo tecnologizado, sino también la dificultad de acceso a la tierra y, sobre todo, a la vivienda, sea en propiedad o mediante otras figuras como el alquiler o la cesión a largo plazo.

Quien no viene de una familia rural que tenga un patrimonio suficiente en el pueblo tiene un obstáculo, casi insalvable para incorporarse al sector agrícola o ganadero, aunque la proliferación de los bancos de casas y tierras pueden paliar un poco la situación, así como el abandono de tierras por parte de personas mayores que se las podrían ceder con facilidad.

Si bien, no todos los jóvenes pretenden tener su actividad sociolaboral en la agricultura o la ganadería. Muchos de ellos lo que buscan es tener una actividad tecnológica, en el ámbito turístico, o artística que no siempre es fácil de tener en las pequeñas poblaciones alejadas de la marabunta ciudadana.

El tipo de jóvenes que quería, hasta hace poco, acceder a la vida rural provenientes de las ciudades es, a menudo, el de Rebeldes sociales.

No obstante, la situación mundial provocada por la pandemia del COVID-19 que nos ha tenido a toda la población confinada en nuestras casas, está despertando un inusitado interés por recuperar esa opción de vida en colectivos que no se lo habían planteado anteriormente.

Y ese deseo no es solo por el ansia de salir de casa y tener aire libre, sino porque esta crisis sanitaria global ha originado un auge de el teletrabajo, de la robótica y en general de las nuevas tecnologías y eso favorece enormemente el plantearse el regreso al mundo rural.

Hoy en día es vital estar conectado para mantener las relaciones humanas, y el estar encerrada la persona en una habitación todo el día no significa que tenga un aislamiento social, salvo algunos casos patológicos como son los "**hikikomori**", que es una especie de agorafobia, fenómeno que comenzó en Japón pero cada vez hay mas casos en todo el mundo, y se trata de personas, generalmente adolescentes, que no salen de sus cuartos en décadas pero tampoco mantienen comunicación con el exterior por otras vías salvo, en algunas ocasiones los videojuegos.

Este fenómeno está principalmente ocasionado por las altas expectativas sociales no satisfechas. Y, si bien el juego **"pokemon go"** que consistía en tratar de cazar unas criaturas virtuales, interactuando con la realidad a través de un teléfono móvil, hizo que muchas de estas personas saliesen de casa.

Adoptar un perro, que no le juzga socialmente y le da amor incondicional le puede ayudar mucho a salir a la calle a personas que no tienen otros alicientes para ello.

Vivir en un entorno rural con escasa población puede permitir a esa persona elegir si relacionarse o no con su vecindario, evitando la presión social si quiere , saliendo a cultivar un huerto o a pasear con su perro o pastorear animales, y desarrollar una vida virtual a su gusto y conveniencia en las plataformas de mundos virtuales; donde, representados por un avatar, los personajes hacen vida semireal, interaccionando con otros avatares, mas que para una opción lúdica, o, últimamente, para incluso tener relaciones de negocios en oficinas virtuales.

Para una persona joven es vital el contacto con otras personas, tanto de su edad, como la infelizmente olvidada relación intergeneracional; vital para su desarrollo posterior, adquiriendo de las personas mas mayores los conocimientos que necesitará posteriormente en la vida, y, siendo al mismo tiempo profesor de quienes vienen detrás. Mas o menos el modelo griego clásico.

Esta socialización grupal, especialmente con otras personas de su edad con quien vivir aventuras y tener sentimiento colectivo de pertenencia gregaria, es un elemento vital para mantener vivo un pueblo. Las personas no son estadísticas, las personas tienen sentimientos y necesidades psicológicas. En este caso, las necesidades psicológicas son mayormente grupales, y hay que plantearse desde las administraciones locales el plantearles alternativas que les permitan relacionarse.

El error de muchos ayuntamientos es el fomentar las actividades lúdicas copiadas de la ciudad, así, si se focaliza la vida social en un pub, donde el objetivo es beber y beber alcohol, eso acabará en hacer botellón en la era, y así se van perdiendo otras oportunidades de un ocio sano. Lo que no quita la necesidad de disponer de adecuados espacios de socialización.

En una ciudad donde la gente vive en cubículos en los que no se relaciona con otra gente mas que por mensajes escritos y notas de voz, que tienen todo el día el stress de no parar de hacer actividades relacionadas o inconexas, pero sin parar, es necesario el contacto humano, y en grupos tanto mayores como mayor es el aislamiento laboral o formativo de cada joven.

En el campo, las actividades son mas variadas, el trabajo es intenso, pero mas efectivo, no perdiendo tanto tiempo en transporte; incluso muchas de las actividades pueden ser colectivas. Aunque esa colectividad disminuya actualmente, por la mecanización de las tareas agrarias. En el campo, por lo general es mas fácil encontrar puntos de coincidencia; intereses comunes, que permitan un fluido intercambio de información en lo laboral, y actividades de ocio alternativas a reunirse alrededor de una botella.

Ciertamente lo de hacer una fogata en el monte cada día es mas complicado, especialmente desde que se sustituyeron los bosques por monocultivos de pinos o eucaliptos, tan pirófitos. Pero hay otras actividades que se pueden realizar, como podría ser la escalada, contar y representar historias, excursiones, y, especialmente actividades relacionadas con el medio ambiente como podría ser la observación de aves y safari fotográfico, el deporte, la instalación de cajas nido, etc. Siendo esas actividades lúdicas, en realidad, una opción formativa no reglada para luego, en su vida laboral, organizar actividades para visitantes de la ciudad mediante precio, lo que podría ser luego su modo de vida.

Ser joven en un pueblo no significa no viajar, sino todo lo contrario. La opción de hacer actividades turísticas o educacionales en otros países, o incluso dentro del mismo país es algo muy deseable para complementar la formación de esas personas, el conocimiento de idiomas, de otras formas de vida, e incluso de otras técnicas agroganaderas o alternativas económicas para desarrollar en el rural se debería fomentar, y aprovechar los recursos como el Servicio Voluntario Europeo para realizar una labor social en otro país, en la que la UE sufraga los gastos u otras opciones dentro del Cuerpo Europeo de Solidaridad o el programa Eurodysee de prácticas profesionales pagadas al acabar los estudios o cualquier otro programa que, por una parte les permita viajar. Algo que suelen olvidar los pequeños ayuntamientos, es ofrecer la opción de poder realizar en ese ayuntamiento alguna labor social, sin coste para el propio ayuntamiento, al financiarlo la UE; como acompañar a personas mayores para ayudarlas a salir de casa, señalizar senderos o plantas determinadas, o mantener un huerto ecológico para la cocina del centro de mayores, sin olvidar organizar rutas senderistas, etc.

Estos intercambios de jóvenes, si se hacen con un calendario adecuado pueden permitir algo mucho mas importante que el propio trabajo social que van a realizar, que son las relaciones personales con otros jóvenes de la localidad, intercambio de conocimientos, y, ¿por que no?, que alguno de esos jóvenes que han venido de tan lejos cree vínculos con el pueblo y decida quedarse e iniciar un proyecto de vida en el mismo.

Los municipios, han de estar abiertos a los planteamientos que les puedan hacer los jóvenes para su ocio, que no sean reglados y estructurados. Así si un grupo de jóvenes pide ayuda municipal para, por poner un ejemplo con poco sentido, construir una barca que vuela, no hay que ser demasiado restrictivo por parte del ayuntamiento en cuanto a pedir miles de papeles, informes de ingenieros, etc. cuando lo que necesitan un local y cuatro materiales. Eso tampoco será una ruina para el ayuntamiento y así se van a entretener. Quizá sea conveniente dejárselo, e incluso pagarles un seguro de accidentes Si lo que sale de ahí tiene visos de funcionar, facilitarles una revisión previa al primer vuelo por un ingeniero que garantice su seguridad. Pero quizá lo mas importante de esa actividad no sea que la barca vuele, sino el proceso constructivo en grupo de la misma. Y, quien sabe, lo mismo hasta sale un producto comercializable y en el futuro esos mismos jóvenes montan una empresa aeronáutica en el pueblo, pero, en cualquier caso se han divertido, han trabajado en común y pueden hacerse unas fotos con su "invento" para las redes sociales. Mejor es que se entretenga la juventud de un pueblo en construir cohetes submarinos en medio de un secarral que no en hacer botellón y provocar incendios forestales con los vidrios abandonados.

La minusvaloración de los valores tradicionales de la vida rural creándoles un halo de "paletismo" y por tanto un desprecio por parte de la sociedad urbanita, independientemente que haya sido una maniobra de manipulación psicológica colectiva orquestada desde las élites económicas para nutrir en el pasado sus fábricas de trabajadores y al mismo tiempo poder controlar mas fácilmente a disidentes, ha quedado demasiado arraigada en la sociedad, de forma que hemos olvidado que la gente joven no se marchaba de los pueblos porque se aburrían, sino que se marchaban principalmente por hambre y-o por presión social sobre su vida privada.

Es importante recuperar los sistemas de convivencia tradicionales, incluyendo los juegos propios de la zona, los trabajos colectivos, los filandones o las fiestas tradicionales; pero sin olvidar el mundo en el que vivimos, así es vital poder facilitar a los jóvenes acceso a las redes de telecomunicaciones en todo el pueblo, y poner a su disposición también videojuegos o los elementos tecnológicos que estos demanden.

Volver a un pueblo no tiene que significar necesariamente un viaje al pasado en una máquina del tiempo y el éxito en la repoblación dependerá de la compaginación de los valores del pasado con los valores del presente.

Asimismo la apertura de mente en aspectos sociales es vital si queremos atraer a gente joven. La igualdad de género es algo que, junto con el respeto a los colectivos LGTBIQ son elementos cruciales de los que depende el éxito o el fracaso de cualquier intento de repoblación rural.

No se puede olvidar en este capítulo la perspectiva de género. En el mundo rural hay visiones muy diferentes de la sociedad, hay sociedades matriarcales y patriarcales, sociedades de mente abierta y homófobas, etc. Si a la mujer se le asignan estereotipos de género es normal que quiera huir de ello, al igual que a las personas LGTBIQ, y esa suele ser una de las principales causas del éxodo por parte de la gente mas joven.

Si queremos atraer a gente de la ciudad hemos de evitar las ansias desmedidas que pueden tener algunas personas aisladas de meterse en las vidas ajenas, e intentar controlarlas.

También es importante ir un poco a la zaga de los deseos e intereses de posibles repobladores, especialmente jóvenes y atender sus necesidades. Si hay una fiesta en un pueblo cercano o una discoteca a la que quieren ir a celebrar un cumpleaños, es necesario proveerles de un servicio de autobús, especialmente si no tienen carné de conducir, incluso aunque sea cobrándoles un pequeño billete para contribuir con los gastos, de forma que esos jóvenes se encuentren cómodos en el pueblo y no tengan la necesidad imperiosa de irse a vivir a la ciudad por la falta de servicios.

En lo relativo a la gente joven lo mas importante para fijar a esa población es saber escucharles. No se trata de darles cualquier capricho, pero si estar abierta la administración a atender los requerimientos suyos que puedan ser asumibles.

Instalaciones deportivas, no necesariamente enfocadas a la competición han de coexistir con otros centros que pueden ir desde un clásico futbolín de toda la vida a disponer de videojuegos diversos en la biblioteca municipal o una sala de Realidad Virtual

---

200.000 agricultores se van a jubilar antes de 2.030, en muchos casos sin relevo generacional. Al mismo tiempo, miles de jóvenes que quisieran tener acceso a las ayudas de primera instalación se encuentran con una serie de escollos burocráticos injustificados que hacen desistir a mas de uno, si bien, en muchas ocasiones son ayudados por las cooperativas agrarias de la zona, los y las jóvenes provenientes de la ciudad con intención de fijar su actividad en el medio rural con agricultura o ganadería como actividad secundaria, desconocen este recurso.

El objetivo de fijar a la gente mas joven en zonas rurales no está específicamente contemplado por los diversos programas de la Administración Pública, que no contemplan la especificidad de esas circunstancias rurales en sus convocatorias. Haciéndose necesario un cambio en esa programación. Se hacen intentos como los Erasmus Rurales u otros, diseñados con muy buena voluntad desde entornos urbanos, y que, en algunas ocasiones, tratan la vida en el rural como una vida de museo, algo curioso, del pasado, que podría entrar mas en un grado de Historia que de formaciones de otra índole.

Con la denominación de "Programa Cultiva" existe un programa de estancias formativas en Explotaciones Modelo, ofreciendo a jóvenes agricultores y ganaderos una formación eminentemente práctica con el objetivo posterior de que puedan desarrollar su propia actividad agro-ganadera. Dispone de estancias formativas de entre una y dos semanas aproximadamente e incluyen entre otras materias el uso de tecnologías digitales (presuponiendo que luego en el pueblo tengan internet, porque esa es otra), planificación de la explotación y gestión financiera y económica. Es decir, principalmente el papeleo. Ese programa está regulado por el R.D. 425/2021 de 15 de junio.

Los programas de integración laboral para jóvenes no se realizan pensando en la juventud rural. Programas como la Garantía Juvenil deberían de contemplar ayudas adicionales para la contratación de jóvenes en el mundo rural y para el autoempleo rural, incluyendo opciones agro-silvo-ganaderas con sus necesidades específicas de acceso a la tierra, permisos, etc., pero no de forma exclusiva. Como ya se ha comentado previamente en este mismo libro, hasta la saciedad, En el mundo rural cabe casi cualquier actividad que habitualmente se desarrolla en las ciudades y lo mismo se puede poner una fábrica de extintores que una conservera.

El disponer de unos programas específicos para esa incorporación al mundo laboral en el área rural proporcionaría un estímulo adicional a las empresas que contemplasen la opción de trasladarse a un área rural. Eso además supondría el aumento de población en el pueblo, así como la fijación de la gente mas joven a sus propias raíces.

Es importante además eliminar los roles de género en el rural, pues son la causa de que las mujeres se trasladen a las ciudades, especialmente en las sociedades mas patriarcales, las cuales otorgan unos roles rígidos a las mujeres, que tienen una doble jornada laboral, teniendo que atender al ganado o a la huerta, y al mismo tiempo a las tareas domésticas y cuidado de la prole, desarrollando habitualmente tareas sin demasiada relevancia social y, en muchas ocasiones, sin tener siquiera la titularidad de la explotación agroganadera que gestionan.

La educación segregacionista, de roles, impide a los hombres hacer tareas consideradas de mujeres. Colaborar en las tareas domésticas aún es visto como algo despreciable dentro del pensamiento varonil arcaico que aún se conserva en muchos pueblos (y ciudades), incluso el hacer la comida.

Se plantean además elementos curiosos, por ejemplo, mientras el hombre está en el campo con el ganado, nadie cuestiona que se haga su propia comida. El hacer esa misma comida dentro de la casa, puede ser censurable socialmente en algunas sociedades poco evolucionadas.

Para las jóvenes especialmente, el tener que encargarse exclusivamente del cuidado de los hijos, además de trabajar fuera, sea en el campo o en empresas de la zona, además de atender la casa y las tareas domésticas, supone tener que renunciar a la formación propia, a su tiempo de ocio, e incluso a su participación social activa, sea a través de Asociaciones, Partidos Políticos, Sindicatos, o colectivos de cualquier tipo.

Para esa gente mas joven el tener o adoptar niños podría ser viable si se dispone de los recursos asistenciales y formativos suficientes, por lo que garantizarían además la pervivencia de las nuevas generaciones manteniendo el pueblo vivo.

Muchas veces, las personas que viven en zonas rurales en movilidad, es decir, que viven en el rural pero acuden a trabajar a la ciudad a diario, se llevan consigo a su prole. Incluso lo hacen si hay guardería en el pueblo; a veces para ofrecerles mas actividades tempranas y por ello no es raro que haya cada vez mas actividades especializadas en preescolares.

Estas actividades son en sitios cerrados, como piscinas, dojos de Artes Marciales, centros de ballet, enseñanza temprana de idiomas, o cualquier otra actividad formativa. No es propósito de esta obra el juzgar si es adecuado o no para el desarrollo de menores en edad preescolar o escolar las enseñanzas tempranas en áreas formativas, o si, por el contrario, puede resultar mas útil para su desarrollo el descargar su energía en la naturaleza, en ambientes libres pero controlados.

En cambio podemos ofrecer para quienes prefieran la opción de una educación preescolar tradicional, abierta a la naturaleza, pero sin olvidar algunas de las opciones de la otra faceta, el poder compaginar ambas opciones con un modelo mixto.

Siempre han cuidado de los menores sus abuelos y abuelas, predominantemente estas últimas. A pesar del problema de masculinización en el rural, a elevadas edades esta tendencia generalmente se invierte y hay mas mujeres que hombres de elevada edad en los pueblos.

Sin entrar en los roles de género y otros obsoletos estereotipos, la opción del cuidado de los menores por un grupo de abuelas (y abuelos) en los pueblos puede ser una opción muy interesante, ya sea en centros intergeneracionales que combinen la geriatría con la pediatría para el beneficio de ambas generaciones, como también otras opciones mas originales como podría ser la creación de una red de abuelas (y abuelos) cuidadoras que, residiendo en los pueblos, pudiesen ser formadas como auxiliares de jardín de infancia, para tener a su cargo a un pequeño número de menores, en su casa, o en un local municipal, con conexión permanente por videoconferencia con una guardería centralizada, donde personas expertas de varias áreas diseñan las actividades y las supervisan al mismo tiempo, siendo estas abuelas en red las que se encargan de materializar esas actividades, poniendo sus manos y siguiendo las instrucciones virtuales.

Estas actividades intergeneracionales también podrían ser de gran utilidad para esas personas mayores, al estimular su función cognitiva contando cuentos tradicionales o rememorando anécdotas de su juventud y la historia de los pueblos, canciones tradicionales, o juegos de toda la vida. sino que también, al acompañar a los menores en su aprendizaje diario.

En los pueblos van a encontrar una educación muy superior a la de las ciudades, puesto que al ser pocos alumnos en el colegio, la educación es mas personalizada y por tanto el alumnado aprende mas rápido y mejor. Por otra parte, el trasladarse familias enteras con menores a un pueblo, puede ser garantía de que no cierren el colegio en el pueblo, puesto que garantizarían el cupo mínimo -en su caso- para mantener el colegio abierto. Un colegio abierto no solo genera empleo local en venta de material escolar, limpieza de las instalaciones. El profesorado podría también instalarse en el pueblo lo que ayuda a fijar población.

Por eso en muchas poblaciones ponen todo tipo de facilidades a familias que quieran mudarse allí a vivir. En ocasiones les facilitan los contactos con las empresas locales para que encuentren trabajo (siempre y cuando tengan sus papeles en regla), o les facilitan vivienda o el alquiler de un local a precios simbólicos.

En los pueblos se pueden implementar fácilmente modelos de formación integrativa y colaborativa. Esto es, un modelo por el que escolares de diferentes edades conviven en el mismo espacio formativo y se ayudan entre si, utilizando como factor también de aprendizaje, el enseñar a otra persona, cuya eficacia está ampliamente demostrada en el mundo de las Artes Marciales.

En los entornos rurales se pueden desarrollar sistemas innovadores, como por ejemplo el motivar al alumnado -de cualquier edad, incluso personas adultas- para desarrollar la comprensión lectora y aprovechar los sistemas de acceso a la información mediante la puesta en el candelero educativo de los problemas de cualquier tipo que puedan tener en la vida real, por ejemplo si hay un problema de sequía tratar de explicar el ciclo hídrico, pero también meter el cálculo matemático para hacer cálculos de riego o aprender geografía mediante la interpretación de mapas de precipitaciones.

La enseñanza rural pública cada día supera en mucho a los elitistas colegios privados que en otros momentos eran garantía de una buena formación, de hecho no es casual que los más famosos internados elitistas del mundo estén situados en zonas rurales. La escasez de alumnado, junto con la vocacionalidad del profesorado rural son la mejor base para lograr un desarrollo formativo conforme a los mas altos estándares.

CAPÍTULO 16

Tercera Edad

La Tercera Edad es mayoría en los pequeños pueblos, en la mayor parte de ellos con, mas o menos, la cuarta parte de sus habitantes con edades superiores a los 70 años.

La salubridad de la vida en el campo es de sobras conocida. La mayor longevidad en las áreas rurales, en mejores condiciones físicopsíquicas, y la posible mejora cognitiva de las personas que emigraron en su día a la ciudad cuando en la segunda juventud (a partir de los 60 años). Una vez alcanzada la edad de jubilación, pueden disponer de la opción de revivir las aventuras de la infancia, los paseos por el pueblo, visitar el río, explicar a la gente mas joven como se llamaba determinado árbol donde se dieron su primer beso y como es su fruta, o las horas y lugares mas adecuados para escuchar a los pájaros en el amanecer, puede hacerles mantener activas áreas del cerebro que de otra forma se irían apagando. No pudiendo afirmar aquí esas mejoras cognitivas, por no ser este un tratado de neuropsicología, ni ser su autor docto en esa materia, como tampoco afirmar si con eso van a retrasar o no las posibles enfermedades psiquiátricas relacionadas con la edad, y el deterioro cognitivo, si bien se invita a doctorandos y expertos en esas materias a hacer alguna investigación al efecto. De todas maneras, tenga ese regreso unas ventajas cognitivas asociadas o no, cuando ese regreso es voluntario incluye un elevado índice de felicidad añadida.

No es habitual la tendencia a buscar personas mayores para los pueblos, pero eso puede ser un error. El traslado de personas mayores a los pueblos puede suponer una fuente de riqueza económica y cultural; a la par que social.

Las personas mayores y dependientes procedentes del propio ámbito rural suelen ser cuidadas por familiares en su propio domicilio, lo que impide a estas personas cuidadoras buscar una pareja e iniciar un proyecto de vida propio, lo que acentúa el problema de la despoblación.

Si se les diese alternativas viables como, por ejemplo, centros de día para personas mayores y dependientes, con horario amplio, de forma que pudiese estar esa persona mayor desde el desayuno hasta la cena, regresando luego a casa en una sana y corta caminata que le ayude a dormir mejor, no solo permitirían que su familiar pudiese iniciar su propio proyecto de vida en común, sino que también aumentaría indirectamente el censo de población, al contratar para ese centro de día a personas del pueblo o que asentasen en el mismo su residencia.

Personas de edad, en muchos casos dependientes, con unos ingresos fijos procedentes de sus pensiones, mas un patrimonio que puede venirles añadido por las rentas de propiedades en las ciudades, pueden ser ideales para la repoblación de determinados pueblos que se adapten a las circunstancias de movilidad reducida, falta de visión, etc. que suele aquejar a estas personas.

Un pueblo que se rediseñe y facilite a estas personas actividades culturales, recreativas y de ocio en general, podría basar en ello sus estrategias de repoblación, pues esa población de más edad precisa de quien les cuide, quien haga esa animación cultural, etc. que pueden, con sus familias, establecerse en el pueblo y convertirlo en una especie de residencia abierta. Poco a poco, estas personas cuidadoras podrían ir iniciando negocios diferentes, no relacionados con los cuidados geriátricos.

Esta adaptación para personas mayores puede tener también un atractivo en general a personas dependientes de cualquier edad.

El hábitat con una menor densidad de población implica mas espacio en las calles y menos tráfico. Las casas son mas fácilmente adaptables a los problemas de movilidad reducida y es mucho mas fácil encontrar viviendas en plantas bajas, que, por otra parte, son mucho mas accesibles de por sí, si bien, en caso de necesitar una adaptación estructural, esta es mucho mas fácil y barata.

El cuidado de las personas mayores dependientes en el mundo rural, cuando es en el ámbito familiar, se suele realizar por personas jóvenes, normalmente las hijas solteras, y que, al tener esa obligaciones morales le dificulta establecer un núcleo familiar propio donde poder tener o adoptar hijos. Es establecer esas cargas familiares sobre esas personas solteras contribuye a la despoblación, pues al aumentar la longevidad en la sociedad actual, aumenta en el mismo grado el número de años que precisan de esa atención y cuidado familiar, impidiendo indirectamente que la persona que les cuida pueda tener un proyecto de vida en común propio. Por ello, el establecer mecanismos en los pueblos que faciliten la independencia de esas personas mayores como residencias, o centros de día de horario amplio puede también dar una oportunidad a esa generación cuidadora de tener una vida propia.

Crear pisos tutelados, microresidencias de mayores, servicios de atención domiciliaria, centros de día, y viviendas particulares compartidas, bien entre mayores o intergeneracionales pueden dar un dinamismo al pueblo, no solo económico sino también social. Cuando estas iniciativas se promuevan desde las Administraciones, es importante el implementar cláusulas sociales en la contratación pública para que las empresas adjudicatarias promuevan la fijación poblacional y la repoblación de la zona. Pues, de poco sirve que un pequeño pueblo haga un gran esfuerzo económico para tener, por ejemplo, una residencia de mayores, si el personal que trabaja allí viene de la ciudad mas cercana, la comida e insumos se compran en la ciudad, las personas ancianas son de la ciudad, y lo único que aporta esa residencia al pueblo son las aguas residuales que el propio pueblo tiene encima que costear su depurado. Si, por ley se puede implantar en los contratos que suscribe cualquier administración pública cláusulas sociales además de las medioambientales, se hace necesario el hacer efectiva dicha prerrogativa y que consten de forma clara en las licitaciones, pues ya no es necesario adjudicar a quien presente la mejor oferta económica, sino que puede valorarse, incluso con un porcentaje muy superior al económico, el valor social añadido.

Es necesaria una reinvención de los servicios para las personas mayores, un servicio de acompañamiento, simplemente para salir a la calle, o paliar la soledad de las personas mayores puede integrarse dentro de los programas de voluntariado de la UE. Pero también es un servicio en el que se puede innovar.

Las personas mayores siguen teniendo necesidad de relacionarse socialmente. Vivir en viviendas aisladas o con barreras arquitectónicas puede impedir esa relación social tan necesaria para el mantenimiento cognitivo en la tercera edad, por eso, que los ayuntamientos establezcan esos programas de voluntariado, sea dentro del Cuerpo Europeo de Solidaridad o bien como actividad propia, puede ayudar mucho a mantenerse activas y dinámicas en la senectud. Si se decide montar este servicio a través del Servicio Voluntario Europeo, la UE pueden disponer de jóvenes de toda Europa de entre 18 y 30 años que vayan entre dos meses y un año a ayudar en tareas sociales.

Los jóvenes participantes han de ***defender los valores de solidaridad, respeto de la dignidad humana y derechos humanos y creen en una sociedad justa e igualitaria en la que prevalecen el pluralismo, la no discriminación, la tolerancia, la justicia y la igualdad respetando sus culturas y tradiciones y aspiran a construir una comunidad de responsabilidades compartidas y ayuda mutua*** como dice la propia página web de ese Cuerpo.

Esas actividades pueden ser voluntarias, pero también pueden ser oportunidades de primer empleo para recién graduados o egresados de otros centros formativos de toda Europa. En ambos casos la UE financia el transporte de ida y vuelta al proyecto, alojamiento, comidas, seguro médico y, dependiendo del proyecto, algo de dinero de bolsillo para sus gastos de estancia. En el caso de la primera contratación, la UE financia el viaje, la estancia y un porcentaje del salario y Seguridad Social de quienes participan en el programa, y pueden ser contratados tanto por empresas como por entidades no lucrativas como Ayuntamientos o Asociaciones de Vecinos. En

España solo se pueden recibir esos trabajadores, en el momento de escribir esta segunda edición del libro ¡ Repuebla ! En Catalunya, Comunitat Valenciana y Murcia, no obstante en el enlace: http://www.eurodyssee.eu/es/regiones/las-regiones.html se podrá seguir la información para ver si se incorpora alguna otra Comunidad Autónoma . También se puede usar el código Qr siguiente:

El participar en estos proyectos no compensa económicamente ni al pueblo que los acoge ni a sus participantes, pero en cambio tiene una gran compensación inmaterial. Para la juventud participante es una muy importante experiencia de vida, un paso entre la vida de estudiante y la vida adulta, podría definirse como un rito de iniciación.

Para la población que les acoge, su ayuda es inestimable, no por hacer tareas que no quiten empleo (salvo las prácticas y contratos laborales), ni por gastarse su exiguo presupuesto en el propio pueblo. La opción de plantearse iniciar un proyecto de vida en ese pueblo o fomentar las relaciones posteriores a su marcha por ejemplo distribuyendo la producción artesana de ese pueblo en su comunidad de origen.

La gran ayuda que el proponer proyectos dentro de este programa de trabajo para la inclusión social de mayores, especialmente si viven en soledad, es precisamente su propia presencia. Ver rostros jóvenes en el pueblo, de orígenes diversos (para que así usen el idioma local como lengua vehicular y haya una mejor integración cultural evitando que creen un grupo aislado) puede ayudar a volver a dar alegría a las calles del pueblo, a proponer nuevas ideas y alternativas, a que estas personas publiciten el pueblo y sus actividades diarias en sus comunidades de origen a través de las redes sociales. Que puedan recibir a sus amistades en el pueblo también ayuda para que pueda animarse alguien a establecerse en el mismo. Son la semilla y el agua que se puede necesitar para que el pueblo crezca. Pueden surgir parejas o comunidades que, desde las instituciones locales deberían seguir discretamente para apoyarles en cualquier iniciativa al respecto.

Esos programas intergeneracionales ya se están estableciendo en algunas ciudades bajo otro formato, que es el de personas mayores que viven solas que acogen a jóvenes en su hogar par que les hagan compañía. Suele ser en programas conveniados con las Universidades, para estudiantes, si bien se puede hacer lo mismo en los pueblos por ejemplo para doctorandos, opositores, etc.

Con estos datos, si decidimos orientar una actividad de repoblación dirigida a las personas mayores, como una residencia de mayores, o actividades de turismo de invierno a un clima más saludable que el suyo de origen, podemos ver a que zonas concretas de la Unión Europea debemos dirigir las actividades de marketing para captar clientela.

Recordemos que no se trata solo de hacer residencias donde "aparcar" a esas personas mayores viendo la televisión. Actividades como el senderismo, ejercicio al aire libre, turismo de balnearios - termalismo y otras relacionadas con la salud y bienestar, principalmente desarrolladas en los entornos naturales, son actividades que pueden dinamizar enormemente esas poblaciones, especialmente con personas recién jubiladas que gozan de toda su movilidad .

Map 1.1: People aged ≥65 years, by NUTS level 2 regions, 2019
(% share of total population)

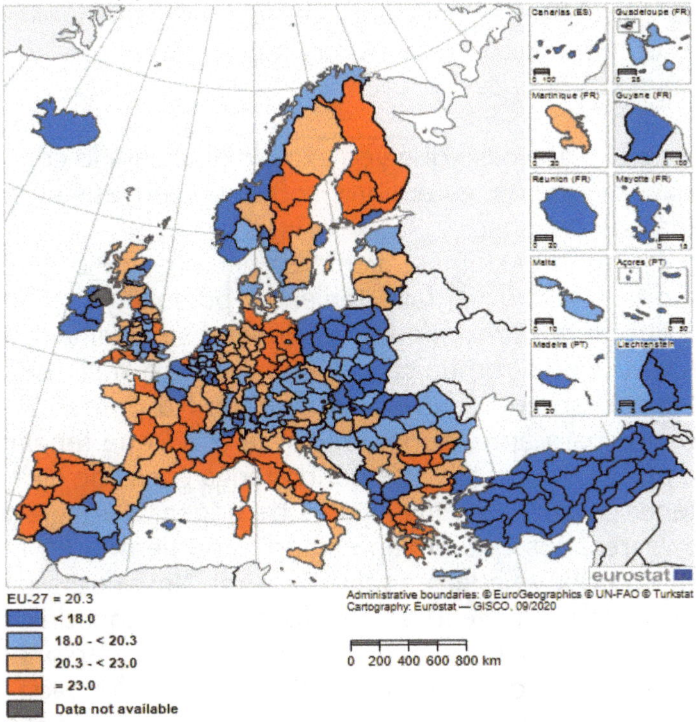

Note: all data as of 1 January.
Source: Eurostat (online data code: demo_r_pjanind2)

En este mapa, obtenido de Eurostat podemos ver los porcentajes de personas mayores de 65 años en cada zona de Europa y el tanto por ciento sobre la población total.

Las personas más mayores o incapacitadas pueden ser también clientes en servicios especializados. En esos casos se agradecen más, amplias habitaciones con balcones que tengan estupendas vistas, especialmente a la floración primaveral y bonitos paisajes otoñales. Actividades como ponerles comida a los pájaros en el balcón para ver como acuden a diario o poder observar la naturaleza tanto de forma natural como con prismáticos, incluso desde la cama, pueden darle una gran calidad de vida a una persona encamada o con movimientos muy limitados. Esto ofrecido en pequeñas residencias, personalizadas, con pocos pacientes en cada una puede tener un gran atractivo y corriéndose la voz en sus países de origen entre sus amistades y las amistades de sus familiares podrían establecer una continuidad en la clientela que garantice la subsistencia de la residencia.

Incluso se podrían abrir residencias de temporada, por ejemplo para pasar el período invernal, al tener unos inviernos más secos y benignos que en sus países de origen, lo que es mejor para sus huesos.

Este es el único caso que veo excepcional para lo comentado en varias partes de este libro sobre la conveniencia de la diversidad de orígenes.

Especializar un establecimiento en personas de determinado país podría ser una ventaja, teniendo personal que hable su lengua, que haga sus comidas tradicionales y permitiendo que la clientela se pueda comunicar fácilmente entre sí sin necesidad de tener que aprender un nuevo idioma. No porque no estén capacitados para aprenderlo, tengan la edad que tengan, si no porque puede que no todo el mundo tenga ganas de ello.

El tener personal de sus lugares de origen, o emigrantes del pueblo regresados que hayan estado largo tiempo en ese país también contribuye a la repoblación rural. No se trata de hacer islas ni centros rodeados de fosos con cocodrilos para mantenerse aislados, La actividad laboral del personal en la residencia debe de separarse de su vida privada, y es conveniente construir o arreglar, distribuidas por todo el pueblo, viviendas para el personal, ofreciendo también programas de integración social, como cursos de castellano, participar en las actividades del pueblo como fiestas, excursiones, etc. De manera que, siendo esas personas también de origen extranjero, puedan formar parte de la población local, especialmente la segunda generación.

No es necesario comentar que si son personas del pueblo emigradas que retornan tienen mucho más fácil la integración social, si bien es conveniente que los Servicios Sociales organicen un programa de integración para sus hijos. Asimismo si son personas que han estado fuera varias décadas, el regreso a su pueblo es algo peculiar, encontrándose que el pueblo no es el mismo que cuando se fueron y teniendo también en cuenta que regresan de una ciudad en otro país, con otra cultura, y que, quieran o no, habrán captado algo de esa cultura de acogida y lo habrán incorporado a su forma de ser, por lo que es importante hacer tanto un trabajo social de acogida con estas personas para que se sientan integradas y entiendan los cambios , como también con las personas del pueblo para ayudarles a que le puedan facilitar una reincorporación a la vida en el mismo, que será necesariamente gradual.

La especialización de un pueblo en personas mayores no implica solo la residencia o pisos tutelados. Se necesita también otra serie de servicios, sobre todo en el área de la salud, como fisioterapeutas, ortopedas, farmacia y todo tipo de servicios complementarios que podrían ir desde cuentacuentos para adultos a biblioteca, guías, adiestradores de perros de asistencia, agencia de viajes (especializada en el Imserso), nutricionistas y cualquier otro servicio especializado o no que pueda cubrir las necesidades de este colectivo y también de sus cuidadores. Eso dinamiza el pueblo y fija población de todas las edades.

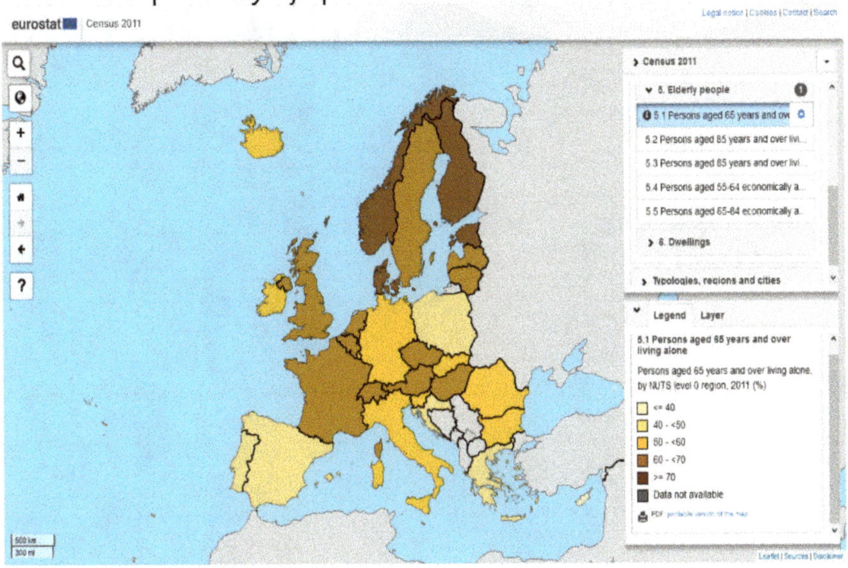

Porcentaje de personas de más de 65 años que viven solas en la UE, según Eurostat en su censo de 2011

CAPÍTULO 17

Discapacidad en el medio Rural

La **Convención sobre los derechos de las personas con Discapacidad**, también contempla la discapacidad en el medio rural.

Así, obliga a los estados firmantes a garantizar a las personas con discapacidad el acceso al entorno físico, al transporte, a la información y a las comunicaciones (incluyendo las tecnologías de la información) eliminando las barreras de acceso.

En el mundo rural algunos de esos aspectos son mucho mas fáciles de cumplir, debido al mayor espacio en las viviendas que permiten adaptarlas fácilmente, si bien nos encontramos con frecuencia con otras barreras como las escaleras para acceder a las oficinas municipales, que no cuentan con una alternativa accesible. Algunas discapacidades son mas peligrosas para quien las sufre en el medio rural, como el caso de personas que se desorientan y pueden perderse. Asimismo es mas peligrosa la vida en el rural para las personas con movilidad reducida, las cuales pueden tener mas fácilmente accidentes en vías sin asfaltar o poco cuidadas. La eliminación de esos peligros es una obligación de los Estados a través de sus distintas Administraciones, lo cual implica también la obligación de financiar por algunas entidades de orden superior y con capacidad para ello, los necesarios arreglos en vías públicas y acondicionamientos de la accesibilidad en edificios públicos que no siempre los Ayuntamientos tienen capacidad económica para afrontar.

La Salud debe de ser garantizada también en igualdad de condiciones a las personas con Discapacidad, según el artículo 25 de la citada convención, que hace mención explícita a la rehabilitación. Algo muy necesario en los pueblos y que no siempre es atendido con cargo al Sistema Nacional de Salud. Especificando además en el apartado C de ese artículo que ***"Proporcionarán esos servicios lo más cerca posible de las comunidades de las personas con discapacidad, incluso en las zonas rurales"***, lo que en tónica similar también dice en el siguiente artículo cuando habla de empleo, servicios sociales, etc.

Y, como toda petición ha de ser proporcional, justa y razonada, cualquier pueblo con un porcentaje importante de personas con discapacidad en su padrón debería de exigir esos servicios en el pueblo en virtud de esta misma convención.

Se debería tomar en consideración la discapacidad como alternativa para la repoblación. Iniciativas como la de Pescueza de adaptar todo el pueblo para ser un inmenso espacio adaptado es interesante y ejemplificadora, como mínimo para plantearse una visita a esa localidad para evaluar esas iniciativas; aunque no debemos quedarnos ahí, el tener una reproducción del mapa del pueblo en relieve a la entrada del mismo para que pueda ser percibido por las personas ciegas, acompañado de pequeñas reproducciones a escala de los edificios o monumentos mas notables del pueblo, no solo permiten a estas personas sin visión el poder verlo a través de sus manos, sino que además contribuye a que el público en general pueda tener una percepción mas elevada, como si volase, de las partes que no se pueden ver desde la altura de la calle por una persona a pié, lo que contribuye a favorecer el turismo en general.

Las audioguías turísticas están muy bien, claro que también se pueden poner en determinadas zonas, unos sistemas que indiquen verbalmente la posición de la persona, que se podrían activar automáticamente, bien por móvil con alguna aplicación adaptada, o bien en altavoces con el mismo sistema que utilizan las personas ciegas para activar los indicadores acústicos en los semáforos.

No solo la Convención obliga a legislar acerca de la discapacidad en entornos rurales, también tenemos ya legislación al respecto en el Ordenamiento Jurídico Español, Así, por ejemplo, la ***Ley General de Derechos de las Personas con Discapacidad y su Inclusión Social aprobada por Real Decreto Legislativo 1/2013 en su artículo 13 traspone la Convención y exige a las Administraciones Públicas que velen por el mantenimiento de unos servicios y garantías adecuadas en los ámbitos de la Salud, el Empleo, la Educación y los Servicios Sociales para garantizar una oferta de servicios y programas próxima para que garantice su vida suficiente y diversificada, especificando claramente que esto ha de hacerse tanto en zonas rurales como urbanas.***

En el artículo 22 de esa misma Ley, se garantiza la vida independiente de estas personas garantizando la participación en todos los aspectos de la misma. Exigiendo a los Poderes Públicos que adopten medidas que garanticen la accesibilidad universal, en igualdad de condiciones con las demás personas, en todos los ámbitos, nombrando expresamente varios entre los que está el transporte, y los servicios e instalaciones de uso público. Exigible por tanto a las empresas concesionarias del transporte que lo hagan con vehículos adaptados para personas con discapacidad,ya que además explícitamente nombra en igualdad de condiciones a ls zonas rurales y a las urbanas.

Si ***tenemos en cuenta que el artículo 49 de esa misma Ley, exige que los servicios sociales se presten garantizando la permanencia de las personas con discapacidad en su medio familiar.*** tenemos con ello una puerta abierta para aumentar el censo de los pueblos donde vivan personas con discapacidad, ya que, no solo no tienen que irse instituciones que les cuiden, sino que el Estado debe garantizar que sean atendidas en los pueblos donde residen, pues vuelve a nombrar específicamente las zonas rurales. Los ***artículos 67 y 68 de esa Ley, exigen tomar medidas de acción positiva y de igualdad de oportunidades, obligando a las Administraciones Públicas específicamente a que las ayudas y subvenciones públicas promuevan la igualdad de***

oportunidades de las personas con discapacidad, nombrando específicamente a las que viven en el ámbito rural. Esto permite exigir no solo la cuota de reserva en el empleo para empresas de mas de 50 personas en plantilla, sino que también debería servir para incluir cláusulas sociales a la hora de cualquier subvención o ayuda.

Por si hubiera dudas, se puede aplicar también la ***Ley 45/2007 para el desarrollo sostenible del Medio Rural , en el artículo 22 exige velar por la integración laboral de las personas con discapacidad en las areas rurales prioritarias.*** Y, en el 23, también relativo al Programa de Desarrollo Local Sostenible, ***exige la mejora de la oferta de servicios de transporte público en el medio rural especificando también la necesidad de tener en cuenta en ello a las personas con discapacidad en el mundo rural.***

La Estrategia Española sobre discapacidad ha tenido, al menos teóricamente, desde 2012, el objetivo de mejorar la calidad de vida de las personas con discapacidad que viven en los entornos rurales.

Las personas con discapacidad, tanto en el medio rural como en el entorno urbano tienen mas dificultad para conseguir ingresos y al mismo tiempo un mayor monto en gastos, por lo que el resultado de ello es un mayor acercamiento o superación de los límites de la pobreza, lo cual se agrava en el entorno rural, y , por ello, necesita un mayor porcentaje de ayudas que en el entorno urbano.

El desempleo y la precariedad laboral, fustigan especialmente a la población con discapacidad en el entorno rural, máxime si tenemos en cuenta que la mayoría de las oportunidades laborales en ese ámbito suelen exigir un gran esfuerzo físico. Por ello, la mejora de las telecomunicaciones es un elemento vital para facilitar esa integración laboral de las personas rurales con discapacidad, ya que daría la oportunidad a muchas de estas personas de teletrabajar, (trabajar en cualquier lugar) o trabajar a distancia (en centros de trabajo diferentes a la sede principal de la empresa y, por tanto, poder ser económicamente autosuficientes.

Las ventajas del mundo rural de tener una pequeña huerta para autoabastecimiento o unas gallinas que garanticen unos huevos frescos a diario, no son tales para las personas con discapacidades que limiten su movilidad, por lo que es importante que las Administraciones tengan en cuenta esta circunstancia a la hora de estipular ayudas. El subsidio de desempleo para personas mayores de 52 años debería de tener un incremento mínimo de un 30% cuando las personas beneficiarias tienen movilidad reducida o discapacidad en general. Las pensiones por incapacidad laboral también deberían aumentar en el medio rural.

Dada la necesidad de tener que desplazarse siempre en coche debería de tener una especial consideración en entornos rurales para las personas con movilidad reducida, a quienes se debería de permitir utilizar gasóleo agrícola en sus vehículos.

Establecer pequeños entornos productivos en el medio rural, dedicados a la transformación agroganadera, como pueden ser fábricas de conservas, quesos, etc. , junto con la producción artesana pueden ser nichos de empleo interesantes para la autonomía e independencia de las personas rurales con discapacidad.

Otra fuente de empleo puede ser la relacionada con actividades turísticas, desde gestionar una casa rural a atender un puesto de información turística.

La discapacidad puede ser muy variada, tanto física como intelectual y lo que una persona con muletas no puede hacer podría realizarlo una con síndrome de Down o viceversa, por lo que, opciones como la jardinería, robótica, mantenimiento de infraestructuras y conducciones de agua, instalaciones solares o de otros tipos de energías alternativas o plantas de residuos por decir algunos ejemplos pueden ser perfectamente atendidos por personas con unas u otras discapacidades, por lo que la integración de las personas con discapacidad en el entorno rural es cuestión de mentalidad mas que de las propias limitaciones.

Muchas de estas personas con discapacidad pueden tener una vida perfectamente autónoma, con algunas pequeñas ayudas, y, el entorno rural en muchos casos es mucho mas amigable, al tener distancias mas cortas, casas mas grandes, voluntariedad de ayuda por el resto de la población, aire mas puro, menos ruidos estridentes, y otros factores que pueden facilitar la vida a la población con discapacidad física o psíquica, por lo que sería muy interesante que las Administraciones Públicas se sentasen con las Asociaciones y Colectivos relacionados con la Discapacidad para establecer un programa de ayudas para el emprendimiento rural de las personas con discapacidad y su establecimiento en los pequeños pueblos de nuestra geografía ya sea en forma de vida autónoma o a través de pisos tutelados o viviendas colaborativas que les permita estar en un entorno mas amigable que el urbano.

Capítulo aparte merece el tratar el acceso a la educación de las personas con discapacidad en el mundo rural, no solo por la necesidad de transportes adaptados sino también por la escasez de personal docente especializado en estas personas, que, además, por su diversidad, tienen necesidades diferentes. Y si bien la teleformación es una opción que se está implantando en la sociedad en general, no debemos olvidar la necesidad también de relacionarse con el resto del alumnado físicamente en igualdad de condiciones. La Convención Internacional de los Derechos de las Personas con Discapacidad refleja todo esto en su artículo 24.

El funcionariado rural, especialmente el dedicado a la seguridad, a la información para el empleo y a la formación, debería tener una especial formación relacionada con la discapacidad en general, y, al menos, darles una formación específica relacionada con las peculiaridades de las personas que viven en ese pueblo con alguna discapacidad.

Es importante tener en cuenta a la mujer con discapacidad, que sufre la doble discriminación de ser mujer y tener discapacidad, a veces triple o cuádruple, si le añadimos la edad, o ser inmigrante, de color o cualquier otra. En estos casos suele ser especialmente notorio el aislamiento social en el que viven estas mujeres.

Establecer servicios, que pueden ser atendidos por voluntariado europeo, que tengan como misión simplemente el animar, acompañar y ayudar a estas mujeres -y también hombres- a ir a la plaza del pueblo o al lugar que tengan establecido como centro de reunión social puede dar una gran vida a los pueblos, y, ¿por qué no? acabar en muchas ocasiones fijando esa población voluntaria, que en principio venía temporalmente, para que se establezca en el pueblo definitivamente.

La integración de la domótica en áreas rurales orientada a la discapacidad puede ser un importante foco de empleo tanto para la instalación como para el mantenimiento. Al mismo tiempo, favorecer enormemente la vida de las personas con discapacidad y mayores de las áreas rurales.

Aunque no solo la domótica tendría una influencia positiva, desde el punto de vista de consumo de esos equipos y servicios asociados, tanto para personas con o sin discapacidad sino que el mundo rural es un mundo ideal para diseñar, desarrollar y probar esas tecnologías, para su posterior comercialización en las ciudades.

En el mundo rural es común tener al menos un perro en cada casa. Los perros pueden hacer muchas labores asistiendo a una persona con discapacidad, desde avisarles de una bajada de azúcar o llevarles la compra a ir a buscar y accionar el pulsador de emergencia o ir a buscar a un vecino o familiar a su casa para pedir ayuda.

Muchas de esas tareas necesitan un largo y complejo adiestramiento además de una homologación internacional como perros de asistencia, pero otras labores las pueden realizar con un adiestramiento mínimo como por ejemplo acompañar a la persona a la tienda y regresar a casa con la compra en unas alforjas o tirando de un pequeño carro.

El sacar a pasear al perro supone una excusa perfecta para la interacción social, especialmente teniendo en cuenta que el perro no va nunca a discriminarnos por la discapacidad o ningún otro motivo.

Adiestrar a un perro para que a nuestra orden vaya a casa de un familiar o a su trabajo y se ponga a ladrar o aullar en la puerta, puede significar darle la libertad a esa persona cuidadora para aceptar un trabajo fuera de casa, con una cierta seguridad de que si algo pasa y el botón de emergencia no funciona podrán recibir el aviso lo más rápido posible. Y para eso no hace falta más que tener un perro dócil y obediente.

El Turismo Accesible dispone de un mercado potencial de 80 millones de personas solo procedentes de la UE, cifra que aumenta a unos 130 millones de personas si contamos también a sus acompañantes. Siendo además un mercado en crecimiento debido al progresivo envejecimiento de la población y a la inversión de la pirámide poblacional. Es decir, cada vez hay mas personas de edad avanzada que, sin tener una discapacidad reconocida, podrían ser usuarias de esos servicios turísticos accesibles y adaptados.

Personas que, en muchos casos, disponen del dinero (porque además no tienen donde gastarlo por no tener ofertas de ocio adaptado en las ciudades) y en muchas ocasiones disponen del tiempo, en muchos casos porque teletrabajan, y por tanto pueden desplazar su residencia libremente.

El turismo accesible no se limita a que la habitación en la casa rural tenga una rampa o una imagen 3D de la misma para que puedan verla con sus dedos.

Turismo accesible se trata de garantizar no solo el acceso si no también el disfrute del entorno y de todos los servicios. Para unificar criterios, y que todo el mundo pueda disfrutar del mismo en igualdad de condiciones, se han establecido una serie de requisitos y recomendaciones que deben de cumplir los establecimientos y servicios turísticos, y está regulado a través de la ISO 21902.

Esa norma en español se puede buscar como UNE-ISO 21902.

Así, tanto las Empresas (o Autónomos) como las Administraciones Públicas operadores turísticos y relacionados podrán certificarse dentro de esa norma si, por ejemplo, sus rutas senderistas tienen un suelo estable y sólido, si está adecuadamente señalizado y antes de empezar la ruta se explican los pormenores de la misma, en lenguaje sencillo y claro, expresado en una secuencia lógica, con imágenes y pictogramas o símbolos gráficos dibujados con contraste de colores y fuentes legibles (y si además le ponen un pulsador para poder escucharlo en audio, sin necesidad de teléfono móvil para escanear un QR mucho mejor). Pero eso no es solo para los carteles indicadores de la ruta, si no también para los propios correos electrónicos o páginas web de los establecimientos, rutas, etc.

Recordemos en esto que no solo se trata de montar una ruta senderista accesible, si no también el mantenerla. Si unas lluvias torrenciales han socavado una parte del camino estrecho y ahora discurre por el mismo un pequeño arroyo fácilmente sorteable con un saltito, Podría ser que ese arroyo sea un obstáculo infranqueable para una persona en silla de ruedas, y que, debido a la estrechez del camino no pueda dar la vuelta. Si no tiene nadie que le ayude ni cobertura telefónica, se le podría hacer la noche allí y morir de frío. Ese ejemplo, que no es imposible, es lo suficientemente expresivo de la necesidad de mantener esas rutas, y si no se pueden mantener, al menos señalizar, mientras se repara que ya no es accesible de forma clara y suficiente y no con carteles improvisados.

CAPÍTULO 18

Mujeres - Madres solteras - Familias Monoparentales- Menas

El papel de la mujer en el ámbito rural, que ya se ha tocado ligeramente en el capítulo dedicado a la juventud, es vital para el mantenimiento de la población rural.

Las mujeres en edad fértil han desaparecido de los entornos rurales, (suelen marcharse entre 20 y 24 años de edad), quedando unas poblaciones masculinizadas, con una estadística engañosa que a veces simula lo contrario solo porque la esperanza de vida femenina es mayor, ***la tasa de desempleo femenina en el medio rural es superior al 42%, según datos de la Federación de Asociaciones de Mujeres Rurales (Fademur)***

La masculinización de los pueblos se da sobre todo en la franja de población joven, o de edad intermedia, teniendo una especial incidencia en los municipios de menos de 2.000 habitantes, siendo la causa principal la mayor emigración de las mujeres rurales, sobre todo por la estigmatización de la vida rural, su falta de visibilidad y reconocimiento.

La inmigración se ha visto siempre como una oportunidad de repoblar. Si bien, la mayor parte de los inmigrantes son hombres, de hecho, el citado informe, de *"Situación y Diagnóstico del Medio Rural en España"*, sitúa a los hombres inmigrantes con 12 puntos porcentuales sobre las mujeres, duplicando la proporción existente en las áreas urbanas, lo que masculiniza aún mas el campo.

A esto le sumamos que el mercado de trabajo rural está principalmente pensado para hombres. Eso hace que, cuando una mujer se marcha a estudiar a la ciudad, normalmente no regresa, pues además suele cursar estudios superiores durante mas tiempo.

Si tuviesen servicios adecuados, las mujeres aguantarían mas tiempo la vida en el rural, especialmente si son sociedades mas matriarcales, por ello, la tendencia a la masculinización del rural se invierte en la franja de edad de mas de 65 años.

La Ley Orgánica 3/2007, de 22 de marzo, en su artículo 30,1 que promueve la igualdad entre mujeres y hombres, se refleja en la disposición final cuarta de la Ley de Desarrollo Rural Sostenible en el sentido de promover y desarrollar la cotitularidad de las propiedades y explotaciones rurales.

Hay que tener en cuenta que el ninguneo social que tiene la mujer en muchas zonas rurales le dificulta su desarrollo y autorealización hasta tal punto que prefiere emigrar a la ciudad antes de ser objeto de burlas y cotilleos por algo tan simple como el pretender tener un trabajo remunerado fuera de su casa o de la empresa familiar, o el establecerse independientemente dentro del mismo pueblo. Si a esto le sumamos los roles de género preestablecidos, obtenemos un combinado idóneo para que estas mujeres preparen sus maletas.

No se puede vivir pensando todo el tiempo en el "¿que dirán?" , y menos aún, dándole importancia a la opinión de las otras personas. Tanto en la ciudad como en el campo ***"lo que opinen los demás, ¡está de más!"*** *(parafraseando a Mecano)*, lo cual es mucho mas difícil de aplicar en una sociedad rural mas pequeña y donde además la vida privada y las decisiones de sus habitantes son fiscalizados por el conjunto de la población, que no tienen otro entretenimiento mejor, y para quienes las mujeres son las víctimas propiciatorias ideales por la cultura machista recibida. La solución a esto quizá podría ser mejorar las alternativas de ocio disponibles y que así pudiese tener la población cosas mejores que hacer que meterse en la vida privada de otras personas.

Si bien, ese cotilleo, bien enfocado, es garantía de supervivencia social, y pudo tener un origen de protección mutua. Así si una persona que habitualmente iba a diario a la fuente al mediodía, si de repente un día dejaba de ir, el comentar eso entre las personas del pueblo, seguramente acabara en que alguien pasara a visitar a esa persona a ver si había tenido un accidente o estaba enferma. Eso, hoy en día es menos necesario al disponer de tecnologías de telecomunicaciones como los teléfonos móviles con los que es mas fácil pedir ayuda, siempre y cuando haya cobertura, claro.

También, al igual que hemos expuesto en el capítulo anterior sobre personas con discapacidad, cada vez es más habitual en los pueblos, sobre todo para las personas más mayores que viven solas y que suelen ser mujeres por su mayor esperanza de vida; mandar adiestrar un perro para que, como mínimo, pueda ir a buscar ayuda a determinadas casas o incluso ir a la plaza del pueblo y ponerse a ladrar allí, notificando que algo malo ha pasado en la casa donde vive. Esto, además de proteger la casa, da mas confianza a esas personas que viven solas para pasar hasta el final de sus días en el pueblo en lugar de trasladarse a un geriátrico a la ciudad.

El papel de cuidadoras, que los estereotipos sociales han dado siempre a las mujeres y que aún persiste en el campo, se aplica también a los trabajos relacionados con el cuidado y la asistencia a domicilio. Teniendo esa actividad de atención domiciliara una implantación lenta en el ámbito rural, no por su falta de necesidad, sino porque está , en muchos sitios, mal visto que alguien que no sea la hija o la nuera se encargue de las personas ancianas o dependientes que pueda haber en la familia. Esto obliga a desempeñar ese rol a las mujeres con parentesco directo con la persona que necesita esta ayuda, impidiendo por una parte fijar nueva población que pueda tener esos empleos, y por otra parte promoviendo indirectamente la emigración de las mujeres mas jóvenes que no quieren desempeñar ese rol cuando sean más mayores, no por no cuidar a esas personas, sino porque ese cuidado les impediría desarrollar una vida propia.

Las relaciones asimétricas de género dando un valor social superior a las actividades tradicionalmente realizadas por hombres, implica relegar a las mujeres a meras ayudantes, llegando incluso a que, siendo las titulares de una explotación agroganadera sean un cero a la izquierda en dicha explotación.

La constitución de cooperativas de mujeres , por ejemplo en el área de la transformación agrícola o ganadera, elaborando productos de cualquier tipo, podría ser una forma de empoderarse las mujeres rurales. Si bien, otras opciones como una cooperativa dedicada a la robótica avanzada rompería muchos mas esquemas y les daría a esas mujeres un mayor desarrollo social en ese ámbito rural.

Estos estereotipos muchas veces, aunque afortunadamente cada vez menos, se ven reflejados en la política rural, donde, si bien cada día hay mas alcaldesas, también quedan algunas poblaciones perdidas, donde es impensable que los cargos de gobierno los ocupe una mujer, aunque pueda hacerlo teóricamente, pero en la práctica sigan yendo a consultar cualquier duda o problema a su marido. Esa tendencia está en extinción, por suerte.

Quizá en el ámbito del Turismo Rural se puedan invertir las tornas, siendo en esos casos las mujeres muy relevantes a nivel estadístico en la gestión de esos negocios, que, además, no están tan criticadas por la sociedad donde viven por regentar un negocio, pues en el subconsciente patriarcal dominante en muchas localidades rurales -y también urbanas, pero eso no es motivo de estudio en esta publicación- se considera que al ser un trabajo de la gestión de una casa está mas relacionado con la tradicional segregación de género que faculta a las mujeres con esos cometidos. Algo muy lejos de la realidad, ya que las casas rurales se deben gestionar mas como establecimientos hoteleros que como viviendas familiares, pues han perdido su carácter original de familias rurales que alquilaban temporalmente una habitación en su propia vivienda, para convertirse en minihoteles de lujo.

En ocasiones puede hacer mas por fijar a la población femenina en los pueblos si se les da la posibilidad de tomar decisiones, de ser gestoras de un proyecto, sin tener condena social o familiar por ello; y, dándoles ese reconocimiento, que los ingresos que directamente puedan aportar por esa actividad a la economía familiar.

Además las actividades de turismo rural , que no tienen por que restringirse solo al alojamiento, proporcionan a la mujer rural una oportunidad de relacionarse con el mundo exterior superior a la que tienen quienes gestionan una vivienda familiar. Y siendo el ser humano un ser gregario, donde las relaciones sociales son muy importantes para el desarrollo personal y la estabilidad psicológica, esta actividad turística en el área rural puede ser un factor determinante para la fijación de la población femenina, mas allá de los puros rendimientos económicos. Al fin y al cabo, regentar un establecimiento turístico es viajar sin moverse del sitio.

La gestión informática de una casa rural, el marketing necesario para promocionarla, la atención detallista de la misma, las actividades de turismo activo en el medio natural y todo lo que eso lleva consigo podría dar pié a especializaciones que vayan más allá de la gestión de su propia Casa Rural, si no que, por el contrario, podrían ser profesiones especializadas de personas que podrían repartirse esas tareas entre las casas rurales de la comarca, quizá a través de una asociación sin ánimo de lucro o incluso trascender la propia comarca a través de una cooperativa especializada en gestión de este tipo de establecimientos. No obstante, la primera opción, la de crear Asociaciones Comarcales es la más interesante porque para hacer un trabajo detallado y efectivo en ese ámbito hay que conocer muy bien el territorio y no es lo mismo trabajar en tu propia Comarca que en una provincia al otro lado del mapa.

Estas visiones que previamente se relacionan sobre la función de la mujer en el ámbito rural no siempre se corresponden con la realidad. En muchas ocasiones, es mas el imaginario colectivo el que empodera a la mujer en el ámbito urbano y la subyuga en el ámbito rural. Pero esa percepción general sobre esa relación desigual fuerza en muchas ocasiones al subconsciente a percibir la realidad de una forma modificada por esas creencias en los estereotipos rurales.

La ruralidad es, por otra parte, salvaguarda del empoderamiento femenino en zonas rurales matriarcales. Como ocurre en Galicia que, como otros territorios de tradición celta, mantiene en el medio rural su tradición de igualdad y equidad social, personificada en sus mujeres rurales en entornos aislados.

Si hay unas personas que podrían estar en una situación de necesidad y que podrían ser objetivo para la repoblación. Estas personas, por ejemplo podrían ser algunas madres solteras, las familias o personas solas refugiadas, menores inmigrantes no acompañados , y las familias inmigrantes en general.

Cada uno de estos colectivos requiere una atención concreta, particularizada y adaptada a sus circunstancias.

Si una población considera que el colectivo de madres solteras puede ser su objetivo de repoblación, lo primero que debe plantearse es si va a poder ofrecerles los adecuados servicios pediátricos, si hay una guardería en el pueblo, si hay un colegio, etc.

Posteriormente, en caso de poder atender adecuadamente a esas criaturas, se deberían plantear si esas madres van a tener opciones laborales en el mismo pueblo que además les permitan conciliar su trabajo con el cuidado de los niños.

Algo que podría parecer fácil, pero hay que tener en cuenta que no todas las madres solteras tienen un perfil similar. Pueden ser madres solteras estudiantes universitarias, con varios doctorados o mujeres analfabetas. Pueden ser personas de complexión fuerte, o que no puedan levantar un cubo de agua. Unas serán trabajadoras autónomas, otras necesitarán un trabajo por cuenta ajena.

Por lo que es necesario tener el perfil muy definido previamente.

Para estos casos, el disponer de una infraestructura, que vaya mas allá de los anteriormente nombrados hogares de transición, y, aunque bien podían tener una estructura similar, habría que tener en cuenta que los niños y niñas crecen o que pueden llegar de distintas edades.

Hay que tener en cuenta también que puede haber padres solteros, (el término soltero-a, en ambos casos no se aplica exclusivamente a personas no casadas, sino que también incluye a familias monoparentales, como personas separadas, viudas, divorciadas, con hijos propios o adoptados, etc)

No se puede discriminar a ninguna familia monoparental en función del sexo del progenitor-a, sería injusto e inconstitucional. Pero hay que tener en cuenta este factor a la hora de diseñar la vivienda, especialmente cuando pueda venir alguna de las personas procedente de malos tratos. Por eso, en algunos casos, la figura que mejor se adapta no es la de vivienda colaborativa sino la de vivienda tutelada.

En los casos esos en los que hay involucrados menores, hemos de tener en cuenta no solo a sus progenitores, sino también las necesidades del menor y, sobre todo crear vínculos y enraizamiento en el pueblo, para que su estancia en el mismo sea continuada en el tiempo.

Esto mismo aplica para los casos de menores inmigrantes no acompañados. Estas personas necesitan unos servicios adecuados, que se podrían dar mas fácilmente en viviendas tuteladas, en estos casos, al no estar supervisados por sus progenitores deberían de tener un diseño específico.

Estas personas por lo general no son problemáticas, si bien hay algunos casos aislados que si, y esos problemas se incrementan cuando son alojados en establecimientos de alta densidad, en espacios sobresaturados en ciudades grandes donde el anonimato es mas fácil.

Una vivienda tutelada en una población pequeña, facilitaría la integración de estas personas en esa población. Todo el pueblo ejercería una labor de fiscalización y seguridad de estas personas. Si cuentan con un equipo pedagógico adecuado y se realizan actividades de enraizamiento, como puede ser desde jugar en el equipo de fútbol, a participar en la organización de las fiestas del pueblo, se pueden evitar esas actitudes antisociales, siempre que tengan esa supervisión y apoyo continuo.

Uno de los elementos mas demandados en el mundo rural son las guarderías, pero luego el porcentaje de uso es escaso, pues, en general se confía mas en el cuidado de los menores por las personas mas ancianas de la familia. La llegada de familias monoparentales sin vinculación previa al pueblo, en cambio, puede ser un revulsivo para el uso de estos servicios, sobre todo si consideramos los casos de personas sin vinculación previa al mismo. La utilización de los servicios de guardería por parte de algunas personas con carácter habitual podría garantizar la existencia de ese servicio. Por otra parte, el servicio de Guardería podría ser causa de emprendimiento en el pueblo. Incluso con guarderías intergeneracionales, donde se pueda atender por ejemplo a la abuela y al nieto al mismo tiempo, cuando el abuelo no tiene capacidad física para realizar los cuidados básicos por si mismo, pero podría, el hacerlo acompañado y supervisado por la persona cuidadora, servirle de estímulo cognitivo, al mismo tiempo que incitarle a realizar movimientos complejos, que , de otra manera no tendrían el estímulo para realizar. Con este concepto intergeneracional se desarrollarían también los valores infantiles, sobre todo el de respeto a las personas mayores, del que, últimamente carecen en gran parte en las ciudades, principalmente debido a esa falta de relación intergeneracional.

Incluso la creación de guarderías se podría encuadrar organizativamente dentro del concepto de un banco del tiempo. Especialmente si este lo promueve el Ayuntamiento o la Asociación de Vecinos.

La nueva normalidad que surge tras el COVID-19, el coronavirus que paralizó al mundo, va a llevar al rural a muchas familias, que, en ocasiones o de forma habitual tendrán que teletrabajar.

Para garantizar que el bebé no se despierta justo en medio de una entrevista decisiva para nuestro futuro profesional, o no aparece el niño jugando con un tambor en esos momentos, probablemente aparezca un nuevo concepto mixto entre guardería y ludoteca, contratable por horas o se potencie precisamente un servicio tradicionalmente utilizado en las ciudades como el de canguros a domicilio, donde una persona cuide a esos niños mientras trabajamos, en lugar de lo tradicional que es cuidarlos en casa mientras salimos a cenar o al cine-teatro.

Otra opción para el cuidado de menores durante la jornada laboral, podría ser el ampliar las horas de apertura de los colegios, ya sea con actividades extraescolares de refuerzo, educativas, culturales, deportivas, de ocio, o bien simplemente con un recreo extendido posterior. O establecer en el círculo , o tele-club o como se denomine el centro social del pueblo de un espacio asimilable a una guardería donde poder estar esos menores hasta que sus progenitores puedan regresar y hacerse cargo de ellos.

La recuperación de los filandones comunitarios, ahora que las viviendas son ocupadas por pequeñas familias nucleares, podrían ser una manera social de atender a los niños de forma comunal, al tiempo que estos se forman y aprenden cosas de la cultura tradicional y la vida rural, además de escuchar los comentarios sobre las noticias y la vida social.

Si bien el campo está muy masculinizado, la mujer rural tiene una gran importancia, no solo en sociedades tradicionalmente matriarcales como la Gallega u otras, sino en general. La ONU en 2007, se lo ha reconocido, considerando el ***15 de Octubre el Día Internacional de las Mujeres Rurales,*** el cual busca el reconocimiento del importante papel que hacen las mujeres en el desarrollo, la erradicación de la pobreza y la seguridad alimentaria. Y desde entonces se celebra cada año.

En el rural masculinizado brilla con luz propia la figura de un tipo de mujeres, las inmigrantes, tanto las que dejan sus países de origen para buscarse un futuro laboral y familiar definitivo, es decir, las que no tienen intención de volver, como las inmigrantes temporales para determinadas campañas agrícolas, que suelen escogerse entre mujeres de mediana edad con hijos a su cargo en el país de origen y vínculos familiares que les obliguen moralmente a regresar y así combatir en origen la inmigración ilegal. Estas últimas no contribuyen directamente a la repoblación rural, y poco indirectamente, pues suelen ser alojadas en núcleos de población que son cabecera de comarca, para facilitar los desplazamientos internos dentro de la misma, y el empleo indirecto que generan con su estancia se concentra en esas cabeceras de comarca.

Las mujeres inmigrantes con intención de asentarse definitivamente, en muchas ocasiones, especialmente en el ámbito rural, suelen casarse o formar pareja en el pueblo que las ha acogido, contribuyendo con ello, enormemente, al mantenimiento de un precario equilibrio poblacional entre géneros. La reagrupación familiar de estas mujeres trayendo a sus familiares en primer grado contribuye a frenar la caída de la pirámide poblacional en pueblos muy pequeños donde la estadística porcentual puede variar notablemente con solo una persona que llegue o se vaya.

La incidencia de los flujos migratorios, su origen y edades se puede consultar en la Encuesta Nacional de Inmigración.

El Plan para la Promoción de las Mujeres del Medio Rural lo coordina el Instituto de la Mujer y para la Igualdad de Oportunidades y tiene como objetivo la inclusión sociolaboral y la participación económica de las mujeres en el Medio Rural, fomentando el emprendimiento femenino y la inserción laboral de las mujeres rurales especialmente jóvenes, con discapacidad, o en riesgo de exclusión social.

La mejor forma de avanzar que tienen las mujeres es yendo unidas. El participar en asociaciones de todo tipo es garantizarse el apoyo mutuo. Las asociaciones locales, en el propio pueblo o en la comarca son importantes, pero eso no excluye la participación en entidades mas grandes.

El número de Asociaciones de Mujeres en el Ámbito Rural es tan grande que sería imposible citarlas aquí a todas. No obstante lo mejor para conocer cuál es la que funciona en un Pueblo o Comarca determinados es el sistema tradicional de preguntar a cualquiera del pueblo al respecto.

El empoderamiento femenino es imprescindible para la supervivencia del medio rural. Si se pretende que las mujeres de los pueblos estén calladas, subyugadas y sean empleadas domésticas sin sueldo, no aguantarán y se marcharán a lugares donde puedan autorrealizarse y ser las dueñas de su propia vida. Y sin mujeres los pueblos se mueren.

Por ello una de las labores principales que pueden realizar las instituciones de cara a promover la repoblación rural es la labor psicológica de apoyar y acompañar a las mujeres de los pueblos para que abandonen las viejas creencias de asignación de rígidos roles sociales y que sean dueñas de sus propias vidas. Y esto incluye a todo el pueblo, sobre todo para evitar los cotilleos improductivos de personas aburridas que poco tienen que hacer en esta vida.

En el momento de finalizar esta segunda edición del libro ¡ Repuebla ! ocupa las portadas e interior de todos los medios de comunicación el intento de huida de su país, de miles de mujeres afganas que temen una importante represión ante el avance Talibán. Mujeres que pueden ser asesinadas simplemente por negarse a ponerse un velo, por conducir un coche o por tratar de hacer un tipo de vida occidental. Esas mujeres, especialmente las que, de una forma u otra han colaborado con los ejércitos occidentales, podrían ser acogidas y distribuidas por los pueblos con pocos habitantes. No se trata de hacer grandes grupos de mujeres afganas en un solo pueblo, puesto que, como se verá más adelante, en el capítulo XXII, eso provocará marginalidad y dificultará la integración. Será mucho más exitoso si se manda a cada familia a un pueblo distinto, pueden ser más o menos cercanos para que puedan reunirse si lo desean alguna vez, pero siempre mantener la diversidad, es decir, que no todas las mujeres que lleguen a un mismo pueblo sean del mismo lugar, sea este Afganistán, Madrid o Estocolmo, para que así se puedan integrar realmente en el pueblo y empezar de nuevo su vida.

Además muchas tienen hijos por lo que la supervivencia de las escuelas estaría garantizada.

CAPÍTULO 19

Deportistas

Hay actividades deportivas minoritarias que podrían ayudar a combatir la despoblación rural.

No necesariamente se van a mudar a un pueblo deportistas de élite solo porque sea una vida mas sana o porque en algunos casos, con la altura hay menos oxígeno y aparte de acostumbrarse a entrenar en condiciones mas duras, cuando acuden a competir en zonas a nivel del mar su cuerpo rinde mas, puesto que con las diferencias de altura media que hay en España no se suele notar mucho eso.

La contribución de los deportes a la repoblación rural es importante, sobre todo, en los casos en los que la actividad deportiva se realiza al aire libre, especialmente en invierno.

Tener sendas para caminantes señalizadas, rutas acotadas para BTT en zonas donde no supongan un daño a la fauna salvaje, rutas de canicross, de mushing y otros deportes de invierno, incluso cuando no suponen competición, pueden ayudar a fijar población, pues las personas que lo practican, si bien suelen ir provistas de todo lo necesario, siempre hay algo que puede romperse y necesitar comprar un repuesto, o tomarse algo en el bar. Quizá no tanto por los propios deportistas sino , sobre todo, por la demanda de servicios que conllevan estas actividades que serían generadoras de empleo en la zona.

Quizá sea el momento de innovar en la oferta deportiva en el rural, pues en el campo se dan los dos factores principales que les gustan a las personas deportistas, que son el aire puro y el espacio disponible.

Las actividades como el Crossfit están de moda en las ciudades, allí algunas personas van a realizar unos ejercicios particularmente intensos durante un período corto de tiempo.

Al pasar delante de uno de estos centros y ver como levantan neumáticos de camión, o piedras, o árboles, muchas veces se pueden evocar recuerdos del servicio militar cuando se hacían cosas parecidas en lo que se llamaba la "pista americana" (**assalt course** era su nombre original).

Espacios con barro, llenos de obstáculos, deslizantes, con dificultades añadidas como encontrar un elemento escondido para cambiar de etapa, etc. pueden ser mucho mas divertidos que levantar y bajar piedras en un espacio cerrado en la ciudad, (al cual no les queda mas remedio que asistir durante la semana laboral por la proximidad a domicilio).

Si se hace un diseño adecuado puede ser una actividad divertida. Incluso para toda la familia, no solo poniendo al lado de la pista otra hinchable para los menores, sino por ejemplo haciendo un juego por el que los progenitores han de pasar la pista y superar todos los obstáculos para encontrar unas llaves escondidas y liberar a sus hijos que esperan supuestamente encerrados en una jaula vigilada por un dragón o algo así, y luego, huir con el pequeño a cuestas por otro camino – especialmente diseñado para evitar accidentes infantiles. Algo como una habitación de escape (las escape room que ahora están de moda pero con el añadido que a lo psicológico hay que añadirle un esfuerzo físico). Incluso de pueden recuperar las típicas yinkanas (originariamente **gymkhana**)

Estas actividades pueden generar una corriente de repoblación en el pueblo, no solo por el movimiento de turistas, sino porque es conveniente que dispongan de algún servicio médico, como una ambulancia que tenga al menos a una persona con título en enfermería y a quien podrían recurrir las personas del pueblo en caso de urgencia los fines de semana, cuando el centro de salud está cerrado. Eso daría mas garantías para permanecer en el pueblo, podría mantener también rentable un bar o un camping e incluso que ese personal sanitario se estableciese permanentemente en el pueblo.

En esa misma línea se podrían especializar los pueblos, uno con obstáculos urbanos (parkour), otro con pistas para monopatines o bicicletas acrobáticas, etc. Estando además próximos y bien comunicados por caminos con fuentes y espacios de descanso, podrían ser utilizados alternativamente por las mismas personas pues muchas practican ambas disciplinas a la vez.

Las Artes Marciales también se ven como una actividad deportiva, si bien son una disciplina de vida que ayuda a la persona a desarrollarse intelectual y espiritualmente potenciando el autocontrol. Tener un centro de Artes Marciales en un pueblo, siempre es interesante para la población local, de todas las edades. Incluso hay disciplinas marciales que pueden ser desarrolladas por personas de avanzada edad para mantenerse físicamente. Pero quizá en un pueblo muy pequeño, ese Centro no tenga clientela suficiente como para mantener sus puertas abiertas. Por eso hay que emplear la imaginación. A veces no es conveniente hacer lo que puede parecer mas lógico que sería reducir el proyecto a una habitación y tenerlo operativo durante un par de horas por semana, sino todo lo contrario.

Si tenemos una adecuada y suficiente formación marcial y muchos años de experiencia practicando y ayudando a enseñar, podríamos plantearnos el montar un gran centro de artes marciales en un pueblo y promocionarlo tanto en la Comarca para el uso regular, como en las grandes ciudades y en las respectivas federaciones, pudiendo llegar a ser incluso un centro de alto rendimiento.

La instalación es relativamente barata, pues lo mas caro es habitualmente el suelo, y, en este caso, además, se necesita bastante para practicar con comodidad y más en estos tiempos de pandemias.

Un centro de Artes Marciales, que sea una réplica de un Dojo japonés, por ejemplo, podría ser un muy interesante lugar de encuentro para practicantes de disciplinas marciales. Podría incluso ofrecer dormir en el tatami o en pequeñas habitaciones situadas en la planta superior desde la que podrían ver el tatami central, también zonas de tiro con arco a caballo o a pié, o zonas de combate virtual con últimas tecnologías de recreación de imagen y sensaciones.

Si lo queremos hacer aún mas atractivo, podríamos ofrecer terrenos a maestros de otras disciplinas, no solo marciales, por ejemplo escritura japonesa o arte floral, pintura con tinta , etc.

Así, se podría crear una réplica de una aldea medieval japonesa, con sus ninjas, sus fabricantes de katanas (espadas japonesas), sus tiendas y hasta bares estilo tradicional o casas donde hacer la ceremonia del té.

La oferta puede ser muy variada, y ese poblado atraer mucha gente todo el año si se promociona entre los centros de cada especialidad sitos en las ciudades.

Alquilar los espacios para eventos concretos que cada escuela podría organizar por si misma o las propias federaciones o hacer encuentros de los antiguos compañeros en un Dojo urbano podría complementar a actividades de confraternización de fin de semana para el alumnado infantil de un dojo urbano.

Además se podría plantear a los Consulados de esos países que ayudasen a buscar financiación tanto en sus Ministerios de Cultura, como entre sus empresas que quisiesen promocionar su producto entre practicantes de ese Arte Marcial, como hacerlo como Responsabilidad Social Empresarial y aprovechar la publicidad en su propio país, como empresa que contribuye a la difusión de la cultura de ese país en el mundo.

Esto no solo está orientado a una disciplina de un país en concreto, así puede haber pueblos donde se practiquen las Artes Marciales Japonesas, otros donde se practiquen las Artes Marciales Chinas, las Filipinas, Reiki, etc. etc. etc.

Todo esto, por supuesto, mueve a practicantes de ese Arte Marcial, pero también podrían ser visitas culturales realizadas con fines turísticos o educacionales, tanto de personas adultas, de tercera edad o escolares. Ese turismo contribuiría a financiar el proyecto, pero también ayudaría a la promoción de ese Arte Marcial. Por lo que las tres partes, (el pueblo donde se hace, la persona que lo promueve y las personas asistentes) serían beneficiadas.

Disponer de un gran centro de Artes Marciales en un pueblo permite el acceso a esas actividades para sus habitantes, si bien, de car a combatir la despoblación rural, ese centro permitiría abrir y mantener negocios locales, además de los relativos a la alimentación y ocio, destacaría la venta de recuerdos, artesanía, ropa deportiva, actividades de transporte, gasolineraelectrolinera, y en general todo tipo de actividades que suele llevar consigo el turismo, excepto el botellón.

El **canicross, bikejoring y mushing** son deportes de equipo donde uno o mas componentes son perros. Esos deportes son deportes de invierno, pues salir a correr con el perro tirando de nosotros, sea corriendo, en bicicleta o en trineo, es algo que no se puede hacer cuando hace algo de calor, eso supone la opción de revitalización de muchos pueblos de montaña, o incluso de zonas mas bajas, pero muy frías en invierno. Si además instalan esos pueblos centros de entrenamiento en el agua, sea nadando o con cintas de correr sumergidas, para perros y personas, como las que se usan para fisioterapia canina, podrían garantizarse ese tipo de turismo todo el año.

Y, no se trata solo de venderle unos refrescos a quienes van a practicar, o unas chuches a los perros, si no también disponer de servicios veterinarios, fisioterapia animal y humana, spa canino y humano, venta de piensos y complementos, desde un arnés a una toalla o una crema para las almohadillas del perro o para las ampollas humanas.

Establecerse e incluso posicionarse como destino para los campeonatos de de esa especialidad, cualquiera que esta sea, podría convertir al pueblo en referente internacional para esos deportes, que precisamente por ser minoritarios podrían atraer un número adecuado y asumible de participantes y seguidores que darían riqueza al pueblo sin hacerle perder su identidad.

CAPÍTULO 20

Abrir la mente o perecer en el intento

Un colectivo que suele abandonar el rural es el LGTB. El éxodo rural de las personas LGTB suele ser por una mayor presión social del mundo rural, al ser ese tipo de vida mas notorio en comunidades mas pequeñas. Aún quedan sitios donde se sigue estigmatizando esa manera de ser, como se hacía en la Edad Media. Sobre todo se marchan, por la oportunidad que tienen en las ciudades de conocer a personas mas afines sexualmente y más comprensivas con su estilo de vida. Es decir, que no se metan en su vida.

Si bien es bastante habitual que, al cabo de los años, estas personas vuelvan a vivir a los pueblos, principalmente a otras poblaciones diferentes a la que salieron, muchas veces cuando han formado una pareja y adoptado o tenido hijos. El cotilleo es lo que mata al rural. Si bien esta tendencia a meterse en la vida de los demás ha disminuido notablemente en los últimos tiempos, pero aún no ha sido erradicada.

Muchas poblaciones necesitan temporeros, pero que sepan manejar maquinaria agrícola pesada, por lo que la formación específica es básica. Podrían ser neorrurales, -neorurales si usamos la castellanización del anglicismo-, también inmigrantes. Sería necesaria en muchas ocasiones la formación previa.

La realización de cursos específicos es importante, pero es demasiado caro el organizar cursos por múltiples poblaciones, para una o dos personas en cada una. Por tanto sería idóneo el establecer unos centros de formación continua que actúen de forma centralizada, con programas formativos adecuados a la maquinaria -sea agrícola o industrial- que han de manejar en cada zona, y, que al mismo tiempo puedan servir para el reciclaje profesional, especialmente en Prevención de Riesgos Laborales, y donde, al mismo tiempo puedan obtener el carné de conducir. En estos centros debería primar la tecnología, disponiendo de simuladores, especialmente de tractores, para evitar, en lo posible, el ingente número de accidentes mortales con este tipo de vehículos. Sin olvidar el creciente éxito de los tractores robóticos, radiodirigidos y-o de conducción y operación autónoma que necesitan una formación especial, especialmente en el caso de los drones.

Las campañas agrícolas que suelen contratar temporeros no son realmente la solución para los problemas de despoblación rural. Si bien puede ser necesario el crear un programa o una aplicación telefónica que permita a las personas temporeras llenar su agenda con diferentes campañas, registrándose previamente de forma personalizada en cada una, e incluso firmando los contratos de forma electrónica (en eso es necesario dar mucho minicursos por toda la geografía nacional, tanto para las personas que contratan como también a las que van a ser contratadas, y establecer algún sistema de registro que permita no solo que se apunten esas personas que van a trabajar, independientemente de su país de origen siempre que tengan sus papeles en regla o sea para campañas donde se permita por la Administración la entrada de personas extranjeras, también necesitan un sistema que le permita a las personas o empresas agrícolas extranjeras que puedan ofrecer sus trabajos a personas de aquí para sus campañas; si bien esto, como decía previamente, no es solución a los problemas de despoblación, puesto que las grandes campañas requieren de personal externo solo durante la cosecha o en algunos casos también en la siembra, siendo el resto de las fases de desarrollo del producto atendidas por personas residentes todo el año en la localidad.

Por eso, se podrían realizar -por parte de las administraciones o de las ONG- , estudios específicos en cada zona, para potenciar una diversidad de cultivos, de cosecha escalonada en cada zona. Eso, además de necesitar la mano de obra también de forma escalonada, evita que, si una cosecha se daña por razones climatológicas, o, en su caso, no resulta rentable, por razones del mercado, que los agricultores no necesiten vender a pérdidas para poder sobrevivir, por lo que dificultaría la capacidad de presión de los mayoristas y mejoraría los precios.

La diversificación de cultivos, especialmente cuando estos se mezclan en una agricultura sinérgica (complementando sus necesidades mutuas), con un modelo sintrópico (de orden sucesivo y armónico con el entorno), no solamente favorece la economía de los agricultores, sino que también favorece a la biodiversidad, al necesitar menos fitosanitarios, lo que permite la venta de los productos como ecológicos en muchas ocasiones, por lo que, alcanzarían mayor precio en el mercado. Esto necesita y promueve un crecimiento industrial diferente.

Las nuevas tendencias en maquinaria agrícola no necesitan ya de grandes máquinas que compactan la tierra por donde pisan, sino que serían elementos mas pequeños de mas barata adquisición y especializados, con una elevada tecnología robótica, lo que podríamos resumir como "la vuelta al tractor".

Esto generaría negocio local, volviendo a tener pequeños distribuidores en cada comarca, con servicio técnico -quizá mas especializado-, que contribuiría no solo a fijar población, sino también a la vuelta de los y las jóvenes que en su momento dejaron el campo para estudiar y dedicarse a carreras tecnológicas. Por ello, no hay que temer a la robotización y a los desarrollos tecnológicos para el medio rural, pues no es que eliminen puestos de trabajo, sino que diversifican la necesidad de los mismos. Pronto será común que en una explotación agrícola se haga una revisión del estado de las plantas, y un tratamiento, se hagan una a una, desde la pantalla de un ordenador, manejando a distancia un dron volador o terrestre. Llega el momento de los-las tecnoagricultores. Y por supuesto de los talleres mecánicos reconvertidos en tecnológicos y de desarrollo de Software. Y, precisamente el desarrollo de Software y de Inteligencia Artificial una actividad que no necesita de gigantescas fábricas, sino que puede desarrollarse al máximo nivel, y lejos de espías industriales, en cualquier población rural, incluso de alta montaña.

Los repetidores de televisión son elementos básicos para la supervivencia de los pueblos, en muchos casos, son "cuidados paliativos" para evitar la total despoblación. Siendo el ser humano un animal gregario por naturaleza, en las pequeñas poblaciones necesita de una compañía, aunque sea virtual, un ruido de "alguien mas en la casa".

Las nuevas tecnologías, y sobre todo el Internet son elementos básicos para la supervivencia de los pueblos e inclusive para aumentar la población, y no solo en los núcleos poblacionales sino también directamente en los campos de cultivo. Las antenas de televisión están situadas en zonas donde dan una muy amplia cobertura. Sería interesante investigar e instalar las nuevas tecnologías que permitan el acceso a las telecomunicaciones en cualquier punto de la geografía, especialmente al teléfono móvil y a Internet. Pero también es un riesgo para la biodiversidad y para la propia salud humana el potenciar determinadas tecnologías que, por la frecuencia o intensidad en las que trabajan puedan ser peligrosas tanto para el ser humano como para otras especies. No voy a nombrar ninguna tecnología en concreto, pues no se sabe si la mala fama que le precede es real o fruto de una guerra comercial que intenta manipular a las personas, pero, ciertamente, hay muchas personas que opinan que esas nuevas ondas radioeléctricas podrían dañar a personas y animales, y por eso prefieren mudarse al campo donde las radiaciones sean menores, aún renunciando a determinados servicios como la conducción automática, etc. Siempre hay quien prefiere recuperar "el placer de conducir".

La insaciable boca consumidora que son las ciudades se puede satisfacer en todos los aspectos desde los pueblos, además de satisfacer las necesidades propias. Ahora está de moda el utilizar prendas de ínfima calidad,para poder mantener un constante estrenar que es insostenible para el planeta no solo por los recursos que eso requiere, en cuanto a materia prima y energía sino también por la generación de residuos.

La sociedad está cada vez más concienciada sobre la importancia de la generación de recursos, la sostenibilidad, la preservación del planeta, y la durabilidad de los productos se junta con la demanda cada vez mayor de telas naturales, tintes ecológicos y diseños polifacéticos. Todos estos valores se suelen asociar mas a lo rural, por lo que la fabricación de prendas ecosostenibles es cada vez mayor. Se vuelve a lo tradicional, las prendas que pueden durar dos o tres temporadas. Pero incluso aunque otras prendas menos sustentables como determinadas prendas técnicas, precisen para su fabricación unos tejidos poco naturales, eso no hace inviable su fabricación en el rural, y con esto no estoy hablando de grandes fábricas que ocupen mas extensión que el propio núcleo poblacional, sino que se pueden hacer centros de producción de tiradas cortas, de prendas especializadas, que, si son contra el calor sean hechas en sitios donde conozcan esas diferencias. No es necesario que sea en lugares donde en verano se puede cocinar sacando la olla a la ventana o si son contra el frío, fabricadas donde se puede construir una ciudad de hielo sin problema de que se deshiele en todo el invierno, ni si son antimosquitos se fabriquen en medio de un pantano; pero si que el valor añadido, psicológico mas que práctico, de fabricar un producto en donde están especializados en él puede ayudar enormemente a la mejora de sus ventas. exonerar de IVA las facturas de suministros básicos en los pueblos de menos de 1000 habitantes, como electricidad, agua, gas, leña, etc. microempresas y autónomos instalados en pueblos de menos de mil habitantes pagan lo mismo que en Canarias por seguridad social y sociedades. Las cooperativas exentas de seguridad social para la gente que tenga su puesto de trabajo y residencia en el pueblo.

Unificar las subvenciones en algo como las ITIs pero para cada persona que se vaya a vivir al rural, es decir un monto total de ayuda para casa iniciar negocio, etc. Disponer de un calculador en línea para conocer el importe total de ayudas que puede recibir esa persona y disponer de una ventanilla única para solicitarlas en un único impreso integrado es vital, especialmente para las etapas tempranas en las que la persona está planteándose la idoneidad del proyecto.

Hoy en día, la artesanía es, junto con los productos naturales de proximidad, algo muy apreciado, por la población, especialmente por la que vive en las ciudades y está privada de tener esos elementos a su alcance. El hacer todo tipo de utensilios e instrumentos a mano, podría ser una buena fuente de ingresos para quien decida vivir en el campo, especialmente si los personaliza.

Ejemplo de ello podría ser el confeccionar juguetes artesanos de madera al estilo tradicional -coches, caballitos, etc.- , tapetes para juegos de olor en perros, o las típicas lámparas de macramé, sin olvidarnos de los ecosistemas completos que se hacen en garrafones o botellas, y que, una vez cerrados, solo necesitan ser dispuestos cerca de una fuente potente de luz, a ser posible del sol.

Abrir la mente significa también cambiar el paradigma, la imagen que se tiene en las ciudades del mundo rural y acabar con los complejos por vivir en el rural.

Mientras se presente el vivir en un pueblo con un estereotipo de personas atrasadas, semianalfabetas, fáciles de engañar y que solo piensan en los toros, nadie querrá venir desde las ciudades a que les clasifiquen con esos estereotipos propios de películas desfasadas que se hicieron en su momento precisamente con el objetivo de que la gente rural quisiese ir a la ciudad para no ser asociadas con esa imagen arcaica.

Es necesario trabajar para cambiar la percepción de la vida rural desde las urbes, y, ahora es el momento, pues en un mundo abocado a constantes pandemias el momento de girar la vista hacia el rural ha llegado para toda la población, harta de la contaminación y del stress de la vida urbana. Eso no quiere decir que la vida en el rural sea fácil, pero, si hay que coger el coche para ir al pueblo de al lado de compras, quizá se tarde menos tiempo que en ir a una gran superficie en la gran ciudad, pero, aunque se tardase lo mismo, el conducir por una carretera entre naturaleza es mucho mas relajante que estar en un atasco y llegar estresados a la ida y a la vuelta.

También hay que trabajar para establecer esos centros de I+D+I en el rural, así como la fabricación especializada, fomentando que no sea lo agrícola, silvícola o forestal la única fuente de ingresos que se puedan tener en el campo.

Buscar alternativas que encajen con nuestras condiciones y limitaciones. Si nuestros huesos ya no están para recoger patatas quizá deberíamos plantearnos el cultivar plantas medicinales. Si no estamos en condiciones de usar una azada podemos plantarlas mediante las llamadas bombas de semillas o **Nengo**

Dago, cuya confección podemos aprender fácilmente a través de Internet. O buscar un robot que se encargue del cuidado como el proyecto Farm-Bot que es un brazo mecánico de software libre que prepara, cuida y mantiene tu huerta, o cualquier otra de las marcas similares que están surgiendo como setas.

Abrir la mente está también en lo social, pues no se pueden tener perjuicios hacia las personas con opciones sexuales diferentes a la mayoría, no solo porque es ilegal, sino porque sería perder una gran oportunidad para la repoblación rural. Con quien se acueste cada quien no es algo que afecte a la vida en el pueblo, pero la actitud de las personas del pueblo a favor o en contra de esas personas por semejante nimiedad si que podría provocar perder la oportunidad de tener quien podría ayudarnos en el futuro en caso de, por ejemplo,una emergencia sanitaria, o quien podría repararnos un tractor sin tener que llevarlo en grúa al pueblo de al lado, o quien podría reabrir la tienda de comestibles o promocionar el pueblo,si este es inclusivo,en las redes sociales.

Algunas mentalidades más cerradas piensan que no pueden contribuir a la repoblación quienes no tienen relaciones sexuales heterosexuales, no obstante están equivocadas. Las posibilidades de adopción son una opción que podría suponer el aumento de la población infantil. Muchas de estas parejas se hacen cargo de sus progenitores, por lo que también precisan en muchas ocasiones alguien que les cuide mientras están trabajando.

La contratación de personal doméstico, la dinamización económica con las compras en el supermercado del pueblo o el uso del restaurante de la casa rural; el taller mecánico o cualquier otro servicio no tienen por que ser menores que una pareja heterosexual.

Todo aumento estadístico en el censo supone más dinero que recibe el pueblo en conjunto a través del Ayuntamiento para sus servicios y la atención a su población.

Toda persona empadronada supone una suma a la hora de ampliar la necesidad de servicios médicos o geriátricos o de cualquier otro tipo.

La diversidad dinamiza los pueblos.

CAPÍTULO 21

Supervivencia

Si juntamos el astroturismo con unos cursos de como orientarse guiándose por las estrellas se puede hacer una doble oferta si le añadimos unos cursos de supervivencia.

Ciertamente los riesgos de incendio pueden limitar este tipo de cursos cuando van a trabajar con fuego, a determinadas épocas del año, en espacios abiertos, pero nada impide aprender a hacer un fuego en un espacio confinado o seguro, aparte de enseñarles otros sistemas que pueden ser mas seguros en caso de emergencia.

La supervivencia no se limita solo al fuego. Los bosques, (los de verdad no los monocultivos de pinos y eucaliptos), tienen gran biodiversidad. Conocer las plantas silvestres para farmacopea y alimentación es algo muy básico que todo el mundo debería conocer.

La reciente pandemia ha despertado el interés de muchas personas por el preparacionismo y las actividades de supervivencia. Hemos visto hace tan solo un año las peleas en los supermercados por conseguir un paquete de rollos de papel higiénico. La pandemia ha pillado a casi todo el mundo desprevenido; salvo a los "preppers" personas preparacionistas que tenían en sus viviendas recursos alimenticios para tres meses, así como mascarillas, trajes RBQ más o menos sofisticados y habían instalado duchas de asiento en sus WC o como mínimo disponían de unas botellas específicamente diseñadas para que, al ser presionadas, lanzasen agua a presión suficiente para limpiar sus zonas íntimas. No se trata de ser apocalípticos, pero sí tener unos recursos adecuados y suficientes para garantizar una cierta comodidad y supervivencia en caso de emergencia.

Las personas que vivían en el campo tenían como mínimo garantizado el acceso a su comida, al menos quienes tenían el huerto al lado de casa. Esta pandemia ha demostrado la necesidad de no dejar todo dependiente de la naturaleza. Volver a los conceptos tradicionales de casa con terreno, donde tener unos cultivos básicos se ha convertido en algo vital, y por eso ese "boom" de la construcción pos-pandémico que estamos viviendo.

Si bien hay muchas personas que no pueden tener acceso a un huerto en su propia casa, en el campo es mucho más fácil disponer unos huertos verticales en las terrazas. Además, al ser las casas más espaciosas, se dispone de mayor espacio de almacenamiento, por lo que siempre es más fácil almacenar como mínimo un bidón de arroz y otro de alubias con un montón de hojas de Laurel para evitar los bichos.

Aparte de la opción de repoblación, para personas que quieran y sepan compartir conocimientos de supervivencia, de reconocimiento de plantas alimenticias y medicinales, o incluso de caza (claro que hay que tener en cuenta que en caso de una gran catástrofe, saldrán a cazar miles de personas al mismo territorio, por lo que la caza existente durará una semana, al igual que los cultivos en las huertas), sea en cursos presenciales o haciendo vídeos comerciales, para muchas personas el estilo de vida en la naturaleza realizando a diario este tipo de actividades por placer. Si se les ofrece la oportunidad de tener una actividad económica, sea haciendo cursos o de otro tipo, por ejemplo trabajando por Internet o fabricando productos, desde hachas, bastones, mantas, cuerdas o cualquier otro elemento que pueda ser de uso específico para supervivencia o bien de uso cotidiano pero que nos puede salvar la vida como plantillas térmicas para los zapatos, capas tradicionales, ropa térmica, etc. puede tener en un pueblo pequeño un valor añadido a una gran fábrica de una ciudad, puesto que en el subconsciente de la persona que compra esos productos está el tener la seguridad de que quien los fabrica conoce el medio natural al vivir en un pueblo pequeño.

El aprender a vivir como se hacía hace 200, o hace 70 años, puede ser la oportunidad de sobrevivir física y mentalmente ante una hipotética catástrofe mundial, por ejemplo una tormenta geomagnética que nos desconecte de todo lo electrónico. Además de ser una gran oportunidad de formación no solo de niños sino también de mayores para conocer su historia y las dificultades y ventajas que tenían antaño.

Contar con las personas más mayores para que nos enseñen como era la vida en su infancia y juventud es una oportunidad que ya estamos perdiendo. Dentro de poco tiempo esas personas más mayores ya no estarán y no aparecerá en ninguna plataforma de vídeos por internet una explicación sobre que si el pico que tenemos al sur aparece con nubes es porque va a hacer mucho viento, o si las judías hay que plantarlas cuando determinado arroyo empieza a correr.

El ya nombrado anteriormente recreacionismo prehistórico es también una estupenda opción cultural de repoblación. El montar un centro divulgativo cerca de unas cuevas o pinturas rupestres podría ser muy interesante. Las personas que lo visitan no tienen que limitarse a mirar, sino que pueden aprender a hacer fuego, construir un hacha de pedernal, tirar con arco a un falso bisonte hecho de lana y crin de caballo, o con honda a drones especialmente protegidos anti-impacto; calentar agua con piedras, o cualquier otra actividad de las que podemos ver en los libros de historia o en novelas histórica, como las de la saga de Jean Marie Auel, "Los Hijos de la Tierra" podemos ofrecer una alternativa muy interesante para que quienes visitan el pueblo, aunque duerman en una cueva -natural o artificial- y cocinen con piedras calentadas. Las tasas por entrar a ese parque temático abierto sufragarían los salarios de monitores, vigilantes, bomberos y resto de personal necesario para un parque temático al aire libre, además de los salarios de quienes se dediquen a replantar esas supuestas plantas salvajes que si no se replantasen tendrían alrededor del campamento una zona yerma después de la segunda o tercera horda de turistas recolectando todo lo que pillen sin ningún cuidado.

Además la industria auxiliar podría funcionar muy bien, no solo poniendo un café de máquina en una taza en el bar, incluso aunque este esté disimulado como si fuera una cueva en los alrededores del campamento,si no por ejemplo, con actividades como imprimir las fotos recuerdo de esos días en colchas, tapices, o cualquier otra superficie, para así tener un recuerdo familiar "primitivo" en su casa actual, y que, al mismo tiempo les sirva para promocionar el campamento prehistórico entre sus amistades y familiares que visitan su casa, además de en las redes sociales.

CAPÍTULO 22

Personas de otros Lugares (Migrantes – Refugiadas – Jubiladas, etc.)

Hay muchos tipos de personas que vienen de otros lugares podríamos clasificarlos en seis grandes grupos: Inmigrantes, Retornados, Nómadas digitales, personas refugiadas que huyen de una guerra o del cambio climático, estudiantes y turistas (que pueden ser residentes o no residentes). Todas ellas son importantes para la repoblación rural. (La inserción sociolaboral de inmigrantes ya la contempla la Ley 45/2007 para el desarrollo sostenible del medio rural en su artículo 32/b.)

Nómadas Digitales, Oficios Ambulantes y Teletrabajadores: No nos extenderemos en este capítulo sobre las personas que trabajan a distancia a través de Internet, por haber sido ya ampliamente tratado en páginas anteriores. Si bien deberíamos añadir en este apartado a personas que tienen oficios que pueden desarrollar en cualquier sitio, y no necesariamente por internet. Así podríamos incluir a escritores, artesanos, pintores o escultores, reparadores de viviendas u otros objetos, o cualquier profesión que se pueda realizar de forma ambulante pasando unas temporadas en un pueblo y luego en otro.

Estas personas contribuyen a la repoblación rural, y deberían tener unos espacios preparados y habilitados en los pueblos para ejercer esos oficios. Su contribución a la repoblación no solo es en el supuesto que esa persona llegue con su familia y, por ejemplo, siendo escultor, encuentre buena piedra en ese pueblo y tenga un canal de comercialización adecuado cerca, por lo que decida quedarse allí. Si no también, el asentamiento de alguna de estas personas en un pueblo podría dar oportunidades a sus habitantes de, por ejemplo encargarle un cuadro, o si repara tejados, que le arregle el suyo; que trate de poner en marcha el viejo tractor abandonado en el pajar o cualquier otra tarea conforme a la especialidad de esa persona. Tengamos en cuenta que la mayoría de estas personas ambulantes suelen establecer rutas periódicas cuando sus servicios pueden ser recurrentes. Eso contribuye a mejorar la calidad de vida de los habitantes y por tanto a fijar población.

Migración de retiro, que son personas que, al jubilarse, buscan un lugar tranquilo, con aire puro y el clima que deseen, para pasar allí su jubilación. Son turistas residentes permanentes o semipermanentes que solo regresan a sus países o ciudades de origen de visita en cortas estancias. Tienen la ventaja de tener unos ingresos regulares por lo que su situación económica es estable y contribuyen grandemente a la economía del pueblo, tanto en la compra diaria, como en la contratación de pequeños servicios y trabajos como el mantenimiento de la vivienda, etc. Sus orígenes, cuando son sobre todo de Reino Unido y Francia suelen concentrarse en zonas costeras.

Estas personas generan empleo de servicios, tanto gerontológicos o de atención a la dependencia, como servicios de mantenimiento del hogar, jardinería, comidas precocinadas (con sus gustos particulares) , actividades de ocio adaptadas a su edad, etc. Estas personas, junto con las personas de mas edad del propio pueblo podrían participar en programas específicos de geriatría rural si existiesen estos. Los servicios pueden ser domiciliarios, pero también podrían ser de atención externa, como los proporcionados por centros de día, de respiro familiar o las viviendas tuteladas o miniresidencias.

Hay otro colectivo que siendo de aquí o de fuera, al quedarse en el paro, con una edad en la que resulta difícil encontrar trabajo, son perceptores de unas ayudas estatales, dependiendo del país pueden incluso cobrarlas mientras están en el extranjero.

También hemos de contar en ese grupo la inmigración interna, es decir, personas españolas que se trasladan al vivir a un pueblo cuando cobran la ayuda de 435€ mensuales que reciben los solteros y solteras mayores de 52 años que se quedan en paro en España hasta que cumplen la edad de jubilación o bien con el Ingreso Mínimo Vital, de 465€ -y bastante mas si son varias personas en la familia-.

Con ese dinero les resulta muy difícil sobrevivir en una ciudad, en cambio en zonas rurales pueden alquilarse una casa, posiblemente mayor y mejor que la de la ciudad. Comprando o alquilando un pequeño terreno en el rural, a veces a precios irrisorios, puede autoabastecerse de alimentos, mejorando su calidad de vida. Asimismo en el campo, tienen una mayor posibilidad de encontrar un trabajo, quizá de forma temporal, o a tiempo parcial, pero, una vez que sean conocidos en el pueblo e inspiren la suficiente confianza les pueden llamar para pequeñas tareas puntuales. También habrá quien le pueda enseñar alguno de los oficios tradicionales de la zona, y, si tiene verdaderamente ganas de aprender y dedicarse a ello, podría encontrar en ello un complemento económico puntual o incluso una nueva profesión. La inmigración de retiro en algunas zonas como las costeras puede tener un porcentaje importante de la población.

Inmigración laboral: suelen ser jóvenes que viajan solos y vienen buscando un futuro laboral, normalmente son de África, este de Europa y Latinoamérica en algunas ocasiones es una repoblación rural de paso, es decir solo como medio de paso a las ciudades, donde creen encontrar mejores trabajos, también porque tienen su objetivo ir a lugares donde ya tengan una referencia, como un familiar, gente de su pueblo, etc.. No obstante, esta inmigración también puede quedarse en los pueblos, especialmente si realizan la reagrupación familiar, haciéndoles ver las ventajas de los mismos sobre las ciudades, y el rendimiento económico superior de lo que allí ganen en comparación con la ciudad donde puede que ganen mas, pero los costes de vida son también superiores. Tienen la ventaja adicional que, si tienen garantizado el trabajo y la vivienda, podrían traer a sus familias.

Dentro de este grupo hay también muchas personas que, aún procediendo de países desarrollados o con oferta de empleo suficiente y adecuada, prefieren emigrar, ya sea porque les gusta otra cultura o por circunstancias personales como una excesiva presión social en el país donde viven, con normas rígidas, que por ejemplo, podrían hacerles proscritos sociales por no haber conseguido nota para entrar en determinada Universidad o incluso por querer casarse o formar pareja con otra persona que no cumple las expectativas económicas o sociales de su familia, y por tanto prefieren buscar un trabajo y mudarse a otro país.

También hay un tipo de inmigración que no se suele considerar como tal, que es la **inmigración de retorno**, que son o bien las personas que han emigrado en el pasado o sus familiares, que quieren recuperar sus orígenes viniendo a la tierra de sus antecesores. Esta población incluso puede ser heredera de inmuebles en la zona, y pueden ser muy bien acogidos por la gente mas mayor que quizá recuerde a sus padres o abuelos y tuvieran en su momento amistad con ellos. En ocasiones estas personas tienen una especial personalidad, pues no son de aquí , ni son de allá, como decía la canción. En el país donde nacieron los consideraban inmigrantes y vienen aquí a recuperar sus orígenes, pero aquí también les siguen considerando inmigrantes, por lo que en algunas ocasiones su integración total es mas costosa, incluso en ocasiones por haber olvidado ya su idioma natal o no haberlo hablado nunca, pues era el idioma de sus padres y se criaron usando otra lengua. A veces también hay recelos en las poblaciones donde quieren asentarse, principalmente cuando reclaman tierras que podrían ser suyas, pero han sido cultivadas desde hace décadas por otras personas ante el abandono de las mismas y en ocasiones la falta de noticias de su antecesor; si bien este problema en los últimos tiempos no suele ocurrir, debido al abandono generalizado de tierras de labor, por lo que ya a nadie le importa si alguien quiere volver a cultivar lo que es suyo, incluso es algo que se agradece, pero en el pasado si que era motivo para que les mirasen con recelo.

La inmigración de retorno, también se concentra más en zonas concretas, que en el pasado fueron fuentes exportadoras de mano de obra o generadoras de exiliados políticos, como Galicia por ejemplo. En este caso hablamos de emigración al extranjero, no a los flujos migratorios internos a las grandes ciudades.

Ese turismo residente, según el informe del CES antes referido, son precisamente clientes habituales de las casas rurales en las que pasan breves períodos. Ese turismo residente se puede atraer con ofertas no estacionales para poder cubrir la temporada baja, y , teniendo todo el año mas o menos cubierto, gracias a ellos, se pueden diseñar estrategias turísticas locales que eviten la masificación, que al final supondría morir de éxito.

Las políticas públicas para fomentar el retorno de emigrantes, no deben de limitarse a las personas que han emigrado a otros países, sino que deben orientarse también al regreso de emigrantes internos, que en su día se desplazaron a la ciudad dentro del propio país, con las mismas ayudas que al retorno de la emigración exterior.

REFUGIADOS: Las personas refugiadas, ya sean climáticas o por guerras u otro tipo de catástrofes, no tienen esas preferencias y podrían desempeñar una buena labor en las pequeñas poblaciones.

Tengamos en cuenta que la mayor parte de las personas refugiadas tenían actividades en sus lugares de origen y han tenido , de repente, que abandonar todo e irse con lo puesto. Estas personas lo mismo tenían un taller de cerrajería que eran sanitarios, docentes, albañiles o fontaneras, o cualquier otra profesión. En muchos pueblos sus conocimientos podrían ser de gran utilidad para la población. En un pueblo donde no hay un servicio de urgencias, tener a una persona licenciada en medicina da mucha seguridad, incluso aunque aún no pueda ejercer su profesión por cuestiones de papeles, saber que la persona que puede encargarse de cuidar a las personas mayores del pueblo tiene un título en medicina inspira confianza para el caso que haya que hacer primeros auxilios mientras llega la ambulancia.

No todas las profesiones necesitan ser homologadas, o no requieren sus conocimientos un proceso tan complejo como el caso anterior, así si una persona sabe carpintería, albañilería, fontanería, reparar electrodomésticos o mecánica, por poner algunos ejemplos, puede encontrar mas fácilmente trabajo en un pueblo pequeño que en una población grande, puesto que en una ciudad va a tener que luchar contra la competencia, mientras que en un pueblo solo precisa tener unos precios justos para que sea esa persona a la que llamen y no hagan venir a alguien del pueblo de al lado.

En todo caso siempre es recomendable la diversificación de los orígenes. Fomentar la diversidad, también es fomentar que las personas que llegan al pueblo tengan orígenes distintos, para evitar que la creación de grupos en función del origen genere segregación en la población. Es decir, si a un pueblo de Navarra de 200 habitantes llegan 50 personas procedentes de Sevilla, en ese pueblo se acabará celebrando la feria de abril, si provienen de México podrían exigir que las fiestas oficiales del pueblo incluyan la Santa Muerte y eso , de por si, no es malo. El problema viene cuando esas personas que han llegado de fuera empiezan a relacionarse exclusivamente entre ellas, a usar su propio idioma en todo momento y a mantener una vida separada, con sus costumbres diferentes en grupos diferentes. Eso no es integración, es dividir un pueblo en dos. En la ciudad no se nota tanto, porque la inmigración de un solo sitio no suele establecerse por barrios pues no hay gente suficiente de un solo país o ciudad, para llenar un barrio. Aunque pueda haber barrios enteros donde viven inmigrantes, sus orígenes son diversos, y en la diversidad está la riqueza . Si llegan al mismo pueblo, diez grupos de cinco personas cada uno, unos de Sevilla, otros de México, Inglaterra, Rumanía, Chile, Senegal, Siria, Suecia, Italia, China y Australia; en el pueblo ya no se considerará invasión, si no que eso supondrá un enriquecimiento cultural. Al final si juega el Sevilla contra el Betis en el fútbol el que se retransmita el partido en la televisión del bar del pueblo será una deferencia hacia esas personas fruto del enriquecimiento cultural. La diversidad de orígenes forzará a utilizar la lengua habitual en el pueblo. Las fiestas tradicionales de cada país de origen de los nuevos vecinos, podrían ser un elemento a integrar en las fiestas locales como enriquecimiento cultural y no como imposición. Las personas del altiplano de Perú quizá puedan traer nuevas variedades de patata y mostrar como las cultivan allí tradicionalmente, contribuyendo quizá al desarrollo de una nueva variedad autóctona, que hasta podría ser inmune al barreno de la patata. Es decir, para que el acogimiento de población foránea, sea del propio país o extranjera tenga éxito se deberá potenciar la diversificación, pues con ello se consigue la integración socio-cultural de esas personas.

El trabajo psicológico con la población local es muy importante, hay que hacer que esta población se dé cuenta de la importancia y necesidad de que lleguen esas personas al pueblo.

Asimismo, el trabajo con los nuevos vecinos también es importante haciéndoles ver las diferencias culturales y que, por ejemplo, poner salsa o reggaetón a todo volumen día y noche podría ser un foco de problemas en el pueblo. Especialmente si esas cosas no se hablan. Por eso la labor municipal podría ser muy importante, haciendo de intermediarios, o incluso , cuando hablamos de pueblos pequeños en los que todo el mundo se conoce, buscar el apoyo de una persona especializada para hacer unos encuentros preventivos , por ejemplo usando como excusa la celebración de una fiesta de conmemoración del primer año desde la llegada de esa persona o familia y que dirija un coloquio informal, donde por ejemplo se pregunte a la persona acogida por las cosas más curiosas que ha notado en el pueblo, y que las personas del pueblo, en una forma distendida también comenten los choques culturales. Si esto se hace pronto, antes de que se enquiste el problema, es más fácil solucionar todo de forma amable e incluso divertida. Y ojo, que esto no solo se debe de hacer con inmigrantes extranjeros o procedentes de las grandes ciudades, pues incluso aunque los nuevos vecinos sean de la propia provincia, podría haber choque cultural especialmente si la diferencia demográfica es muy elevada, es decir, si el pueblo es muy pequeño y la ciudad muy grande.

En general, hay que hacer un trabajo intenso en los cambios de mentalidad de las poblaciones rurales en cuanto a la inmigración. Es necesario crear comunidades acogedoras creando un nuevo cosmopolitismo rural, reflejando en los pueblos una diversidad de orígenes que contrasta con la tradicional composición por personas con los mismos apellidos originarias de unas pocas familias de la zona.

No olvidemos que los pueblos se han despoblado porque sus habitantes emigraron buscando una vida mejor. Ahora es el momento de compensar el karma aceptando a quienes vienen de fuera, se de las ciudades o de otros países.

Las pequeñas poblaciones serán repobladas por personas de diversas partes del mundo, lo que traerá iniciativas diversas, ya sea por el trasvase de ideas de vida, cultivo o negocio que tenían en sus países, como por ideas que han visto a lo largo de sus recorridos por el mundo.

Hemos de tener en cuenta además que estas personas generan también actividad económica, ya sea con su trabajo personal, puesta en marcha de negocios o con el consumo directo, pago de alquileres, etc.

La variedad de la oferta laboral en la ciudad es mayor. ***Según la Encuesta Nacional de Inmigración, realizada por el INE (Instituto Nacional de Estadística de España), la mayor parte de los hombres inmigrantes trabajan en la Construcción, mientras la mayoría de las mujeres lo hace en el servicio doméstico y la atención domiciliaria,*** por lo que, si bien el trabajo masculino en el medio rural se suele dar fácilmente en la construcción y en la agricultura, el femenino en cuidados y servicio doméstico es mas dado en las ciudades. ***También hay un elevado porcentaje de personas que trabajan en el sector de las manufacturas, seguido de la hostelería.***

Esa Encuesta Nacional de Inmigración no desglosa los porcentajes de inmigrantes que trabajan en cada rubro, por lo que podría ser , si aplicamos la lógica y no la estadística, que, en el rural, la mayor parte del empleo inmigrante sea en la agro-silvo-ganadería. personas que, hijas o nietas de quienes hace ya décadas, dejaron el pueblo, para irse a otros países en busca de un futuro mejor.

Esas personas, que tienen derecho a la nacionalidad española, podrían plantearse volver a sus orígenes, conocer sus raíces y quizá reconstruir lo que quede de la casa de sus abuelos, si es que queda algo, o venir a jubilarse a la casa en la que nacieron de la que quizá tengan aún algún vago recuerdo.

El contacto con esas personas podría hacerse según propuso Alfredo Robles en una red social, que sería a través de las Casas Regionales que están establecidas en las ciudades tanto de nuestro país como de los países donde estas personas emigraron.

La emigración siempre se ha caracterizado por tener mas o menos el mismo destino. Donde iba la primera persona que preparaba su maleta, si le iba bien, esa persona era la referencia y el contacto para quienes, posteriormente, querían seguir sus pasos, por lo que, en la ciudad donde esa persona se asentaba, pronto había más personas de su pueblo, y luego de otros pueblos cercanos. Estas personas, cuando tenían un número suficiente, se juntaban en centros de ocio que al tiempo eran también centros culturales y de servicios sociales, de ayuda mutua; patrón que siguen reproduciendo las personas migrantes que llegan ahora a nuestro país. Estos centros, en algunos sitios, siguen funcionando conforme la concepción original; si bien en otros son meros centros de ocio, o restaurantes que en ocasiones ni siquiera tienen en su menú los platos típicos originales.

Dice Alfredo Robles: "*Desde las Casas Regionales en las ciudades se debe hacer una labor importante para revitalizar los pueblos de donde proceden sus socios/as ¿como?.. adoptando y ayudando proyectos concretos que sus hijos o nietos quieran hacer allí.*

Desde los Centros de Mayores y las Concejalías que se ocupan de ellos/as, pueden plantear iniciativas similares, no todo va a ser gimnasia, jugar la partida, bailes o viajes del Imserso". Y tiene razón. Esas Casas Regionales, en ocasiones reciben además cuantiosas subvenciones por mantenerse abiertas, son un estupendo canal para comunicarse con las Comunidades Autónomas de origen, las cuales deberían de establecer un canal, abierto a través de Internet para poner en contacto a estas personas con las autoridades de sus pueblos de origen, que podrían localizar si quedan familiares vivos, si tienen alguna propiedad sea terreno o casa (la casa será posiblemente de las que están en estado ruinoso), si alguien tiene fotos -quizá fotos de grupo del colegio- o cualquier otro vínculo.

En muchos casos esos vínculos habrán desaparecido, pero eso no implica que no se pueda acoger en ese pueblo a quien de alguna manera lleva la sangre del mismo, aunque quizá ni siquiera hable ya el idioma de sus abuelos o lo haga con extraño acento.

Las administraciones deberían facilitar el regreso de quienes se marcharon o de sus descendientes. Eso no es solo dar unas subvenciones, pues en muchos casos no las necesitan; sino sobre todo facilitar la información, los contactos, los trámites burocráticos, y especialmente, en lo relativo a estos últimos, tener en cuenta la distancia y por tanto, no dar la respuesta típica de muchos Ayuntamientos, de "venga Vd. por aquí y lo hablamos". Una persona que se está planteando ir a vivir al lugar de origen de sus abuelos o de sus padres, y vive al otro lado del planeta no va a estar haciendo viajes intercontinentales para firmar una instancia o revisar una partida de nacimiento a ver si era realmente ese pueblo de donde salió su antepasado.

Si tiene alguna propiedad debería de poder ver como está la misma para evaluar previamente si la va a poder reconstruir. Quizá pueda su abuela comunicarse con sus amigas de la infancia, si alguna la recuerda, a través de una videoconferencia, y que sus nietos conozcan a quienes quieren volver y son de su edad, para ver si congenian por internet, para que el regreso no sea un témpano de hielo chocando contra otro témpano de hielo, si no que sea un regreso cálido, donde, por ejemplo, alguien vaya a recogerle a la estación mas cercana cuando llegue y le pueda alquilar o prestar una habitación si es que el ayuntamiento no ha habilitado una vivienda provisional para esos casos.

En todos los casos es siempre muy importante el hacer un estudio previo del pueblo elegido, no establecerse donde haya competencia, mirar si la persona que hace esas tareas en el pueblo está próxima a jubilarse y ofrecerse para ser su ayudante y luego poder comprarle el negocio, etc.

Es cierto que no va a encontrar fácilmente ninguna persona un lugar donde le den todo gratis, pero tiene que tener en cuenta que el poco dinero que traiga le va a rendir mucho mas en un pueblo pequeño donde podría alquilarse una casa entera por menos de lo que le costaría en la ciudad una habitación. Lo cual es importante sobre todo para quien se desplaza con su familia.

Pero no nos engañemos pensando que, porque en un pueblo necesitan gente toda persona va a ser acogida con alfombra roja y saltándose los preceptos legales.

En un pueblo pequeño, cualquier persona nueva es mucho mas visible que en una ciudad, por lo que rápidamente las autoridades y sus agentes tendrían conocimiento que alguien nuevo ha llegado al pueblo y en caso de no tener los papeles en regla se procedería como marca la ley. En caso de que las personas recién llegadas pudieran tener comportamientos inadecuados las protestas serían inmediatas, y las consecuencias penales o administrativas también.

Digan lo que digan en algunos canales de vídeos, NO es habitual, si bien hay casos, que en un pueblo ofrezcan casa gratis, trabajo y hasta coche a la familia que vaya allí. Una cosa es poner facilidades y otra regalar todo. Es cierto que es bastante común que, tanto el ayuntamiento como personas particulares ofrezcan una casa gratis a alguien con compromiso de rehabilitarla, o de hacer compañía y cuidar a una persona mayor, o incluso gente joven que se encuentra sola y quiere compañía en la casa puede ofrecer gratis o muy barato una habitación. Pero no suelen ofrecer todo gratis.

El motivo principal son los abusos que ha habido respecto a ofertas de ese tipo en tiempos pretéritos, donde algunas personas se acogían a ofertas de ese tipo hasta solucionar sus problemas personales, económicos o de papeles, y luego se iban.

Hoy en día se suelen exigir unos requisitos a cambio. Es decir: ayuda sí, gratis no. Por eso las asociaciones vecinales, los ayuntamientos y las entidades dedicadas a la repoblación son las que suelen gestionar las ofertas y asegurarse que los proyectos tienen un buen fin, tanto en el proceso de selección de candidaturas, como mediando en caso de problemas o abusos.

En cuanto a los papeles, es, como hemos apuntado antes, algo absolutamente necesario en toda Europa. Si la persona candidata pertenece a la Unión Europea solo necesita hacer un trámite sencillo y al momento obtiene un certificado de residencia europeo, pudiendo trabajar y vivir permanentemente en el Estado Miembro de la UE que haya elegido.

En el caso de personas extracomunitarias la cosa es muy diferente. Además depende del país de origen y si tienen estatus de refugiadas o son inmigrantes normales.

Hay países con los que hay convenios bilaterales por los cuales ciudadanos de ambos países pueden tener consideración especial y ser eximidos de visas, etc. Los casos son tan diversos como países existen, por ello lo mas adecuado es hacer consultas previas a los consulados correspondientes.

También depende de la profesión pueden tener especiales facilidades, eso se puede ver en el Catálogo de Ocupaciones de

Difícil Cobertura, que se puede consultar en la página web del SEPE para el caso de España.

https://www.sepe.es/HomeSepe/empresas/informacion-para-empresas/profesiones-de-dificil-cobertura/profesiones-mas-demandadas.html

este catálogo es diferente para cada provincia o isla y se actualiza cada tres meses. Tiene la ventaja que, si encuentran una empresa que les haga una oferta de trabajo en una ocupación incluida en ese catálogo el papeleo es mucho mas fácil. Pero es necesario hacerlo y de la forma adecuada.

Es recomendable leer el Real Decreto 557/2011 de 20 de abril de 2011 por el que se aprueba el reglamento de la Ley sobre Derechos y Libertades de los extranjeros en España, no solo para quien tenga interés en las ocupaciones de difícil cobertura, sino a toda persona que quiera emigrar a España en general.

En ningún caso es recomendable venir con visado de turista y pretender luego quedarse y regularizar la situación pues aparte de tener que regresar posteriormente a su país de origen a presentar los papeles, debiendo realizar una ida y vuelta que podrían haberse evitado, con el coste que eso conlleva, podrían tener que volver por la fuerza, con un procedimiento de expulsión, que supondría no poder volver a intentarlo en varios años, ni siquiera como turista.

Por eso es importante evaluar primero tanto la situación en origen como la oportunidad que se les ofrece en Europa. Hay muchos tipos de permisos de residencia, cada uno tiene un procedimiento distinto, y también unos requisitos distintos. Si una persona jubilada, con unos ingresos mínimos mensuales suficientes o con dinero en el bolsillo quiere mudarse a vivir a un pueblo pequeño, tranquilo con aire puro y gran calidad de vida, va a tener muchas facilidades para poder hacerlo, pero tendrá que demostrar que tiene ingresos, seguro para el caso de enfermedad, etc.

- El visado Schengen permite que cualquier persona no comunitaria pueda estar en una visita de 90 máximo. Es el conocido como Visado de Turista. Este visado es incompatible con el Permiso de Residencia , el cual deberá de tramitarse inexcusablemente en el país de origen. Es decir, Si una persona tiene un proyecto de establecerse en el rural español o de cualquier otra parte en la UE podría venir con ese visado para ver el pueblo, buscar la casa, mirar el suelo, conocer al vecindario, etc. pero luego tendría que regresar a su país de origen para realizar los trámites del permiso de residencia.

- Si una persona va a estar mas de 90 días pero menos de cinco años, debería tramitar una residencia temporal. Habitualmente esta se tramita para uno o dos años y luego se puede renovar por otro año o dos años mas.
- Si luego de vivir ininterrumpidamente en España cinco años, se puede tramitar la Residencia Permanente que ya permite vivir y trabajar en España indefinidamente. Eso si, hay que tener en cuenta que los años vividos como estudiante cuentan la mitad.
- Cuando la persona inmigrante no comunitaria quiere vivir en España y tiene el dinero suficiente para mantenerse sin trabajar, sea todo junto o ingresos mensuales regulares como una jubilación, puede tramitar el Visado de Residencia No Lucrativa. Para ello se exige un seguro médico privado y una cantidad de dinero suficiente que suele rondar los 26,000€ para el período inicial.
- Si la persona que viene de fuera viene a montar un negocio puede obtener un visado de emprendedor. Para este visado no vale solo una declaración de intenciones, sino que se necesita presentar un proyecto, que el proyecto esté en línea con los intereses socioeconómicos del país al que pretende emigrar y especialmente si tiene un alto grado tecnológico será mas sencillo. Pero esto no es una condición imprescindible. De hecho, si una persona quiere montar un asador de pollos en un pueblo y presenta el adecuado plan de negocio y justifica tener el dinero para poder financiar la puesta en marcha de ese negocio, tendrá bastantes facilidades para obtener ese permiso de trabajo por cuenta propia.
- Visado “oro” , es un tipo de visa que se concede inversores que introduzcan mas de 500.000€ en el mercado inmobiliario español.
- Quien quiere estudiar en España o realizar una investigación universitaria existe el visado de estudiante -que cuenta la mitad del tiempo a efectos de la residencia permanente.

Permite unas horas máximas de trabajo semanal compatibles con los estudios a realizar o hacer prácticas remuneradas.

- El permiso de trabajo regular, se debe realizar en el país de origen, con una oferta de empleo en firme desde España.
- Si la persona que quiere venir a vivir a España viene para ocupar puestos directivos o técnicos con un salario superior a 40,000€ al año podría obtener un visado como personal altamente cualificado.
- Permiso de residencia como familiar comunitario se concede a la pareja, padres o hijos del ciudadano o ciudadana comunitaria que viene a vivir con esa persona.
- Casarse o formar pareja de hecho en España otorga inmediatamente los "papeles" tanto si uno de los cónyuges es de Europa, como si es inmigrante pero ha vivido en España legalmente durante un año, siendo en ese caso posible pedir una reagrupación familiar. Este supuesto tiene muchos matices y es conveniente una consulta personalizada. Asimismo en caso de intentar formar una "pareja de conveniencia" solo para conseguir los papeles, se podría estar cometiendo un delito, por lo que supuestos irregulares no son para nada recomendables.
- El arraigo, permite conseguir la residencia a las personas que han estado viviendo de forma irregular en España durante un tiempo determinado sin cometer delitos. Hay varias modalidades, la mas común para la repoblación rural es poder demostrar que la persona lleva mas de tres años en España y que ha recibido una oferta de trabajo. Esto se da mucho con los trabajadores temporeros.
- Si la persona viene como directivo de una empresa importante, sea por dirigir a un equipo grande de personas, tener un puesto técnico o finalizar los estudios en una Universidad o Escuela de Negocios prestigiosa, podría obtener el visado como Profesional Altamente Cualificado durante dos años, mas posibles renovaciones hasta 5 años según el artículo 71 de la Ley de emprendedores.

Es necesario que la persona que viene tenga claro si quiere trabajar por cuenta propia o por un salario. Los papeles son diferentes y no es fácil saltar de uno a otro. Incluso hay quien pide ambos, si tiene oferta laboral y además quiere desarrollar una actividad por cuenta propia.

La persona que quiere mudarse a una población rural ha de evaluar primero el lugar elegido y prepararse un proyecto de vida, algo como un plan de negocio, donde mas o menos tenga todo asegurado en origen para que el proyecto salga bien.

Eso debe incluir poder disponer de billete de avión u otro medio de transporte, para poder ingresar en España, si procede de fuera de la UE, dentro de los 90 días posteriores a la recepción del visado de residencia y trabajo en caso de que se le conceda.

Una vez en España deberá solicitar el Número de Identificación de Extranjero y el permiso de residencia. Es decir no es suficiente solo con el Visado de Residencia y Trabajo. Si bien el resto son puros trámites teniendo el Visado, es necesario hacerlos.

Sobre la renovación de ese permiso de residencia y los requisitos o el solicitar la nacionalidad española al cabo de 10 años, etc. hay muchas publicaciones especializadas y no es el objeto de esta obra, siendo además este capítulo escrito sobre informaciones legales obtenidas en Internet y no por experiencia personal.

Es necesario tener todo muy claro antes de dar el paso administrativo porque luego es difícil de cambiar y tener en cuenta que la legislación puede variar según la fecha, la zona desde donde se aplica y otras circunstancias.

Si una persona migrante ha decidido ya el pueblo donde quiere establecerse y tiene claro si va a ser por cuenta propia o ajena, ha de garantizarse una vivienda, sea en alquiler o comprándola. Y, sobre todo, en el caso de realizar la actividad por cuenta propia, que, aparte de los requisitos no siempre obligatorios pero siempre convenientes de realizar un estudio de mercado y un plan de negocio, deberán consultar con el Ayuntamiento en cuestión y en algunos casos a la Comunidad Autónoma correspondiente los requisitos para poder iniciar esa actividad para tener una seguridad de que se van a cumplir esos requisitos.

Por ello lo mas recomendable es, luego de consultar los requisitos generales con el consulado, y tener un proyecto claro, con los parabienes del Ayuntamiento, volver al consulado con todos los datos obtenidos, y si todo parece estar conforme, visitar esa localidad físicamente, con un visado específico o de turista, comprobar que la información recibida por Internet es correcta, ver el pueblo, hablar con la gente, alojarse unos días en la casa rural o en el hostal u hotel que dispongan, visitar el colegio si hace falta, preguntar que deben pedir en el colegio anterior para convalidar cursos, etc.

De estar todo conforme, tendrían que volver a su país de origen dentro del plazo estipulado e iniciar allí oficialmente los trámites. Este paso es muy importante porque en caso de que, por ejemplo no tengan vuelo de vuelta en fechas, podrían recibir una sanción administrativa que les impediría llevar a buen fin el proyecto.

Cuando se tiene que viajar, es interesante tener varias opciones en la cartera, visitar varios pueblos para poder elegir. Pero es altamente recomendable advertir de ello a los demás pueblos, no solo para que no les guarden una plaza e impida o dificulte la llegada de otra persona, sino porque al hacer los ayuntamientos las comprobaciones previas podrían enterarse de esa duplicidad y por tanto descartarles cerrándoles la oportunidad. No es necesario hacer una relación de los otros contactos y lo que se ha hablado con cada uno, simplemente con decir que se están mirando varias posibilidades y que esa población es una de ellas es suficiente.

Hay que tener en cuenta que, aunque lo legal y escrito es una cosa, en los pueblos se suele respetar mucho la palabra dada, y, por ello es muy importante no adquirir compromisos que no se sabe si se van a cumplir. Y, si por algún imprevisto de última hora como un fallo en el visado, etc. es necesario cambiar los planes, es de recibo al menos comunicarlo para que no nos esperen o nos esperen mas tarde, eso además dejará puertas abiertas para cuando se solucione ese inconveniente o para otras personas en situación parecida.

Para facilitar la integración del colectivo inmigrante es importante favorecer la diversidad del mismo y controlar el número por cada población, para evitar problemas de convivencia. Es recomendable sobre todo que no provenga todo el flujo migratorio de un solo origen, pues si son todos del mismo país, y, en ocasiones hasta del mismo pueblo, tenderán a hacer grupos separados del resto del pueblo, perdiendo por tanto el concepto de repoblación y sustituyéndolo por un simple aumento estadístico de habitantes.

La Administración Pública debería de incluir en el catálogo de profesiones de difícil cobertura los trabajos agro-silvo-ganaderos o los empleos en pueblos de menos de 500 habitantes, para que las personas procedentes de fuera de la UE puedan obtener mas fácilmente un permiso de trabajo condicionado a la realización de trabajos en el medio rural, a su residencia en esas poblaciones y solo válido durante el tiempo que residan y trabajen en el medio rural, para así evitar la picaresca y que se utilice el medio rural como trampolín de entrada para luego trasladarse a las ciudades. Visados especiales de Emprendimiento Rural, Inversión Rural, visas prospectivas de corta duración para inversión rural o **start-ups** en el rural. Visas de Innovación. Visas para la integración en la fuerza laboral de personas con especial talento son asuntos pendientes que debería tener en cuenta la Administración y no con lo desgraciadamente típico desde hace unas décadas de pretender con ello atraer multinacionales o grandes inversiones de Potentados. Una persona que pretende comprarse una casa en un pueblo y tener un rebaño de cabras debería de tener un visado automático y permiso de residencia y trabajo mientras esas cabras estén produciendo y la persona viva realmente en la pequeña población escogida.

Todas estas condiciones pueden variar por lo que se recomienda encarecidamente una consulta previa ante Organismos Oficiales o, como mínimo, con abogados esecializados en inmigración, antes de tomar decisiones, y, sobre todo, antes de hacer las maletas.

CAPÍTULO 23

Rebeldes Sociales

Algunas personas piensan que el campo no es de nadie, que todos los perros que circulan libremente están abandonados, si hay una casa medio abandonada cualquiera puede meterse en ella, que no se necesitan permisos. Incluso hay quien difunde esas creencias a través de las redes sociales incitando al delito con mensajes falsos como interpretaciones incorrectas de normas jurídicas como la usucapión, e incitan a otras personas, para que, con buena fe, cometan delitos contra la propiedad de cualquier tipo. Total quien podría acabar en la cárcel y con antecedentes son personas a las que no conocen y si les piden cuentas en el futuro, con borrar su perfil en la red social y hacerse otro con otro nombre pueden seguir troleando mientras una persona mal aconsejada tiene que estar en la cárcel un tiempo.

Por eso es totalmente recomendable que antes de realizar cualquier actividad orientada a la vida rural, reconstrucción de propiedades ajenas, ecoaldeas, etc., consultar primero con un gabinete jurídico especializado y con las autoridades locales y a ser posible pidiendo respuesta por escrito.

Por escrito es también necesario reflejar los posibles permisos de uso u ocupación de una propiedad, pues si bien una persona podría autorizar a alguien para que utilice una vivienda que tiene vacía, si esa persona fallece o resulta incapacitada judicialmente, sus herederos no tienen por qué compartir esa manera de pensar y podrían reclamar la propiedad, originando un innecesario problema legal.

La propiedad privada o pública existe para todos los bienes del territorio, incluso hace poco se ha dado un caso de unas personas, descendientes de emigrantes, que cuando vinieron a tomar posesión de su herencia se encontraron a gente ajena viviendo en ella teniendo que alquilarse una casa mientras solucionaban los problemas legales.

Eso no quiere decir que no haya propiedades que no le interesan a nadie, tanto por ser de personas que no tienen herederos y que, cuando fallezcan pasarán a ser propiedad del Estado (eso si alguien notifica a Hacienda Autonómica o Ministerial el óbito), como personas que viven en la ciudad y al pueblo no van ni de vacaciones. En estos casos, el problema es localizar a estas personas (los ayuntamientos pueden intermediar) , porque luego ofrecerles una compra a precio simbólico , un alquiler barato o incluso pedirles una cesión de esos bienes a cambio de mantenerlos en producción o restaurados adecuadamente es fácil.

La vuelta al rural, hasta hace unos días era en muchas ocasiones una demostración de inconformismo y de rebeldía social. A fecha de hoy, luego de haber estado encerrados por culpa del coronavirus que ha obligado al confinamiento obligatorio de una gran parte de la población en sus pequeñas casas de ciudad, la vida en el campo vuelve a presentarse como un sinónimo de vida sana y natural.

Si en nuestros países se valorase también el PIB social, como en el Reino de Bután, donde se mide el Indice de Felicidad Nacional Bruta, que considera para su evaluación como se usa el tiempo de cada persona, la salud en general, la vida social, la vida familiar y afectiva, los valores medioambientales del entorno, en lugar de quedarse solo con los ingresos monetarios; nos daríamos cuenta que ese índice de calidad de vida sería muy superior en las zonas rurales que en las urbanas. Por supuesto ampliamente mejorable, sobre todo con la mejora de las comunicaciones.

La televisión nos muestra frecuentemente como hemos llegado como sociedad a una vida tan insulsa, que para encontrar nuestra satisfacción personal, hacemos compras compulsivas, teniendo incluso que llegar a extremos como lo de alquilar trasteros para poder almacenar tantas cosas innecesarias que antes nos vendía la teletienda y ahora compramos por Internet. Eso nos recuerda a un cachorro de perro, que en sus primeras salidas al parque, toda rama, toda madera, pelota o botella de plástico tirada, es objeto de su completa atención. Alcanzar esa hoja seca que vuela por el viento, supone la felicidad suprema, pero, en cuanto ve una pelota a la distancia, la hoja ya deja de tener interés para él, y pasa a enfocarse en el nuevo juguete.

Suele ocurrir que aplicamos a los objetos, una vez comprados, la consideración de "juguetes rotos", incluso aunque ni siquiera se hayan sacado de la caja, pasando a formar parte del cúmulo de objetos similares que mantenemos en un trastero, o en dos, o en tres....

La rebeldía podría ser cambiar la felicidad temporal de "tener" cosas por una felicidad mas permanente que nos debería traer el "ser".

Tenerlo todo era la manera de darnos cuenta que lo material no es la felicidad. En estos días de confinamiento por el Covid-19 nos hemos podido dar cuenta que una televisión de muchas pulgadas pudo ayudarnos a pasar las horas, pero añoramos un paseo por el campo, o tomar una caña en el bar con los amigos.

Algunas personas llevan ya tiempo concienciadas al respecto, y por eso se han formado grupos de "Decrecimiento económico y consumista" , donde se promulga la vuelta a la vida sencilla, buscando tener lo que realmente se necesita y siendo conscientes de lo superfluo.

Algunas personas se han dado cuenta, al estar confinadas en sus casas, que se vive mejor sin ruido, y que el estrés no compensa. Esas personas, que han empezado a teletrabajar en sus casas, son además firmes candidatas para trasladarse a los pueblos y volver a darle valor a lo rural.

Es fácil ser rebelde de salón, llamando por teléfono a un servicio de comida a domicilio si no nos apetece cocinar, o ecologistas de teclado, que sentencian sobre la vida de otras personas en el medio rural, cuando no saben siquiera el tamaño que tiene un cordero, ni podrían distinguir un manzano de un roble sin una aplicación de reconocimiento de especies vegetales en su móvil de última generación. La vida en el rural es dura.

Si bien cualquier persona puede adaptarse, especialmente si la comunidad de acogida tiene paciencia y docencia suficientes para ayudarles, especialmente en la primera etapa de adaptación, a que puedan aclimatarse, cambiar el "chip" para evitar la rápida vuelta a la ciudad por una crisis adaptativa.

CAPÍTULO 24

Intelectuales

La tranquilidad de la vida en el rural es un lugar ideal para preparar complejas oposiciones, escribir un libro, componer una coreografía y ensayarla, preparar algunos doctorados o componer una obra musical.

Es importante, por parte de la comunidad de acogida, entender las necesidades particulares de estas personas a la hora de recomendarles un alquiler, -pues suelen ser repobladores circunstanciales-. El silencio es algo que puede ser muy valorado, y silencio no es solo el que no haya actividad industrial cerca, sino también el que no esté justo la vivienda al lado de un paso de ganado muy transitado, que con sus esquilas, perros, etc. puedan distraerle de su concentración, o que no haya un gallinero justo detrás de su casa, etc. En realidad estas personas no buscan vivir en el campo, sino solo tener paz y silencio para hacer su trabajo.

Intelectuales pueden ser también firmes candidatas para ser repobladores rurales, pues si han estado dos, cuatro o seis años haciendo su trabajo intelectual en un pueblo, una vez cumplido su objetivo, podrían, si han estado a gusto en ese pueblo, trasladarse allí definitivamente o, si su plaza fuese en una ciudad, optar por vivir en el pueblo, cerca de su trabajo. Incluso podría ser esa persona candidata a la repoblación de fin de semana, es decir, mantener la vivienda en el pueblo, y usarla de modo vacacional. Al fin y al cabo, ya conoce el pueblo y en el pueblo la conocen por lo que, que mejor sitio para relajarse.

Consideraremos también en este capítulo a las personas dedicadas a las actividades artísticas, de todo tipo, como pintura, espectáculos, música y canto, danza, etc. Estas personas no necesitan habitualmente ir cada día al mismo sitio exacto de la ciudad para realizar su trabajo, suelen hacer el trabajo de preparación de su arte en sus talleres y luego se trasladan a diversos sitios para hacer exposiciones, representaciones o conciertos.

Por tanto, si vivir en un sitio o en otro es indiferente, y claro, pudiendo elegir, el tener un sitio sano, amplio, con luz, bonitos paisajes y aire puro podrá hacer que se decanten por el rural.

Tal y como hemos comentado en otro capítulo anterior, realizar oferta de viviendas-estudio independientes, en urbanizaciones específicas o viviendas colaborativas podría ser una estupenda opción para, por ejemplo, darle un uso al antiguo convento abandonado o a las casas del poblado ferroviario, etc.

Imagen: antigua iglesia en el poblado semiabandonado de la presa de Sitjar.

Recordemos también que esas citadas ventajas de luz, paisaje, aire fresco y salud también son aplicables a las personas que realizan otro tipo de trabajos también intelectuales, aunque haya siempre quien piense lo contrario, como podría ser el fomentar los gabinetes de diseño, arquitectura, ingeniería, etc. Trabajos en los que la persona debe desplazarse a la obra y por tanto es indiferente donde tienen su estudio.

Tiene además el medio rural la ventaja que podrían complementar esa actividad con la contratación ocasional de las personas del pueblo que tengan oficios relacionados, cuando le salga una obra en cualquier sitio mas o menos cercano y así, con ello, favorecer la fijación de la población autóctona que no tendría que emigrar al tener un puesto de trabajo frecuente.

En los casos en los que se realicen actividades artísticas, la realización de exposiciones podría ser un atractivo turístico cultural a tener en cuenta en todo caso.

CONCLUSIONES

Es necesario fomentar la vuelta al rural por parte de las administraciones pero de una forma programada y coherente con el entorno tanto geográfico físico y humano, como cultural, etc.. Cualquier proyecto que se pretenda realizar debe de diseñarse con un máximo respeto al entorno natural y social, especialmente este último, negociándolo previamente, cuando sea en poblaciones pequeñas con las personas que viven habitualmente en el pueblo, la mejor forma de saber quienes viven todo el año en el pueblo es visitarlo un día de diario en invierno. Tu idea puede ser fantástica pero quizá en ese pueblo no quieran gente nueva sino solo fijar la población que ya hay porque viven mas tranquilos así, y puede que en el pueblo de al lado estén deseando que lo implantes allí. Abre los ojos y respeta.

Recuerda lo ya expuesto al principio de este mismo libro: **"LLegar a un pueblo sin respeto a quienes allí viven no es repoblar, ¡es invadir!"**

Fomentar la vuelta al medio rural ahorra dinero a las administraciones y fomenta la biodiversidad y la autosuficiencia de la población por lo que la deuda exterior disminuye. Además puede producir excedentes que podrían exportarse. Ser un país soberano, alimentariamente hablando, supone estar preparado como país para cualquier contingencia, además dejar de emitir CO_2 a la atmósfera al no necesitar los alimentos más que un transporte local.

La salud de la población en general es mucho mejor por lo que el gasto sanitario disminuye.

Es necesario para fomentar la repoblación garantizar las telecomunicaciones y las comunicaciones, así como un plan de formación tanto en el sector primario como en los secundario y terciario para diversificar la economía rural.

Garantizar el abastecimiento y el ocio; Facilitar el acceso a la vivienda – y a la tierra- fomentando la autoconstrucción y las reformas y minorando las trabas administrativas. Crear viviendas de acogida comunitarias que faciliten el asentamiento inicial de nuevos pobladores. Dar apoyo psicosocial a las personas que optan por ir a vivir al campo para facilitar su adaptación deberían de ser prioridades de cualquier administración local.

Se necesita:

- La puesta en valor social de las ventajas de vivir en zonas rurales, fomentando principalmente trabajos artísticos que recuperen la buena imagen de vivir en el rural eliminando asociaciones despectivas y burlescas.
- Realizar cursos de adaptación al nuevo entorno, tanto en la cultura tradicional de la zona como en el conocimiento de agricultura y ganadería para nuevos pobladores.
- Diseñar un plan de formación especializada para la población residente de manera personalizada para adaptarse a las necesidades de las empresas que quieran instalarse en el rural luego de ver las ventajas fiscales y de ahorro que eso tiene.
- Fomentar la investigación en telediagnóstico y telemedicina.
- Fomentar los estudios superiores a distancia.
- Fomentar la instalación de centros de abastecimiento para la población con venta mixta virtual y física, que sirvan al tiempo de puntos de compra de producto local.

FINAL:

Estas ideas aquí presentadas son bastante genéricas y no son aplicables a todos los casos, o, como mínimo necesitan una personalización y adaptación a cada población y a la geografía humana de la misma.

Tampoco son aplicables a todas las personas por igual, es necesario, por tanto, pensar detenidamente los pros y los contras antes de tomar la decisión.

A veces es necesario simplemente un estudio básico realizado en base a unas preguntas y los datos existentes en la Internet y que el ayuntamiento posteriormente lo publicite y busque personas interesadas.

Un ayuntamiento puede querer disponer de un servicio llave en mano que le ayude a poner en valor los recursos que ya tiene, que haga una preselección de personas interesadas en repoblar y acompañe a estas durante el período de adaptación y aclimatación para mejorar enormemente las posibilidades de éxito del proyecto o limitarse a protestar porque se le van sus habitantes.

Para garantizar el éxito del proyecto es necesario disponer asimismo de una base de datos de personas interesadas en trasladarse a un pueblo, bien que ya tengan la decisión tomada y las ideas muy claras o que quieran evaluar las posibilidades de ese cambio y ver distintas opciones.

Especial interés puede tener este proyecto para las empresas, que precisarían realizar unos estudios pormenorizados, ya sea por si mismas o subcontratando ese trabajo.

Siempre hay que tener en cuenta que una decisión de tanta importancia para la vida de una persona y de una familia hay que tomarla de forma meditada, no se trata de trasladarse al campo a teletrabajar y dormir y luego estar constantemente yendo a la ciudad a comprar, al cine, etc., pues eso, a la corta o a la larga provocará problemas psicológicos en las personas que no se adaptarán pues su mentalidad seguirá siendo de ciudad, para eso mejor es, en esos casos, buscar casa en una urbanización de la periferia.

Si te ha gustado este libro, te agradeceríamos mucho que pusieses una reseña en la página web de a librería donde o compraste para así ayudar a que sea más visible.

También puedes valorarlo en Google Books a través de este enlace QR:

Si quieres poner tu granito de arena contra la Despoblación Rural puedes entregar este ejemplar, cuando ya no lo necesites más, a la biblioteca de tu pueblo o barrio, para que le llegue a las personas que no tienen medios para comprarlo.

También puedes regalar un ejemplar de este libro a las personas a las que aprecias y que puedan estar pensando en trasladarse a vivir al campo.

Recuerda que todo el libro se podría resumir en esta frase: **“Para conseguir una Repoblación Rural Exitosa, es necesario tener previamente un proyecto muy meditado”**.

Si tienes alguna duda sobre algo de lo expuesto en el libro, puedes comunicarte con el autor a través de las redes sociales de forma gratuita para consultas breves.

Gracias por tu apoyo a este proyecto.

9 785165 166754

CPSIA information can be obtained
at www.ICGtesting.com
Printed in the USA
LVHW081155120522
718581LV00003B/114

9 785165 166754